Gasmasken aufsetzen, und das Schreibbord ist [illegible]
aber, daß wir jetzt unsichtbare Ausbilder [illegible]
unnötig schleifen wollen. Denn mit Güte [illegible]
mehr. Neben diesem Dienst kommt noch das [illegible]
zu, wie Waffenreinigen, Uniformen reinigen. Aber trotzdem
erleben wir auch viele schöne Stunden.

Um auf deinen Brief zurückzukommen, möchte ich dir erklären, daß mir dein letzter Brief sogar sehr gut gefallen hat. Ich liebe es überhaupt auf Probleme einzugehen. Und das ist auch ein Problem, was uns gerade bewegt. Aber seine Lösung ist nicht in Briefen zu suchen, sondern beim nächsten Wiedersehen. Denn wird es sich beweisen, ob meine Zurückhaltung richtig war oder ob meine Vorurteile nicht doch zu groß waren. Vielleicht bin ich nur deshalb so offen, weil ich zur Zeit nicht verliebt bin. Es ist überhaupt etwas Merkwürdiges um die Liebe. Ein einziges Mal war ich glücklich in dieser Hinsicht. Das ist mir aber auch nichts zuviel gewesen, bis eine bittere Enttäuschung kam. Seitdem kann ich mich nicht mehr entschließen, mich auf den ersten Blick zu verlieben. Mein Verhältnis zu dir beruht vorläufig noch vollkommen auf freundschaftlicher Grundlage. Es müßte denn sein, daß ein Wiedersehen eine Wendung herbeiführen würde. Deshalb würde es mich auch sehr freuen, wenn wir uns bald wieder treffen könnten. Da dies aber wahrscheinlich so schnell nicht der Fall sein wird, bitte ich dich wenigstens brieflich mit mir in Verbindung zu bleiben. Noch eine Bitte hätte ich, nämlich ich hätte gern ein Foto von dir. Vielleicht kannst du beim nächsten Brief meine Bitte erfüllen.

In diesem Sinne grüßt dich aufs herzlichste

dein

Willy.

»Träume recht süß von mir«

Ulrike Meyer-Timpe (Hg.)

»Träume recht süß von mir«

Eine deutsche Freundschaft
in Briefen 1940–1943

Eichborn

1 2 3 4 06 05 04

Eichborn AG, Frankfurt am Main, September 2004
Umschlaggestaltung: Christiane Hahn
Lektorat: Palma Müller-Scherf
Gestaltung: Susanne Reeh
Gesamtproduktion: Fuldaer Verlagsanstalt, Fulda

ISBN 3-8218-5595-9

Verlagsverzeichnis schickt gern:
Eichborn AG, Kaiserstraße 66, D-60329 Frankfurt am Main
www.eichborn. de

Inhalt

Einleitung

Nur wenige deutsche Worte haben Eingang in andere Sprachen gefunden. »Blitzkrieg« ist eines davon. Und »blitz« bedeutet heute auf englisch Luftangriff oder auch bombardieren, auf französisch Überfall. Worte, die an Deutschlands schwärzeste Zeit erinnern: Immer noch prägt der Zweite Weltkrieg das Bild der Deutschen. Sie hatten ihn entfacht, und er war zum Flächenbrand geworden. Rund 60 Millionen Menschen in 61 Ländern weltweit kostete er das Leben; ein Drittel bis die Hälfte davon waren Zivilisten.

Für die Überlebenden war der Krieg nicht einfach irgendwann vorbei. Das, was zwischen 1939 und 1945 geschah, hat viele von ihnen traumatisiert. Heute erhalten Betroffene selbst bei Verkehrsunfällen psychologische Hilfe. Mit den Schrecken des Zweiten Weltkriegs mußten die Menschen allein fertig werden.

Bei den Wahlen im März 1933 erhielten Hitlers Nationalsozialisten 44 Prozent der Stimmen, zusammen mit den Deutschnationalen erreichten sie eine knappe Mehrheit. Über 17 Millionen Deutsche hatten sie gewählt, waren also mitverantwortlich für die Errichtung des Naziregimes. Die allermeisten von ihnen leben längst nicht mehr. Selbst diejenigen, die heute um die 80 Jahre alt sind, waren 1933 noch Kinder. Das Grauen der Front oder auch der zerbombten Städte daheim erlebten sie als Jugendliche.

Sie sind die letzten Zeugen einer Epoche, die Deutschlands Identität bis heute prägt. Meist haben sie sich nie wirklich mit dem Alptraum ihrer Jugend auseinandergesetzt. Wer den Krieg überlebt hatte und sich im zerstörten Deutschland eine Existenz aufbauen wollte, mußte nach vorn blicken statt zurück.

Ihre kollektive Schuld am Krieg wie auch am Massenmord an sechs Millionen Juden haben die Deutschen angenommen. Allerdings: So sehr diese Schuld inzwischen akzeptiert und auch den Nachkriegsgenerationen präsent ist, so wenig bereit waren die Menschen, zu ihrer persönlichen Verantwortung zu stehen. Wem keine unmittelbare Täterschaft nachzuweisen war, der stilisierte sich nach dem Krieg gern zum Nazigegner. Und stellte sich möglichst als Opfer dar.

Eine Haltung, die in den späten 60er Jahren die Söhne und Töchter empörte. Sie erklärten die Elterngeneration – ebenso pauschal – zu Tätern. Der individuelle Blick zurück auf die Zeit des Krieges und des Naziregimes blieb weiterhin verstellt von der übergreifenden Frage nach der Schuld – als einem abstrakten Begriff, der nur Schwarz oder Weiß, aber keine Grautöne erlaubte.

Davon zu sprechen, daß auch Deutsche unter dem Krieg zu leiden hatten, war jahrzehntelang tabu. Die Schrecken der Bombennächte, der Flucht und Vertreibung, verbunden mit Massenvergewaltigungen, all das galt als gerechte Strafe für ein Volk, das einen mörderischen Krieg begonnen hatte. Aber war der Tod an der Front, auf der Flucht oder im Bombardement tatsächlich immer »gerecht«? Aus übergeordnet politischer Perspektive gewiß, nicht aber im individuellen Einzelfall.

Am schwersten traf der Krieg die Sowjetunion: Etwa 25 Millionen Menschen fielen dort dem deutschen Angriff zum Opfer. Und auch rund sechs Millionen Deutsche bezahlten den Krieg mit dem Tod, an der Front, in Gefangenschaft oder im Bombenhagel. Nüchterne, abstrakte Zahlen, hinter denen sich immer ganz persönliche Schicksale verbergen, in Deutschland wie in Rußland und überall.

Zum Beispiel das von Willy, dem Gymnasiasten – einem von drei Millionen deutschen Soldaten, die ab Ende Juni 1941 in den (selbst-)mörderischen Feldzug gegen die Sowjetunion marschierten. Beim Sturm auf Moskau wurde er mit Sicherheit zum Täter – aber letztlich auch zum Opfer. Ja, er hatte sich freiwillig gemeldet, um so seine Schulzeit zu verkürzen. Aber kann man das einem 18-Jährigen zum Vorwurf machen, der seit seinem zwölften Lebensjahr der Nazi-Propaganda ausgesetzt war? Wie unbedarft er war, zeigen die ersten Briefe, die er kurz vor der Einberufung mit seiner 16jährigen Freundin Wanda tauschte. Die Jugendlichen jener Zeit waren kindlicher als die von heute. Und mußten dann sehr schnell erwachsen sein.

Was Willy in Rußland erlebte, hat ihn – wie wohl alle seine Altersgenossen – zutiefst schockiert. Es schürte in ihm Zweifel an der Ideologie, mit der er aufgewachsen war. Mit jugendlicher Naivität hatte er sich auf den Einsatz gefreut, doch die Realität ließ bald die Sehnsucht nach einem normalen, »zivilisierten« Leben immer mächtiger werden. Eine Entwicklung, die eindrucksvoll aus seinen Briefen spricht.

Wie viele Frontsoldaten suchte Willy Halt in der Korrespondenz mit einem Mädchen, mit dem er sich eine leuchtende Zukunft ausmalte. Wandas Briefe bedeuteten ihm alles. Obwohl aus ihnen immer wieder deutlich wurde, daß die zwei Jahre jüngere Freundin nicht begreifen konnte, was er in Rußland erlebte. Ob er ihr nicht einen hübschen Mantelstoff schicken könne, das Geld dafür würde sie ihm gern erstatten? Die Soldaten, die in Frankreich stationiert waren, schickten ihren Mädchen schließlich auch Pakete.

Daß der Krieg im Osten ein gänzlich anderes Gesicht zeigte als an der Westfront, war vielen Menschen daheim in Deutschland lange Zeit nicht klar. Denn die Wochenschaubilder und die Zeitungsnachrichten zeichneten ihnen ein geschöntes Bild. Erst Ende 1942 begannen die nun 19jährige Wanda und ihre Freundin Hanna zu erkennen, daß der Krieg »unmenschlich« ist.

Die Nachkriegsgeneration, die zu Zeiten des Wirtschaftswunders aufwuchs und ihre Väter pauschal als Handlanger der Nazis verurteilte, hat inzwischen selbst erwachsene Kinder. Das verändert den Blick auf die eigenen Eltern und fördert den Wunsch zu verstehen, warum sie so wurden, wie sie sind. Und wie sie ihre Jugend erlebten.

Die Enkel wiederum sehen im Fernsehen Berichte von totalitären Regimen und von Kriegen, in denen, wie immer schon, 18-Jährige oder gar noch Jüngere kämpfen. Und sie haben in der Schule viel von der Nazizeit gehört. In ihnen erwacht das unvoreingenommene Interesse zu erfahren, wie ihre Großeltern diese Zeit tatsächlich erlebten. Doch deren Erinnerung ist meist durch die Jahrzehnte verschüttet und verfremdet.

So erging es auch Wanda und ihrer Freundin Hanna. Sie besuchten die dritte Grundschulklasse, als die Nazis die Regierung übernahmen; bei Kriegsbeginn waren sie 15. Als der Alptraum 1945 vorbei war, waren sie 21 Jahre alt. Und dann vollauf damit beschäftigt, einen Beruf zu erlernen und zu arbeiten, zu heiraten, Kinder großzuziehen, ein Haus zu bauen. Wenn sie heute mit 80 Jahren ihre damaligen Briefe lesen und sich so mit der eigenen Jugend konfrontieren, dann erscheint sie auch ihnen selbst unendlich fern, irreal wie ein fremdes Leben. Erstaunt und erschrocken sehen sie die beiden Mädchen vor sich, die sie einst waren: lange Zeit blind gegenüber dem Wahnsinn des Krieges und begeistert vom »Führer« – wie die allermeisten ihrer Generation.

Aus heutiger Sicht war ihre Jugend vielfach überschattet. Nicht nur durch die schlaflosen Nächte im Luftschutzbunker, sondern auch durch die strenge Reglementierung des Alltags. Die Nachmittage beim BDM, der Pflichtorganisation für Mädchen, machten ihnen sogar Spaß. Aber das Pflichtjahr oder das Lagerleben während des Arbeitsdienstes; die Zwölf-Stunden-Tage im Lazarett beim anschließenden Kriegshilfsdienst: Das verhinderte immer wieder das Verwirklichen eigener Pläne. Dann die Nachricht »Der Jahrgang 23 gehört dem Führer« – drohte nun obendrein noch der Kriegseinsatz, womöglich in der Rüstungsindustrie? Weil Millionen junge Männer in fremden Ländern kämpften, war zu Hause die Arbeitskraft der Mädchen gefragt.

Restaurantbesuche gab es nur mit Essensmarken, einen neuen Mantel nur gegen Punkte von der Kleiderkarte. Welch ein Glück, eine Drogerie gefunden zu haben, die noch Lippenstifte anbot! Und: »Bekommt man bei euch noch Badekappen?«

Dann die Sache mit den Jungen, die Wanda und Hanna kennenlernten und die doch alle nach wenigen Tagen oder Wochen wieder fortmußten – an die Front. Es gab einfach keine jungen Männer, die nicht Soldaten waren. Keine Chance, sich behutsam dem anderen Geschlecht zu nähern und die erste Jugendliebe unbeschwert zu genießen.

Bald war der Tod, mit dem Jugendliche heute allenfalls über die Großeltern konfrontiert sind, im engsten Umfeld der eigenen Generation gegenwärtig. Auch für Wanda und Hanna rückte er immer näher – vom entfernten Bekannten über den vermißten Bruder bis hin zum geliebten Freund.

Betrog der Krieg die beiden Mädchen um ihre Jugend? Um das unbekümmerte Entdecken der Welt, die Wahl zwischen einer Vielzahl von Möglichkeiten? Im fernen Rußland wurde Willy bald klar, was ihn der Krieg kostete. Doch Wanda und Hanna machten sich solche Gedanken nicht. Sie nahmen ihre Jugend, wie sie war. Und fanden trotz allem noch Gelegenheit, sie zu genießen.

Wanda und Hanna waren Kinder ihrer Zeit – und vertrauten gläubig den Naziparolen. Weil niemand in ihrem Umfeld die Ideologie hinterfragte, taten sie es auch nicht. Neun Jahre alt waren sie 1933 bei Hitlers Machtergreifung; Wandas Vater war schon früh Parteimitglied geworden. Sie sind gern zur Jungmädel-Gruppe gegangen, selbst als das noch nicht Pflicht war, und saugten dort ganz nebenbei die nationalsozialistische Weltsicht auf. Und schrieben in der Schule Aufsätze über »Ausmerze und Auslese bei Pflanzen, Mensch und Tier«.

Ihre Briefe sind weder die von jugendlichen Widerstandskämpfern noch die von Verfolgten des Regimes oder Intellektuellen. Sondern – soweit man Jugendliche überhaupt so bezeichnen kann – die von Mitläufern. Aus heutiger Sicht sind sie politisch unkorrekt. Gerade das aber macht sie so aufschlußreich und spannend. Aus dem Alltag, den sie beschreiben, blitzen immer wieder nationalsozialistische Prägungen auf. In ihrer Alltäglichkeit mögen die Briefe manchem Leser banal erscheinen, doch eben das ist ihre spezielle Qualität. Denn sie zeichnen ein authentisches Bild vom Leben, Denken und Fühlen vieler junger Menschen im Nazideutschland während des Krieges.

Wenn die letzten Zeitzeugen heute Auskunft geben, sind ihre Erinnerungen gefiltert durch die Erfahrungen und das Wissen aus bald 60 Jahren Leben in der Demokratie. Hingegen sind die Briefe, die sich die beiden Freundinnen zwischen 1940 und 1943 schrieben, geprägt vom damaligen Zeitgeist – und darin absolut ehrlich.

Genauso abstrakt wie das Wort »Krieg« war für Wanda und Hanna das Wort »Jude«. Ganz selbstverständlich erwähnten sie die »ehemalige Judenvilla« oder den ehemals jüdischen Betrieb, der jetzt einem Österreicher gehörte. Die Umstände des Besitzerwechsels hinterfragten sie nicht. Unvorstellbar aus heutiger Sicht, wo das Wissen um die Grausamkeit des Holocaust uns so selbstverständlich ist. Doch in ihrem persönlichen Umfeld in Flensburg gab es keine Juden; 1925 lebten nur 61 in der Stadt, und tatsächlich ist keine Deportation von dort bekannt. Juden waren unter den Flensburger Jugendlichen einfach kein Thema.

Daß Willy der Massenmord verborgen blieb, ist kaum denkbar. Von den sechs Millionen Juden, die dem deutschen Holocaust zum Opfer fielen, hatte der weitaus überwiegende Teil in Osteuropa gelebt. In Minsk etwa, wo der inzwischen 19jährige Abiturient gleich zu Beginn des Rußland-Feldzugs einmarschierte, waren rund 40 Prozent der Bevölkerung jüdisch. Und in Weißrußland, dessen Hauptstadt Minsk ist, überlebten nur rund 30 000 von ehemals 670 000 Juden den Einmarsch der Deutschen. Allein im ersten halben Jahr des Rußland-Feldzugs ermordeten die zuständigen »Einsatztruppen« eine halbe Million Juden in den eroberten Gebieten. Auch Teile der Wehrmacht beteiligten sich an solchen Verbrechen.

Willy stammte nicht aus einem nationalsozialistischen Elternhaus, der Krieg in Rußland entfachte seinen Ärger auf die »Parteigewaltigen« und band ihn immer stärker an den katholischen Glauben. Dennoch ist in seinen Briefen vom Mord an der jüdischen Bevölkerung Weißrußlands, der Ukraine oder Rußlands nicht die Rede. Nur einmal stellt er lakonisch fest, daß die Läuse zur Medikamentenherstellung »am polnischen Juden gezüchtet« würden. Eine entsetzliche Vorstellung, die er jedoch nicht weiter kommentiert.

Mag sein, daß Willy die Zensur seiner Briefe fürchtete. Wahrscheinlicher jedoch ist, daß er sich – so unfaßbar das heute scheinen mag – schlicht keine Gedanken über den Mord an den Juden machte. Daß ihn angesichts des Tötens und Sterbens ringsum, angesichts der eigenen Todesangst deren Schicksal nicht besonders interessierte. Vielleicht aber zählten solche Ereignisse auch zu den Dingen, vor denen er Wanda verschonen wollte. Und die ihn, wie er schrieb, verändert hatten und plötzlich altern ließen.

Bis heute wohnt Wanda in Flensburg. Hanna lebt längst in Nordrhein-Westfalen, doch irgendwann nach der Wende empfand sie den Wunsch, Erinnerungen aufzufrischen. Sie besuchte Dessau, wo sie die Kriegsjahre verbracht hatte, und klingelte an dem Haus, in dem sie damals wohnte. Die Tochter ihrer ehemaligen Vermieterin erwartete den Besuch. Und rief Hanna später beim Abschied hinterher, sie möge doch einen Moment warten. Sie habe etwas vergessen: Auf dem Dachboden stand immer noch ein Koffer, den Hanna 1945 zurückließ. Dort hatte er den Einmarsch der Roten Armee, die gesamte DDR-Zeit und die ersten Jahre des wieder vereinigten Deutschland überdauert. Darin fanden sich Wandas Briefe. Hanna gab sie der Freundin zurück.

Als Wanda 1998 wie im Rausch, mal lächelnd, mal entsetzt oder auch voll Trauer, ihre alten Briefe las, erinnerte sie sich an ähnliche Schätze auf dem eigenen Dachboden. Sie stieg dort hinauf, suchte lange und fand schließlich die Post, die sie ihrerseits in den Kriegsjahren von Hanna bekommen hatte. Dann diejenige, die ihr Willy schrieb. Und einige Briefe, die sie selbst an ihre erste große Liebe gerichtet hatte; Willys Mutter hatte ihr die Schreiben, die mit dem persönlichen Besitz des Sohnes von der Front gekommen waren, schon 1943 zurückgegeben.

Und schließlich fand Wanda noch sechs ungeöffnete Umschläge, die ihn nie erreichten. Sie trugen die Aufschrift: »Zurück. Gefallen für Großdeutschland«.

1.
»Siehst Du mich als schüchternen Liebhaber an?«

Willy bekommt das Notabitur und wird Soldat • Wanda pendelt zwischen Schule und Jungmädel-Gruppen • Hanna ist zum Pflichtjahr auf dem Land

Sommer 1940. Die kritischen Stimmen sind verstummt, Deutschland wiegt sich im Siegestaumel. Im Herbst des vergangenen Jahres hatte die Besetzung Polens gerade mal einen Monat gedauert. Im Frühjahr dann waren Hitlers Truppen in Norwegen und Dänemark, Holland, Belgien und Luxemburg einmarschiert und dabei kaum auf Widerstand gestoßen. Jetzt halten sie sogar den Großteil Frankreichs besetzt, die Hauptstadt Paris ergab sich kampflos. Was zählen da 10 500 tote deutsche Soldaten in Polen oder 27 000 in Frankreich? Noch redet man nur von Siegen, nicht von Opfern. Der Tod bedroht doch vor allem die anderen, die Gegner. Und der Krieg, fernab vom Alltag, ist ohnehin bald vorbei. Das jedenfalls glauben die meisten Deutschen.

In Regensburg startet Willy mit seinem Freund Erich zu einer Radtour nach München. 18 Jahre alt ist er und möchte in den Sommerferien richtig Spaß haben. Im Hofbräuhaus lernt er ein Mädchen kennen: die 16jährige Wanda aus Flensburg, die den Urlaub bei ihrer Großmutter in Regensburg verbringt und ebenfalls einen München-Ausflug per Fahrrad unternahm. Und als sich die beiden am nächsten Tag unvermutet wiedertreffen, beschließen sie, gemeinsam zurückzufahren.

In den Tagen darauf gehen sie, die Welt ist schön und das Wetter herrlich, in Regensburg noch ein paar Mal ins Schwimmbad und einmal auch abends zum Tanzen. Obwohl Willys Mutter davon nicht begeistert ist. Der Sohn sei noch zu jung zum Flirten, meint sie. Und wenn es wenigstens eine Bayerin wäre, aber so ein »Zigeunermädchen« aus dem fernen Norden!

Doch als die Ferien vorbei sind, versprechen die beiden Schüler, einander zu schreiben.

Bei ihrem Kennenlernen, im Sommer 1940, besucht Willy die Abschlussklasse – ein dreiviertel Jahr noch bis zum Abitur. Aber sein Jahrgang 1921 steht vor der Wahl: Wer sich freiwillig zum Kriegsdienst meldet, bekommt das Zeugnis schon im Herbst. Ein halbes Jahr Schulzeit gespart und obendrein keine Prüfungen? Für Willy ist die Entscheidung klar. Zumal er, wie viele, das Kriegsende in greifbarer Nähe wähnt. Und er möchte doch so gern ein richtiger Mann sein und für das Vaterland kämpfen, bevor es womöglich zu spät ist.

Für Willy und Wanda ist das Wort »Krieg« ein diffuser Begriff. Er hat zu tun mit Heldentum, und auch mit deutscher Kraft und Größe. Noch erscheint ihnen der Krieg vor allem als Abenteuer. Die Kumpanei mit den gleichaltrigen Rekruten genießt Willy zuerst in Nürnberg, dann tragen seine Briefe die Ortsangabe O.U.: Ort unbekannt. Daß er immer noch in Deutschland ist, in Vaihingen bei Stuttgart, bleibt aus militärischen Gründen geheim. Hoffentlich geht es bald an »irgendeinen Kriegsschauplatz«, der Kasernenalltag wird langsam »stur«! Südfrankreich wäre nicht schlecht bei diesem Wetter, überhaupt Südeuropa oder auch der Norden Afrikas. Kriegseinsatz als nette Urlaubsreise, bei der man mal richtig was erlebt.

Für Wanda sind es noch knapp zwei Jahre bis zum Abitur, sie ist erst in der 11. Klasse. Wenn diese »ewige Büffelei« doch endlich ein Ende hätte – beneidenswert, der Willy, der all dem vorzeitig entronnen ist! Ihr eigenes Leben, wie »öde«, besteht nur aus dem Lernen für die Schule und der Arbeit im Jungmädelbund (JM), wo die 16-Jährige als Gruppenleiterin viel Zeit verbringt.

Seit 1939 ist der JM eine Pflichtorganisation für 10- bis 14jährige Mädchen. Die älteren, bis 18jährigen sind seither verpflichtet zur Mitgliedschaft im Bund Deutscher Mädel (BDM), dem Pendant zur Hitlerjugend (HJ) für die Jungen. Um sie propagandistisch unter Kontrolle zu bringen, zwingt die NSDAP jetzt flächendeckend alle Kinder und Jugendlichen in ihre Organisationen. Nur jüdische Kinder sind dort seit jeher ausgeschlossen – was sie meist gar nicht freut. Denn ein Hauch von Pfadfinderromantik umweht die Gruppen, und viele haben dort richtig Spaß. Wanda jedenfalls fühlt sich dadurch in ihrer Freiheit nicht beschnitten.

Doch auch ihr Alltag hat sich verändert, seit sie aus den Regensburger Ferien zurückgekehrt ist. Das ferne Phantom des Krieges rückt näher. Langsam, schleichend, so daß sie es fast als naturgegeben nimmt. Schon im Spätsommer 1940 kann sie kaum noch eine Nacht durchschlafen, Stunde um Stunde verbringt sie im Luftschutzkeller.

Mitte Juli hat Hitler die Operation »Seelöwe« beschlossen, 260 000 deutsche Soldaten sollen mit Panzern von Frankreich nach Großbritannien übersetzen. Um diese Invasion vorzubereiten, greift erstmal die Luftwaffe an und fliegt allein bis Ende August 4779mal nach Südengland. Am 7. September bombardiert sie London, es folgen 65 Tage lang Nachtangriffe gegen die britische Hauptstadt. Ein Alptraum, der dort bis heute unvergessen ist. Wanda jedoch ist beeindruckt von den deutschen Bombern, die hoch über ihrer Heimatstadt auf dem Weg nach England sind.

Im Gegenzug zerstört die Royal Airforce in kleineren Einsätzen deutsche Militäranlagen und nimmt auch Berlin ins Visier. Dabei überfliegt sie ebenfalls Flensburg – das bedeutet Nacht für Nacht Bombenalarm. Keine Frage, daß die übermüdeten Kinder am nächsten Tag nicht pünktlich in der Schule sein können. Also beschließt die Schulverwaltung, zur großen Freude von Wanda: »Ferien bis Kriegsende«. Selbst dort glaubt man offenbar an ein rasches Ende – auch wenn man sich sehr bald eines anderen besinnt und die Entscheidung revidiert. Oder hat Wanda etwas mißverstanden? Für sie jedenfalls hat der Alarm erstmal sein Gutes. Zumal bislang in Flensburg niemand zu Schaden kommt.

Ein Lichtblick im »öden« Alltag: die Briefe von Willy. Damit läßt sich herrlich angeben vor den Schulkameradinnen. Doch wichtiger ist ihr eigentlich der Briefwechsel mit Hanna. Im Frühjahr 1940, ein Vierteljahr bevor Wanda Willy kennenlernt, hat ihre Freundin die gemeinsame Heimatstadt Flensburg verlassen. Sie arbeitet nun bei einem Müller im schleswig-holsteinischen Dorf Nübelfeld: Nach der mittleren Reife stand für sie das Pflichtjahr an. Dazu wurden alle jüngeren Schulabgänger eingezogen – anstelle des Reichsarbeitsdienstes (RAD), den die 18- bis 25-Jährigen leisten mußten.

Anschließend möchte Hanna einen Lehrgang in Dessau besuchen und technische Zeichnerin bei den Junkerswerken werden. Das Unternehmen ist 1939 verstaatlicht worden und produziert Militärflugzeuge. Zum Beispiel die berühmten Stukas, die Sturzkampfflugzeuge JU 87. Oder auch die neuen

Standardbomber JU 88. Die Jugendlichen sind tief beeindruckt von diesen Wundern der Technik, die Deutschlands Stärke symbolisieren. Deshalb hat sich Hanna in Dessau beworben. Ob es wohl klappt und sie genommen wird?

»Es gibt so viel zu plaudern.« Wanda (links) und Hanna vor dem Ostseebad, der Badeanstalt an der Flensburger Förde

Bislang hat Hanna alle wichtigen Erlebnisse mit ihrer besten Freundin Wanda geteilt. Jetzt, im Pflichtjahr, bleiben nur Briefe, um zu plaudern, von Ereignissen zu berichten und Probleme zu besprechen. Und so wie Teenies heute zum Handy greifen, so tauschen sich die beiden 16-Jährigen eben schriftlich aus. Über ihren Alltag und die Zukunftspläne, die Schule und die strengen Eltern, über die neuesten Kinofilme, das Pflichtjahrstreffen und das Heimweh. Über die Fähnriche, die 18- oder 19jährigen Offiziersanwärter der Marine, die in Flensburg ausgebildet werden und als Tanzschulpartner die Herzen der Oberschülerinnen brechen. Und über Wandas Ferienbekanntschaft Willy.

Flensburg, den 8. 9.1940

Lieber Willy!
Ich bin wieder zu Hause gelandet, jetzt sehn ich mich nach Regensburg zurück. Ich find Flensburg furchtbar öde. Die Zeit dort unten war sehr schön. Der Höhepunkt war München, München ist entschieden das größte Erlebnis in meinem Leben.

So, nun geht's am Freitag wieder zur Penne, diesem vielgeliebten Haus ist noch immer keine Bombe aufs Dach gefallen. Nun hör aber weiter: Wir wurden nach Haus geschickt, Ferien bis zum Kriegsende!!! Fabelhaft, nicht wahr!! Das erweckt doch bestimmt Neid. Aber das dikke Ende: Wir müssen dies Schuljahr wiederholen. Vielen geht das gegen den Strich, aber mir paßt das eigentlich gut.
Bei unserer Deutschlehrerin haben wir Dienstag- und Freitagnachmittag Unterricht, freiWillyge Pflicht. Jetzt müssen wir vier Bücher nach allen Seiten durcharbeiten. 1 1/2 Wochen gab sie uns für jedes Buch, und dazu noch einen Aufsatz über unsere Ahnen. Ich sitz ungelogen den ganzen Tag zum Büffeln.
Meine einzige Freude ist mein JM-Dienst. Meine Gruppe war noch verhältnismäßig gut in Schuß, aber jetzt wird gearbeitet, drei- bis viermal macht jede der fünf Scharen in der Woche Dienst. Dabei ist eine Antrittsstärke in der Gruppe, das sind 205 Mädel, von 90 bis 91 Prozent. Das ist doch ein gewaltiger Unterschied zwischen Regensburg und hier.
Am 30. hatte Hanna Geburtstag, und vom 31. früh bis zum 2. abends hatte sie Urlaub. Das haben wir natürlich gefeiert. Stundenlang habe ich erzählt. Wir schliefen die eine Nacht bei uns, die andere bei ihr. So wurde es oft 1 Uhr, und dann kam Alarm. Drei Mal war ich auch im Kino mit ihr, auf dem Land hat Hanna ja sowas nicht, und so müssen wir alles mitnehmen. Aber nun ist sie wieder fort, und ich langweile mich entsetzlich. Wär ich doch da unten bei Euch! Es war so prima!
Heute war ich zum ersten Mal wieder zum Sport, seitdem ich hier bin, und zwar spielten wir Handball. Mir haben sie meinen kleinen Finger Sparg verstaucht. Die Mädel sind teilweise so fies. Es ist schwer, die Spezialausdrücke zu übersetzen: Fies heißt toll. Tolle Fähnrichsmädchen! Der Abschlußball der Tanzstunde soll enorm gewesen sein. Die Fähnriche brachten die Mädel nach Haus, und da war gerade Alarm, da sind die meisten drei Stunden bei den Familien mit im Luftschutzkeller gesessen. Interessant!
Fliegeralarm haben wir fast jede Nacht. Vorgestern von 11 Uhr bis 12 Uhr und von 12 1/2 bis 3 1/2, den nächsten Tag von 2 bis 3 und von 4 bis 4 1/2 Uhr, das letzte Mal streikte ich. Wir haben unseren Keller

prima eingerichtet, »Schlafzimmer 1«, »Schlafzimmer 2« für die Kinder und der »Salon« für die Erwachsenen. Ich schlafe auf einer Obststellage, ein tadelloser Ruheplatz!
Wir können Tag und Nacht unsere deutschen Bomber und Jäger sehen und hören. Ich prahl Dir mal mit meinen Kenntnissen: meist alles JU 88. Es war doch gut, daß Du Dir so viel Mühe gabst, mir von all dem etwas einzupauken. Aber was sind das für Maschinen? Sie ähneln der JU 88 und sind Stukas. Nur Schwanz und Motorenanordnung sind etwas anders. Kannst Du mir bitte eine Aufstellung der einzelnen Typen mit ihren Merkmalen geben, damit ich meine Kenntnisse erweitern kann? Jetzt interessiere ich mich für diese Angelegenheit.
Hoffentlich hab ich Dich mit diesem Brief nicht bös gelangweilt und enttäuscht. Fehler kannst Du mir gerne im nächsten Brief mitteilen, rot anstreichen und zählen, wenn es Dir Spaß macht, aber meine Mutter drängt schon: »Du sollst ins Bett, damit du schon geschlafen hast, wenn Alarm kommt.«
Grüße bitte alle Bekannten dort unten von mir und Deine Mutter unbekannterweise vom »Zigeunermädchen«. Also, sei herzlich aufs Beste gegrüßt
von Deiner Wandelgard
NS*: Oh, eben denk ich daran, daß Ihr jetzt wieder die Schulbank drükkt. Das wär bei uns unmöglich. Gestern abend, ich hatte mich eben ausgezogen: Alarm. Punkt 10 Uhr, und unsere Sitzung dauerte bis 3 Uhr, das war unser längster Aufenthalt im Keller. Heute morgen sind wir erst um 11 Uhr aufgestanden, laute Kommandos weckten uns. Zwei Baukompanien exerzierten auf einem Bauplatz vor unserem Haus.
Wie wird das mit Dir? Hört am 1.10. Deine Schulzeit auf? Wenn Du einen Ort angeben darfst, dann sehe zu, daß Du nach Hamburg kommst, oder wenigstens in den Norden. Weißt du, ich finde, wir schreiben uns jeden Monat, ich am Anfang, Du am Ende, einverstanden? Tschüs!
Wanda

* Nachsatz, PS

Regensburg, den 30.9.40

Liebe Wanda!

Lange hat es gedauert, bis ich mich endlich für Deinen lieben Brief bedanken konnte. Leider kann ich Dir Deinen Wunsch, nämlich eine Aufstellung der deutschen Flugzeugtypen, heute nicht erfüllen, da sonst dieser Brief nächste Woche noch bei mir liegt. Ich habe zwar schon mit der Aufstellung angefangen, bei meiner Gründlichkeit und meiner Zeitknappheit bin ich aber über die vier Typen der Messerschmitt noch nicht hinaus.

Nun aber möchte ich Dir berichten, was ich seit Deinem Regensburger Besuch alles getrieben habe. Die Zeit seit Schulbeginn am 9. September stand voll und ganz im Zeichen des Vergnügens. In letzter Zeit riß nämlich in unserer Klasse das Abschiedfeiern ein. Aber nun muß ich der Reihe nach erzählen, damit Du eine Ahnung bekommst, wie sehr Dein lieber Willy beschäftigt ist.

Ich beginne also mit Sonntag, den 22.9. Dieser Tag fängt bei mir um 0.00 Uhr an, da am vorausgehenden Samstagabend Tanzkurs war und wir traditionsgemäß vor 2 Uhr nicht heimkamen. Kurzer Schlaf bis 1/2 10 Uhr, dann fertigmachen zur Promenade in der Maxstraße. Nachmittags Schachspielen bei Erich. Abends im Kino. Montagfrüh Heimkommen (verzeihe bitte den Telegrammstil, aber ich glaube, das ist übersichtlicher und eindrucksvoller).

Am Montag nach fünf Stunden Schlaf zur Schule, dort weitergeschlafen. Nachmittags Nachhilfeunterricht. Abends Tanzkurs. Dienstag wie Montag bis abends. Hier Theaterbesuch: »Barbier von Sevilla«. Ganz groß! Diesmal schon eher heimgekommen, nämlich 1/2 1 Uhr. Mittwoch abends wieder Tanzkurs, und zwar der letzte. Donnerstag nachmittag die ganze Klasse beim Photographieren. Abends Abschiedsfeier sämtlicher 24 Schüler und Schülerinnen im Ratskeller. Große Gaudi. Alles leicht beschwipst bis schwer besoffen. Heimkehr Freitag 3 Uhr. Unterricht an diesem Tag besonders dramatisch. Abends mit Erich im Kino: »Links der Isar, rechts der Spree«*.

* Unterhaltungsfilm mit Grethe Weiser. Regisseur Paul Ostermayr war als Paul May besonders in den 50er und 60er Jahren erfolgreich. Er drehte Heimatfilme wie »Und ewig singen die Wälder« und die Antikriegstrilogie »08/15« (1955)

Am Sonnabend, den 28.9., war unser großer Tag: nämlich unser Tanzkränzchen. Um 7 Uhr fing der Ball an. Also, ich sage Dir, einfach groß! Die Eltern waren begeistert. Selbst die Garderobenfrau bestätigte uns, daß bis jetzt noch in keinem Tanzkränzchen so schöne Mädchen zu sehen waren. Die langen Abendkleider machten sich wirklich großartig aus.

Nur zu bald wurde es 12 Uhr, was das Ende (wenigstens offiziell) für das Kränzchen bedeutete. Die Eltern gingen dann nach Hause. Für uns aber ging die Tanzerei bis zur Polizeistunde um 2 Uhr weiter. Die Stimmung hatte mittlerweile bei Sekt und Eierkognak ihren Höhepunkt erreicht. Das Gaudium ging natürlich auf der Straße weiter. Beim Morgengrauen um 1/2 5 Uhr war ich zu Hause.

Noch am selben Morgen war Einzug unserer siegreichen 10. Division. Ich war natürlich fest dabei, Erich ebenfalls. Aber am Nachmittag war ich nicht mehr zu halten. Um 16 Uhr legte ich mich nieder und schlief durch, ohne Abendessen, bis heute 10 Uhr. 18 Stunden ununterbrochen geschlafen, das zeugt wirklich von Überanstrengung.

Dieses Lotterleben dauert aber Gott sei Dank nicht mehr sehr lange. Am 28.9. war mein letzter Schultag, denn am 15.10. muß ich einrükken zur Panzerersatzabteilung 35 nach Bamberg. Da staunst, wat? Ein Segelflieger zu den Panzern, wat es nich all jiebt! Aber es ist einmal so. Ich habe nämlich noch nie den ernsten Plan gefaßt, zur Flak zu gehen. Einem solchen Draufgänger wie mir paßt das nicht. Da sind wir auch gleich bei einem wunden Punkt angelangt.

Liebe Wanda, was denkst Du von mir, bzw. von meinem Verhalten in so vielen Fällen: wie z.B. auf der Radfahrt von München nach Regensburg, bei unserem nächtlichen Alleinsein nach dem Tanzen und insbesondere am Max-Schulze-Steig? Bitte schreibe mir, ob Du mich als schüchternen Liebhaber oder sonstwas ansiehst. Ich aber sage Dir, daß ich damals große Beherrschung gezeigt habe, aber furchtbar dumm gewesen bin. Ein zweites Mal würde mir das nicht mehr passieren.

Bitte sage mir, woher nehmen denn Dichter und Drehbuchverfasser ihren Stoff, wenn nicht beim Zusammensein zweier junger Leute etwas passieren sollte? Mir geht es aber auch heute noch nicht ein, daß

es nicht so gekommen ist, wie ich es mir so manchmal ausgemalt habe. Ich glaube nicht, daß Du Dich z.B. auf der Fahrt von München nach Regensburg allzusehr gesträubt haben würdest gegen ein Küßchen in Ehren.
Aber nun Schluß mit diesen längst verflossenen Gelegenheiten. Bitte teile mir nur mit, welche Meinung Du über mich hegst und was Du Dir von mir erwartet hättest. Sei bitte nicht beleidigt, falls ich danebengeschossen hätte. Ferner bitte ich Dich um Antwort noch vor dem 15.10. an die alte Anschrift. Die neue werde ich Dir sofort nach dem Einrücken mitteilen.
Bis dahin sei recht herzlich gegrüßt und auch – jetzt erlaube ich's mir – geküßt
von Deinem Willy

Flensburg, 9.10.1940

Lieber Willy!
Du glaubst gar nicht, welche Freude Du mir mit Deinem Brief gemacht hast. Am Donnerstagmittag komme ich um 2 Uhr totgeschuftet aus der lieben Penne, und da liegt ein Brief auf meinem Platz. Ich hatte also Post. In meiner Klasse prahlt bestimmt jeden Morgen so ein dummes Huhn: »Ich hatte gestern Post!« Andere fluchen dazwischen über ihre schreibfaulen und untreuen Fähnriche. Aber schließlich finden sie sich damit ab. So war es bei dem vorletzten Fähnrichslehrgang, so ist es beim letzten gewesen, und so wird es bei dem kommenden sein. »Marinedurchgangsstation« hat man die Flensburger Oberschule für Mädchen genannt. Wahrheit ist bestimmt dran, aber Ausnahmen bestätigen die Regel.
Ihr scheint ja ein schönes, genießerisches Leben geführt zu haben! Alle Achtung! Aber Abitur (so nennt man's doch?) muß ja gefeiert werden, ebenfalls der Wendepunkt vom Pennäler zum Soldaten. Daß euer Abschiedsball auch in diese Zeit fällt, erhöht natürlich noch die Feierstimmung.
Nun willst Du natürlich wissen, was ich während dieser Zeit getrieben habe. Ich hab gebüffelt im wahrsten Sinne des Wortes. Am 16.9. fing unsere Schule doch wieder an. Und zwar mit Vollgas voraus! Seitdem

gibt es für mich nur zwei Pflichten: Schule und JM-Dienst. Beide füllen mein Leben restlos aus.
Die letzte Woche ab Montag war netter, denn Hanna war auf Urlaub da. Da ist es klar, daß ich meine Grundsätze umgestoßen habe, mich ihr widmete. Jeden Tag waren wir fort, entweder spazierten wir durch unseren Wald oder wir sausten mit dem Rad durch die Gegend. Dann waren wir in dem Film »Jud Süß«*; ist der bei Euch auch schon gegeben worden? Aber nun ist sie ab heute wieder fort, und ich bin allein. Mein Vater kam am Sonnabend auf Genesungsurlaub. Er lag nämlich seit dem 25.8. im Lazarett wegen einer Herzgeschichte, die er durch die Überanstrengung der vielen Nachtdienste bei der Flak bekommen hat. Schon am 21., wie wir ihn am Bahnhof sahen, merkten wir eine Abspannung an ihm. Natürlich sagte er nichts davon, daß er ständig Schwindelanfälle bekommen hatte. Aber nun ist alles wieder einigermaßen in Ordnung. Flak ist doch nicht so einfach, wie man immer glaubt.

»Am 28. 9. war mein letzter Schultag.«
Willy im Jahr 1940, als er Wanda kennenlernte

Ich finde ja auch, daß dies für Dich nichts ist, Flak paßt besser für ältere Leute. Panzerabwehr kann äußerst interessant sein. Etwa gar, wenn Ihr nach England kommen würdet! Nur schade, daß du nicht weiter nach Norden gekommen bist. Aber was noch nicht ist, kann ja noch werden. Wollen eben hoffen.
Ich habe Dir von meinem jetzigen Leben erzählt, in dem nur Schule und Jungmädelarbeit ihren Platz haben. Es gibt aber auch einen Lichtblick darin, und das sind meine Ferienerinnerungen. Schön waren sie in jeder Beziehung, und das Beste daran war meine Münchner Fahrt. Mit diesem Erlebnis, das zu den größten meines bisherigen Lebens zählt, bist Du verbunden.
Und nun komm ich zu Deinen Fragen. In meinen Augen bist Du durch Deine Beherrschung um vieles gestiegen. Ich schätze Dich darum viel höher ein, als wenn Du Deine Gefühle zügellos geäußert hättest. Beherrschung ist eine Tugend, die mir wohl am meisten fehlt, wenn auch in anderen Dingen. So z.B. weiß ich doch, wie schwer es ist, sein Mundwerk einmal einzustellen, sich zu beherrschen. Willensstarke Menschen können sich am besten beherrschen, und zu denen willst Du doch gerne gehören. Erinnerst Du Dich noch an unser Gespräch über Deinen Willen?
Damals wußte ich, was ich von Dir zu erwarten hätte, und Du hast mich nicht enttäuscht. Ich war begeistert von Deiner Haltung. Auf der Rückfahrt von München spürte ich Deine Beherrschung und war froh darüber. Denn glaube mir, wenn Du Dich da nicht in Zaum genommen hättest, wäre wohl manches anders gekommen. Ich wäre dann bestimmt nicht mit Dir zum Tanzen gegangen. In diesem Fall hast Du mich vielleicht falsch eingeschätzt.
Schau mal, ich stamme eben doch vom Norden und bin nun einmal anders als die Mädel bei Euch. Das hast Du ja gemerkt. Und aus diesem Gefühl heraus, wenn es Dir vielleicht auch unbewußt war, ist alles anders gekommen, als Du es Dir vorgestellt hattest (wie Du in Deinem Brief so nett schreibst). Also halte ich Dich nicht für einen

* Antisemitischer Propagandafilm von Veit Harlan mit Heinrich George. Heinrich Himmler ordnete am 30.9.40 an, daß »die gesamte SS und Polizei im Laufe des Winters den Film Jud Süß zu sehen bekommt«

schüchternen Liebhaber, sondern für einen pfundigen, beherrschten, lieben Kameraden! Und dies möchte ich Dir auch gern sein. Verstanden? Das ist in meinen Augen viel, viel mehr als ein »Liebhaber«. Wenn Du aber ein Mädel zum Küssen willst, dann hast Du da unten bestimmt genug und brauchst mich nicht dazu.
Hoffentlich hast Du mich verstanden, und sei bitte nicht bös, wenn ich Deiner Ansicht nicht entsprochen hab. Du hast mich um meine Meinung gebeten, und ich habe sie Dir offen dargelegt. Eigentlich wollte ich Dir noch ein Bildchen mitschicken, leider ist es noch nicht fertig, und da dieser Brief bis zum 15. ankommen soll, kann ich nicht warten. So kommt es mit dem nächsten.
Ich wünsch Dir alles Gute für die Soldatenzeit! Nun sei recht herzlich gegrüßt von Deiner Wandelgard

Nürnberg, 19.10.1940

Liebe Wanda!
Das Wandern ist des Müllers Lust und ist auch mein Schicksal. Ich bin nämlich von den Bamberger Panzern zu den Nürnberger Infanteristen, also sozusagen auf den Hund, gekommen. Das kommt daher, weil die Panzer-Abt. 35 zum größten Teil fortgekommen ist samt ihren Ausbildern und Fahrzeugen. Deshalb müssen wir die acht Wochen Infanterieausbildung, die für jeden Truppenteil die gleiche ist, hier beim Inf.Ers.Batl. durchmachen. Nach dieser Rekrutenzeit geht's dann wieder nach Bamberg zu den Panzern.
Nun aber will ich Dir der Reihe nach erzählen. Am 15.10. fuhren wir – zehn Regensburger – nach Bamberg. Vor unserem endgültigen Eintritt ins Soldatenleben stärkten wir uns natürlich geistig – nämlich mit Bier. Dann nahmen uns die Pforten der Panzerkaserne auf. Mehrere Male wurden wir in Karteien eingetragen.
Dann kam die Stubenverteilung. Abends war geselliges Beisammensein in der Kantine. Von den 250 Rekruten aus allen Teilen Großdeutschlands waren 16 Regensburger. Um 11.30 Uhr nachts hatten wir Fliegeralarm, den wir beinahe verschlafen hätten. Zum Glück dauerte er »nur« 1 1/4 Stunden.

Am nächsten Tag war ärztliche Untersuchung. Nachmittags lernten wir einen vorschriftsmäßigen deutschen Gruß. Nachts war wieder Fliegeralarm, und zwar gleich zweimal. Das erste Mal haben wir diesmal wirklich verschlafen, obwohl die Sirene sich am nächsten Haus befand. Dafür suchte ich das zweite Mal den Heldenkeller auf. Bomben fielen natürlich nicht. Deshalb interessiert es mich, ob Ihr schon Schäden zu beklagen habt bei Euch in Flensburg.
Am 17. mußten wir schon um 5 Uhr aufstehen, da die 250 Rekruten abtransportiert werden sollten. Wir 16 Regensburger und noch 15 Sachsen kamen nach Nürnberg. Unsere Kaserne ist ein alter Bau aus der Vorkriegszeit, im Gegensatz zu der neuen Panzerkaserne in Bamberg. Aber wir haben es uns ganz gemütlich eingerichtet. Alle 16 Regensburger liegen auf einer Stube.
Am 1. Tag in Nürnberg gab es zu Mittag Schweinefleisch und Kraut. Am nächsten Tag wurden wir eingekleidet. Da bekommt man eine Uniform, Hemden, Socken usw. in die Hand gedrückt. Ob diese Sachen passen, spielt keine Rolle. Man kann aber solange wieder umtauschen, bis man endlich die passenden Klamotten gefaßt hat. Unsere Dienstuniform ist vorläufig die grasgrüne Landespolizeiuniform. Ausgehuniformen haben wir noch nicht, da wir die ersten Wochen keinen Ausgang haben.
Liebe Wanda, gestern habe ich den Brief abbrechen müssen, weil bereits Zapfenstreich gegeben wurde. Nun heute, am Sonntagmorgen, habe ich ja genug Zeit und Muße, den Brief fertigzuschreiben. Gestern hatten wir auch keinen großen Dienst. Von 7 bis 8 Uhr früh sahen wir einen Film über das MG 34*. Anschließend war Impfung gegen Typhus. Nach dem Gewehrreinigen war Waffenappell. Nach dem Mittagessen war Großreinemachen auf der Stube. Das ist halt das Soldatenleben in der ersten Woche. Wenn wir einmal Ausgang bekommen, gibt es schon mehr zu erleben. Aber immerhin, es ist auch so ganz schön. Man braucht sich nicht um Schularbeiten kümmern.

* Das Maschinengewehr, mit dem die Wehrmacht seit 1939 in den Krieg zog. 1942 wurde es vom MG 42 abgelöst, das bis zu 1500 Schuß pro Minute abgeben konnte und »Hitler-Säge« genannt wurde

Mit diesem Brief kann ich Dir die gewünschte Aufstellung der Flugzeugtypen schicken. Du wirst allerdings nicht allzuviel davon haben, denn einmal sind es nur die Typen von vier Flugzeugwerken, und dann fehlen die Übersichtszeichnungen. Aber wenigstens bekommst Du einen Begriff von der Reichhaltigkeit unserer Luftwaffe und von der Unmöglichkeit, das alles von heute auf morgen zu erlernen. Um die Flugzeuge alle zu erkennen und zu beschreiben, gehört ein jahrelanges Studium dazu.

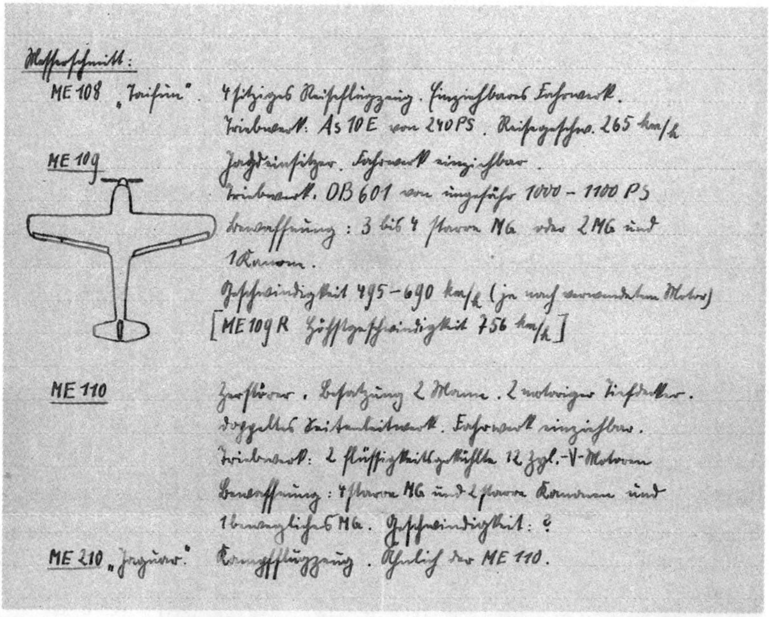

Messerschmitt:

ME 108 „Taifun". 4sitziges Reiseflugzeug. Einziehbares Fahrwerk. Triebwerk: As 10 E von 240 PS. Reisegeschw. 265 km/h

ME 109 Jagdeinsitzer. Fahrwerk einziehbar. Triebwerk: DB 601 von ungefähr 1000 – 1100 PS. Bewaffnung: 3 bis 4 schwere MG oder 2 MG und 1 Kanone. Geschwindigkeit 495 – 690 km/h (je nach verwendetem Motor) [ME 109 R Höchstgeschwindigkeit 756 km/h]

ME 110 Zerstörer. Besatzung 2 Mann. 2motoriger Tiefdecker. doppeltes Seitenleitwerk. Fahrwerk einziehbar. Triebwerk: 2 flüssigkeitsgekühlte 12 Zyl.-V-Motoren. Bewaffnung: 4 schwere MG und 2 schwere Kanonen und 1 bewegliches MG. Geschwindigkeit: ?

ME 210 „Jaguar". Kampfflugzeug. Ähnlich der ME 110.

Nun möchte ich auf Deinen Brief zurückkommen. Den Film »Jud Süß« habe ich auch gesehen. Er hat mich sehr ergriffen. Besonders das Schicksal der Frau, welche die Söderbaum* ganz meisterhaft darstellte, ging mir sehr nahe.

Sehr lieb von Dir war, daß Du Deine Meinung über mich so frei geäußert hast. Ich gebe Dir recht, wenn Du von Beherrschung meinerseits sprichst. Aber das glaube ich nicht, daß Du als Mädchen aus dem

* Die schwedische Schauspielerin Kristina Söderbaum war seit 1939 mit Regisseur Veit Harlan verheiratet und einer der großen Ufa-Stars der 40er Jahre. Sie spielt ein Mädchen, das von »Jud Süß« vergewaltigt wird und Selbstmord begeht

Norden andere Gefühle hast als ein solches aus unseren Landstrichen. Das steht fest für mich, daß das Studium der Weiber schwer ist, wie es bei Lehár in der »Lustigen Witwe« heißt. So weit ich die Frauen bzw. Mädchen kenne, sind sie nicht allzu abweisend. Deshalb halte ich mich meistens zurück.
Auf jeden Fall erkenne ich Deine Anständigkeit an. Es gibt allerdings auch solche Mädchen, die ganz verführerisch reizen können. Das sind aber meistens nicht die besten. Nun aber Schluß mit diesem heiklen Thema!
Eine Photographie von unserem Tanzkurs lege ich bei. Hoffentlich findest Du mich darauf. Wenn Du mich nicht mehr erkennen solltest: Ich sitze über dem Mädchen im dunklen Abendkleid (das ist meine Tanzdame).
Nun aber Schluß für heute, denn gleich ist Essenfassen. Bitte schreibe mir auch bald. Denn ein Soldat freut sich immer, wenn er Post von seinen Lieben bekommt.
Recht herzliche Grüße
von Deinem Willy

»Der schönste Augenblick war für mich, als ich Dich sah.«
Hanna (links) und Wanda im Oktober 1940 vor Wandas Elternhaus

Nübelfeld, den 7.11.40

Liebe Wanda!

Das war mal wirklich nett, so ganz unverhofft und unerwartet nach Flensburg fahren zu können. Aber der schönste Augenblick war für mich, als ich Dich sah. Deine Überraschung spiegelte sich richtig in Deinem Gesicht, als Du »Hanna!« riefst. Das war so fabelhaft für mich.

Übrigens, wenn ich nach Dessau käme, dann wolltest Du mich anerkennen, hast Du gesagt. Also nun tue es! Ich hab ein Schreiben von den Junkerswerken gekriegt, daß meine Bewerbung für den nächsten Ausbildungslehrgang vorgemerkt sei. Das fasse ich nun als Zusage auf. Du kannst mir also gratulieren.

Am Sonnabend nachmittag war ich oben am Scheersberg in der Jugendherberge zum Kartoffelschälen für das Pflichtjahrstreffen. Am Sonntag stieg dann das Pflichtjahrstreffen. Um 1/2 10 Uhr sollten wir da sein. Und zwar mit Brot, 50 g Fleisch und 2 bis 3 Äpfeln. Zuerst war eine Morgenfeier. Das HJ-Streichorchester gestaltete sie, und dann las Deddel Holbeck aus »Kamerad und Kameradin« vor, worin Kinau* über die Arbeit spricht. Eine wirklich pfundige Morgenfeier, was? Schlicht und kurz.

Dann sprach Frl. Oland zu uns: »Bleibt auf dem Lande.« Es gebe so und soviele Berufsmöglichkeiten dort usw. Dann kam die Berufsberaterin aus Hamburg dran, Frl. Paulsen, und dann noch zwei andere. Wir wurden von allen Seiten begrüßt: Untergau, Arbeitsamt und Kreisbauernschaft. Nach diesen Reden war dann das Essen, es gab Kohlsuppe und nachher Äpfel. Zuletzt sangen wir noch: »Laßt Euch nicht verdrießen«, und aus war's. Ungefähr 230 Mädel waren da, und zwar die Flensburger, Hamburger und Ostmärkerinnen**. Also Typen! Toll, toll und nochmal toll!

* Rudolf Kinau (1887–1975), niederdeutscher Schriftsteller. Sein »Kamerad und Kameradin. Bunte Bilder, Gedanken und Fragen aus den Morgenfeiern im Deutschen Rundfunk« wurde ohne den Hinweis auf die »Morgenfeiern« nach dem Krieg weiter veröffentlicht

** Österreicherinnen. Seit dem gewaltsamen »Anschluß« im März 1938 wurde Österreich als »Ostmark« des Deutschen Reichs bezeichnet

Während der Vorführung saßen Addi und ich hinten auf einem Tisch, also höher als das übrige Volk, und machten so unsere Studien. Mensch, Mensch! Die Ostmärkerinnen waren mit am schlimmsten. Man merkte dem größten Teil so richtig an, daß sie noch nicht organisiert waren. An diesen Pflanzen werden später noch die BDM-Führerinnen ihre wahre Freude haben. Hauptsächlich waren es Wienerinnen. Und dann die Haarfrisuren, oder vielmehr keine! So ähnlich mögen die alten Germanen früher ausgesehen haben.
So, Wanda, ich will jetzt finish. Good night und good bye. Oh Gott, wie unpatriotisch, jetzt mit Englisch anzufangen! Aber nichtsdestotrotz bleibe ich
Deine Hanna

Nürnberg, den 10.11.1940

Liebe Wanda!
Vielen Dank für Deinen lieben Brief. Ich glaube, wir sollten uns öfter schreiben, denn ein Soldat möchte am liebsten jeden Tag etwas von seinen Lieben hören. Also, ich bin bereit, sofort nach Erhalt eines Briefes ihn zu beantworten. Auch deswegen bitte ich Dich, mir bald zu antworten, weil wir nicht mehr lange hier bleiben. Es ist sogar möglich, daß wir noch im Laufe dieser Woche nach Bamberg zu den Panzern kommen. Einige sind schon fortgekommen; weil wir Regensburger aber beisammen bleiben wollen, müssen wir noch warten.
Obwohl ich den Zeitpunkt herbeisehne, an dem ich von der Infanterie wegkomme, gefällt es mir hier ausgezeichnet. Diese Woche war für uns besonders angenehm. Montag und Mittwoch ausgenommen. Am Dienstag waren wir nämlich beim Scharfschießen, zum ersten Male auch mit dem MG. Am Donnerstag kam der neue Regimentskommandeur, und am Nachmittag war dienstfrei. An diesem Tag war ich im Kabarett Eden. Gestern nachmittag bin ich ebenfalls ausgegangen. Aber heute, an einem so schönen Sonntagnachmittag, hat uns der Luftschutz erwischt. Unsere ganze Stube ist diesmal in Bereitschaft. Ich frage nicht viel danach, wenn ich einmal zu Hause bleiben muß; das ist eine günstige Gelegenheit zum Briefeschreiben.

Aber glaube nur nicht, daß es bei uns immer so harmlos zugeht. Morgen früh geht es gleich auf den Hainberg. Dort ist wieder Gefechtsausbildung, das ist zwar immer ganz interessant, aber auch keine Kleinigkeit. Wenn man nämlich das MG auf seinem Rücken herumschleppt und dann noch laufen muß, dann kommt man allmählich schon ins Schwitzen. Dann braucht nur noch der Befehl zu kommen: Gasmasken aufsetzen, und das Schweißbad ist fertig. Das Feine ist aber, daß wir jetzt einsichtsvolle Ausbilder haben, die uns nicht unnötig schleifen wollen. Denn mit Güte erreicht man bei uns mehr. Neben diesem Dienst kommt noch das Selbstverständliche hinzu wie Waffenreinigen, Uniformen reinigen. Aber trotzdem erleben wir auch viele schöne Stunden.
Um auf Deinen Brief zurückzukommen möchte ich dir erklären, daß mir Dein vorletzter Brief sogar sehr gut gefallen hat. Ich liebe es überhaupt, auf Probleme einzugehen. Und das ist auch ein Problem, was uns gerade bewegt. Aber seine Lösung ist nicht in Briefen zu finden, sondern beim nächsten Wiedersehen. Dann wird es sich erweisen, ob meine Zurückhaltung richtig war oder ob meine Vorurteile nicht doch zu groß waren. Vielleicht bin ich nur deshalb so offen, weil ich zur Zeit nicht verliebt bin.
Es ist überhaupt etwas Merkwürdiges um die Liebe. Ein einziges Mal war ich glücklich in dieser Hinsicht, da ist mir nichts zu viel geworden, bis eine bittere Enttäuschung kam. Seitdem kann ich mich nicht mehr entschließen, mich auf den ersten Blick zu verlieben.
Mein Verhältnis zu Dir beruht vorläufig noch vollkommen auf freundschaftlicher Grundlage. Es müßte denn sein, daß ein Wiedersehen eine Wandlung herbeiführen würde. Deshalb würde es mich sehr freuen, wenn wir uns bald wieder treffen könnten. Da dies aber wahrscheinlich so schnell nicht der Fall sein wird, bitte ich Dich, wenigstens brieflich mit mir in Verbindung zu bleiben.
Noch eine Bitte hätte ich, nämlich ich hätte gerne ein Foto von Dir. Vielleicht kannst Du beim nächsten Brief meine Bitte erfüllen.
In diesem Sinne grüßt Dich aufs herzlichste
Dein Willy

Nübelfeld, 12.12.40

Liebe Wanda!
Hast Du denn inzwischen mal Post von Deinen beiden Regensburgern* gekriegt? Sonst ist es ja traurig um sie bestellt, wenn sie keine Päckchen kriegen.
Wir haben hier auch an einem Abend Feldpostpäckchen gepackt. Herr Thomsen** schickt an alle seine Kunden oder deren Söhne und seine Bekannten, die im Felde stehen, ein Päckchen: ein Pf. Honig, zwei Äpfel und Zigaretten sowie ein Photo von der Mühle. Wir haben ca. 60 Stück gepackt.

Heute abend haben wir, vielmehr der BDM und die HJ, einen Dorfgemeinschaftsabend veranstaltet. Ich sag Dir, ganz vornehm. Mit Programm, und 50 Pfennig Eintritt. Gestern hatten wir Generalprobe. Eigentlich kann ich es mir gar nicht erlauben, zwei Abende in der Woche keine Handarbeit zu machen, denn ich soll bis zum Weihnachtsabend noch sechs Obstservietten fertigmachen. Na, ich werd es ja noch schaffen. Aber wie üblich fing ich so spät an oder kriegte vielmehr die Aufforderung und den Stoff sehr spät. Deshalb hast Du auch schon so lange vergebens nach Post von mir aussehen müssen. Aber Du bist ja inzwischen, Gott sei Dank, nicht mehr allein auf meine Post angewiesen. Das ist doch sehr schön, nicht?
Apropos Post! Heute kriegte ich einen Brief von Günther***, zwei Seiten und für seine Verhältnisse sehr klein geschrieben. Ich nehme ihn mit, wenn ich das nächste Mal nach Hause komme, das wird wahrscheinlich am 15. sein.
So, meine liebe Wanda, eben schlug es drei Uhr. Wir haben heute frei. Mal wieder nach langer Zeit, und ich muß an meine Obstservietten denken.
Bis zum nächsten Urlaub herzliche Grüße,
Hanna

* In Regensburg hatte Wanda außer Willy noch Hermann Meyer kennengelernt, der ebenfalls eingezogen wurde. Auch mit ihm hatte sie einen Briefwechsel begonnen

** Der Müller, bei dem Hanna ihr Pflichtjahr auf dem Land ableistete

*** Hannas Freund, der genau wie Willy seit dem 15.10.40 Soldat war

O.U., den 2.1.1941

Liebe Wandelgard!

Du kannst Dir meine Freude kaum vorstellen, die ich empfunden habe, als ich heute Dein liebes Paket erhielt. Deinen guten Geschmack kann ich nur bewundern. Das Buch »Männer«* paßt wie kein zweites gerade für mich. Aus jeder Geschichte kann man neuen Glauben schöpfen für die Zeit des Einsatzes, die uns nicht erspart bleiben wird. Die Pralinen sind ebenfalls wie nach Wunsch, um so mehr, als solche kaum für uns zu bekommen sind. Die Zigaretten bringen auch Abwechslung, da wir zur täglichen Ration nur Salem bekommen, die sich nun einmal nicht mit R6 messen können. Für die guten und schönen Sachen also meinen herzlichsten Dank. Deine große Aufmerksamkeit läßt in mir immer mehr den Wunsch reifen, Dich bald wiederzusehen. Vielleicht kommt das eher, als wir beide denken. In nächster Zeit haben wir eine größere Übung. Wahrscheinlich an der Ostsee. Wenn es nur irgendwie möglich ist, werde ich Dich besuchen.

Mit meinem Urlaub an Weihnachten oder Neujahr ist es nichts geworden. Aber die Gedanken waren daheim und bei all den lieben Freunden und Bekannten. Der Urlaub kommt schon noch; voraussichtlich nach der Ausbildung, die in einigen Wochen beendet sein wird. Trotzdem der Dienst fast pausenlos den ganzen Tag dauert, vergeht die Zeit wie im Flug. Am 15.1. ist es schon ein Vierteljahr, daß ich bei den Soldaten bin.

Gestern nachmittag war ich im Varieté. Werner Kroll bildete den Höhepunkt des Programms. Er ist Dir sicher vom Rundfunk her bekannt als Parodist auf die berühmten Sänger der Gegenwart. Ins Kino gehen wir auch ziemlich oft. So habe ich kürzlich die Filme gesehen: »Zwischen Hamburg und Haiti«**, »Feinde«*** und »Kora Terry«****.

* Die Nationalsozialisten zeichneten das Buch »Männer. Ein Buch des Stolzes« mit seinen »12 heroischen Anekdoten aus dem Weltkrieg« von 1936 mit dem »Preis der Reichshauptstadt« aus. Autor Erhard Wittek (1889-1981) schrieb unter dem Pseudonym Fritz Steuben bereits seit 1930 die »Tecumseh«-Indianerromane

** Liebesfilm mit Gisela Uhlen und Gustaf Knuth

*** Antipolnischer Film von 1941 mit Willy Birgel. Regisseur Viktor Tourjansky, Exilrusse und Antikommunist, machte sich in Deutschland u.a. mit Zarah Leander-Filmen einen Namen

**** Abenteuerfilm mit Marika Rökk

Diese drei Filme haben mich alle sehr ergriffen, und solltest du sie schon gesehen haben, so unterhalten wir uns das nächste Mal etwas darüber.
Ich freue mich schon auf Deinen nächsten Brief und auf die Photographie. Sobald ich einmal ein anständiges Bild in der schwarzen Uniform* habe, schicke ich es Dir. Also noch einmal meinen besten Dank für Dein liebes Weihnachtsgeschenk. Recht herzliche Grüße
von Deinem Willy

Nübelfeld, den 9.1.41

Liebe Wanda!
Ich muß hier, nun hätte ich bald geschwindelt, ich wollte nämlich »auf dem Lande vertrocknen« schreiben. Aber es wäre pure Lüge gewesen. Hab ich doch inzwischen das dreimalige Jubiläum 100–50–25** miterlebt! Und wahrhaftig nicht trocken, sondern feucht, sehr feucht. Es ist nämlich nach allen Regeln der Kunst begossen worden. Am 2. Januar war also der Tag, vormittags Besuche mit Frühstück am laufenden Band. Stell es Dir das mal illustriert vor, diese Besuche dehnten sich bis zum späten Nachmittag aus.
Abends waren dann die engsten Familienangehörigen da, und die feierten bis drei Uhr nachts. Wir haben immerfort nur abgewaschen, aufgetragen und gegessen. Um 1/2 3 Uhr ging ich zu Bett. Freitag war sozusagen Aufräumtag und Vorbereitungstag, denn am Sonnabend sollte noch einmal der ganze Zinnober für die Gefolgschaft*** und die Nachbarn sein. Von der Gefolgschaft bekam Herr Thomsen ein großes Führerbild, eine Kopie von dem bekannten Ölgemälde von Exner. Von den Nachbarn einen Adler aus Metall.
An dem besagten Abend waren wir ca. 36 Personen. Stell Dir das vor! Der Speisezettel war so: 8 Uhr warmes Essen, Reh- und Rinderbraten usw. Danach Bowle bis ca. 24 Uhr, dadurch alle leicht angeheitert. Nach 24 Uhr Kaffee und Kuchen in rauhen Mengen, und dann kam Grog, solange der Vorrat an Rum reichte, und der war ausgiebig. Ich

* Uniform der Panzertruppe
** Bestehen der Mühle; Geburtstag des Besitzers; Silberhochzeit des Besitzers
*** Mitarbeiter

hab keinen getrunken und ging um 1/4 vor 5 rauf zu Bett. Nachdem ich mich weidlich mit ziemlich Angeheiterten amüsiert hatte.
Trotz Lärm und Krach schlief ich gleich ein. Um 6 Uhr war die Gesellschaft gegangen, nachdem sie noch belegte Brote bekommen hatte. »Wir können nicht nur Feste feiern, sondern auch feste essen.« So, nun hast Du einen kleinen Einblick in unsere Jubiläumsfesterei gekriegt, nicht? Meine Jubiläumsfestgabe bekam ich auch, nämlich eine Schreibmappe. So, Kleine, nun sei erstmal zufrieden, zwei Seiten sind es bloß. Dir, liebe Wanda, viele herzliche Grüße und ein baldiges Wiederhören,
Deine alte Freundin

O.U., den 18.1.1941

Liebe Wandelgard!
Herzlichen Dank für Deinen lieben Brief. Diese Zeilen schreibe ich, während meine Kameraden schon ruhig schlafen. Ich habe nämlich heute Stubendienst und warte nur noch auf den UvD*. Diese Wartezeit eignet sich am besten zum Schreiben; da kann man wenigstens seine Gedanken sammeln.
Die Ausbildung geht jetzt bei uns rasch vonstatten. Ich glaube, ich habe Dir noch gar nicht geschrieben, daß ich als Funker eingeteilt bin. Obwohl mir an und für sich Richtschütze am sympathischsten wäre, da dieser gleichzeitig Kommandant des Fahrzeugs ist, bin ich doch froh, Funker zu sein. Einmal ist der Dienst besonders interessant, und man kann nicht wissen, wie weit ich später das Morsen und die funktechnischen Kenntnisse gebrauchen kann. Noch einen anderen Vorzug hat der Funker. In der Klasse von Panzern, der ich zugeteilt bin, hat der Funker einen bequemen und aussichtsreichen Sitz, während der Kommandant stehen muß.
Der letzte Grund, warum ich Funker wurde, ist der, daß ich Abiturient bin. Diese Kategorie von Menschen wurde von vornherein für die Funkerei bestimmt, da man in ihr – ob mit Recht oder Unrecht, das weiß ich nicht – viel Intelligenz voraussetzt. In kürzester Zeit sollen wir einwandfrei ausgebildet sein.

* Unteroffizier vom Dienst

Dann steigt eine große Übung, die entweder an der Ostsee – und zwar in der Höhe von Kiel – oder in Thüringen stattfindet. Wie Fortuna entscheidet, weiß ich nicht. Aber trotzdem freue ich mich schon auf ein Wiedersehen; die Vorfreude allein ist ja schon ein Genuß. Hoffentlich kommt bald wieder Abwechslung in das schon stur werdende Kasernenleben.
Heute habe ich in einer Zeitung von Änderungen der Schulzeit gelesen. Soweit ich dem Artikel entnehmen konnte, werdet Ihr ein Vierteljahr länger in der Schule gehalten. Wie Ihr das aufgenommen habt, kann ich mir ja denken. Ich bin jedenfalls froh, daß ich nichts mehr davon weiß, trotzdem die Schulzeit die schönste meines bisherigen Lebens war. Das kann ich jetzt mit gutem Grund sagen.
Am heutigen Sonntag bleibe ich einmal daheim. Das Wetter ist auch nicht gerade einladend zum Ausgehen. Heute nacht hat es geschneit und jetzt regnet es. Jetzt wäre halt ein Aufenthalt in Südfrankreich oder sonstwo im Süden Europas oder Norden Afrikas recht. Nun ja, bald ist der Winter wieder vorbei. Dann wäre es schön, wenn man einmal zu Hause sein könnte. Urlaub heißt das Hauptthema unserer Gespräche. Aber leider sieht es schlimm damit aus.
Jetzt, liebe Wandelgard, muß ich aber Schluß machen. Denn in wenigen Minuten beginnt das Wunschkonzert, das ich nicht versäumen möchte. Ich lege noch ein kleines Photo bei, das mit meinem Apparat gemacht ist. Etwas besonderes ist es nicht geworden, da die Lichtverhältnisse bei der Aufnahme nicht gut waren.
Recht herzliche Grüße
von Deinem Willy

O.U., den 23.2.1941

Liebe Wandelgard!
Du bist ja in einer geradezu beneidenswerten Lage. 14 Tage Skilaufen im Harz würde ich auch nicht verachten. Aber für uns Soldaten gibt es sowas nicht. Wir müssen ausharren auf dem Posten, wo wir stehen. Wir alle warten noch, bis uns der Führer ruft, und dies wird hoffent-

lich nicht mehr allzu lange dauern. Bis dahin machen wir halt fleißig Kasernendienst.
Wir sind jetzt in die Stammannschaft eingereiht worden. Ich bin Funker in der Kampfstaffel der Kompanietruppe. Unter der Woche haben wir wenig Außendienst, meistens Unterricht über Funkverkehr und -geräte. Am schönsten aber ist doch Betriebsdienst. Da sitzen immer ein paar Mann in jedem Panzer und unterhalten sich gegenseitig mittels des Kehlkopfmikrophons; allerdings sind Privatgespräche strengstens untersagt.
Mitte März fahren wir vermutlich nach Putlos. Wie weit das von Deiner Heimatstadt entfernt ist, weiß ich nicht. Aber ich glaube, daß wir uns dann trotzdem treffen können. Vielleicht gibt es da oben einmal Samstag/Sonntag-Urlaub. Aber leider kann man beim Militär nie etwas vorher bestimmen. Für mich wäre es jedenfalls eine große Freude, Dich wiederzusehen.
»Gern hab ich die Frauen geküßt« singt gerade einer im Wunschkonzert, das mich immer wieder ablenkt. Aber es ist doch etwas Schönes, ein Radio auf der Stube zu haben. Man bekommt wieder andere Gedanken.
Nun, mein liebes Skihaserl, bitte ich Dich, mir bald zu schreiben von Deinen Eindrücken im Skilager und wie es Dir dort gefällt. Bis dahin sei recht herzlich gegrüßt
von Deinem Willy

Regensburg, den 18.3.1941

Liebe Wandelgard!
Erst jetzt ist es mir endlich möglich, Dich vor vollendete Tatsachen hinzustellen. Leider sind diese eine Enttäuschung für mich und für Dich. Erst am gestrigen Montag erfuhren wir, daß nur ein Teil nach Putlos kommen sollte, und da war ich leider nicht dabei, weil mein Fahrzeug zur Zeit nicht fahrbereit ist. Um uns zu trösten, hat man uns nun in Urlaub geschickt. Gestern 23.50 Uhr habe ich Stuttgart in Richtung München/Regensburg verlassen, und heute um 1/2 10 war ich zu Hause.

Die Überraschung kannst Du Dir vorstellen. Meine Eltern hatten ja gar keine Ahnung, da ich in einem der letzten Briefe geschrieben hatte, Urlaub wäre jetzt vollkommen aussichtslos. Auf jeden Fall habe ich in der kurzen Zeit, in der ich hier in Regensburg bin, schon allerhand Aufsehen erregt, da hier die schwarze Uniform kaum bekannt ist. Wenn wir dann wieder aus dem Urlaub zurückkehren, geht es gleich fort, irgendwohin nach Mitteldeutschland. Ein Wiedersehen ist also sehr in Frage gestellt und zumindest erst in unabsehbarer Zeit möglich.

Dein letzter Brief, für den ich Dir recht herzlich danke, und die netten Bilder haben in mir erst recht die Sehnsucht nach Dir – und vielleicht sogar etwas mehr – erweckt. Ich glaube, ein Wiedersehen zwischen uns hätte sicher zu einer besseren Verständigung beigetragen. Außerdem bin ich unter dem Eindruck dieser Gefühle zu der Erkenntnis gekommen, daß ich doch nicht richtig gehandelt habe, als wir zwei so allein waren. Ich hätte Dich meine Liebe zu Dir mehr spüren lassen sollen. Nun aber Schluß mit diesem Thema, da ich nicht weiß, ob es Deine Zustimmung erhält.

Bitte sei mir nicht böse wegen der schlechten Schrift. Als Entschuldigung lasse gelten, daß mein Füllhalter nun endlich kaputtgegangen ist. Hoffentlich bekomme ich hier einen zu kaufen. Mit derartigen Artikeln steht es leider schlecht in Regensburg.

Meine Eltern habe ich schon vor längerer Zeit gebeten, mir ein Zigarettenetui zu kaufen. Bis heute haben sie noch keins bekommen können. Die Zigaretten schmecken mir aus der Schachtel genauso gut wie aus dem Etui; aber ich habe mir vorgenommen, daß ich beim Einsatz in der linken Brusttasche – also dort, wo das Herz sitzt – etwas von meinen Lieben trage. Ich bin deswegen nicht furchtsam oder gar abergläubisch. Aber sollte sich dennoch mal eine Kugel in meine Herzgegend verirren, so bietet ein Etui doch einen gewissen Schutz.

Nun möchte ich aber schließen, damit der Brief noch rechtzeitig in Deine Hände gelangt. Gute Nacht, liebste Wanda, und sei mir bitte nicht böse, wenn ich Dir auf diesem Wege einen Gutenachtkuß sende. Schreibe bitte sofort an meine hiesige Anschrift, da nur ein paar liebe Zeilen von Dir mich wieder beruhigen können.

»Ich hätte Dich meine Liebe mehr spüren lassen sollen.«
Willy 1941 in der schwarzen Uniform der Panzertruppe

Also nochmals einen herzlichen Gruß und einen innigen Kuß,
Dein unsterblich verliebter Willy

O.U., den 30.3.1941

Liebe Wandelgard!
Nun ist der schöne Urlaub auch zu Ende gegangen. Ich hatte tatsächlich noch Glück gehabt, denn jetzt ist Urlaubssperre. Außerdem konnte ich noch an den Abschlußfeiern meiner Schule teilnehmen. Das war eine ganz tolle Sache. Am Dienstag, den 25.3., war zunächst vormittags die Schulfeier, bei der die Absolventen verabschiedet wurden. Ich saß natürlich als Vertreter der Wehrmacht vorn bei den Ehrengästen. Das Tollste aber war das Trinkgelage am Abend. Zur Erinnerung daran erlaube ich mir, Dir einen Sektzipfel zu verehren. Außerdem kann ich Dir noch – wenn es Dich interessiert – unsere Abizeitung schicken. Während meinem Urlaub habe ich mich auch endlich einmal photographieren lassen; aber die Bilder werden erst am 26.4. fertig. Sobald ich sie jedoch in meinem Besitz habe, wird das erste den Weg nach Flensburg nehmen.

Nun aber wieder zurück zum Militär. Am 1. April fahren wir nach Ohrdruf in Thüringen. Das ist kein Aprilscherz, sondern bittere Tat-

sache. Wie lange wir in Ohrdruf bleiben, weiß ich nicht; auf jeden Fall nicht länger als drei Wochen. Dann geht es hoffentlich an irgendeinen Kriegsschauplatz.
Wie war bei Euch der Tag der Wehrmacht? Wahrscheinlich ganz im Zeichen der Blauen Jungs*. Ich habe ihn in Regensburg miterlebt. Leider hat es den ganzen Tag geschneit, was es heute auch tut.
Nun, liebe Wanda, sei für heute recht herzlich gegrüßt, das letzte Mal aus Vaihingen,
von Deinem Willy

* Marine

2.
»Hoffentlich kommt bald der ersehnte Einsatz!«

Willys Panzerkompanie wird nach Thüringen verlegt • Wanda bekommt den ersten Kuß – von Walter • Hanna beginnt die Ausbildung bei den Junkerswerken in Dessau

Frühjahr 1941. Der deutsche Größenwahn ist ungetrübt. Im Feldzug gegen Jugoslawien und Griechenland, der am 6. April beginnt, kapituliert die jugoslawische Armee bereits nach elf, die griechische nach 15 Tagen. Ein »Mißgeschick«, meint Willy – eine Enttäuschung für die deutschen Soldaten, die so um den Kampfeinsatz kamen. Noch macht er sich nicht klar, daß Angriffe tödlich enden können. Daß Krieg also blutiger Ernst ist, und das nicht »nur« für die Gegenseite – auch wenn dort weit mehr Opfer zu beklagen sind.

Mehr Anteilnahme als die unbekannten Soldaten beider Seiten, die auf dem Balkan ihr Leben lassen, finden die Kapitäne des U 99 und des U 100. Mit Hilfe von Radar – eine ganz neue Erfindung – haben die Engländer die beiden U-Boote gesichtet und am 17. April südöstlich von Island versenkt. Das Schicksal von Kapitänleutnant Joachim Schepke und Korvettenkapitän Otto Kretschmer, beide prominente Ritterkreuz-Träger, erschüttert Wanda. Denn Schepke stammt aus Flensburg. Und so bekommt der Tod im Krieg für sie zum ersten Mal ein Gesicht – wenn auch eins, das ihr nicht persönlich bekannt ist.

Eine zweite Zeitungsmeldung findet die Schülerin »traurig«: die Nachricht, daß Hitlers Stellvertreter Rudolf Hess verrückt geworden sei. Hess ist am 10. Mai auf eigene Faust nach Schottland geflogen, ist mit dem Fallschirm abgesprungen, um über Bekannte den Frieden anzubahnen, und wird dort bis Kriegsende interniert bleiben. Hitler erklärt ihn offiziell für geisteskrank.

Unterdessen träumt Willy von fremden Ländern und heldenhaften Kämpfen. Wie wäre es zum Beispiel mit dem Irak, das klingt doch richtig exotisch? 1932, als sie das Land in die Unabhängigkeit entließen, hatten die Engländer dort Faisal I. zum König gemacht. Jetzt, am 3. April 1941, gibt es einen Staatsstreich gegen den Regenten von Britanniens Gnaden. Die Putschisten schlagen sich auf die Seite Deutschlands, mit dessen Hilfe sie Anfang Mai britische Flugplätze im Irak attackieren. Doch bereits am 31. Mai kapitulieren sie, und Faisal I. kehrt zurück. Aus der Traum vom orientalischen Abenteuer, Willys Fantasie braucht neue Ziele.

Noch ist der 19-Jährige allerdings in Deutschland, und das aufregendste Ereignis im Kasernenalltag ist der Besuch von Generaloberst Hermann Hoth. Der Chef der Panzergruppe 3, zu der auch Willy gehört, wird später berühmt werden. Im Dezember 1942 will er mit seiner Panzerarmee die eingeschlossenen Soldaten in Stalingrad befreien. Er nähert sich der Stadt bis auf 60 Kilometer, bevor Hitler seinen Rückzug befiehlt.

Stationiert ist Willy nun im thüringischen Ohrdruf. Das ist eine Kleinstadt mit 6000 Einwohnern, in deren Nachbarschaft sich seit 1908 und bis heute ein Truppenübungsplatz befindet. Der Ort wird traurige Berühmtheit erlangen. 1943 entsteht dort eine Außenstelle des KZ Buchenwald. Sie wird 1945 das erste Lager sein, das die Westalliierten befreien. Dort wird der zutiefst erschütterte General Eisenhower verkünden, daß auch die Zweifler unter den amerikanischen Soldaten nun endlich wüßten, wofür sie gekämpft haben.

In den Wäldern bei Ohrdruf, in denen zwei Jahre später Häftlinge gequält werden, genießt Willy bei Spaziergängen den Frühling – und denkt dabei an Wanda. Schon jetzt bedeuten ihm die Träume von seinem Mädchen in Flensburg viel, sie werden zum Fixpunkt im Kasernenleben. Wann endlich wird er Urlaub haben und sie wiedersehen? Die 17-Jährige hingegen begegnet in ihrem Alltag auch anderen Jungen, obwohl die stets nur wenige Wochen an der Flensburger Marineschule bleiben. Und sie bekommt – wie aufregend! – ihren ersten Kuß. Von Walter.

»Man muß sich eben die besten Seiten von Dessau raussuchen.«
Hanna 1941 an der Elbe

Dessau, 3. April 41

Liebe Wanda!
Ja, wahrhaftig, es kann ja bald Zeit werden, daß ich schreibe, nicht? Ja, ich will nun der Reihe nach erzählen. Montag fuhr ich also ab. In Dessau angekommen, mußte ich mir erstmal ein Zimmer suchen gehen. Das war so eine Sache. Fast alles war belegt. Schließlich kam ich dann aber doch noch unter. Jedenfalls hatte ich für diese Nacht ein Dach über dem Kopf. Am anderen Morgen, also Dienstag, 10 Uhr Jumo*, bis 12 Uhr gewartet. Fragebogen ausgefüllt, entlassen. Dann wurden alle (wir sind 22 im Lehrgang) in die verschiedenen Heime verteilt. Ich kam nach Wasserstadt. Das ist ein Wohnheim für Mädels bis zu 18 Jahren. Das schönste Heim soll es sein.
Es liegt nämlich am Rand der Stadt. Eine sehr schöne Gegend, nahe der Mulde beim herzoglichen Schloß mit Orangerie und Lustgarten. Alles ganz in der Nähe. Es ist ein sehr großes Haus, eine ehemalige Judenvilla. Unten gibt es eine halbhoch mit dunklem Holz getäfelte Diele mit gemütlicher Eckbank. Ein Radioapparat spielt, ein Kamin ist auch hier in der Diele und eine Palme. Vornehm, was? Dann sind unten noch zwei Schlafräume, zwei Tagesräume, das Büro und die Küche. Da gibt es lauter Gasherde und Heißwasserbehälter, um unsere Getränke zu brauen und zu kochen. Oben sind die anderen Schlafräume.

* Junkers-Motorenwerke

Ich schlaf in einem Sechs-Betten-Zimmer. Zwei große Fenster, nette Vorhänge, ähnlich wie handgewebt, helle Tapete, dreimal zwei Betten übereinander, elfenbeinfarbig. Jeder hat seinen Schrank, und es gibt einen großen Tisch und sechs Stühle. Unten im Keller sind die Wasch- und Duschräume, und dann hat jeder noch sein Vorratsschränkchen.

Deinen Brief schreib ich hier im Wintergarten, da stehen die verschiedenen Palmen. Der Raum führt auf eine Terrasse und dann in den Garten, der hinter dem Haus liegt. Also, nun hast Du von meiner Umgebung einen kleinen Eindruck gekriegt, ja? Es ist furchtbar gemütlich hier und sehr fein. Die Mädel können sich sogar Herrenbesuch einladen. Sie setzen sich dann mit ihm irgendwo hin an einen Tisch und klönen, ein ganz ungezwungener Betrieb ist das hier. Um 9 Uhr müssen wir im Haus sein, d.h. wenn wir ins Kino gehen, können wir später kommen.

Nun, was hab ich die letzten Tage gemacht? Mittwoch, 8 Uhr Jumo, den ganzen Papierkrieg erledigt. Alles, was mit der Einstellung zusammenhängt. Die Hundemarke, Werkausweis (den müssen wir beim Eingang vorzeigen, sonst kommen wir nicht rein), Gasmaske und Zettel dafür kriegten wir ausgehändigt.

Gestern fingen wir im Werk an, und nächste Woche geht der Unterricht nun richtig los, also vor- und nachmittags. Wir sollen die ersten drei Wochen in der Werkstatt arbeiten. Eine riesige Lehrlingswerkstatt für dreihundert Lehrlinge, und wir 20 Mädel dazwischen. Du kannst Dir vielleicht vorstellen, wie dies Volk feixt, wenn wir durch die Halle gehen, aber prima Werkstatt. Nat. Soz. Musterlehrlingswerkstatt.

Nachmittags haben wir mal so richtig eingekauft. Wir haben festgestellt, daß Dessau ein Kuhdorf ist. Es will eine Großstadt sein und kann es nicht. Früher ist es mal Residenz gewesen und dann durch die Industrie groß geworden, und blöd und unhöflich sind die Leute hier. Das sind die Hinzugezogenen, sagt der ansässige Dessauer. Aber ein schönes Rathaus haben sie. Abends war die Turmspitze von Scheinwerfern hell beleuchtet, und in der Ferne sah man auf dem dunklen Himmel nochmal den Schatten der Spitze. Na, man muß sich eben die besten Seiten von Dessau raussuchen.

Stell Dir nur vor, hier ist sogar das Rauchen erlaubt. Das fiel mir gerade noch ein. Mir gegenüber sitzt nämlich ein Mädel und raucht.
Nun sei recht herzlich gegrüßt
von Deiner Hanna

Flensburg, am 10.4.1941

Liebe Hanna!
Heute, am Karfreitagmorgen, sitz ich ein Stündchen im Wohnzimmer, um mit Dir zu plaudern. Erstmal recht vielen Dank für Deinen lieben, langen Brief. Bekam ich doch durch ihn einen schönen Einblick in Deinen neuen Lebens- und Wirkungskreis. Es scheint Dir ja sehr gut zu gehen in diesem freien, sehr ungebundenen Leben. Ich muß gestehen, daß ich Dich schon ein paar Mal direkt beneidet habe. Wenn die Familie ewig meckert und ständig etwas nicht erlaubt, was man gerne möchte, dann muß ich mit Neid im Herzen an Dich denken.
Ich möchte nun zuerst die Zeit durchgehen, seitdem wir uns das letzte Mal sahen. Montag fuhrst Du ab. Dienstag war Tanzstunde, die letzte. Da hatte ich eigentlich auf Walter eine Wut. Ich wäre fast nicht mit ihm zum Abtanzball gegangen. »Die Herren sollen ihre Damen« – wie sich das anhört: Damen! – »nach diesem Tanz bei mir nennen, damit ich weiß, wer mit wem zum Schlußball erscheint«, sagte Carstensen. Walter plierte mich an. Dann forderte er Boischi auf. Nach dem Tanz ging er zu Carstensen und meldete mich. Wen er da angab, das wußte ich aber nicht.
Der Fähnrich, Schröder, der mit mir getanzt hatte, fragte mich, ob ich wegen Freitag etwas ausgemacht hätte. Nein, nichts weiter, sagte ich. Ja, meinte er darauf, dann könnten wir ja zusammen gehen. Ich will es mir noch überlegen und abwarten, dann würde ich ihm Bescheid sagen. Boischi fand das auch frech von Walter und sagte zu ihm, wie sie mir später erzählte: »Da haben Sie Wanda angegeben, ohne sie zu fragen, so typisch Marine!«
Daraufhin kappelten sie sich am laufenden Band, und er forderte sie immer wieder auf. Ich tanzte währenddessen immer mit Schröder.

»Schwarzes Kostüm, schneidig sitzend...« Wanda im Frühjahr 1941

Dann stellte ich Walter insgeheim ein Ultimatum: Fordert er Dich nach diesem Tanz nicht auf, sagst Du Schröder zu. Und siehe, als ob er meine Gedanken geahnt hätte, er kam zu mir. Er sagte als erstes: »Nein, wie ist Boischi doch frech!« »Oh«, sagte ich, »das ist doch leicht zu erklären, sie ist unser Klassenbaby, 16 Jahre knapp, Flegeljahrserscheinungen.« »Da weiß ich ja was, um sie wieder zu ärgern.« Aber dann kam alles wieder in Ordnung. War auch gut so.
Am Sonntag hatte ich zum ersten Mal mein Kostüm an. Schneidig, sag ich Dir, ich fühlte mich diesmal wirklich als »Dame«! Schwarzes Kostüm, schneidig sitzend, weißer Mantel, lila Schal als Turban. Reinseidene Strümpfe. Pumps. Toi! Toi!
Am Montag ging ich zur Stadt, um meine Feldpostpäckchen für die Jungs zu besorgen. Willy bekam ein schneidiges Zigarettenetui mit Inhalt. Bei Krüger und Oberbeck bekam ich, unterm Ladentisch hervor, eine gute Marke, auch für Hermann fand sich noch eine große Schach-

tel Attika. Dann holte ich Schneeglöckchen, die eine Hälfte kam auf das Etui, darunter der Brief. Hermann bekam »Kamerad und Kameradin«, Zigaretten, ein Fläschchen Bommerlunder, Miniaturausgabe, und ein Paket Datteln. Das nächste Mal wird es umgekehrt sein.
Montagnacht 4 1/2 Stunden Alarm. Zwei Stück hat die schwere Blasberg-Flak abgeschossen. Ein Flugzeug liegt in Niehus und ein anderes in Havetoft. Dienstagnacht vier Stunden Alarm, daher Mittwoch nur Aula und dann mit den Klassenlehrern Besprechung der Zensuren. Wenn ich besser in Rechtschreibung werde und nicht so impulsiv darauflosquatsche, sondern alles besser überlege, bevor ich rede, kann alles gut ausgehen. Ich habe keine 5 außer in Musik. In Deutsch eine 4, sonst ist alles beim alten, Geschichte auch 4 (Joseph, dieses Aas). Bio und Gesundheitslehre 2, das ist ja auch die Hauptsache. Die ganze Klasse bekam einen Brief. Meiner lautete: »Herrn Direktor Kahle! Ihre Tochter Wandelgard ist sehr unsicher in der deutschen Rechtschreibung und Zeichensetzung. Übungen sind dringend erforderlich! E. Heyden, Studienrätin, Klassenleiterin.« Jetzt werden eisern Deutschübungen gemacht.
Ich werde jetzt auch meine Gruppe* abgeben. Einmal habe ich nicht mehr die nötige Zeit und auch, Dir kann ich es als einziger sagen, nicht mehr die Lust und Begeisterung wie einstmals. Man ist eben älter geworden, hat andere Interessen, die Kluft der Altersunterschiede zwischen den Mädeln und mir und den Führerinnen und mir ist immer größer geworden, so daß es wohl das Beste ist, ich haue ab. Ich glaube, ich habe in den 8 Jahren, die ich in der JM bin, und in den 5 Jahren, in denen ich als Führerin tätig war, stets meine Pflicht getan und meine Zeit geopfert, um mich voll einzusetzen. Schließlich ist mein Abi wichtiger, ja, mit den Jahren ist einem doch die Erkenntnis gekommen.
Im Juni müssen wir vier Wochen zum Praktikum aufs Land. Diesmal sollen wir beim Bauern direkt sein, nicht im Lager. Also von morgens früh bis abends spät arbeiten und dort auch schlafen. Was meinst Du, könnte ich wohl zu Thomsen? Könntest Du vielleicht etwas vermitteln? Bei Thomsen würde ich wenigstens nicht ausgenutzt wie ver-

* Die JM-Gruppe, die sie leitete

rückt. Das wird bei vielen gewiß der Fall sein, weil wir ja nichts bezahlt bekommen. Wo Du es ein ganzes Jahr ausgehalten hast, werde ich es auch einen Monat aushalten.
In den Sommerferien sollen wir dann 14 Tage Kriegsdienst leisten und zwar – lache, lache, bitte! – bei der Straßenbahn, damit die Schaffnerinnen auch Urlaub bekommen. Acht Tage Ausbildung, in den Ferien 14 Tage Dienst und dann jeden Monat einen Mittwoch, Sonnabend oder Sonntag bei tarifmäßiger Bezahlung, Stunde 0,54 Mark.
Also, wo waren wir stehengeblieben? Am Mittwoch nach der Penne ging ich zum Friseur. Abendfrisur: Löckchen, Tolle vorn wie immer und Löckchen rund herum, wonnig. Mittwochabend war ein Reinfall, ein Ball nur von 1/4 8 bis 1/4 10 Uhr, wegen Luftschutz. Pünktlich 7.15 Uhr war ich da. Was für eine Schau, als all die bunten Abendkleider, wie lange Schleppen unter dem Mantel, aus der Bahn hüpften und die Fähnrichsmasse etwas weiter oben sich auf uns losstürzte. Wir haben nett getanzt. Schneidige Kapelle. 1/4 10 Uhr Schluß, mit der Bahn nach Haus. Walter konnte mit derselben zurück. Er hatte Urlaub bis 1 Uhr, doch mag er nicht zu Fuß laufen. 1 Uhr Alarm bis 2 Uhr, 3.30 Uhr bis 4.00 Uhr.
Aber das Schönste des Abends war, als er mir mit strahlendem Gesicht ganz leise erzählte: »Wir kommen am 30.4. auf die U-Boote und dann im Sommer wieder hierher.« Natürlich unter dem Siegel der Verschwiegenheit, aber Dir kann ich es ja schreiben. Ich glaube, Du hast all meine Geheimnisse geteilt, stets warst Du meine beste und einzige Vertraute. Wäre das nicht schneidig, Walter im Sommer hier? Dann fahr ich nicht fort, nur eine Badekarte muß ich haben. Sonnabend, morgen abend, feiern wir wieder bei uns zu Hause. Walter, Dieter, Tula und ich. Nein, wie freu ich mich schon auf die Feier!
Als Tischkarten gibt es Schlageranfänge. Walter bekommt »Dort in Hawaii, am blauen Meer, im fernen Süden, möcht ich einmal sein mit Dir ganz allein, mein Mädel«. Ich nehm »Eine Nacht voller Seeligkeit«, Tula »Bleib bei mir heut nacht«. Dieter auch was mit der Nacht, ich hab's vergessen. Als wir am 15. den langsamen Walzer, Walters Lieblingstanz, tanzten, sagte er: »Von Hawaii schick ich Dir mal eine Karte.« Ich möchte wissen, ob er es wohl schon vergessen hat.

Am Sonntag haben sie Wache, welche Wache, wissen sie noch nicht, wenn Brandwache, dann können sie sich vertreten lassen. Dann hab ich Karten abends für »Faust«, am Nachmittag können wir per Schiff nach Glücksburg oder per Rad, wenn sie welche auftreiben können, irgendwo hin. Am Montag, wenn das Wetter gut ist, kann er zu mir kommen mit seinen Schulbüchern. Am Dienstag ist nämlich Prüfung, und er hat in der letzten Arbeit eine 3 bekommen, die haben aber andere Zensuren. Da ist 3 sehr schlecht, 5 müssen sie mindestens haben. Überhaupt paukt diese Gru* viel mehr als die Vor-Gru, wie Tula behauptet.
Also Hanna, jetzt weißt Du alles bis ins Kleinste. Nun sei auf das allerherzlichste gegrüßt mit den besten Wünschen zum Osterfest
von Deiner alten Freundin

Flensburg, den 15.4.41

Liebe Hanna,
Weil ich Zeit habe und mir Probleme im Kopf herumschlage, muß ich mit Dir klönen. Sonnabend abend: Toll, sag ich Dir. Tula kam um 7 Uhr, ich hatte noch kein Abendbrot gegessen, nahm schnell ein Stück Brot in die Hand und hüpfte im Unterrock noch ordnend durch die vorderen Zimmer. Eben hatte ich mich dann zum Umziehen nach oben begeben, »Klingling«, Lisa** geht raus, fällt fast in Ohnmacht: Die beiden, Walter und Dieter, stehen vor ihr.
Lisa führt sie rein; die pellen sich langsam und umständlich aus. Die Pelle fällt, die beiden stehen im weißen Jackett mit Fliege da. Tula, die bereits durch die Scheiben vom Wohnzimmer gelugt hat, stürzt, nachdem die beiden nach vorn sind, zu mir rauf und berichtet mir.
Vati schimpfte: »Um 7 Uhr hast du die Herren bestellt, bist noch nicht fertig, schändlich, schändlich, nichts ist mit dir anzufangen!« Tula ging dann rein, und ich kam bald nach. Walter war frech wie noch nie, er fühlte sich wie zu Haus und pudelwohl. Zu Lisa sagte er anfangs:

* Fähnrichsgruppe
** Das Hausmädchen von Wandas Eltern

»Na, hat Fräulein Kahle* alles in Ordnung?« Dann klingelte er, ich solle mich beeilen.
Ich hatte vorgesorgt an Kuchen, für 2 Mark holte ich, und dann machte ich selbst eine Torte, die große Anerkennung fand. Beim Kaffeetrinken achtete ich Schaf nicht genau darauf, wenn die Leute ausgetrunken hatten. So stand Walter auf und holte die Kaffeekanne und schenkte sich ein. Nachher flegelte er sich ins Sofa, um ein Haar hätte er sich hingelegt und geschlafen, denn er sei sehr müde, erklärte er mir. Ich glaub, er hätte es glatt fertiggebracht. Stauchen** und Saufen am laufenden Band!
Erzählte ich Dir von Mittwoch? Da bot mir ein Fähnrich Zigaretten an. Walter gab sie zurück: »Die darf nicht!« Sonnabend nahm er sie mir weg, mußte sie mir aber doch wiedergeben, denn sie gehörten schließlich mir. Dann haben wir getanzt. Dieter lernte Swing. Walter nicht. Wie ein kleines Kind, das, wenn etwas nicht gleich klappt und wenn es ihm zu langsam geht, sofort die Flinte ins Korn wirft, so benahm er sich.
Wir tanzten auf dem Flur, Tula und Dieter saßen drinnen. Walter machte die Tür zu. Musik war laut genug, wir konnten sie hören – diesmal hatten wir den Apparat drinnen. Er murmelte etwas von Gaffen, nicht besser machen, tanzen. Ich naives Schaf denk auch nichts weiter. Wir tanzten grade den langsamen Walzer »Dort in Hawaii«, den ich so nett find. Sonst tanzt Walter doch immer so lasch, ohne Tuchfühlung, aber da kriegt er mich zu fassen und … – ich brauch wohl nichts weiter auszuführen.
Ich war geschlagen, geplättet, flach, unfähig, irgendetwas zu unternehmen, so überraschend geschah alles. Die drinnen hatten die Platte nochmal aufgelegt. Ich wollte rein, kam nicht fort. Also, ich hab für die ganze Situation keine Worte mehr. Mir ist sowas doch so unsympathisch, so etwas Unhygienisches! Ich schüttele jetzt noch meinen Kopf, wenn ich daran denke, und ein Grausen überläuft mich. Du lachst gewiß, ich bin nun mal so blöd veranlagt.

* Wanda
** Marineausdruck für essen

Das kommt alles nur daher, weil ich Walter nie ganz für voll, nicht ernst nahm. 18 Jahre! Sonst ahnt man doch so etwas, ich denk da an Willy, und man dreht die Geschichte, so wie es einem paßt. Aber das war zu überraschend. Man muß Walter doch scheinbar, oder vielmehr bestimmt, ernst nehmen. Aber bei dieser Flegelhaftigkeit kann ich das schwer. Was macht man da nur? Ich hab eine Hoffnung, daß er, wenn er nach den zwei Monaten U-Boot vielleicht den Ernst des Lebens kennengelernt hat und auch etwas gereift ist, nicht so flegelhaft wiederkommt.
Aber auf der anderen Seite: 18 Jahre, faustdick scheint er es hinter den Ohren schon zu haben. Ich möchte nur wissen, wo er seine Erfahrungen gesammelt hat? Alles Widersprüche, da soll sich ein Mensch durchfinden. Ich muß aber trotz allem sagen, ich find ihn wieder auch ganz nett, noch netter als die Regensburger, und möchte mich nicht gern mit ihm verkrachen.
Na, abwarten, will ihm erst mal so meine Meinung sagen und ich bin gespannt, wie er sich dann benimmt. Nun mußt Du mir mal Deinen Senf dazugeben. Ich bin scheußlich gespannt darauf, antworte bitte so schnell wie möglich, am liebsten noch vor Sonnabend, d.h. da möchte ich den Brief haben, wenn es geht.
Gestern mußten sie für ihre Arbeit pauken, die heute steigt. Hoffentlich verhauen Walter und Dieter die Prüfung nicht und erhalten ihr Portepee. Ich bin gespannt, ob er Freitag anruft und für Sonnabend oder Sonntag was verabredet, denn in der nächsten Woche kommen sie schon fort. Dann bekomm ich oft Post, muß aber auch oft schreiben. So oft wird es wohl auch wieder nicht sein, denn die werden viel mit Schiffchen »im Wasser drin« sein. Die 1 1/2 Monate bis Juni müssen wir auch in der Penne schuften. Ich will meine Fehler beseitigen, es wäre zu lächerlich, sich deswegen das Abi zu versalzen.
So, mein lieb Hannenüte, ich bin für heute fertig und warte gespannt auf Antwort, die Du hoffentlich nicht lange hinausschiebst.
Herzliche Grüße
Deine Wanda

O.U., den 21.4.1941

Liebe Wandelgard!

Heute habe ich endlich einmal Zeit, Dir die längst versprochene Abizeitung zu schicken. Vielleicht wird sie für Euch eine Anregung sein, bei Eurem Schulschluß Ähnliches in die Welt zu setzen.

Dein reizendes Ostergeschenk, das Zigarettenetui, macht mir bei jedem Gebrauch mehr Freude. Und das ist ziemlich oft am Tag der Fall. Ich bin nämlich mit der Zeit ein starker Raucher geworden. Daran ist natürlich nur das Militär schuld. Man bekommt jeden Tag 6 Zigaretten. Das ist gerade das Quantum, das man entweder nicht ganz aufraucht oder das zu wenig ist. Bei mir ist nun leider das letztere der Fall. Aber wenigstens bekommt man in der Kantine Zigaretten zu kaufen; in der Stadt selbst gibt es keine mehr. Also, liebe Wanda, nochmals herzlichsten Dank für das Etui und seinen Inhalt. Morgen lasse ich unsere Namen eingravieren.

Als Neuigkeiten, sozusagen als letzten Schrei, »Le dernier crie«, möchte ich Dir mitteilen, daß dies der letzte Brief ist, der meine bisherige Feldpostnummer als Absender trägt. Ich bin nämlich zur Stabkomp. III F.P. 18928 versetzt worden. Das ist für mich eine freudige Überraschung, denn bei der 10. Komp. hat es mir nie so recht gefallen. Hoffentlich kommt dann bald der so ersehnte Einsatz.

In dieser Woche bekommen wir hohen Besuch. Der Führer einer Panzergruppe, der wir angehören, Generaloberst Hoth, besichtigt uns. Das bedeutet wieder Schliff. Das schadet aber gar nicht, denn mit der Zeit würden wir bald vollständig verlottern. Wenn man nur eine Stunde in der Woche exerziert und dazu ohne Karabiner, so verlernt man bald die soldatischen Grundformen, von Gewehrgriffen gar nicht zu reden. Aber auf das kommt es beim Einsatz nicht an. Die Hauptsache ist, daß wir im Fahrzeug unseren Mann stehen.

Erich ist nun auch eingerückt, und zwar zum RAD* in den schönen Schwarzwald. Die bestellten Grüße werde ich ausrichten. Meine Photographien wurden endlich diese Woche fertig. Du kannst also damit rechnen, sie Anfang Mai in Deinem Besitz zu haben.

* Reichsarbeitsdienst

Oft weilen jetzt meine Gedanken bei Dir, wenn ich mich auf unseren Spaziergängen durch den Thüringer Wald befinde. Da müßtest Du dabei sein, und wir würden uns bald verstehen. Ich bin nur gespannt, wann und wo wir uns wiedersehen. Wenn ich nur ein bißchen Aussicht darauf hätte! Aber ich glaube, da muß ich erst militärfrei werden.
Nun, liebe Wanda, recht herzliche Grüße,
Dein Willy

Flensburg, den 26.4.1941

Liebe Hanna!
Ich danke Dir recht sehr für Deinen langen Brief, ich erhielt ihn am Sonntag früh, als ich gerade zum Stadion zum Training ging. Er kam zur rechten Zeit. Das heißt viel zu früh, denn Walter und ich treffen uns erst Montag wieder. Ja, Hanna, wir beide sind vom Pech verfolgt.
Am letzten Freitag rief Walter an. Tula hatte mit Dieter am Donnerstag gesprochen und sagte u.a.: »Walter hat sich Sonnabend etwas flegelhaft benommen, Wanda fand das auch.« Gleich muß Dieter dies Walter erzählt haben. Denn Walter fragte, warum ich mich über ihn beklagt habe. Ich wollte mit der Sprache nicht heraus, und dann sagte ich ihm doch, er sei etwas flegelhaft gewesen. Wir verabredeten uns für Sonntagnachmittag. Sag, Hanna, wie kommt das, ich mag ihn trotz allem doch ganz gern, den kleinen Jungen. Ich glaube, ich hab alles viel zu schwarz geschildert.
Gerade hab ich Sender Bremen eingeschaltet, ein Hot nach dem anderen, da ist jeden Mittag von 2 bis 3 Uhr Schlagerkonzert. Es nennt sich Nachmittagskonzert. Dann muß ich immer an den Sonnabend denken. Ich glaube nicht, daß Walter so viel gedacht hat, ich glaube eher, es war eine unbeherrschte Gefühlsäußerung. Die ganze Schlageratmosphäre trug wohl auch viel dazu bei.
Wie kommt es, daß Schlager solche Wirkung ausüben können? Man kommt in so eine ganz sentimentale Stimmung. Warum ist ein Schlager Kitsch? Deswegen? Ich glaube, so könnte ich dabei bleiben zu fragen. Sag, ist das alles so schlimm? Hat man jetzt seine Ahnungslosig-

keit restlos verloren? Ist man jetzt das, was man erfahren nennt? Warum wird über all dies so wahnsinnig viel gelästert? Und warum sind die Leute darauf so erpicht? Ich gebe Deinen Ausführungen wohl recht. Aber was haben sie davon, wenn sie ein Mädel geküßt haben? Sag mir, was haben sie davon?

Z.B. Willy schrieb in seinem letzten Brief: »Oft weilen meine Gedanken bei Dir, wenn ich mich auf einsamen Spaziergängen durch den Thüringer Wald befinde. Da müßtest Du dabei sein, und wir würden uns bald verstehen.« Antworte, liebe Hanna, wenn Du es kannst. Was will der Mann von mir? Glaubt er, ich würde ihm dann stärker verbunden sein? Oder was? Ich will das doch gar nicht. Ich find, ich bin noch viel zu jung dafür.

Andererseits habe ich doch weiß Gott keine Lust, das Bewußtsein zu besitzen, so einen ganzen Haufen Leute abgeküßt zu haben. Das find ich auch bei Walter so dumm, ich werd doch noch einen Haufen Fähnriche und andere Leute kennenlernen, und wenn jeder dies verlangen sollte, wo käme ich da hin, ich würde mich unmöglich finden. Walter sagte damals keinen Ton. Wie werden dann nur seine Briefe werden? O weh! Außerdem liest Mutti sie ja auch noch. Soll ich ihm das sagen?

Dienstag kommen sie, anders wie vorgesehen, nach Kiel auf die Heeresschule. Ich muß Mutti noch rumkriegen, daß wir Montagabend bei uns feiern dürfen. Ja, was hatten wir für Unglück: Außer den 7 Tanzstunden und dem Abtanzball haben wir uns nur viermal gesehen, zweimal bei uns, einmal Marienhölzung und an dem einen Sonnabend sowie 10 Minuten am Tag der Wehrmacht. Es sollte wohl so sein. Ich bin eigentlich auch ganz froh, daß sie wegkommen, denn es lenkte einen doch ab von der Penne.

Am Sonnabend, dem 19., war die feierliche Gruppenübergabe*. Es gab mir doch einen gewaltigen Stich. Ich hätte fast geheult. Als Fleißbillett erhielt ich das Buch »Preußische Legende«** von Henny, die die

* Übergabe der JM-Gruppen, deren Führerin Wanda gewesen war

** »Preußische Legende. Geschichte einer Liebe« von 1939. Der konservative Schriftsteller Eckart von Naso (1888–1976) schrieb neben dieser Ich-Erzählung über die Schwester Friedrichs des Großen auch Biografien der Generäle Moltke und Seydlitz

Übergabe leitete. Jetzt bin ich Sportwartin des Untergaus neben Doof-Heinrich, der neuen hauptamtlichen Kraft.
Was sagst Du zu dem Verlust von Schepkes und Kretschmers U-Boot*? Schepke, der Flensburger, ist ja tot. Ganz großes Bild in der Zeitung.
So, meine Liebe, am Dienstag oder Mittwoch erzähl ich Dir das Ende dieser Gru, und bis dahin sei recht herzlich gegrüßt
von mir

Flensburg, den 3.5.1941

Liebe Hanna!
Wie war ich selig, als ich gestern mittag Deinen lieben Brief erhielt. Den ganzen Vormittag redete ich schon immer von der Post. Tula spottete. »Ich hab Post von Hanna«, antwortete ich. »Ach so, ich dachte von Walter.« »Nee, nee, von Klein-Hanna und viel netter, und denken sollst du auch nicht!«
Wann habe ich das letzte Mal geschrieben? Am letzten Sonnabend, nicht wahr? Am Montag saß ich in der Sonne und aalte mich. Ich bin jetzt schon sehr braun. Mutti findet aber, es steht mir nicht. Ich sähe häßlich aus. Ansichtssache. Walter rief um 4 Uhr an. Das Gespräch war kurz, denn die Gru trat schon zum Abmarsch an. »Wir kommen übermorgen wieder!« »Gut, gut.« Sie waren ja in Berlin beim Führer dann gewesen. Damals ahnten sie noch nichts.

Sonntag, den 4.5.1941

Am Mittwoch um 1/2 4 Uhr rief Walter wieder an, zum letzten Mal, ob ich Zeit hätte? Ja. Denn Donnerstagfrüh 5 Uhr kämen sie fort nach Kiel. O backe. Er kam dann sofort heraus zu mir, und wir waren zum letzten Mal zusammen. Wir pilgerten nach Wassersleben und tranken im Forsteck Kaffee. Dann brachte ich ihn zur Straßenbahn, und futsch war er. Wenn es in Kiel nicht so gefährlich wäre, würde ich ihn wohl besuchen.

* Kapitänleutnant Joachim Schepke (1912–1941) starb, Korvettenkapitän Otto Kretschmer (1912–1998) geriet bis Ende 1947 in alliierte Kriegsgefangenschaft

Donnerstag paukte ich wieder, war ja auch Tag der Arbeit, nicht wahr? Sonnabend? Toll, sag ich Dir. Sollte ich zum Frühlingsmanöver der Patria-Fähnriche. Mutti war nicht da, sollte erst Sonntag kommen. Kam aber schon Freitagabend. Da war der Bart ab. Es gab Familienkrach, Erfolg: Ich komm nicht los. Sonnabend kam der Fähnrich Adolf Behring, um mich abzuholen, und wurde fortgeschickt. Ich sei krank.

Montag, d. 5.5.1941

Das wird direkt ein Brief in Raten, aber immer wieder ist was los, gestern sollte ich mit »my parents« spazieren.
Sonnabend soll es so nett gewesen sein, wenn auch ohne Tanz. Ich lag währenddessen in der Sonne und las das Buch »Preußische Legende« von Eckart von Naso. Das mußt Du unbedingt lesen. Es handelt von Anna Amalie, der jüngsten Schwester Friedrichs des Großen, die ihre unglückliche Liebe einem Kadetten schenkt.
Sonntagmorgen Training. Dann schrieb ich Briefe und ging spazieren. Die Führerrede war auch mal wieder ganz groß. Er steigert sich stets von neuem.
Von Walter ist noch keine Post da. Ja, ja, der Knabe ist schreibfaul. Eine sehr interessante Nachricht oder viel mehr Mitteilung machte mir Tula. Dieter hätte ihr einmal gesagt, ich sei Walters erstes Mädchen. Kann gut sein. Er war oft ziemlich ungehobelt, er vergaß, mir in den Mantel zu helfen und dergleichen. Also noch nicht in dieser Art von »Ritterdiensten« trainiert. Wir haben nichts abgemacht von wegen Schreiben. Aber ich hoffe, er wird es trotzdem tun. Ich kann ihm doch schlecht zuerst schreiben, obwohl ich seine Adresse ja weiß. Findest du nicht auch, daß das nicht geht?
Nun aber zu Deinem Brief. Du hast Willys Brief nicht intus gekriegt. Du hast doch diesen tollen Brief gelesen von dem »unsterblich verliebten« Willy. Darauf erwiderte ich nichts weiter. In diesem Stil ist das »Nichtverstehen« aufzufassen.
Was Du über meine Beziehungen zu Walter sagst, ist wohl richtig. Aber es ist doch ein Unterschied zwischen Günther und Dir damals und uns. Ihr habt Euch geliebt, jeder wußte dies vom anderen, und Ihr wart restlos glücklich. Wenn ich Walter lieben sollte, dann muß es

traurig aussehen um die so vielgepriesene, besungene, bedichtete Liebe. Ich hab ihn ganz gern, diesen Jungen, den drittjüngsten Fähnrich der ganzen Gru 1940, auch am liebsten von allen bisher mir bekannten Leuten. Nur, ich glaube kaum, daß das Liebe ist. Glücklich war ich damals auch so restlos nicht, vielmehr war ich irgendwie bedrückt. Es fiel ja auch kein Wort. Nur das übliche »Auf Wiedersehen«, als er ging. Die letzte Stunde haben wir kein Wort gewechselt, und auch Mittwoch, drei Wochen später, wurde der Sonnabend gar nicht erwähnt.

Die ersten 14 Ferientage werde ich mit Mutti im Thüringer Wald oder im Sudetenland verleben. Schnaftig, nicht? Mutti fährt vorher zu Oma. Dann werd ich Dich besuchen, meine Geliebte, und auch einen Tag bleiben auf der Hin- und Rückfahrt, das steht fest. Dann folgen 14 Tage Straßenbahn als Hilfsschaffnerin = 60 Mark. Dafür geht's dann noch mal mit Klassenkameradinnen irgendwohin acht Tage zum Amüsieren, Westküste oder irgendein Badeort. Damit man von seinen Ferien etwas gehabt hat.

Nun aber Schluß, Liebe. Mit Freude auf den nächsten Brief bleib ich mit den herzlichsten Grüßen

Deine alte Freundin

NS: Hör mal, kann man in Dessau auch Bademützen bekommen? Bei uns gibt es keine mehr, und Wanda ohne Bademütze ist wie ein Bett ohne Matratze. Wenn Du eine auftreiben kannst, wär ich Dir dankbar. Porto und Preis wird ersetzt.

O.U., den 5.5.1941

Liebe Wandelgard!

Heute konnte ich endlich mein Versprechen von wegen der Photographie einlösen. Hoffentlich gefällt sie Dir. Lange genug hast Du ja darauf warten müssen. Leider braucht die Post von Dir zu mir so lange. Wie es umgekehrt der Fall ist, weiß ich nicht.

Solange wir uns auf reichsdeutschem Boden befinden, dürfen wir uns ja nicht beklagen. Aber wenn wir einmal draußen in der weiten Welt sind, darf es uns nicht verwundern, wenn die Post wochen- oder gar

»Meiner lieben Wandelgard als Zeichen unverbrüchlicher Freundschaft von ihrem Willy«. Mai 1941

monatelang ausbleibt. Aber nicht, liebe Wanda, das wollen wir uns versprechen, immer fleißig zu schreiben? Ich glaube sicher, daß es Dich auch freuen wird, wenn ein Soldatengruß zu Dir ins Haus flattert.
Die Führerrede am gestrigen Sonntag hat mich mal wieder begeistert. Für ein solches Reich wie das unsere ist es schon wert zu kämpfen und, wenn nötig, auch sein Blut zu vergießen. Wir alle brennen darauf, möglichst bald an den Feind zu kommen.
Hoffentlich erleiden wir dann nicht auch das Mißgeschick, das die meisten Divisionen, die für Jugoslawien und Griechenland bestimmt waren, ereilt hat. Wie groß mag wohl die Enttäuschung für die vielen Soldaten gewesen sein, die am Ausladebahnhof erfuhren, daß sie nicht mehr gebraucht würden, weil der Widerstand der Feinde so bald gebrochen worden ist?
Was uns für ein Kriegsschauplatz noch übrig bleibt, ist mir an und für sich egal. Aber nachdem nun im Irak auch allerhand los ist, wäre dort

das gegebene Land für mich. Dort könnte man sicher allerhand erleben. Hoffentlich bringt uns der Mai noch die so heiß ersehnte Luftveränderung.
Bei meiner neuen Kompanie gefällt es mir sehr gut. Vor allem ist es ein sehr ruhiger Dienst beim Stab. Da fällt es bestimmt nicht auf, wenn man sich einmal einen ganzen Tag nicht sehen läßt. Wichtig ist das nämlich nicht, was wir hier treiben. Das einzig Schöne auf dem Truppenübungsplatz sind noch die Übungen, die sich auf die weitere Umgebung des Lagers erstrecken.
So kamen wir einmal bei einer Einsatzübung bis Erfurt. Zuvor waren wir in Gotha, wo wir einen Halt machten. Natürlich wurden wir sofort von der Bevölkerung umringt, die uns mit heißem Kaffee und Zigaretten bewirtete. Im weiteren Verlauf der Übung kamen wir auf einen Gutshof, wo uns die Gutsbesitzerin drei große Büchsen mit Leberstreichwurst und Büchsenfleisch überreichte.
Im großen und ganzen sind die Menschen hier in Thüringen den Soldaten gegenüber sehr liebenswürdig und zuvorkommend, mit Ausnahmen von Ohrdruf selbst. Hier sind die Leute stur wie ein Panzerwagen. Ohne Marken ist rein gar nichts zu bekommen. Man sollte wenigstens erwarten, daß man ab und zu ein Stück Kuchen »ohne« bekommt. Aber da ist nichts zu machen. Es ist schließlich auch kein Wunder, denn hier liegt mindestens dreimal so viel Militär, als Zivilisten da sind.
Aber wenigstens bleibt uns die Hoffnung, daß wir bald wegkommen. Du kannst Dir kaum vorstellen, was es für einen Großstadtmenschen bedeutet, mit einem Schlag in ein doofes Nest versetzt zu werden. Aber so ist einmal das Schicksal von Zigeunern. Hoffentlich wird wenigstens bald das Wetter etwas besser.
Zum Schluß recht herzliche Grüße
von Deinem Willy

Flensburg, den 12.5.1941

Liebe Hanna!

Große Freude rief Dein lieber Brief hervor, den ich gestern als Sonntagspost erhielt. Der war ja so voll von dem, was Du so treibst, und verschaffte mir so ein feines Bild von Deinem jetzigen Leben. Ich habe festgestellt, daß Du wohl am laufenden Band im Kino bist und Filme siehst. Beneidenswert, dazu hab ich einfach keine Zeit. Überhaupt hast Du es gut, bekommst schon Dein Gehalt und bist nicht mehr so doll von Zuhaus abhängig. Während ich noch auf Jahre hinaus auf Vatis Geldbeutel angewiesen bin, also unfrei.

Weißt Du, wen ich heute vorm Latein traf? Erwin Jansen als Flieger. Oh, die gute alte Zeit, dachte ich. Na, sooo gut war sie ja nicht, aber trotzdem.

Mit den Ferien ist es schon wieder aus. Jetzt sollen Gila und Rieke* den halben Juni, Juli und August mit Lisa zur Oma. Was mit mir passiert, ist fraglich. Weißt Du, diese saublöden Engländer verderben uns das ganze Spiel. In der letzten Woche hatten wir vier Mal Alarm, Dienstag-Mittwoch, Donnerstag-Freitag, Sonnabend-Sonntag, Sonntag-heute. Da mag Mutti nicht von zu Hause fort und schickt die Kleineren nach Regensburg. Ach Gott, da werd ich es mir in Flensdorf gemütlich machen müssen.

Über die Affäre »Walter« bin ich vollkommen hinweg. Episode, Zwischenaktsmusik. War nur dazu gut, daß ich Willy mehr schätzen lernte. Aus welchem Grund mag Walter wohl nicht schreiben? Warum, ach, es ist mir ja auch egal. Er bekommt aber seinen Senf. Auf jeden Fall will ich meine Bildchen wiederhaben. Wer weiß, wem er sie zeigt und was daraus entstehen könnte. Nein, nein.

Am Mittwoch, 14 Tage nach dem letzten Zusammenkommen, schrieb ich ihm folgendes: »Lieber Walter! Nachdem Du mir 14 Tage kein Lebenszeichen gesandt hast, nehme ich an, daß Du nichts mehr von mir wissen willst, und bitte Dich, mir meine Bilder zurückzuschicken. Ich hatte gedacht, Du seist besser als Dieter und nicht so ein unhöflicher Knopf wie er, aber ich habe nur gedacht. Schönen Gruß, Wanda.«

* Wandas 10- bzw. 14jährige Schwestern

Willy hat mir sein Bild geschickt. Sowas Fabelhaftes. Aus alter Freundschaft schicke ich es Dir, bitte Dich aber herzinniglich, es sofort zurückzuschicken. Mutti war auch von dem Bild begeistert, zumal ein wirklich fabelhafter Brief dabei war. Ja, ja, so eine Hofbräuhaus-Bekanntschaft hat schon was für sich! Ich find Willy jetzt auch auf Zack. Was so ein Bild nicht alles vermag! Denke an den niedlichen, tollen Brief von damals.

Was sagst Du zu der Meldung über Rudolf Hess? Traurig, nicht wahr? Nun aber Schluß, es ist schon 10 1/2 Uhr. Gute Nacht. Hoffentlich brauchen wir heute nicht in den Keller.

Also das Bild schickst Du sofort zurück, nicht wahr? Viele Grüße! Moin!

Dein Komplementärstück

13.5.

Ich bin jetzt eisern beim Training. Alles kann ich jetzt, überall schaffe ich die Sehr-gut-Bedingungen. Nur beim Laufen nicht. Hast Du Worte? Einst war Laufen meine Stärke, und sonst konnte ich nichts, und jetzt ist es umgekehrt. Eisern geht es Dienstag, Freitag und Sonntag hinaus in die zweite Heimat, das ist mein Sport.

Freitag war ich im Theater: »Frauen haben das gern«. Ich find das nicht so schön, oder findest Du, daß ein Mann nur begehrenswert ist, wenn er vor dir interessante Frauen, bekannte Größen, geliebt hat? Zweitens haben es Frauen gern, wenn die Männer sich um sie reißen. Kann ich schon eher verstehen. Nett wurde es aber gespielt, das Stück. Mit Stepp und Swing und allen Schikanen. Das waren wirklich zwei Stunden Lachen und Frohsinn, so daß man sogar die Mathesorgen vergaß. Sonnabend Mathearbeit verhauen. Wurscht! Nachmittags zur Dauerwelle, vorn hoch, Rolle nach innen. Ziemlich kurz, die einst so lange Mähne.

Nun muß ich aber den zweiten Schluß machen, denn die Familie schreit schon. Nochmals ein kräftiges Moin, Moin! (Übrigens ist »Moin« so richtig geschrieben nach dem Flensburger Wörterbuch von Klaus Witt. Ich schicke es Dir mal.)

Deine Klein-Wanda

O.U., den 15.5.1941

Liebe Wandelgard!
Erst jetzt habe ich wieder einigermaßen Zeit gefunden, Dir auf Deinen letzten Brief zu antworten. Du kannst Dir gar keinen Begriff machen, wie sehr uns jetzt der Dienst in Anspruch nimmt. Die Übungen am Tage wären ja eigentlich nicht schlimm; aber dazu kommen einmal in der Woche Nachtübungen, die uns den so kostbaren Schlaf rauben. Aber schließlich bedeutet ja das Leben auf dem Truppenübungsplatz keine Erholung.

Im großen und ganzen würde es mir auch hier ganz gut gefallen, wenn wir wenigstens bald auf Einsatz hoffen dürfen. Aber niemand weiß etwas. So bleibt uns auch weiter nichts übrig, als stur unsere Pflicht zu erfüllen, wenn es auch manchmal schwerfällt. Wenn wir wenigstens am Wochenende etwas Abwechslung hätten, wäre alles viel gemütlicher. Aber in unserer Stadt ist schon rein gar nichts los. Nicht einmal ins Kino gehe ich jetzt mehr, weil hier nur die übelsten der alten Filme gespielt werden.

Nun, liebe Wandelgard, möchte ich zu Deinem Brief Stellung nehmen. Daß Dir unsere Abizeitung gefallen hat, freut mich sehr, denn das ist ein Urteil von Qualität. Du wunderst Dich, daß über mich kein Wort darin steht. Aber Wanda, Du mußt doch bedenken, daß nur die »verherrlicht« wurden, die es bis Schuljahrsende ausgehalten haben. Uns »Abtrünnigen«* kann man dann lediglich noch einen ehrenvollen Nachruf widmen, was auch geschehen ist.

Daß Du heuer Deine Ferien im Thüringer Wald verbringen willst, ist sehr schön; noch schöner wäre es, wenn ich zu diesem Zeitpunkt noch hier wäre. Aber das grenzt schon ans Unwahrscheinliche. Wenigstens habe ich jetzt den Trost, wenn der Einsatz lange auf sich warten läßt, können wir uns vielleicht wiedersehen, und das wird der Traum meiner schlaflosen Nächte. Ich brauche mir nur unser Wiedersehen ausmalen, und schon sind die Sorgen des Alltags vergessen.

Trotzdem haben Illusionen nicht viel Zweck. Das haben wir im März leider erfahren müssen. Damals schien es ja bereits hundertprozentig

* Diejenigen, die sich schon ein halbes Jahr vor Schuljahrsende freiwillig zum Kriegsdienst gemeldet hatten und das Notabitur bekamen

geklappt zu haben. Ich wurde einigermaßen entschädigt, da ich in Urlaub fahren konnte. Aber wie es Dir ums Herz war, weiß ich nicht. Auf jeden Fall versuche ich, in meinem nächsten Heimaturlaub Dich einmal wieder von Angesicht zu Angesicht zu sprechen.
Nun aber Schluß mit diesen Luftschlössern, denn es wird mir bereits wieder weich ums Herz. Recht herzliche Grüße
Dein Willy

Flensburg, den 23.5.1941

Meine liebe kleine Freundin!
Was hat sie sich doch wieder angestrengt, direkt Bände hast Du geschrieben, und das verpflichtet mich ja auch zu Bänden. Ich glaub nur, daß ich heute nicht mehr fertig werde, denn es ist bereits 10 Uhr, und ich habe schon einen Brief an Willy hinter mir. Seit einer Woche sollte ich ihm schreiben, und er bekommt die Briefe oft erst fünf bis sechs Tage später, also kam er diesmal vorher dran.
Ja, wo soll ich anfangen? Es ist ja so viel zum Plaudern, nicht wahr? Mündlich geht es doch besser. Also zuerst zu Deinem Brief. Diesen Bruno halt ich für blöd, entschuldige, aber er ist, nach seinem Brief zu urteilen, ein »büschen« dumm. Soll das spöttisch sein, oder was will der Mann damit bezwecken? Sollst Du ihm vielleicht Liebesbriefe schreiben, einem Soldaten, den Du kaum kennst! Der hat einen Stich in der Birne, der Mann. Antworte nicht, er ist Deiner Zeilen nicht würdig.
Nun zu mir. Walter hat mir nicht geantwortet, Du hattest recht. Kann mich auch weiter nicht reizen. Im Grunde war ich doch empört, aber nun ist alles überwunden und ich find die Fähnriche ein eingebildetes, doofes Volk.
Im 08* sind jetzt auch Fähnriche. Sonntag vor einer Woche war Antrittssportfest. Für 08 kämpften elf Fähnleins. Ich machte den 2. Sieger für die Frauen. Ja, staune, ich machte den 1. im Laufen mit 14,2. Nachher war gemütliches Beisammensein in der »Stätte für Ruhe«**.

* Wandas Sportverein
** Gaststätte im Flensburger Stadion

Fähnriche saßen da, Flieger, Maaten und dergleichen mehr. Wir setzten uns nicht zu den Fähnrichen, sondern zu den Fliegern, ein nettes Volk übrigens. Abi hatten die sogar, also nicht so gewöhnlich. Da habe ich mich ganz nett amüsiert.
Nachher zogen wir von der Tafel weg an einen kleinen Tisch, Schulte*, zwei Flieger und ich. Der eine will mir einen Schlauch für mein Rad klauen bei seinem Leutnant. Toll, nicht? Am Donnerstag waren sie zum Training. Da nahm er meinen kaputten mit, und morgen bekomme ich ihn wieder, d.h. den guten. Also bin ich jetzt bei einem Flieger gelandet. Die Flieger gehören zu den Luftlandetruppen, die am Flugplatz liegen, eisern wird trainiert mit ihren paar Segelflugzeugen. Aber bitte schweigen: Sie werden gewiß mit zum großen Einsatz kommen. Wär schade um die Jungen, wenn sie draufgehen sollten.
In der Penne ist immer dasselbe. In Deutsch werde ich besser, dafür 6 in der Englisch-Arbeit, 5 in Mathe. Toll, nicht wahr? Am 9.6. beginnt unser Einsatz, bis zum 4.7., und dann die Ferien. Wohin, usw. usw.? Wenn nichts anderes rauskommt, fahr ich zu Dir und hol Dich ab, wenn Du in Urlaub gehst.
Jetzt ist es bei uns schon langsam warm geworden, und der Wald ist seit dem Muttertag grün. Bald beginnt auch das Baden. Neulich sah ich den Film »Hauptsache glücklich«. Heinz Rühmann, Hertha Feiler, netter Unterhaltungsfilm. Du siehst wohl jeden Film, so gut möchte ich es auch haben!
Du, Deine künftige Schwägerin** ist ja eine nette Dame! Toll, sag ich Dir, war sie neulich angemalt. Na, ist ja nicht meine Sache. Ich sag Dir nur soviel, Du hättest Dich bestimmt empört umgedreht, wenn Du sie als Fremde gesehen hättest in Flensburg. Bonbonrote Lippen usw.
Zu Willys Bild. Dadurch, daß es in diesem warmen, roten Ton gehalten ist, wirkt es vielleicht weicher. Aber in Wirklichkeit ist Willy nicht so ohne Energie. Vielleicht besitzt Günther aber noch mehr davon, als ehemaliger HJ-Führer. Weißt Du noch, wie er uns damals imponierte, als er sein Tanzverbot an dem Kameradschaftsabend gegen alle durchsetzte?

* Wandas Schulfreundin
** Die Verlobte von Hannas Bruder Helmut

Nun aber Schluß, Klein-Wanda ist müde, ist auch Bettzeit. Gute Nacht und schreib bald, noch vorm Landeinsatz. Viele Grüße
von Deiner Wanda

O.U., den 30.5.1941

Meine liebe Wandelgard!
Heute fällt es mir fast schwer, meine tiefe Dankbarkeit zu Dir in Worte zu kleiden. Die Feder ist dazu viel zu schwerfällig, um Dir all meine Gefühle und Gedanken brieflich auszudrücken. Auf jeden Fall hast Du mir mit Deinen Pfingstüberraschungen und Deinen lieben Zeilen die größte Freude bereitet. Deinen Brief vom 23.5. habe ich schon vorgestern erhalten. Du kannst Dir vorstellen, mit welcher Ungeduld ich auf Dein Päckchen wartete, um so mehr, als es bereits drei Tage vor dem Brief abgegangen war.
Heute mittag gelangte ich endlich in den glücklichen Besitz Deiner Liebesgaben. Die Plätzchen sind wohlbehalten angekommen – abgesehen von einigen Brüchen, die aber ihrem guten Geschmack keinerlei Abbruch tun. Ich habe festgestellt, daß Euer Geschmack oben im hohen Norden identisch ist mit dem unsrigen aus dem Süden.
Die Zigaretten waren mir ebenfalls sehr willkommen, da zur Zeit unsere Rauchwarenbestände äußerst rationiert werden. Begeistert hat mich das schöne Buch. Alles in allem ist es Dir gelungen, mir das Pfingstfest auch in diesem traurigen Nest zu versüßen.
Wenigstens merkt man jetzt bei uns schon etwas von Truppenbetreuung auf kulturellem Gebiet. Jede Woche kommt ein Fronttheater zu uns. Heute abend ist wieder Vorstellung. Es wird gegeben »Horcher an der Tür« oder »Lauscher an der Wand« oder wie die Komödie sonst heißen mag. Die Hauptsache ist, daß man für zwei Stunden in eine andere Welt entrückt.
Vorigen Montag sahen wir den Film »Ohm Krüger«*; dieses Meisterwerk hättest Du Dir nicht entgehen lassen sollen. Ich kenne ja die Ge-

* Antibritischer Propagandafilm von dem Regisseur und überzeugten Nationalsozialisten Hans Steinhoff (»Hitlerjunge Quex«, 1933) mit Emil Jannings und Gustaf Gründgens. Joseph Goebbels (»ein anti-englischer Film, der die kühnsten Träume übertrifft«) suchte die Schlußszenen persönlich aus

schichte der Burenkriege von früher; aber so überzeugend und so pakkend kann sie kein Buch erzählen. Das traurige Los der Burenfrauen und -kinder kann einen zutiefst ergreifen. Der Film hat wieder dazu beigetragen, unsere Wut auf den Engländer aufs höchste zu steigern, und das können wir gut gebrauchen für unseren kommenden Einsatz. Den Film »Hauptsache glücklich« habe ich in Erfurt gesehen. Mir hat er aber nicht so sehr gefallen. Vor allem der unwahrscheinlich schnelle Aufstieg des kleinen Steuerbeamten zum Direktor scheint mir etwas zu stark an den Haaren herbeigezogen. Ich möchte Filme sehen, die das Leben schreibt, und so einer wäre auch » ... reitet für Deutschland«* gewesen. Wenngleich ich den Pferdesport aktiv nicht betreibe und auch keine Lust dazu habe, so spiele ich doch ganz gerne den andächtigen Zuschauer.

Daß Du infolge der Kriegsverhältnisse diesen schönen Sport aufgeben mußtest, wird Dir wohl nicht recht angenehm sein. Aber Du bist ja so einsichtsvoll, um zu erkennen, daß unsere lieben Vierbeiner jetzt der Wehrmacht dienlicher sind, wenn auch wir speziell weniger die Pferde brauchen als vielmehr ihre »Stärke«, nämlich möglichst viele PS.

Wanda, daß Du Deinen Urlaub nicht in Thüringen verbringen kannst, wird Dir wohl nicht recht sein. Aber glaube mir, getroffen hätten wir uns sowieso nicht; denn bis Ihr Ferien habt, sind wir vielleicht schon über alle Berge. Vielleicht ist dies schon der letzte Brief vom Truppenübungsplatz, vielleicht sogar schon der letzte aus Deutschland auf lange Zeit hinaus. Ob es wirklich so schnell geht, zeigen die nächsten Tage.

Nun, liebe Wandelgard, habe ich noch einen Wunsch. Laß bitte die beiden Pfingstfeiertage ein bißchen die Sonne scheinen, damit ich wenigstens im Thüringer Wald spazieren gehen kann. Die letzten zwei Tage hat nämlich eine fast unerträgliche Hitze dem miserabelsten Hundewetter Platz gemacht. Die Wege in unserem Lager sind vollkommen aufgeweicht. Mir scheint, daß schon das Grundwasser hervorkommt.

* Antisemitischer Propagandafilm, der das Prädikat »Staatspolitisch wertvoll« erhielt. Hauptdarsteller Willy Birgel bekam wegen seiner Mitwirkung nach dem Krieg ein vorübergehendes Auftrittsverbot

Bei einem solchen Wetter, wo man keinen Hund hinausjagen möchte, sind wir Tag für Tag draußen und machen technischen Dienst. Bedenke das einmal, jeden Tag müssen die Fahrzeuge picobello saubergemacht werden, und wenn wir dann wieder zehn Meter damit fahren, glaubt man, sie wären aus einem Sumpf hervorgezogen worden.
Mittlerweile ist nun auch die dritte von Deinen guten R6 zu Ende geraucht. Außerdem muß ich mich allmählich zum Theaterbesuch fertigmachen. Sei also nochmals aus tiefstem Herzen bedankt für Deine lieben Pfingstgrüße, die ich leider nur mit diesen bescheidenen Zeilen erwidern kann.
Sei für heute aufs herzlichste gegrüßt
von Deinem glücklichen Willy

O.U., den 7.6.41

Liebe Wandelgard!
Recht herzlichen Dank für Deinen lieben Brief, den ich soeben erhalten habe. Da ich jetzt ausnahmsweise auch Zeit zum Schreiben habe – es ist Samstagnachmittag –, sollst Du sofort Antwort erhalten. Vielleicht ist dies sogar der erste Brief überhaupt, der Dich an Deinem neuen Aufenthaltsort erreicht. Für mich ist es jedenfalls der letzte vom Truppenübungsplatz.
Du kannst Dir denken, wie wenig Zeit für private Angelegenheiten übrigbleibt, wenn wir noch Anfang der kommenden Woche die große Reise in die unbekannte Ferne antreten wollen. Sogar morgen, am Sonntag, ist Dienst: technischer Dienst und Gurten von technischer Munition. Heute nacht hatten wir unsere letzte Übung. Damit ist endlich in unser stures Soldatenleben ein tieferer Sinn gekommen.
Aber heute wollte ich Dir in der Hauptsache meine Eindrücke von der »Preußischen Legende« erzählen. Abgesehen von der stilistischen Schönheit des Satzbaus hat der Dichter es verstanden, durch die Gewalt seiner Worte die große Tragödie einer unerfüllten Liebe aufzuzeigen. Von unglücklicher Liebe will ich nicht einmal sprechen, denn die beiden Liebenden haben ihr Glück gefunden in dem

immerwährenden Warten aufeinander. Für Amalie und Trenck stand ja von vornherein fest, daß ihre Liebe niemals in Erfüllung gehen konnte.
Trencks Handeln könnte man möglicherweise auf Grund seines abenteuerlichen Blutes erklären. Aber für Amalie scheint sich alles nur noch um ihren Kornett zu drehen. Solche Frauen muß man bewundern, deren Opferbereitschaft und Hingabe im Stillen keine Grenzen mehr finden. Für die Prinzessin hat dadurch das Leben erst seinen Sinn bekommen.
Es war bestimmt eine herrliche, wenn auch wenig dankbare Aufgabe, einem Menschen, dem man einmal das Wertvollste und Schönste geschenkt hat, nämlich die Liebe, in seiner tiefsten Erniedrigung beizustehen und immer seine Rettung zu unterstützen. Und sollte man dadurch auch in Konflikt mit der herrschenden Gewalt kommen. Die Tragödie in dem Leben beider war ja doch nur die unüberbrückbare Kluft ihrer Abstammung. Ohne diese hätten sich zwei Menschen dem Leben erhalten und wären glücklich geworden. Mehr nicht über das Buch, denn ich bin ja kein Kritiker und kann nur meine eigene Meinung schreiben, die meinen Gefühlen entspricht.
Daß bei Euch oben auch Lastensegler üben, hat mich sehr verwundert. Meine Mutter hat mir im letzten Brief davon geschrieben, wie es in Regensburg davon am Himmel wimmelt. Drei Ju 52* ziehen dort ein einziges Segelflugzeug, das allerdings bis zu 120 Mann fassen kann. Neulich ist eines davon im Sturm abgestürzt, glücklicherweise war es nur mit vier Mann besetzt. So allmählich wird dieses neuartige Kampfmittel auch populär.
Als ich zu Hause in Urlaub war, versuchte mein Sturmführer mich für diese Lastensegler zu gewinnen. Auf Grund meiner segelfliegerischen Ausbildung müßte ich sogar umsatteln. Aber meine Dienststelle weiß nichts von meiner Segelflieger-C-Prüfung. Das ist gut so, denn bei den Panzern gefällt es mir auch sehr gut, um so mehr, als wir jetzt auf Reisen gehen.

* Robustes Transportflugzeug mit dem Spitznamen »Tante Ju«

Am Montag hat die ganze Division großen Zapfenstreich, und wenn Dich dieser Brief erreicht, bin ich vielleicht schon über alle Berge. Es wird Dich sicher interessieren: Erich ist auch schon weggekommen, und zwar mit dem RAD an die Kanalküste.
An Pfingsten habe ich schöne Spaziergänge in die Umgebung gemacht. Das Wetter war aber auch – ganz im Gegensatz zu Eurem – zu herrlich. Die Sonne brannte vom unbewölkten Himmel, daß einem die Uniform zur Zwangsjacke wurde. Sehnsüchtig habe ich an meine Lederhose zu Hause gedacht, die nun im Schrank vermodern darf. Da müßte halt wieder einmal Urlaub her, allerdings nicht jetzt, sondern erst Ende August, wenn Du in Regensburg weilst.
Liebe Wanda, entschuldige bitte die Schrift, aber ich mußte liegenderweise im Bett schreiben, da der Tisch mit Munition belagert ist. Denke auch daran, wie sehnsüchtig ich jedesmal auf Deine lieben Zeilen warte. Hoffentlich macht nun die Post keine Schnitzer, daß nicht nach sechs Wochen bei mir oder bei Dir gleich ein Bündel Briefe eintrifft.
Nun wünsche ich Dir recht »gute Erholung« auf dem Lande. Bis zum nächsten Mal sei von ganzem Herzen gegrüßt
von Deinem Willy

3.
»Bis jetzt habe ich alles gut überstanden«

Willy kommt an die Ostfront • Wanda arbeitet in den Sommerferien auf dem Land • Hanna besteht die Prüfung als technische Zeichnerin

Sommer 1941. Bereits vor einem Jahr hatte Adolf Hitler im engsten Kreis den »unabänderlichen« Beschluß verkündet, die Sowjetunion anzugreifen. Im März 1941 erklärte er einigen hohen Offizieren, daß dieser »Vernichtungskrieg« mit äußerster Härte zu führen sei. Jetzt, Ende Juni, ist es so weit. Er gibt den Befehl zum Marsch auf Rußland. Am 22.6.1941 überfallen rund drei Millionen deutsche Soldaten mit 3580 Panzern die Sowjetunion. Darunter auch Willy.

Der Gymnasiast aus Regensburg gehört zur Heeresgruppe Mitte, die Richtung Moskau aufbricht. Am 27. Juni erreicht seine Panzerdivision Minsk. Bereits am nächsten Tag ist die weißrussische Metropole, damals eine Stadt mit 240 000 Einwohnern, erobert. Sie wird während des Krieges zu 95 Prozent zerstört werden und später völlig neu aufgebaut.

Bei Minsk kesseln die Deutschen rund 400 000 sowjetische Soldaten ein, etwa 330 000 geraten in Gefangenschaft. Solche großen Kesselschlachten, wie sie auch bei Bialystok, Smolensk und Kiew stattfinden werden, prägen den Beginn des Rußlandfeldzugs. Weil die entkräfteten und oft verwundeten Gefangenen bis zum Abtransport lange unversorgt auf freiem Feld kampieren müssen, kommt es im Anschluß an die Kesselschlachten regelmäßig zu einem Massensterben. Über drei Millionen der rund 5,7 Millionen sowjetischen Soldaten, die den Deutschen in die Hände fallen, überleben die Gefangenschaft nicht.

Im August gibt Stalin obendrein den berüchtigten Befehl Nr. 270, der jeden Soldaten zum »Vaterlandsverräter« erklärt, wenn er sich ergibt oder lebend gefangen wird. Entsprechend verzweifelt kämpfen die Russen. Sie seien »so verhetzt, daß sie lieber den grausamsten Tod sterben als in deutsche Gefangenschaft zu geraten«, schreibt Willy, getreu nationalsozialistischer Diktion.

Von Minsk aus zieht Willys Panzertruppe erst mal nach Nordosten, Richtung Leningrad. Toropez südlich von St. Petersburg, die Waldaihöhen, Demjansk – die Namen sind verbunden mit Schlachten, die in die Geschichtsbücher eingingen. So weiß er jetzt, nach wenigen Wochen im Osten, daß »der Rußlandfeldzug nicht mit Frankreich vergleichbar« ist. Daheim ist das noch nicht bekannt. Wanda jedenfalls wünscht sich, daß er ihr einen hübschen Mantelstoff schicken möge – das Geld werde sie ihm schicken, damit er in dem russischen Kaufhaus bezahlen kann. Aus Frankreich schicken die Soldaten ihren Mädchen ja auch immer so hübsche Dinge. Ist das nicht auch ein Sinn des Krieges?

Ende September allerdings ist Hanna »ganz erschüttert«. Sie liest die hohe Gefallenenzahl. Daß der Krieg auch auf deutscher Seite viele Leben kostet, das hätte sie nie gedacht – wo man doch »bisher immer nur so minimale Verluste gewöhnt« war. Ob auch schon Flensburger Freunde und Bekannte gefallen sind?

Kalleby, den 9.6.41

Liebe Hanna!
Ja, meine Beste, nun sitze ich ganz in Deiner ehemaligen Gegend, in Kalleby bei Bäcker Klausen. Die Familie ist Dir ja wohl bekannt. Wie wäre das doch fein, wenn Du jetzt noch bei Thomsen wärst, nicht? Heute morgen um 10 Uhr kam ich hier an, und den Anfang bildete das Frühstück. »Na, das fängt ja heiter an, gleich mit dem Essen«, dachte ich mir. Dann hab ich abgewaschen, Eier gestempelt usw. Außer mir ist noch ein Pflichtjahrmädchen da, seit drei Wochen, eine 15jährige Hamburgerin, mit der teile ich das Zimmer. Du wirst die Leute ja kennen, ich finde sie beide nett, die alte und die junge Frau.
Ich bin nun ganz allein zu Haus. Alle anderen sind zum Rübenhacken, und mir hat man die Kinder anvertraut, 2 Jahre und 8 Monate alte Mädchen, wonnige Gestrüppe, sage ich Dir. Nachher soll ich Strümpfe stop-

fen. Mit Elisabeth, der 2-Jährigen, wandere ich dann nach Nübelfeld und hole mein Rad. Da packe ich auch gleich den Brief in den Kasten. Jetzt hat sich der Spieß gedreht, und Du bekommst Post mit dem Stempel Nübelfeld. Soll ich irgendwelche Leute grüßen? Von meiner Klasse sind noch Schulte und Sibberle und Ewald am Ort. Das ist ganz nett.
Freitag sollten wir eine Englischarbeit abgeben, die ich natürlich nicht konnte und mir von einem Fähnrich von 08 machen ließ. Erfolg: 6, da unselbständige Arbeit. Sie war zu gut. Donnerstag hatten wir unser Leichtathletik-Abi. Ich habe als einzige der beiden Klassen mit 80 Punkten, der höchstmöglichen Punktzahl, abgeschlossen.
Donnerstagabend waren die beiden Flieger wieder einmal am Stadion. Sie hatten den Schlauch vergessen. Sie brachten mich nach Haus, und da sie mir den Schlauch unbedingt zukommen lassen wollten, bekamen sie meine Telefonnummer. Freitag rief der eine an. Ich traf mich mit ihm beim Straßenbahndepot, war danach im Café Albert und brachte ihn dann zum Südermarkt. Prima Kerl, Abi, fünfter im Zehnkampf, große Kanone, sag ich Dir. Da er Sonntag nach Hamburg mußte, konnte er nicht zu den Kreismeisterschaften kommen.
Übrigens werden wir nächsten Sonntag nach Kiel zu den Bezirksmeisterschaften fahren. Da will ich Walter anrufen und bitten, er möge zum Sportplatz kommen. Ich bin ja soo neugierig, warum er nichts von sich hören ließ. Ich glaube aber ganz bestimmt, er ist zu feige zu kommen, er wird eine Ausrede haben.
Vorigen Freitag schrieb ich Hermann nach Polen, und in einer Woche war Antwort da. Tolle Sache. So, jetzt ist meine Mittagsstunde gleich um, und es geht ans Strümpfestopfen.
Auf ein paar nette Wochen in Kalleby! Es grüßt Dich recht herzlich
Deine Wanda

Kalleby, 17. 6. 1941

Liebe Hanna!
Habe gestern Deinen Brief mit großer Freude erhalten. In der Mittagspause lag ich im Bett und wollte ihn noch »schnell« lesen. Aber daran war nicht zu denken, denn Du bist ja so fleißig gewesen.

Was soll ich Dir berichten? Ich glaube, ich fang hier in Kalleby an. Nach dem ersten Tag, an dem ich Dir schrieb, folgten viele Änderungen. Ich muß Dir sagen, daß das mit dem Rübenhacken nur eine Illusion war. Denn ab Dienstag mußte ich hinaus. Überhaupt verrichte ich jetzt die schwere Arbeit und Annemie die leichte. So war ich letzte Woche jeden Tag vor- und nachmittags zum Rübenhacken. Ich gewann darin bald solche Fertigkeit, daß ich etwas schneller sogar war als die beiden Männer. Da machte die Sache dann auch Spaß.
Frau Schranzen, Du wirst sie sicher kennen, die Rekordarbeiterin, Dich kannte sie übrigens auch, überhaupt alle Leute kennen Dich hier, die große Dunkle von der Mühle, lobte mich. Ja, sie meinte, aus mir müßte man eine ausgezeichnete Bauerndeern machen können. Ich lehnte aber dankend ab.
Nun kommt eine neues Thema. Wir hatten ja unseren freien Sonntag, Edith und ich. Um 1/2 5 Uhr fuhren wir rein nach Flensburg. Stell dir vor, an der Rathausstraße, wie ich auf die Bahn warte, kam der Flieger. Also, Du weißt, der Flieger vom Schlauch. Am Sonnabend, wie er mich im Stich ließ, kam er erst um 5 Uhr in die Stadt, mochte mich nicht anrufen, da es mein letzter Abend mit den Eltern war. Ich wär auch nicht losgekommen. Er fährt mit mir raus und trägt meinen Koffer nach Haus. Mutti steht an der Pforte, der Flieger stellt sich vor. Ich darf sogar noch abends mit ihm weggehen, toi, toi!
Abends mit dem Heini nach Wassersleben gewesen. Der ist aus vornehmer Familie, der junge Mann, und sehr nett. Er will mir schreiben und anrufen. Nächsten Sonntag will er rauskommen, und dann gehen wir nach Neukirchen zum Tanzen. Nun habe ich Post vom grauen, schwarzen und graublauen Mann.*
Übrigens bekomm ich Dienstag, heut vor einer Woche, von Willy einen warmen Brief, einen Stil hat der Mensch, geradezu phantastisch. Inzwischen kann er auch ganz gut die Grenzen einhalten, und doch ist immer etwas Liebes und Nettes dabei. Jetzt ist er weggekommen von Thüringen. Irgendwohin zum Einsatz, und die Post wird gewiß lang auf sich warten lassen. Schade, gerade jetzt war der Briefwechsel so sehr nett.

* Uniformfarben von Hermann (Infanterie), Willy (Panzertruppe) und dem Flieger Heinz

Am Sonnabend feiert Edith ihren 18. Geburtstag, da soll ich mit. Wir wollen schneidig tanzen, Albert bringt einen Kameraden mit. Und Sonnabend bleib ich wahrscheinlich in Flensburg und geh Sonntag mit meinem Flieger zur Rosenterrasse. Ja, da schüttelst Du wieder den Kopf. Klein Wanda dreht tolle Dinge. Mutti darf nichts wissen, so schlaf ich bei Edith.
Nun aber Schluß. Gute Nacht. Schönen Gruß,
Klein Wanda

Dessau, den 23.6.41

Liebe Wanda!
Heute Nachmittag, als ich aus der Stadt kam, erhielt ich Deinen Brief. Na, an Unterhaltungsstoff fehlt es Dir ja nicht. Also, Deine Beschäftigung hat sich nun geändert. Aber dann weißt Du doch auch, wie diese Arbeit ist. Über die Vorstellung, »Du als Bauerndeern« mußte ich aber lachen. Du hast ja auch dankend abgelehnt.
Und was hab ich inzwischen gemacht? Erstmal sind wir umgezogen, in Baracken mit »allem Komfort«, mit Strohsäcken und Ameisen, diesen lieben Tierchen! Die können sich gar nicht von uns trennen. Aber nun hat man sich allmählich an alles gewöhnt. Der Sonntag, 14.6., der war nur schrecklich. Da sind Gisela, Hermine, ein sehr nettes Mädchen, und ich vormittags nochmal ins Wasserstadtheim gegangen. Wirklich traurig waren wir. Danach hatten wir nicht für einen Pfennig Lust, in die Baracke zurückzugehen.
Montag: Maschinenschreiben! Danach hab ich zu Haus gelesen: »Preußische Legende«, was Du mir so empfohlen hast. Das Buch hat mir auch sehr gut gefallen. Abends war ich in der Kienheide, dort ist ein Heimkino. Die ist so ähnlich, wie Jugendherbergen jetzt gebaut sind. Es gab »… reitet für Deutschland«, Willy Birgel. Fabelhaft. Na, Du hast ihn ja selbst gesehen.
Abends war ich mit Gisela auf gepumptem Rad raus an die Elbe gefahren. Meine Illusionen waren alle futsch, als ich sie sah. Ich hatte sie mir ja viel breiter vorgestellt, und Mücken gab es da! Gebadet, gese-

gelt und gepaddelt wird dort. Da kriegt man richtig Sehnsucht nach unserer schönen, blauen Förde, wenn man das sieht.
Sonnabend sind Gisela und ich von vormittags bis 17 Uhr an der »Blauen Adria« gewesen. Großartig klingt es ja! Das ist das Bad hier für Dessau. Mit der Bläue ist es zwar nicht so weit her, doch für die Verhältnisse hier noch gut. Es ist ein großer ausgebaggerter See. Dieser See ist erst beim Bau der Reichsautobahn, die da vorbeigeht, entstanden. Gebadet wird aber nur in einem 200 x 20 m breiten Streifen. Sprungbrett oder sonstwas ist nicht da. Es war jedoch ganz nett. Aber sehr warm. Am Sonntag hatte ich noch so'n halben Sonnenstich.
Sonntags war ich komischerweise schon um 5 Uhr wach. So hab ich von Anfang an gleich Radio gehört und alles mitgekriegt: den Einmarsch in Rußland. Über kurz oder lang mußte es ja so weit kommen, bei zwei so verschiedenen Weltanschauungen. Hoffentlich haben wir nicht so viele Verluste im Kampf.
Heute kriegte ich Post von Günther, die er aber am 17. geschrieben hatte. Sie führten ein richtiges Zigeunerdasein. Mal waren sie hier, mal dort. Nun ist ja endlich sein Wunsch, zum Einsatz zu kommen, in Erfüllung gegangen. Willy ist doch sicher auch an die Ostfront gekommen?
So, nun ist Klein-Wanda informiert, ja? Also die herzlichsten Grüße von Deiner Hanna

Kalleby, den 30.6.1941

Liebe alte Freundin!
Du verdreihtes Mädchen, läßt mich Unschuld vom Land so lange auf Post warten. Hiebe sollste haben!
Ich glaube, vor 14 Tagen ging der letzte Brief an Dich ab. Seitdem ist nicht viel Neues in meinem Privatleben passiert, dafür haben wir aber wieder mächtige politische und militärische Ereignisse und Erfolge erlebt. Waren die Sondermeldungen gestern nicht abermals phantastisch? Ja, unsere Soldaten, sie haben, wenn sie vor Aufgaben gestellt werden, doch schwer was los!

Ich glaube, wir denken, wenn wir vom Kampf im Osten hören, beide an einen Soldaten, Du an Günther, ich an Willy. 99prozentig wird er damals nach Osten gekommen sein. Morgen vor drei Wochen erhielt ich den letzten Brief von ihm aus Ohrdruf in Thüringen, wo er ankündigte, daß sie zum Einsatz kämen, was er so heiß ersehnte. Sag mal, wie ist es eigentlich mit Günther und Dir? Immer noch dasselbe?
Nun will ich Dir ein wenig von Kalleby berichten und von dem, was mich so in den letzten 14 Tagen bewegt. Letzte Woche war fabelhaftes Wetter, ich bin wieder ein Negerbaby, habe ja auch den ganzen Tag über im Badeanzug auf dem Feld gearbeitet, und eine Flasche Pigmentan war leer in dieser Woche. Gibt es in Dessau noch Pigmentan? Wenn ja, dann darfst Du mir eine Portion schicken oder mitbringen, Unkosten werden erstattet, dürfen 2 Mark aber nicht überschreiten.
Im großen und ganzen war ich hier sehr, sehr gerne, obwohl ich jeden Tag vor- und nachmittags wie ein Mann auf dem Feld schuften mußte: Rüben hacken, Kohl pflanzen, Gemüsefeld hacken und jäten, Kartoffeln mit Quecke hacken und Disteln stechen. Habe ich Dir schon erzählt, daß ich sogar mehrmals zwei Kühe gemolken habe? Stell Dir mal vor und lache: Klein Wanda in kurzem Melkkittel (bißchen über den Knien), rotem Kopftuch, Holzpantinen, Melkschürze unter einer Kuh sitzend und eisern mit Geduld und Spucke eine Kuh melkend. Hast Du gelacht, laut und kräftig? Ich glaube ja!
Ich bin jeden Sonnabend und Sonntag zu Haus gewesen, von Sonnabendmittag bis Montagfrüh. Sonnabend abend wollten wir bei Schulte feiern, das weißt Du ja. Aber die Heinis hatten Dienst. Trotzdem war es ganz nett. Viel Spaß gehabt, bis 2 Uhr gefeiert. Dann bei Schulte geschlafen. Wollten bis 12 Uhr schlafen. Aber um 8 Uhr mußte man uns stören. Ihr Vater weckte uns. Wir sollten das Neueste vom Krieg mit Rußland hören. Als wir dann beide nochmal zu Bett gingen, haben wir beide in einem geschlafen. Haben wir Bohnenkaffee im Bett geschlappt und Kuchen gestaucht. Mittags ging ich nach Hause.
Sonntag unser Gausportfest, typisch HJ, taugte nichts, letzter Mist, tut mir sehr leid, daß ich als einst so begeisterte JM-Führerin solches Urteil abgeben muß. Beste im Untergau wieder wir, Stoßtrupp des Nordens.

So, ich glaube, nun bist Du wieder auf dem Laufenden. Sonnabend gibt es Zeugnisse und die Versetzung in die 8. Klasse*, da denk an mich. Gute Nacht, mein Herz! Sei schön gegrüßt
von Deiner kleinen Wanda

Im Felde, den 1.7.41

Liebe Wandelgard!
Heute ist endlich die Postsperre aufgehoben. Wie Du vielleicht richtig vermutet hast, war ich diesmal dabei, als die Sondermeldung vom Einmarsch der deutschen Truppen in Rußland berichtete. Bis jetzt habe ich alles gut überstanden.
Der Gegner hat uns allzu oft erbitterten Widerstand entgegengesetzt. Am 26. und 27.6. war der Kampf am schwersten. Der Russe hatte sich in seiner Verteidigungslinie gut eingenistet, die aber dann doch nach schwersten Kämpfen genommen wurde. Wir liegen jetzt in M.** in einer Kaserne der Rotarmisten. Leider hat man uns nur zwei Tage Aufenthalt gegönnt. Hier ist nämlich noch alles zu haben, was das Herz begehrt. Zu essen und trinken gibt es genügend. Nur schade, daß man nichts wegschicken kann.
Post von Dir hab ich noch nicht erhalten, obwohl ich sicher

4.7.

Nicht einmal mehr den Satz konnte ich zu Ende schreiben, da kam schon wieder der Befehl zum Abrücken. Anfangs hatte ich noch eine Mordswut, bis mir der Spieß höchstpersönlich Deinen lieben Brief vom 12.6. brachte. Du kannst Dir vorstellen, daß ich den ganzen Tag für niemand mehr zu haben war. Ich saß oben im Panzer und las wohl zum x-ten Mal Deine lieben Zeilen. Es war doch der erste Brief, der mich im Felde erreicht hat.
Leider komme ich erst heute dazu, ihn zu beantworten, und auch nur, weil ich Pech gehabt habe. Als wir nämlich heute morgen ins Gefecht fuhren und schon tief in die feindlichen Linien eingedrungen waren,

* 12. Klasse (Abiturklasse)
** Minsk

brach unser Laufwerk auseinander. Gerade vor dem Eingang einer Kaserne mußten wir stehenbleiben. Nun müssen wir halt auf unsere Werkstattkompanie warten.
Aber wir machen uns die Wartezeit so bequem als möglich. In der Kaserne machten wir große Beute an Eßwaren, Gebrauchs- und Luxusgegenständen. Ich lausche jetzt den russischen Klängen eines erbeuteten Grammophons. Ab und zu legen wir »Die Internationale« auf, um etwas Heiteres zu hören. Im großen und ganzen kommt der Platz in unserm Panzer einem Zigeunerlager gleich.
Die Bevölkerung ist sehr entgegenkommend und ist auch gleich zur Hand, wenn es etwas zu arbeiten gibt. Flieger mit dem Sowjetstern sind nicht mehr über uns zu sehen. Seit »Mölders«* bei uns ist. In den ersten Tagen hatte uns nämlich die russische Luftwaffe noch schwer zu schaffen gemacht.
Liebe Wandelgard, sei mir bitte nicht böse, wenn diesmal der Brief nicht besonders quantitativ ist, die Mückenplage ist einfach zu groß, um weiterschreiben zu können. Sei also bis zum nächsten Mal aufs herzlichste gegrüßt
von Deinem Willy

Dessau, 4.7.41

Liebe Wanda!
Weil Du mich letztes Mal mit Hieben verschont hast, will ich diesmal ganz schnell antworten. Aber daß Du so lange warten mußtest, das lag nur an der Post. Ich hab den Brief am 25.6. früh eingesteckt. Also, Du siehst ein, daß ich schuldlos bin!
Dein Brief war ja bald ein besseres Tagebuch, fein. So weiß immer eine von der anderen, was sie so in der Zeit gemacht hat, nicht? Dein Praktikum in Kalleby hat Dir gefallen, kann ich mir auch so richtig vorstellen.
Und was trieb das verdrehte Mädchen in der Zeit seit dem letzten Brief? Das willst Du wohl jetzt wissen? Mittwoch nichts weiter. Es war

* Deutsche Kampfflieger. Anspielung auf Oberst Werner Mölders, den prominentesten Jagdflieger

furchtbar heiß, 30 Grad. Die Butter lief bald aus dem Schrank. Nachmittags fiel Steno aus, danach frei gehabt, dann in der Sonne gelegen. Am Donnerstag haben wir in der Schule zum ersten Mal am stehenden Brett, nicht am kleinen Reißbrett, gezeichnet.
Freitag hab ich nachmittags Steno gepimmelt*. Genau wie früher in der Penne, aber diesmal ganz ohne Folgen. Abends im Heim bekam ich die Nachricht, daß meine Oma in Satrup gestorben war. Beinahe wäre ich nach Hause gefahren. Aber Mutti schrieb mir, es wäre zu weit. So blieb ich denn da. Na, lange dauert es ja nicht mehr, bis ich in Urlaub komme.
Sonntag sah ich den Film »Schwarze Rosen«**. Es ist ein alter Film, aber heute noch höchst aktuell. Der Kampf der Finnen gegen Rußland für ihre Freiheit. Montag regnete es Bindfäden, es regnet auch durch die Baracke. Als ich nach Hause kam, klatschte mein Bett vor lauter Nässe. Dienstag hatten wir Bergfest. Die Hälfte des Kursus ist nun um. Abends waren wir im Café »Altes Theater« und haben gefeiert. Ich war das erste Mal seit endlos langer Zeit noch um 23 Uhr auf der Straße. So lang ich in Dessau bin, geschah das nicht.
Sonntag sehe ich mir den Film »Jungens«*** und vor allem die Wochenschau an. Ich find, die muß man jetzt immer gesehen haben. Hast Du die erste gesehen? Die ersten Bildberichte vom Feldzug im Osten? Waren die Sondermeldungen am Sonntag nicht einzigartig? Ja, unsere Soldaten haben schon schwer was los!
Jetzt Schluß für heute. Viele liebe Grüße
von Deiner Hanna

* Geschwänzt

** Ideologisch gefärbtes Melodram von 1935 mit Lilian Harvey und Willy Fritsch. Regisseur Paul Martin (1899-1967) spezialisierte sich anschließend auf Komödien und Filmoperetten, seine Lebensgefährtin Lilian Harvey emigrierte 1939

*** Propagandafilm um einen HJ-Führer und seine »Jungens«, u.a. mit Georg Thomalla. Wie »Jud Süß« und »Ohm Krüger« wurde der Film nach dem Krieg verboten

Flensburg, den 8.7.1941

Liebe Hanna!

Du sitzt jetzt in der Penne und ich im Strandkorb in Glücksburg. Daß ich mich aale, d.h. mit Öl eingerieben habe, zeigen die Fettflecken, die den Briefbogen zieren. Willy bekam auch so einen gezeichneten. Du entschuldigst also bitte.

Ja, ich sitze jetzt in Glücksburg und werde hier noch öfter sitzen. Ich bin Petuhtante* geworden. Dutzendblock für die Fahrt nach Glücksburg, Strandburg gemietet. Morgens um 1/2 10 Uhr oder nachmittags um 1/2 2 Uhr fahr ich raus und abends um 8 Uhr wieder rein. Es sind noch Rieke und Wanda** bei mir, aber in der nächsten Woche bin ich Alleinbesitzer des Strandkorbes, dann kann ich immer hier in der guten Ecke sitzen.

Letzte Woche ging im Nu vorbei. Donnerstagabend fuhr ich heim, Freitag war Omas Geburtstag. Ich machte eine Bisquittorte mit fünf Eiern, Schokoladeguß, »very well«. Sonnabend gab es Zeugnisse. Genaue Abschrift: Verhalten in der Schule: gut, Beteiligung am Unterricht: Wandelgard zeigte in den meisten Fächern erfreulichen Einsatz. In den Leibesübungen hat sie sich durch besonderen Eifer ausgezeichnet. Leibesübungen/Gerät: sehr gut (als einzige). Leichtathletik: sehr gut, Dienst- und Beschäftigungslehre: gut. Alles andere befriedigend. Deutsch mündlich: vier, schriftlich drei, zusammen: ausreichend. Vati war damit zufrieden.

Rieke und Gila haben die besten Zeugnisse der Klasse, Rieke dasselbe wie vorher, sechs Einsen und JM-Gruppenführerin. Meine Anerkennung! Rieke fährt nächste Woche mit einem Kindertransport als Führerin nach Kärnten, schneidig, nicht? So bin ich dann allein zu Haus. Was wollte ich diese Zeit ausnützen! Aber ich habe niemand dazu. Du weg, Schulte an dem Rhein. Klein-Heini Donnerstagfrüh mit sämtlichen Segelflugzeugen nach Freiburg. Und weißt Du was, wenn Du im August kommst, fahr ich weg, so was maßlos Trauriges! Ich dachte, Du kämst Ende Juli, freute mich schon: zu zweit im Strandkorb.

* Flensburger Ausdruck für die alten Damen, die zum Zeitvertreib mit den Fördeschiffen Kaffeefahrten machten

** Wandas Cousine aus Österreich

Weißt Du, heute bin ich ausgetrocknet, weiß nicht, was ich schreiben soll. Da will ich jetzt Schluß machen und Riekes Drängen Folge leisten und mit ins Wasser kommen. Also sei recht herzlich gegrüßt
von der Petuhtante Wanda

Dessau, 11.7.41

Liebe Wanda!
Bis zur Petuhtante hast Du es schon gebracht! Da sitzt Du jeden Tag in Deinem Strandkorb in Glücksburg. Direkt beneidenswert. Aber lange dauert es ja nicht mehr, dann kann ich es auch. Wohin fährst Du denn im August, wenn ich fragen darf? Und Rieke fährt nächste Woche nach Kärnten. Fabelhaft! Zu ihrer Ernennung zur Jungmädelgruppenführerin meinen herzlichen Glückwunsch. Ist dieser Transport dasselbe wie Kinderlandverschickung*?
Was machte ich in der letzten Woche? Überhaupt, es vergehen die Tage wie im Flug. Und dabei ist es hier so heiß jetzt, puh! Die Baracken sind wahre Brutkästen! Am Dienstag sind verschiedene aus unserer Klasse nach der Penne zur Adria rausgefahren. Das war mal wieder wirklich eine Wonne, wenn es auch nur Süßwasser ist. Mittwoch sah ich den Film »Jungens«, wirklich prima. So frisch und natürlich, so richtige Jungens. Übrigens »Nordmärker«.
Gestern hatte Gisela Geburtstag, da haben wir abends gefeiert. Zehn Mädels waren wir. Es war sehr nett! Um 24 Uhr hörten wir noch die Sondermeldung von der Umfassungsschlacht von Minsk und Bialystok**. Es ist doch wirklich großartig, was unsere Soldaten jetzt leisten! Hast Du die letzte Wochenschau gesehen, fabelhaft nicht? Da wird einem so richtig klar, was die so alles tun müssen.
Ach, Wanda, ich glaub, die Hitze legt sich auf den Geist, mein Gehirn trocknet ein. Also nimm es mir nicht übel und fahr weiterhin Petuh.
Sei gegrüßt
von Deiner Hanna

* Während des Krieges wurden etwa 2,5 Millionen Kinder vorübergehend aus den Städten in ländliche Gebiete gebracht. Organisiert wurde die Kinderlandverschickung von der HJ

** Stadt in Ostpolen, zwischen Warschau und Vilnius/Litauen

Flensburg, 14.7.1941

Liebe Hanna!
Petuhtante freute sich recht sehr über den Brief eines ausgetrockneten Gehirns, war doch noch ein bißchen feucht, und das genügt. Ich sitz hier im Hof unter der Linde. Es ist schon kühl, und die Sonne sendet ihre letzten Strahlen. Heute hatten wir endlich Regen und die ersehnte Abkühlung. Gestern abend zog ein Gewitter auf, jetzt ist es Gott sei Dank wieder abgezogen, und morgen kann der Schwindel von vorn anfangen. O Gott, das schöne Wetter!
In Glücksburg ist es leidlich nett, man kann auf diese Art seine Ferien um die Ecke schlagen. Mit der Fahrt nach Regensburg, Gila abholen, wird es nichts. Mutti nimmt sie am 25.7. wieder mit zurück. Dann bleibt mir nur eine Ferienfreude: Du. Schulte ist fort, Rieke fort, niemand ist da.
Gestern waren in Harrislee die ersten Vereinsmeisterschaften in diesem Jahr. 08 siegte auf der ganzen Linie, wie üblich! War wahnsinnig heiß, ich hatte Durchmarsch vom vielen Stachelbeer-, Erdbeer-, Erbsenessen. Meinen Zustand kannst Du Dir vorstellen, denke an Hamburg und kichere leise.
Heute war ich im Kino »Neues auf dem Kasten«, nein entschuldige, verkehrt »Neues vor Gericht«. Oh weh! Der Film war ein böser Kitsch, da man den Kampf der Partei vor 33 in etwas dummer Weise mit hineinflocht. Vorfilm »Die schöne deutsche Donau« mit Kloster Weltenburg, Kehlheim, Regensburg, Walhalla – alte schöne Erinnerungen wachten auf. Was für ein Witz, ich seh hier etwas über die Donau, im vorigen Jahr sah ich in Regensburg »Segeln auf der Flensburger Förde«. Aber so ist es nett. Man sieht doch etwas liebes Bekanntes.
Wann kommst Du genau? Nimm bitte gutes Wetter mit, damit wir doch Petuh fahren können, aber Du wirst wohl wenig Zeit für mich haben. Die Familie stellt ja auch ihre Ansprüche an Dich. So, nun sei recht herzlich gegrüßt
von Klein Wanda mit Finger im Mund

Im Felde, den 21.7.41

Meine liebe Wandelgard!

Heute ist einmal wieder Ruhe nach dem Sturm. Diese Gelegenheit möchte ich nicht versäumen, Dir wieder einen Gruß zu schicken. Gestern hatten wir den eindrucksvollsten Kampf, den ich in den vier Wochen Krieg erlebt habe. Zum ersten Mal wurden wir nämlich mit Sturmartillerie eingesetzt.

Unsere Kräfte waren äußerst schwach: sieben Panzer und fünf Sturmgeschütze. Trotzdem gelang es uns, ohne irgendwelche nachstoßende Infanterie zwei Regimenter Russen zu verjagen, ohne eigene Verluste. Acht Panzer, zwölf Geschütze und drei Pak* wurden von uns vernichtet. Es ist fast unglaublich, wenn man noch dazu in Betracht zieht, daß der Rotarmist mit einem so großen Fanatismus kämpft.

Ich habe allmählich Respekt bekommen vor den Russen, die, obwohl schwer verwundet, noch versuchen auf vorbeifahrende Panzer Handgranaten abzuwerfen. Natürlich ist die Folge davon, daß wir nun nicht mehr auf Humanitätsgründe Rücksicht nehmen. Diese Kerle sind so verhetzt, daß sie lieber den grausamsten Tod sterben als in deutsche Gefangenschaft zu geraten.

Mein größter Kummer ist, daß für uns keine Post kommt. Unser Nachschub liegt dermaßen weit zurück. Aber dafür wird die Freude umso größer sein, wenn einmal der Spieß zu uns kommt und Säcke voll Briefe herbeischleppt und jedem einen Stoß davon in die Hände drückt.

Wenn der Nachschub nicht nachkommt, so liegt das in der Hauptsache an den schlechten Straßen, durch die wohl Panzer spielend durchkommen, aber nicht die schweren Lkw. An schwierigen Stellen müssen diese sogar von Zugmaschinen abgeschleppt werden. Nun, abgehen tut uns ja nichts, wir haben immer reichlich zu essen und, was noch wichtiger ist, Sprit. Dafür sorgt Rußland schon.

Vor einem Jahr ungefähr war es, daß wir uns in München kennenlernten. Ehrlich gesagt, damals hätte ich nicht geglaubt, daß aus einer Reisebekanntschaft eine so aufrichtige Freundschaft werden könnte. Und

* Panzerabwehrkanonen

was für glückliche Tage waren das für mich erst in Regensburg. Als wir uns dann an den schönen Tagen in der Badeanstalt bräunen ließen, und wie Du Dir immer wieder meine dunklere Hautfarbe wünschtest. Die Wanderung zur Walhalla und Befreiungshalle werde ich auch nie vergessen.
Und jetzt, ein Jahr später? Rußland mit all seiner Trostlosigkeit, das ist meine Sommerfrische! Aber ich will nicht mit dem Schicksal hadern, dazu ist meine Freude und Begeisterung am Kampf um Deutschlands Freiheit zu stark. Schließlich ist es ja auch gleich, wohin uns der Führer stellt. Die Hauptsache ist, daß wir unsere Pflicht erfüllen.
Zum Schluß, meine liebe Wandelgard, möchte ich Dich nochmals recht herzlich grüßen und hoffen, daß wir uns bald in einem noch mächtigeren Deutschland wiedersehen.
Dein Willy

Flensburg, den 23.7.1941

Liebe Hanna!
Eben kehrte ich von einem zweitägigen Ausflug nach Wyk auf Föhr zurück und fand Deinen lieben Brief. Das war prima, sag ich Dir. Vati hatte in Amrum zu tun, und da nahm er mich mit. Bis Dagebüll fuhren wir mit dem Auto, dann mit dem Schiff. Am Nachmittag gestern machten wir eine Wanderung am Südstrand entlang. Am Abend saßen wir in einem Café bei Likör und Zigaretten zusammen, um 11 Uhr wurden wir von der Polizei herausgeschmissen, dann machten wir einen Promenadenbummel. Dabei hatten wir erstklassiges Feuerwerk: Die Flak der Küste hatte eine Scheinwerferübung, wir zählten über 21 Scheinwerfer. Da die Wolken sehr tief lagen, reflektierten die Strahlenbündel auch das Watt. Es war herrlich.
Heute morgen stand ich um 10 Uhr auf, hinein in den Bach, Frühstück, Bummel durch Wyk. Dann pilgerte ich ein Stück am Deich entlang, hinaus in die Marsch. Da Ebbe war, konnte ich mich auf der Seeseite des Deiches unter lauter Schafen niederlassen – ich unter meinen vierbeinigen Kameraden! –, und die Sonne hatte ein Einsehen und zeigte mir eine Viertelstunde ihr liebes Gesicht.

So saß ich da, und die Gedanken spielten. Sie gingen Jahre zurück, ließen viele Sommermonate vorbeiziehen, riefen sich den vorigen Juli und August zurück, wanderten zu Willy und zu Dir. Was haben wir doch nur für wenig gemeinsame Sommerferien zu verzeichnen. Ist das Dir schon mal aufgefallen? Ja, daß dies meine letzten Schulferien sind, ist mir leider zu klar. Ich habe mich damit abgefunden, daß ich sie um die Ecke schlagen muß.

Gott sei Dank habe ich bald einmal wieder Deine liebe Gesellschaft. Ich habe schon Pläne geschmiedet, oder vielmehr: Was wollen wir machen? Einige Vorschläge: Was hältst Du von einer kleinen Fahrt nach Kiel oder da in die Gegend? Besuchst Du Deine Hamburger Verwandten auf der Hin- oder Rückfahrt? So könnten wir ja ein paar Tage Hamburg einschalten. Na, auf alle Fälle bleibt uns Glücksburg, die grüne Stadt am Meer. Kommt Zeit, kommt Rat. Tolle Dinge wollen wir drehen, nicht? Ordentlich Schau haben und das Leben genießen. Meine letzten Schulferien, Deine ersten Urlaubstage im Beruf, das muß doch was werden, nicht?

Sei recht herzlich gegrüßt
von Deiner sehnsüchtig auf Dich wartenden alten Wanda

Dessau, 27.7.41

Liebe Wanda!

Für Deine Post dankeschön. Ich war ganz erstaunt, als ich am nächsten Tag schon wieder Post von Dir hatte. Zuerst wußte ich gar nicht, was ich mit dem Blatt aus dem V.B.* anfangen sollte, aber dann sah ich x-mal unterstrichen: Unteroffizier Günther T.** Enorm, nicht? Vielleicht weiß er es gar nicht, daß sein Bild in den V.B. gekommen ist. Wie ist es eigentlich, kriegen die Soldaten Urlaub, wenn der Vater gestorben ist? Sicher, aber nur ganz kurz, was?

Ich will versuchen, gutes Wetter mit nach Flensburg zu bringen. Gute Laune auf alle Fälle, dafür kann ich die Garantie übernehmen, für's

* Völkischer Beobachter, Zentralorgan der NSDAP
** Hannas Ex-Freund

Wetter jedoch nicht. So Wanda, ich will jetzt aufhören. Der Sonnabend ist ja bald da, und dann läßt sich alles so schön erzählen, gell? Also bis dahin, sei aufs herzlichste gegrüßt
von Deiner Hanna

Im Felde, den 2.8.41

Meine liebe Wandelgard!
Schon wieder war diesmal bei der Postverteilung von Dir ein lieber Gruß dabei, wofür ich Dir recht herzlich danke. Es ist dein dritter, der mich hier im endlosen Rußland erreichte. Dieser Brief hat aber nicht lange auf der Post gelegen, nur 14 Tage! Ich wundere mich nur, daß Du bis zum 14.7. von mir noch gar nichts erhalten hast, wo ich doch mindestens jede Woche einmal an Dich geschrieben habe.
Es ist nämlich nicht so, daß ich so viel Wichtigeres zu tun hätte. Nein, ganz im Gegenteil, für Dich, liebe Wandelgard, habe ich noch immer Zeit gehabt, und wenn der Feind uns auch mit dem stärksten Artilleriefeuer bedachte. Inzwischen sind wohl meine bisherigen Briefe eingetroffen und haben Dich wieder beruhigt. Vielleicht bist Du, wenn Dich diese Zeilen erreichen, schon in meiner schönen Heimatstadt Regensburg. Ich hatte bisher immer noch die Hoffnung, daß wir Ende Juli abgelöst würden, aber uns braucht man eben zu notwendig. Trotzdem gebe ich Dir den Rat, Deine Ferien in Regensburg möglichst lange hinauszudehnen. Wenn Du dann wieder zum Baden gehst oder Spazierfahrten in die schöne Umgebung machst, dann denke bitte auch an mich, der anstatt in Deiner Begleitung das Glück genießen zu dürfen so manche Not und Entbehrung erleiden muß. Aber mir macht das nichts aus, wenn ich nur weiß, daß Euch in der Heimat das alles erspart bleibt.
Ich selbst habe jetzt auch keinen Grund zum Klagen, denn wir liegen seit gestern in Ruhe. Die haben wir aber verdient, nachdem wir fünf Tage und Nächte hindurch die vorderste Stellung halten mußten, da der Feind wieder einmal eingekesselt wird. Bei dieser Gelegenheit können wir täglich unsere Stukas* bewundern, die unbarmherzig ihre

* Sturzkampfflugzeuge

Brocken in den Kessel hineinsetzen. Der Russe ist halt zu zäh, um sich nach einem Bombardement gleich zu ergeben. Nun wollen wir abwarten, wie lange es noch dauert.
Da eben wieder Antreten ist, möchte ich jetzt schließen. Sei also bis zum nächsten Brief aufs herzlichste gegrüßt
von Deinem Willy

Im Felde, den 5.8.41

Liebe Wandelgard!
Gestern ist wieder ein Nachzügler von Deinen Briefen bei mir eingetroffen, und zwar vom 20.6., also noch vor diesem Feldzug geschrieben. Dafür ebenfalls meinen besten Dank. Da wir jetzt wieder ein paar Tage nichts zu tun haben als vor den Artilleriegeschossen volle Deckung unter dem Panzer zu nehmen, ergibt sich genügend Zeit zum Schreiben. Wir sind nämlich mal wieder zur Sicherung vorgeschickt, da der Russe jetzt verzweifelt versucht, aus dem Kessel auszubrechen. Daß ihm das nicht gelingen wird, dafür tragen wir schon Sorge. Es ist nur schade, daß das feindliche Artilleriefeuer uns sehr wenig Bewegungsfreiheit läßt. Als wir gestern abend vor dem Zugführerfahrzeug zur Posteneinteilung für die Nacht antraten, sauste plötzlich so ein Brocken zu uns herein. Gott sei Dank kamen wir noch glimpflich davon, ein Mann nur wurde verwundet.
Überhaupt ist es merkwürdig, was der Russe oft für eine feine Nase hat. Immer wenn wir auftanken oder Essen fassen, ist das feindliche Feuer am stärksten. Du solltest bloß die Geräusche hören, die jetzt momentan an unseren Ohren klingen. Ein unheimliches Pfeifen und Sausen liegt in der Luft, dazwischen das furchtbare Bersten der Granaten bei Einschlägen.
Aber nach mehr als sechs Wochen Krieg gewöhnt man sich an derartige Geräusche genau wie an das Pausenzeichen vom Radio. Man empfindet es zwar als lästig, doch läßt es sich nicht vermeiden. Viel wichtiger für uns ist, daß unsere Feldküche auf Draht ist. Was die Verpflegung anbetrifft, gibt es keinen Grund zu meckern. Nur schade, daß es mit deutschen Zigaretten sehr schlecht steht.

Nun, liebe Wandelgard, wird es aber Zeit, daß ich schließe, denn eben kam ein Melder, daß wir uns abmarschbereit machen müssen. Bis zum nächsten Brief sei aufs herzlichste gegrüßt
von Deinem Willy

Rußland, den 13.8.41

Liebe Wandelgard!
Ein schönes Geschenk hat sich das Schicksal zu meinem zwanzigsten Geburtstag ausgedacht. Vor mir liegen zwei Briefe von Dir, die ich soeben erhalten habe, einer vom 7.7. und der andere vom 22.7. Ich danke Dir dafür, daß Du mir bis jetzt immer die Treue gehalten hast, wenn es Dir vielleicht auch manchmal schwerfiel, weil meine Post so lange bis zu Dir hin brauchte.
Besonders Dein letzter Brief hat mich traurig gestimmt, weil Du nun schon sechs Wochen vergeblich auf Nachricht gewartet hast. Dabei habe ich Dir seit den ersten Tagen unseres Einsatzes geschrieben. Bis jetzt sind es genau zwölf Briefe seit dem 22.6.
Nun will ich Dir einmal eine Zusammenfassung geben, welche Briefe ich im Felde von Dir erhalten habe. Es sind bis jetzt fünf Briefe, immer im Abstand von ungefähr acht Tagen abgeschickt. Nur zwischen dem 1. und 2. Brief sind 16 Tage vergangen. Ich nehme daher an, daß Du auch dazwischen an mich geschrieben hast, was aber leider damals in Minsk verbrannt ist. Ich bin gespannt, was Dich von meinen zwölf Briefen erreicht. Ich kann mir vorstellen, daß Deine Freude nicht minder groß ist als meine, wenn Du Post erhältst. Nun aber Schluß mit diesem trockenen Thema.
Vielmehr muß ich jetzt daran denken, daß Du schon in Regensburg weilst oder dagewesen bist. Bis vor drei Wochen hatte ich auch noch Hoffnung, daß uns ein gütiges Geschick Mitte August zusammenführen könnte. Aber der Rußlandfeldzug ist eben nicht mit Frankreich zu vergleichen.
Übrigens, die Tränenden Herzen aus Eurem Garten sind ein recht sinnvolles Geschenk, das mich sehr erfreut hat. Auf ganz vortreffliche Art hast Du die Blumen sprechen lassen. Nun, was die tränenden

Herzen anbelangt, so sei versichert, daß es mir nicht besser geht als Dir.
Meine liebe Wandelgard, wegen Einbruch der Dunkelheit und außerdem noch Raumnot möchte ich jetzt schließen. Sei also tausendmal gegrüßt
von Deinem Willy

Rußland, den 21.8.41

Liebe Wandelgard!
Für Deinen lieben Geburtstagsbrief, den ich vorgestern noch kurz vor Abbruch unserer Ruhestellung erhielt, möchte ich Dir von ganzem Herzen danken. Er ist also doch mit nur verhältnismäßig geringer Verspätung von sechs Tagen angekommen. Es hat mich ganz unbändig gefreut, daß Du sogar meinen Geburtstag nicht vergessen hast, während ich zu meiner Beschämung gestehen muß, daß mir nur Dein Geburtsjahr 1923 bekannt ist. Ich bitte Dich also sehr darum, mir noch Tag und Monat mitzuteilen, da ich Dir doch auch eine kleine Freude bereiten will.
Du machst Dir Kopfzerbrechen, was mich wohl am meisten erfreuen könnte. Aber, meine kleine Wanda, Du mußt doch bedenken, daß ich in Rußland bin und keine schwereren Päckchen als 100 Gramm bekommen kann. Sollten wir dann einmal wieder nach Deutschland zurückkommen, so wäre mein sehnlichster Wunsch, außer einem Wiedersehen, ein Bild von Dir.
Dieser Wunsch wird Dir sicher leichter zu erfüllen sein als mir der Deine, Mantelstoff zu besorgen. In Rußland ist es nämlich nicht so wie z.B. in Frankreich oder bei allen bisherigen Feldzügen, daß man auch Beute machen kann. Du mußt bedenken, daß uns keine Stadt kampflos überlassen wird, daß dann alles zerstört ist.
Trotzdem kann man manchmal Glück haben und noch ein unversehrtes Warenlager finden. Auf dieses Glück warte ich nun schon neun Wochen. Aber das ist eben das traurige Los der Panzerbesatzung. Wir nehmen die Stadt ein, stoßen durch und gehen hinter der Stadt in Stellung, um sie vor feindlichen Überfällen zu sichern. Unsere Trosse

können sich natürlich in der Stadt breit machen und von dem wenigen, das noch vorhanden ist, Beute machen. Aber ich rechne bestimmt damit, daß ich Dir noch Mantelstoff besorgen kann.
Allerdings das Geldschicken mußt Du Dir aus dem Kopf schlagen, denn zu kaufen bekomme ich keinen. Wo wir hinkommen, ist in keinem Kaufhaus mehr Personal. Aber Du kannst versichert sein, daß ich mein Möglichstes tun werde, um Dir diesen Wunsch zu erfüllen.
Was sich hier vorn an der Front abspielt, weiß ich selbst nicht. Auf jeden Fall gibt es immer wieder Grund für Sondermeldungen. Denn umsonst hat man uns aus unserer Ruhestellung nicht über hundert Kilometer zurückgezogen, um uns an einem neuen Abschnitt einzusetzen. Jetzt liegen wir vielleicht 30 Kilometer noch vorm Feind. Morgen ist er vielleicht schon wieder eingekesselt.
Eben ist Abmarschbereitschaft befohlen worden, was zur Folge hat, daß ich jetzt wie üblich mit dem Briefschreiben Schluß machen muß.
Sei nun aufs herzlichste gegrüßt
von Deinem Willy

Flensburg, den 27.8.41

Liebe Hanna!
Habe eben Deinen lieben Brief bekommen und mich sehr gefreut darüber. Ich sitze hier und schreibe an meinem Aufsatz über den Landeinsatz in Kalleby, bin gerade bei dem 22. Bogen. Eine tolle Arbeit, sage ich Dir, wird aber sehr nett. Die Bilder dazu sind prima geworden.
Liebe, Du bist falsch unterrichtet, die Penne fängt erst am Freitag an, und dann aufs letzte! Gestern war ich zum Sport. Anschließend eine nette kleine Runde gedreht auf der Terrasse, d.h. Karl, Schulte, zwei vom Turnerbund, Hans, Fähnrich zur See, Alfred, Siegfried, zwei Maate, Bundrich, Gefolgschaftsführer in der HJ, und Paul. Eine Flasche Likör und eine schneidige Bowle mußten herhalten.
Dann war noch Kameradschaftsabend irgend so eines Vereins. Die spielten Quetsche, Volks- und Soldatenlieder, Walzer, wir haben paarmal getanzt, Karl hat dazwischen gespuckt. Der Verein ging bald nach

drinnen. Wir blieben allein draußen auf der dunklen Terrasse bis 11 Uhr, Pfänderspiele gemacht und Volkslieder gesungen! Nett, toll, nett, toll! Wie es für Dich ist, hängt von Dir ab! So ist es ja meistens. So, und nun soll ich Dir den Kopf zurechtsetzen. Das will ich, und anschreien will ich Dich auch. Also Du Kind! Was denkst Du Dir? Glaubst Du, daß Günther sich noch viel aus Dir macht? Der schiebt Dich in seinen Gedanken beiseite zu dem Gewesenen, Episode, war mal ganz nett und interessant, mehr aber nicht. Irrtum! Der ahnt ja gar nicht, wie Du noch an ihm hängst. Dazu ist Günther viel zu leichtlebig. Bitte, genauso ging es Henny und noch vielen mehr. Henny hat es aber überwunden und läuft mit Fähnrichen und allen möglichen Leuten herum. Dasselbe würde ich dir auch raten.

Ziehe einen dicken Strich unter die Rechnung, schließe ab und fange von neuem an. In Dessau und gerade bei Junkers gibt es bestimmt genug ordentliche Leute, die einer Hanna würdig sind. Wenn Du mit jemand anders zusammen bist, dann wirst Du am besten vergessen können. Mit Günther kannst Du ja trotzdem noch gut wieder korrespondieren. Aber über das eine mußt Du Dir klar sein, daß Du damals in dieser blöden Stimmung ihm die Freundschaft gekündigt hast und daß Du nicht verlangen kannst, wie er es auch sagte, daß die vergangenen Stunden sich wiederholen und alles zum alten kommt.

Was hättest du auch gehabt, wenn Du ihn getroffen hättest? Ein zweites Mal wäre er kaum wieder auf die Geschichte »Ich hab dich gern« hereingefallen. Was hättest Du ihm auch sagen wollen? Du hast mehrmals die Gelegenheit gehabt, während des letzten Jahres zu ihm zu sprechen. Denke an den Kameradschaftsabend! Kam da jemals was heraus? Du drücktest Dich am Ende doch und wurdest ausfallend. Nicht?

Ich weiß nun nicht, ob ich mit meinen Ausführungen immer den Nagel auf den Kopf getroffen habe. Aber ich habe versucht, Dir den Kopf zurechtzusetzen. Und ich sage Dir nochmals, daß ich nicht glaube, daß es Dir gelingen wird, die alte Freundschaft wieder aufzubauen. Darum schließe ab mit Vergangenem und behalte es als freudige Erinnerung. Wenn Du zu sehr auf eine Fortsetzung erpicht bist, dann könnte die Erinnerung auch noch unschön werden.

Du schreibst, daß es so tragisch ist, daß ihr nie zur gleichen Zeit in Flensburg seid, denke da doch mal an mich. Glaubst Du vielleicht, ich würde Willy noch einmal in meinem Leben sehen? Nein, ich glaube es kaum. Trotzdem schreiben wir uns, und ich finde es zu nett, wie er ganz vorsichtig in dem letzten Brief sich wieder bemüht, meine Liebe zu erlangen. Ich tue aber so, als ob ich die leisen Anspielungen nicht merke, und schreibe weiter in dem lebhaften kameradschaftlichen Ton.

Das ewige Liebesgeschnarr kann so leicht abgeschmackt werden, dagegen bleibt ein kameradschaftlicher Ton stets gleich, leiert nicht aus. Das ist meine Meinung. Das führt auch nicht so leicht zu Konflikten, wie bei Dir damals, ich habe daraus meine Lehre gezogen. Denn man kann nicht ewig dasselbe schreiben, es wird am Ende nur Phrase.

Übrigens bekam ich am Sonntag wieder Post von Willy vom 13.8. an seinem Geburtstag, da hatte er zwei Briefe von mir erhalten, vom 7.7. und 22.7. Ich habe seit Kalleby (12.6.) zehn Briefe geschrieben, und er hat davon fünf erhalten. Er hat, wie er mir schrieb, zwölfmal seit dem 26.6. an mich geschrieben, und ich habe auch nur fünf Briefe erhalten. Aber in Minsk ist im Juni die Post verbrannt, da war wohl ein großer Teil dabei, diese Nachricht kommt auch von ihm.

So, klein Hanna, hoffentlich habe ich nicht zu viel Unsinn geschrieben und Dir genützt. Gute Besserung zweimal, körperlich und seelisch, wünscht Dir mit 1000 Grüßen

Deine Wanda

Flensburg, den 1.9.41

Meine liebe, liebe Hanna!

Du warst so edel und hast mir das letzte Mal das lange Ausbleiben der Post großzügig entschuldigt. Aber nun? Kannst Du, Liebe, das auch noch verzeihen, daß ich reumütiger Sünder gestehe, Deinen Geburtstag richtiggehend verschwitzt zu haben? Es ist schon ein ganz tolles, tolles Stück. Aber nun hole ich alles nach. Also! Ich gratuliere Dir recht recht herzlich zum 18. Wiegenfeste. Und wünsche Dir alles alles Gute, »viel Kampf, Heil und Segen und Arbeit fürwahr!« Dazu

möge Dir ein gütiges Geschick die Gesundheit verleihen, um Deine Arbeit, die Dir viel Freude bringen möge, zu bewältigen.
Nun hast Du Glückliche die 18 Jahre erreicht. Was werden sie Dir, die Jahre, noch alles bringen? Könnte man vorausschauen! Aber rückwärts schauen: Was haben sie Dir und damit auch mir für viele, viele schöne Tage, Stunden und Begebenheiten gebracht! Wir können nicht genug dankbar sein dafür, denn uns ist eine Freundschaft geschenkt worden, von der wenige eine ähnliche haben.
Hanna, ich wollte Dir nicht wieder als Birthday-Present ein Buch übersenden, sondern irgend etwas Nettes für Deine spätere Bude. Da aber z.Zt. nichts Ordentliches aufzutreiben ist, warte ich ab, bis ich etwas Anständiges finde. Es kommt dann sofort nach, und ich glaube, daß Du es, auch wenn verspätet, annehmen wirst. Fürs erste schicke ich Dir zwei Bilder mit. Ich hoffe, daß sie Dir zusagen. Wanda einmal lachend und einmal in Schale, sage bitte, welches Du lieber hast, bei uns zu Haus ist Streit darüber.
Nochmals bitte ich Dich, mir nicht so böse zu sein, wenn ich den wichtigsten Tag in Deinem Leben vergaß. Es soll nie, nie wieder geschehen, ich gelobe Besserung. Zum zweiten Mal wünsche ich Dir das Allerbeste zu Deinem Geburtstag. Sei herzlich gegrüßt
von Deiner trotz allem Dich nie vergessenden Wandelgard

Dessau, am 6.9.41

Liebe Wanda!
Ja richtig, er traf doch noch ein, der Geburtstagsbrief! Wenn auch etwas verspätet. Was einem nicht alles passieren kann, was? Das sind hoffentlich keine vorzeitigen Verkalkungserscheinungen? Das wäre doch wohl etwas früh, mit knapp 18 Jahren? Nicht so ironisch, altes Mädchen, wirst Du jetzt sagen. Oder nicht? Aber im ersten Moment gab es mir doch einen kleinen Stich. Dann dachte ich aber gleich, daß Du ja soviel im Kopf haben mußt, wo die Penne wieder angefangen hat und die Ferien ade sind.
Ja, nun bin ich schon 18 Jahre! Nun bräuchtest Du nicht mehr die Kinokarten zu besorgen. Weißt Du noch, diese Operette? In diese Ver-

suchung komme ich nun nicht mehr. Ich könnte diesen ganzen Brief Dich immer nur fragen: »Weißt Du noch damals, als wir… usw.«. Ach, es ist doch so schön gewesen, wenn man an die ganzen Jahre unserer Freundschaft zurückdenkt, nicht? Zehn Jahre immer zu zweit!
Jede hat der anderen alles anvertraut. Was die eine wußte, war der anderen auch bekannt. Mir geht es da wie Dir, daß ich mich an kein Mädel weiter anschließe oder näher anschließen kann. Wir haben uns ja so aneinander gewöhnt, und jetzt zieht man immer die Vergleiche mit den neuen Mädeln, die man kennenlernt. Es reicht eben niemand an die alte Freundin ran. Das ist auch gut so, nicht?
Am Donnerstag haben wir etwas Pfundiges vorgehabt. Wir acht Mädel aus der Klasse haben uns die Flugzeughallen angesehen, also prima! Und interessant! Der jeweils zuständige Betriebsingenieur hat uns geführt und alles erklärt. Sogar eine im Bau befindlichen JU 90. Da sind wir drin gewesen, in einer JU 88 und sogar in einer JU 288. Wovon wir bisher nur fünf Versuchsmaschinen haben, vielleicht jetzt auch nur noch vier. Also, Du kannst Dir vorstellen, das war eine tolle Sache! Leider ist das Fliegen im Krieg nicht gestattet, schade.
So, liebes Mädchen, sei für heute zufrieden. Es grüßt Dich herzlich
Deine Hanna

Flensburg, den 6.9.41

Liebe Hanna!
Es ist Sonnabendmittag. Gleich soll ich zum Dienst, ja, ich bin wieder eisern JM-Führerin. Aus welchem Grund, weiß ich nicht. Aber da ist irgendwo doch so eine Idee, so ein Pünktchen Verpflichtung der großen Sache gegenüber, das sich schwer beseitigen läßt.
Damals, als ich meine Gruppe aufgab, ich will ganz ehrlich sein, war Walter daran schuld. Sonnabend, wenn die frei hatten, hatte ich Dienst, und so hinderte mich alles. Es stimmt auf alle Fälle, daß durch so eine Bekanntschaft die Schule, der Dienst, eben die Verpflichtungen vernachlässigt werden.
So was kann man immer nur nachher objektiv beurteilen. Damals war es mir wohl bewußt, doch ließ ich diese Stimmen nicht hochkommen

und redete mir dies aus. Durch den Dienst als JM-Führerin hat man doch auch viel Schönes. Nun bin ich also wieder im alten Gleise, wohl aber stetig bremsend, denn überhand darf der Dienst nicht nehmen.
Und nun schnell, was ich so machte seit meinem vorletzten Brief: Freitag zur Penne, gleich wieder heim. Sonnabend Sport, Deutsch, Geschichte, Kunst schön gemütlich. Nachmittags Gruppenappell: Von S 8 waren nur 49 da. Ich drehte andere Seiten auf. Mittwoch 67 von S 6, also schon Besserung. Sonntagnachmittag gelesen, »Hochwald« von Stifter. Am Morgen mit Margot zu einem Vortrag über Griechenland. Montagnachmittag in der Stadt. Theaterplatzmiete der Gruppe E. 24 Vorstellungen habe ich mir besorgt für diesen Winter.
Seit Sonnabend, wo ich Deinen Brief anfing, sind nun drei Tage vergangen. Heute, am Dienstag in der 1. Stunde, schreibe ich weiter. Kobi quatscht wie ein Halbnormaler. Er geht die Fehler der Haus- und Klassenarbeit durch. Ich habe bestimmt eine 8. Drei Nacherzählungen, hihihi. »He kann mi mol!«
Ich will nun beim Sonnabend weitermachen. Man meldete mir: 79 Mädel zum Dienst angetreten. So war ich zufrieden. Dann habe ich Schwimmen und Leichtatlethik für das Leistungsabzeichen abgenommen. Ich sage Dir, alle haben den Sport bestanden. Von 30 schafften 3 das Schwimmen nicht.
Sonntagmorgen meinen Rock genäht. Nachmittags Sportwettkämpfe. Wir haben die Flensburger Bestzeit wieder unterboten. Das Volk raste. Danach saßen wir noch mit der Fähnrichsstaffel beisammen. Einer war vierfacher Sieger. Abends Skat. Montag, gestern nachmittag, gestopft.
Dann kam Dein lieber Brief. Ich danke Dir, daß Du mir verziehen hast. Ich finde es zu nett, wie Günther uns beide kennt. Ja, wir haben uns fast alles erzählt, man kann ruhig sagen alles, und tun es jetzt auch noch, nicht? Wie beneide ich Dich um Deine Flugzeugbesuche. Das war gewiß pfundig und so recht was für Klein-Wanda.
Ja, Klein-Wanda ist kein Spott, sondern leider Ernst. Ich bin jetzt die Viertkleinste der Klasse. Willy hat ganz recht, wenn er »kleine Wandelgard« schreibt, und Du natürlich auch, Ihr beneidenswerten Langen. Und ich darf nicht empört sein.

Du Glückliche hast jetzt das 18. erreicht. Was für ein beruhigendes Gefühl, 18 Jahre alt zu sein. Es muß zu herrlich sein, doch liebe ich die Spannung, nicht erwischt zu werden, und weiß nicht, ob ich glücklich bin, wenn es so weit ist, daß ich mit ruhigem Gewissen ins Kino darf. Nun klingelt es, also Schluß. Sei herzlich gegrüßt
von Deiner alten Freundin, der kleinen Wanda

11.9.41

Heute morgen kam der Brief noch nicht fort, es ist gradezu toll, und ich fühle mich verpflichtet, Dir nun noch ein wenig mehr zu schreiben. In der Englisch-Arbeit hatte ich 5,5. Was ist auch anderes zu erwarten? Mittwochabend das erste Mal ins Theater in dieser Saison. »Egmont«. War ganz fabelhaft, obwohl ich es wohl schon viermal gelesen und einmal gesehen habe, packte mich dieses Stück des niederländischen Freiheitskampfes aufs neue. Es wurde auch erstklassig gespielt. Kraus und Werner als Egmont und Klärchen, Alba: Ziegler selbst.
Sonnabend 12 Uhr bis Sonntag 23.30 Uhr fahren wir nach Lübeck zum Fünf-Städte-Kampf. Also, wenn Du diesen Brief erhältst, darfst Du gleich den Daumen für mich drücken. Stell Dir vor, es fahren allein 15 Fähnriche mit. Ich breche bestimmt mit der Verfassung. Im ganzen etwa 30 Männer und wir vier von der Staffel und zwei Mädel vom Turnerbund als Schlachtenbummler.
Stell Dir vor, ich habe seit Montag, den 2.9., von Willy keine Post. Was hat dieser Schlurch wohl? Der letzte Brief, den ich am Montag erhielt, war vom 21.8., da ist unbedingt was fällig. Ich schickte ihm seit Anfang August in jedem Brief Zigaretten. Ob er sie wohl bekommt? Soll ich Dir auch welche schicken?
Schönen Gruß
Wanda

Rußland, den 14.9.41

Liebe Wandelgard!
Da heute mal wieder ein paar Minuten Freizeit für mich herausspringen, will ich nicht versäumen, Dir einige Zeilen zukommen zu lassen. Wir haben unsere Ruhestellung in Toropez wieder aufgegeben und

sind über Cholm hinaus in Richtung Waldai vorgestoßen. Jetzt sind wir auf den Waldaihöhen, wo auch die Wolga entspringt.
Der Feind ist bereits wieder eingekesselt und sieht seiner Vernichtung entgegen. Mein Panzer hat dabei brav mitgehalten, war aber wegen Federbruch schon wieder in der Werkstatt. Da keine neuen mehr vorhanden waren, mußte ein anderer Panzer ausgeschlachtet werden. Dafür ist aber mein Fahrzeug wieder in bester Ordnung. Fragt sich nur, wie lange? Nun, vor einigen Stunden haben wir damit wieder einen Abgriff gefahren. Obwohl unsere Truppen bereits 60 Kilometer vor der Werkstatt liegen, haben wir doch immer noch Feindberührung.
Die Lage ist nämlich so: Unsere schnellen Verbände stoßen auf der ihnen zugewiesenen Vormarschstraße vor, lassen den Feind aber links und rechts liegen. Das Durchkämmen der Wälder ist dann Angelegenheit der Infanterie. Zufällig liegen ungefähr sieben- bis achthundert Meter von dem Ort entfernt, wo unsere Werkstatt ist, etwa noch 2000 Russen in den Wäldern. Heute morgen hat sie nun der Hunger wieder herausgetrieben. Mit wehmütigen Hurrarufen kamen sie gegen uns angelaufen.
Aber die wenigen Panzer, die vor der Ortschaft auf Sicherung liegen, brachten ihnen nur Tod und Verderben. Wäre das Gelände nicht so sumpfig gewesen, wäre uns sicher niemand entkommen. So ist der Krieg in Rußland eben, die Front ist überall. Beim Troß genauso wie bei der Kampfstaffel.
Jetzt fängt es schon wieder zu regnen an. Damit das Briefpapier nicht aufweicht, muß ich für heute Schluß machen. Außerdem möchte ich Dich noch um gütiges Nachsehen bitten, wenn das Briefpapier nicht gerade sauber ist. Das kommt daher, weil ich in einer ganz dummen Stellung schreiben muß. Ich stehe im Turm meines Panzers, und das Papier liegt auf dem Turmdeckel.
Außerdem zeigen meine Hände nicht gerade ein unschuldiges Weiß, da ich heute noch keine Gelegenheit zum Waschen hatte und wohl auch nicht mehr bekommen werde. Also stoße Dich bitte nicht daran und bedenke, daß der Soldat im Feld kein Salonlöwe ist.
Nun aber, liebe Wandelgard, sei innigst gegrüßt
von Deinem Willy

Flensburg, 17.9.41

Liebe Hanna!

Hanna, Du wirst staunen, daß ich lateinisch schreibe. Seit Montag bemühe ich mich krampfhaft, doch oft haut es noch daneben, also entschuldige bitte das viele Verschreiben. Ich mache es aus zwei Gründen. Einmal wurde mir am Sonntag gesagt und von fünf Leuten bestätigt, ich hätte so eine impertinente Kinderschrift. Abgestochen und unausgeglichen, überhaupt nicht flüssig. Dazu kommt noch die neue Regelung, daß die deutsche Einheitsschrift lateinisch sei.

Nun zu meinen Erlebnissen: die Lübecker Fahrt! Wir waren doch früher mal zusammen dort mit Vati im Auto, nicht? Also, Samstag, 12.06 Uhr, ab Flensburg. 32 Personen. In Lübeck war am Sonntag viertel vor neun Kaffeetrinken. Stadtgebummelt, das heißt Führung durch Lübeck mitgemacht. Es war den ganzen Tag über strömender Regen. Also Schwimmfest.

Nach dem Mittagessen raus zum Stadion. Diese Aschenbahn! Da konnte man nur viermal hundert Meter Kraul machen. Flensburg stand an letzter Stelle. Wir waren mies, vierte von fünf Staffeln. Was für ein Mist! Klitschenaß und voll Dreck, die ganze Locken waren ausgegangen, zurück ins Café des Hotels, Kuchen gefressen, im Hotel Abendbrot gegessen. Heimfahrt war köstlich, die sechs Mädel hatten Partner gefunden, in jedem Abteil ein Paar. Marga war, wie ich, trotzdem noch solide. Sie hatte einen Kadetten. Ich einen Fähnrich. Er und ich haben prima geklönt. Er in der einen Ecke, ich in der anderen, also weit entfernt.

Der Erfolg ist kommenden Freitag ein Hausball bei uns. Hans und Edith, Otto und ich, Margot und Henri, Boischi und einer der anderen Sportler, wird so gedreht, und Fiesel und ihr Fähnrich, fünf Paare also. Das wird schneidig, das kannst Du glauben. Gleich kommen Boischi und Schulte, dann wird alles geregelt. Tanzen wollen wir, das ist Sache. Eigentlich ist das ja nicht richtig, aber wir sind ja noch jung, und alle Fähnriche, bis auf Otto, der noch einen Kursus hier macht, kommen in der nächsten Woche zum Einsatz.

So, nun zu Deinem Brief. Daß Du Zigaretten willst, finde ich toll. Es war nur ein Spaß, daß ich anfrug! Wenn ich mal ein paar überhabe, be-

kommst Du welche. Du, das mit den Mädeln, die so hinter den Männern her sind, kann mich immer auf hundert bringen. So z.B. all die, die nur wegen der Männer zum Training im Sportverein kommen. Post von Willy habe ich nun schon über vierzehn Tage nicht. Kommt aber bestimmt noch.
Eben kam die neue Zeitung, weißt Du, wer gefallen ist? Heinz Blase, Bläschens Bruder, wie traurig, nicht? Immer die schneidigsten Jungs trifft das Schicksal! Auch Renate Krachts Bruder ist an einer Kehlkopftuberkulose, die er sich an der Front zugezogen hat, gestorben. So, nun aber Schluß, heute abend soll ich nämlich wieder ins Theater, »Maulkorb«, wird gewiß sehr nett. Viele Grüße
von Deiner Wandelgard

Dessau, 24.9.41

Liebe Wanda!
Wir haben's geschafft! Ich sag Dir, es ist direkt ein erhebendes Gefühl, mit der Ausbildung fertig zu sein.
Als ich Deinen Brief von außen sah, da dachte ich mir gleich, die Wanda will jetzt die deutsche Einheitsschrift anwenden. Und richtig! Übrigens habe ich auch schon die Absicht gehabt, lateinisch zu schreiben. Von nun an will ich es versuchen. Es wird sicher recht stümperhaft sein.
Wann klönten wir das letzte Mal zusammen? Sonntag, ja? Von Montag bis Freitag war unser Chef in Prag. Also für uns eine angenehme Zeit! Dienstagabend war ich im Kino: »Das Fräulein von Barnhelm«! Der Film hat mir sehr gut gefallen. Wurde Euch nicht in der Penne gesagt, daß Ihr Euch den Film nicht ansehen solltet? Er wäre nicht das, was Minna von Barnhelm eigentlich ist? Ich war jedenfalls ganz begeistert.
Am Donnerstag erzählte Rudolf Kinau, also ganz wunderbar. Zuerst erzählte er: »Ein fröhlich Herz, ein fester Sinn«, »Befehlen und Gehorchen« und dann hat er uns noch allerlei Plattdeutsches erzählt. Pfundig war das. Er spricht so wunderbar schlicht und so wunderbar verständlich.

Freitag hab ich viel gebüffelt: Werkstoffkunde und Berufskunde. Sonnabend war sehr schönes Herbstwetter. Da bin ich mit Gesa, der Neumünsteranerin, mit dem Rad in die Umgebung gefahren. Haben unterwegs wunderbaren Pflaumenkuchen gegessen und Heide gepflückt. Abends war man hundemüde, deshalb früh in die Koje. Sonntag war wieder fabelhaftes Wetter. Leider konnte ich mich dem Genuß der Sonne nicht hingeben. Lernen und arbeiten hieß es. Bis spät abends saßen wir, und am Montag stieg dann der erste Prüfungstag. Vormittags Werkstoffkunde, Berufskunde, nachmittags Mathematik. Von 1/2 2 bis 1/2 5 Uhr, und was denkst Du, um 3 Uhr geht die Sirene! Na, nichts wie runter in den Luftschutzkeller. Da war es natürlich vorbei mit der »splendid isolation«, die oben noch in der Klasse herrschte. Unten herrschte nur »splendid information«! Das kannst Du Dir sicher bestens vorstellen! Während der Schulzeit hat man sich das mal öfter gewünscht, wenn irgend so eine blöde Arbeit bevorstand. Und nun sogar als willkommene Pause während unserer Prüfung. Na so was!

Wir waren sehr froh, ist ja klar, als der erste Prüfungstag vorbei war. Abends, zum Abschluß dieses denkwürdigen Tages, sah und hörte ich den »Fliegenden Holländer«. Das war zum ersten Mal eine Wagner-Oper! Ich hatte mir vorher schon das Textbuch gekauft, damit ich den Inhalt kannte und hauptsächlich auf die Musik hören konnte. Schon am Anfang des ersten Aktes ging plötzlich auf der Bühne und im Orchesterraum das Licht aus. Die werte Zuhörerschaft wurde gebeten, ruhig auf ihren Plätzen zu bleiben. Eine Lichtstörung! Ungefähr nach fünf Minuten ging dann die Aufführung weiter. Es war sehr schön.

Ja, und dann die Garderobe. Alles vertreten, vom Strandanzug mit Schleppe bis zum festlichen Stilkleid. Aber im großen und ganzen war es sehr feierlich. Man war mal wieder unter kultivierten Menschen. Man freute sich, einmal einen Abend unbeschwert mit schöner Musik verleben zu können. Jetzt haben wir nämlich Weibsen in der Baracke – toll! Zum Teil beinahe Abschaum der Menschheit, so richtige Freudenmädchen!

Dienstag haben wir unsere Prüfungszeichnungen gemacht, gestern auch noch eine Arbeit in Steno geschrieben. Und abends hatten wir

den Abschiedsabend mit der Gruppe, weil wir zum 1. Oktober wegkommen. Bis auf einige kleine Entgleisungen verlief dieser Abend sehr nett. Um 24 Uhr wurden wir, drastisch ausgedrückt, rausgesetzt! Alle 13 Personen, wir waren 8 Mädels und 5 Herren.
Nachher hat uns einer der Herren noch zu einer Tasse Kaffee oder Tee eingeladen. Stell Dir vor, da hat er tatsächlich seine Frau aus dem Schlaf geholt, und sie hat für uns Tee bereitet. Na, das sollte mein Mann gewesen sein! Jedenfalls haben wir dort noch nett geklönt. Um 1/2 3 Uhr waren wir endlich zu Haus.
Nun mal zu Deinem Brief! Zur Lübecker Fahrt braucht man ja nichts zu sagen. Da war ja wirklich alles dran. Ich finde sie einfach pfundig! Wirklich, ich kann es mir gar nicht vorstellen: Margot im Arm von einem Fähnrich. Auf alle Fälle habt Ihr Eure Gaudi dabei gehabt.
Sag mal, sind schon mehrere Flensburger Bekannte gefallen? Es ist doch so grausam. Ich war ganz erschüttert, als ich die hohe Gefallenenzahl las. Aber im Verhältnis sind die Verluste ja nicht so stark. Nur sind wir von den anderen Feldzügen bisher immer so minimale Verluste gewöhnt.
Habt Ihr Euern Hausball bei Dir gut verlebt? Es war sicher pfundig! Fünf Paare gleich. Na, im nächsten Brief bekomme ich doch alles genau zu hören.
So, Klein-Wanda, also Schluß für heute. Es grüßt Dich
Deine Hanna

Im Osten, den 1.10.41

Liebe Wandelgard!
Heute kann ich Dir unter ganz besonderen Verhältnissen schreiben. Wir haben nämlich die staubigen Landstraßen mit dem Schienenstrang der russischen Eisenbahn vertauscht, um in unsern neuen Einsatzabschnitt zu gelangen.
Als unsere Kämpfe in den Waldaihöhen beendet waren, ging es in flotten Straßenmärschen zurück in die Etappe. Von Demjansk aus zurück nach Staraja Russa, vorbei am Westufer des herrlich gelegenen Ilmensees nach Stolza und schließlich nach Dno, wo wir eines Nachts ver-

laden wurden. Die Bahnfahrt ging allerdings gemütlich vor sich, trotzdem sind wir heute schon in Witebsk* angekommen.

Auf dieser Fahrt sind uns mehrere Transporte von den spanischen und ukrainischen sowie von holländischen FreiWillygen begegnet. Über die »Blaue Division«** habe ich besonders gestaunt, da diese Kämpfer gegen den Bolschewismus weder nach der Uniform noch nach der Bewaffnung von deutschen Soldaten zu unterscheiden sind. Dafür künden ihre schönen traurigen, aber auch wehmütigen Heimatlieder, wessen Landessöhne sie sind.

Gestern abend haben wir in unserem Güterwagen ein zünftiges Volksliedersingen veranstaltet, was uns beinahe Heimweh erweckte. Zumindest war es die Vorfreude auf den Augenblick, wo wir über die deutsche Grenze rollen werden.

Vor einigen Tagen hat man uns eine große Freude bereitet. Es wurden uns nämlich die Panzersturmabzeichen verliehen, die wir schon seit einigen Monaten erwarteten.

Nun, meine liebe Wandelgard, geht die Reise wieder weiter, sei recht herzlich gegrüßt
von Deinem Willy

* Etwa 130 Kilometer nordöstlich von Smolensk

** Im Juli 1941 hatte Franco fünf Regimenter aus spanischen Freiwilligen für den Kampf gegen die Sowjetunion zur Verfügung gestellt, aus denen die »Blaue Division« gebildet wurde

4.
»Mit der ganzen Leidenschaft meines Herzens«

Willys Panzergruppe beginnt den Sturm auf Moskau • Wanda findet Willy »von Tag zu Tag sympathischer« • Hanna lernt Jochen kennen

Oktober 1941. Drei Monate dauert der Rußland-Feldzug bereits. Erst wurde die Ukraine mit ihren reichen Rohstoff-Vorkommen und der Schwerindustrie besetzt. Jetzt startet das »Unternehmen Taifun«: Wie im Sturm wollen die Deutschen Moskau erobern, eine Stadt mit 4,2 Millionen Einwohnern. An ihrer Stelle, so Hitlers perverser Traum, werde man einen riesigen Staudamm errichten – »der Name Moskau muß vollständig ausgelöscht werden«.

Am 2. Oktober 1941 ist Willy einer von 1,9 Millionen deutschen Soldaten, die mit 1700 Panzern den Generalangriff auf Rußlands Hauptstadt starten. Und immer noch glauben die Deutschen, sie könnten vor Einbruch des Winters die Sowjetunion besiegen. Am 7. Oktober schreibt Willy, daß bereits Schnee liegt in Rußland, besonders früh in diesem Jahr. »Die Kälte macht uns sehr zu schaffen.«

Willys Panzergruppe ist unterwegs nach Smolensk. Das liegt auf halber Strecke zwischen Minsk und Moskau, an der »Rollbahn«. Diese Verbindungsstraße ist strategisch wichtig, weil auf ihr die Lkws mit dem Nachschub gut vorankommen. In Wjasma, östlich von Smolensk, und weiter südlich in Brjansk vermuten die Deutschen den letzten Widerstand zur Verteidigung von Rußlands Hauptstadt. Bis Mitte Oktober dauern dort die beiden berühmten Kesselschlachten, bei denen die Wehrmacht 673 000 Gefangene machen wird. Doch bereits am 10. Oktober verkündet das Berliner Propagandaministerium, der Feldzug im Osten sei entschieden. Die letzten Reste der Roten Armee säßen in einem Schraubstock, der täglich enger gezogen werde. »Sind unsere militärischen Erfolge nicht großartig?« schreibt daraufhin Wanda an Hanna.

Tatsächlich verläßt die sowjetische Regierung am 16. Oktober vorsichtshalber Moskau. Sogar der einbalsamierte Lenin wird Richtung Osten evakuiert. Und deutsche Panzerverbände erobern Kalinin nördlich und Kaluga südlich der Metropole. Der Weg in die russische Hauptstadt scheint frei.

Doch dann setzt die Schlammperiode ein, die russische »Zeit ohne Straßen«. Und die deutsche Offensive gerät ins Stocken.

Flensburg, den 2.10.41

Liebe Hanna!
Ja, tatsächlich erhielt ich Deinen Brief bereits am Sonnabend, aber ich hatte in diesen Tagen und habe noch immer mordsmäßig zu tun. Etwa zehn Bücher habe ich zu lesen. Zwei sind schon fertig. Ein drittes habe ich bereits durchgearbeitet, es ist über Bevölkerungspolitik, mein Wahlfach im Abi. Vierzehn Seiten ganz klein geschrieben habe ich davon ausgearbeitet.
Nun was in letzter Zeit geschehen ist: Also, an dem besagten Freitag stieg unser Hausball. Es waren nur drei Paare, da Fiesels Mann und Otto, beide eine Gruppe, Ausgehverbot hatten. Fiesel kam nicht, so waren wir nur sieben Personen. Trotzdem war es sehr nett und fand großen Anklang. Ich komm ja bei solchen Angelegenheiten stets zu kurz. Schicksal! Und ich habe mich damit abgefunden.
Wir hatten eine schneidige Bowle mit Sekt und Arrak und Erdbeeren und allen Schikanen. Henri, Margots Fähnrich, ist jetzt nach Kiel gekommen. Ihn mochte ich wohl am liebsten von allen und tanzte auch am meisten mit ihm. Gestern erhielt ich eine Karte von ihm, darin teilte er mir mit, daß ich demnächst einen Brief von ihm erhalten würde. Das ist ja sehr nett und freundlich, nur leider mir sehr unsympathisch. Da Henri Margots große Liebe ist und wohl ihre erste, so wie bei Dir Günther. Wenn ich es mir überlege, würde ich an Margots Stelle wütend sein. Aber ich werde es ihr nicht sagen, was meinst Du? Soll ich ihm auf die Karte antworten? Es ist mir alles sooo blöd! Dabei würde es bestimmt einen Pfundsbriefwechsel mit Henri geben.

Von Willy und Hermann, staune, erhielt ich Post. Von Hermann am Sonnabend, von Willy am Montag. Genau nach vier Wochen. Und dabei war der Brief vom 5.9., der vorletzte vom 25.8., und den erhielt ich schon nach etwa acht Tagen. In diesem Brief gab Willy erstmalig einen Ort an, Toropez zwischen Leningrad und Moskau. Hermann ist inzwischen zu den Gebirgsjägern gekommen und auch in Rußland. Dem habe ich aber einen Brief hingesalzen. Von wegen nicht schreiben und sich so auf Post freuen. Ich kann doch seine neue Anschrift nicht riechen!

Weißt Du, mein Wintersport ist genehmigt! Peng! Was sagst Du nun? GANZ, ganz, ganz bestimmt. Nur darf ich nicht so gern allein fahren. Hanna, wie wäre das fein zu zweit, wir beide! Ich würde am 26.12. hier wegfahren, und zwar bis zum 4./5.1.42. Harz oder Erzgebirge, mein Weihnachtsgeschenk. Aber die Stiefel! Jeden Tag suche ich die Verkaufsangebote in der Zeitung nach Stiefelgröße 40 ab. Wenn ich nur welche finden würde, alle Größen vorhanden, nur nicht 40. Ich muß mir eine Brille anschaffen.

Oh, nun hätte ich wieder eine Neuigkeit bereits vergessen. Walter Edelmann, mein holder Vetter aus München, ist jetzt nach Rendsburg zur Flak gekommen. Wenn er Wochenendurlaub bekommt, will er uns besuchen. Ob er noch immer sooo lange Haare hat? Oder hat der Kommiß sie vernichtet? Ich bin ja so gespannt auf meinen langen Vetter, Stud. Germ., ganz enorm! Student der Germanistik. Weißt Du, heute wärst Du wohl sein Ideal, auch von wegen Figur. Ihr müßtet, Du und er, ein schönes, großes Paar abgeben. Was eine Schau, so ein Vetter!

Noch was hätte ich fast vergessen: Dir zu gratulieren zur bestandenen Prüfung. Das mit dem Fliegeralarm finde ich einfach zu köstlich! »Nein, mein Kind, wie bist Du unsolide, halb drei nach Hause kommen. Pfui! Schäme Dich! Was würde Deine Mutter sagen, wenn sie das wüßte?«

Montag hatten wir schon um neun Uhr zwanzig Alarm bis halb vier. Dienstag war ich mit Walter Ulm, man muß jetzt direkt den Nachnamen mitnennen, im Kino. »Annelie«, ein phantastischer Film, als es plötzlich klingelt. Das Telefon war es, das Personal rennt umher, nach

einer Weile geht das Licht aus, es war kurz vorm Schluß. Alle Leute strömen raus, Fliegeralarm.
Wir gehen nicht in den Keller, sondern nach Haus auf schnellstem Wege. Große Straße lang, Nordermarkt runter und gelaufen bis zum Nordertor. Mit Hut, Kostümrock eng, Strumpfgürtel, hohen Absätzen, aber es ging tadellos bis kurz vorm Nordertor. Da stolperte ich. Fuß umgeknickelt, da war der Spaß aus, trotzdem aber weiterlaufen. Wir kamen nach Haus, zwanzig Minuten bis Ostseebadweg. Leistung, nicht? Doch gestern hatten wir Glück, kein Alarm die ganze Nacht.
So, nun muß ich aber endlich schließen. Für heute sei herzlich gegrüßt von Deiner Wandelgard

Im Osten, den 7.10.41

Liebe Wandelgard!
Endlich einmal habe ich wieder Post von Dir erhalten, und zwar Deinen lieben Brief vom 11.9., für den ich Dir recht herzlich danke. Dein vorhergehender Brief war vom 13.8., also hat die Post bei uns fast vier Wochen ausgesetzt. Auch von meinen Eltern erhielt ich am 10.8. die letzte Nachricht. Ich rechne bestimmt damit, daß die fällige Post von vier Wochen auf einmal eintrifft. Aber das kann ich nicht verstehen, daß meine Briefe so lange in die Heimat brauchen. Du mußt wohl oder übel sehr viel Geduld aufbringen.
Den Brief, während der Bahnfahrt geschrieben, hast Du hoffentlich schon erhalten. Unser Endziel war tatsächlich Smolensk. Noch nachts wurden wir dort ausgeladen, um Fliegerangriffen vorzubeugen. Trotzdem gelang es einem russischen Bomber, das Sperrfeuer der Flak zu durchbrechen und einige Bomben abzuladen, die aber weiter keinen Schaden anrichteten. In südöstlicher Richtung führte dann unser Marsch weiter. Wo wir uns z.Zt. befinden, kann ich Dir begreiflicherweise erst später erzählen.
Was sonst noch mit mir los ist, ist nicht viel. Die Kälte macht uns jetzt sehr zu schaffen. Heute hat es wieder geschneit, und zwar diesmal ausgiebig. Vielleicht ist morgen schon die ganze Landschaft weiß überzogen.

Als ich eben mein Geschreibsel durchlas, fiel mir auf, daß ich mich noch gar nicht für die guten Zigaretten bedankt habe, was ich hiermit nachholen möchte. Trotzdem wir diese kostbaren Artikel jetzt auch öfter bekommen, sind sie natürlich immer sehr willkommen. Heute abend gab es etwas Schnaps, daher ist vielleicht die Schrift etwas berauscht. Aber ich bin mal wieder in einer so glücklichen Stimmung, daß ich Dir unbedingt schreiben muß.
Die Erinnerungen werden wach, und diese steigern sich wieder zu Zukunftsplänen. In banger Erwartung bleibt manchmal das Herz einen Augenblick stehen und fragt sich, ob es wirklich so viel Glück verdient. Du wirst vielleicht über diesen Satz den Kopf schütteln und ihn nicht verstehen, aber was Ehrfurcht und Takt verbieten zu schreiben, darf in Gedanken doch immer wieder neu geboren werden.
Für mich bedeutet zwar so ein Abschnitt im Brief gewissermaßen eine Härte, da ich wie eine Katze um den heißen Brei gehen muß. Aber ich nehme an, daß Du doch für meine Nöte Verständnis aufbringst und Dir darüber klar bist, was zwischen den Zeilen geschrieben steht.
Ich meinerseits habe wenigstens aus Deinem letzten Brief so manches herausgelesen, was nicht zu meinen Ungunsten ist. Z.B. als Du mir Deinen Wunsch offenbartest, als eine Sternschnuppe vom Himmel fiel. Solche Gedanken zu lesen, macht mir natürlich jedesmal die größte Freude. Vielleicht sind es auch jene Gedanken, die mich zum Spintisieren bringen.
Aber schau, meine liebe Wandelgard, warum sollten wir uns denn gegenseitig betrügen? Du weißt ganz genau, daß ich Dich schon in München und Regensburg liebgewonnen habe, und im Laufe unseres langen Briefwechsels habe ich Dich erst recht lieben gelernt, und das mit der ganzen Leidenschaft meines Herzens.
Ich weiß nicht, ob Du mit meinem Geständnis einverstanden bist, aber ich kann nichts dafür, wenn mir manchmal – wie man so bezeichnend bei uns sagt – der Gaul durchgeht. Doch das versichere ich Dir, wenn auch dieser Brief in einer etwas ungewöhnlichen Stimmung geschrieben ist, morgen früh wird er bei klarem Kopf noch einmal durchgelesen, und wird er dann noch für richtig befunden, geht er an Deine Adresse ab. Andernfalls wandert er zu den Akten.

Jetzt, liebe Wanda, wird mir der Kopf doch etwas zu schwer, nachdem ich so recht von der Leber weg geschrieben habe. Deswegen möchte ich für heute Schluß machen, aber nicht ohne Dir noch mitzuteilen, daß ich Riekes Wunsch erfüllen werde. Sie soll auch ihrem Soldaten ihr Herz ausschütten dürfen.

Jetzt, meine liebe Wandelgard, kurz vor Verlöschen des Kerzenstummels, möchte ich Dir noch einen Gutenachtkuß auf Deine wohl heißen Lippen drücken und Dich von ganzem Herzen tausendmal grüßen

Dein Willy

10.10.41

Ja, liebe Wandelgard, so lange ist dieser Brief unter den »Akten« gelegen, und ich bin noch nicht vernünftiger geworden. Falls Du mit diesen Zeilen nicht einverstanden bist, habe ein gütiges Nachsehen mit mir. Sollten sie aber doch mit Deinen Gedanken übereinstimmen, so teile mir das bitte mit.

Nochmals die herzlichsten Grüße
von Deinem Willy

Flensburg, den 9.10.41

Liebe Hanna!

Ich habe Dir, weil Du keinen Wunsch geäußert hast, eine kleine Abendtasche besorgt. Soviel ich mich entsinnen kann, besitzt Du so ein »Instrument« nicht. Also habe ich es gewagt. Eigentlich hatte ich, wie ich Dir schon schrieb, an etwas anderes gedacht, aber ich fand nichts Nettes, und so ein Kitsch sollte es auch nicht sein. Dann war mir ein Gedanke gekommen: ein Tagebuch, aber das gab es nicht mehr. Nichts war aufzutreiben gewesen.

Und da lockte mich das Schaufenster von Völker. Ich ging rein, und man breitete eine wahre Pracht vor mir aus. Wer die Wahl hat, hat die Qual, und so angelte ich mir dieses Täschchen. Ganz golden gefiel mir nicht, hat so einen kitschigen Einschlag, und so blieb ich bei schwarz mit Gold. Hoffentlich gefällt es Dir, und das Täschchen darf mit in das feine Theater von Dessau wandeln.

Nun zu Deinem Brief. Daß Dein Bruder Urlaub hat, erzählte mir Walter schon. Denn er sah immer, wie Helmut Hedwig abholte. Was muß es doch schön sein, verlobt zu sein! Wie sich das schon anhört: Ich bin verlobt, oder: meine Verlobte, mein Verlobter. Toll, nicht? Aber noch lange nichts für mich, uns!
Du bist jetzt also wohlbestallte technische Zeichnerin bei den Junkerswerken in Dessau, oder wie schimpfst Du Dich? Sicher ein feines Gefühl, so richtig angestellt zu sein mit Gehalt und allen Schikanen. Wie steht das denn eigentlich mit Deinen Finanzen? Welch indiskrete Frage! Aber weißt Du, mein Schülergehirn kann sich so etwas fast gar nicht vorstellen. Dein Chef und Deine Mitarbeiter sind nett zu Dir und ordentlich, das ist ja schon viel wert. Bist Du das einzige Mädel in der Abteilung dort?
Diese Barackenwirtschaft zum Wohnen finde ich weniger nett. Und dann erst recht, wenn dort so miese Mädchen sind. Da würde ich doch versuchen, mit den anderen zusammen eine Bude zu bekommen. Schreib mal ausführlich über Deine Arbeit und alle sonstigen Angelegenheiten. Wie lange bist Du eigentlich bei Junkers verpflichtet? Während des Krieges ja wohl bestimmt.
Hier in Flensdorf ist nichts los. Sonnabend und Sonntag war Führerinnen-Schulung. Wir hörten sehr interessante Vorträge. Das war alles sehr bereichernd, zumal ein Teil über Rassefragen war. Gestern war ich, wie üblich, im Theater, »Carmen«, es war wirklich eine ausgezeichnete Aufführung. Ich werde über diesen Abend eine Arbeit schreiben.
Ja, Hanna, jetzt sind die vorletzten Ferien auch schon wieder vorbei. Bleiben nur noch die letzten sechs Monate, und dann ist Schluß, Schluß, Schluß! Dieser Brief ist sehr dürftig, aber ich weiß auch wirklich nichts mehr. Es ist so wenig los, und ich sitze jetzt meist »all to huus« und arbeite. Anfang der Woche machte ich mir aus dem handgewebten Stoff Rock und Jacke.
Sind unsere militärischen Erfolge nicht großartig? Kaum zu glauben, so enorm! Man kann nur stehen und staunen und dabei an jemanden denken, der auch einen Bruchteil zum großen Sieg beitrug. In der vorigen Woche erhielt ich von Willy Post, das schrieb ich Dir ja. Seit er

diesen Brief schrieb, ist schon mehr als ein Monat vergangen. Ich warte immer auf Post, aber es will und will nichts kommen.
So, nun Schluß, es grüßt Dich herzlich
Deine alte W.

Dessau, 13.10.41

Meine liebe Wanda!
Sieht er nicht direkt festlich aus, mein Geburtstagsbrief an Dich? Also, ich gratuliere Dir recht, recht herzlich zu Deinem 18. Lebensjahr! Wie fühlen sich das gnädige Fräulein? Älter? Nicht wahr, jetzt hat doch alles, was sonst Jugendlichen unter 18 Jahren verboten war, gar keinen Reiz mehr.
Was haben wir doch in all den vielen gemeinsam verlebten Jahren alles gemacht! Schön war's. Ich hab mir grad mein kleines Heftchen von unserem Abschiedsabend damals von 1940 durchgelesen, das war doch mal ganz pfunds? Dann wird alles neu aufgelebt, wenn ich so mein Tagebuch durchblättere. Und das ist doch nur anderthalb Jahre her.
Aber nun zurück zur Gegenwart. Was war nun seit dem letzten Brief, und was wird werden? Sonntag, den 4.10. Ein ganz gewöhnlicher Sonntag. Richtig spießig! Schrank aufgeräumt, er schrie förmlich danach, Mittag gekocht, abends gelesen, Balladen von Münchhausen. Montag um 1/2 4 Uhr Entlassung in der Werkschule. Da sprachen verschiedene Leute mehr oder weniger passende Worte zu uns. Zum Schluß kriegten wir unser Zeugnis in die Hand gedrückt. »Frl. Hansen hat sich mit Fleiß und Erfolg am Unterricht beteiligt.« Freitag war unser Klassenabschiedsabend. Also, ich sag Dir, das war eine Sache. Mit einer Pfundsklassenzeitung ging alles bis um 24 Uhr, dann war finish.
Sonntag weckte uns schönster Sonnenschein, wunderbares Wetter. Unser Zimmer hatte Küchendienst, deshalb wollten wir in der Stadt essen. Sonst wäre uns bestimmt der Appetit vergangen, denn die Küche sieht nach dem Kochen wahrhaftig nicht mehr küchenähnlich aus. Gisela und ich wollten also nach dem Essen die Küche säubern, so gingen wir in den »Goldenen Löwen« zum Essen.

Da trafen wir einen bekannten Herrn aus unserem Kobü*, Herrn Bockhacker, schon etwas älter, ein seriöser Herr. Er lud uns zu einem Glas Apfelsaft ein. Und nachher konnten wir dann seiner Einladung zu einer Tasse Kaffee bei Café Altmann nicht widerstehen. Bald setzte sich noch jemand an unseren Tisch. Ein Soldat.

Gisela und ich und Herr Bockhacker haben uns die ganze Zeit unterhalten. Ich hab ihm von Flensburg vorgeschwärmt usw. Nachher hat Herr B. den Unteroffizier etwas gefragt und ihn in die Unterhaltung mit hereingezogen. Da sagte der: »Ach, Sie sind aus Flensburg? Ich bin dort auf der Marineschule gewesen!« Weiter haben wir nichts miteinander gesprochen. Wir sind dann mit Herrn B. zum Kino gegangen und haben uns verabschiedet. Und siehe da, wen treffen wir im Kino? Den Unteroffizier von vorhin, er wollte sich auch »Komödianten«** ansehen. Jedenfalls machten wir ab, uns nach dem Film zu treffen. Ich schlug als Treff das Schild »Parken verboten« vor dem Rathaus vor.

Der Film war ganz einzig, vor allem der kulturelle Wert, und auch die Schauspieler, Du mußt ihn Dir unbedingt ansehen. Nachher trafen wir uns wie verabredet. Wir wollten fix nach Haus zu unserer Küche, deshalb Willygten wir da noch nicht ein, mit ihm ins »Alte Theater« zu gehen.

Also, inzwischen stellte er sich vor als Jochen (Nachname weiß ich nicht mehr, ich hab zwar die Adresse). Zur Zeit auf der Offiziersanwärterschule in Roßlau***. Nach seinem Abi hat er RAD gemacht und ist seit vier Jahren jetzt Soldat. Zuerst war er bei der Marine, pfundige Auslandsfahrten haben die damals gemacht. In Flensburg war er Seekadett. Hat es sich durch eine Sache als Fähnrich verscherzt. Nachher Polen und Frankreich bei den Pionieren mitgemacht. Und jetzt will man sie bis zum Januar 1942 bis zum Leutnant bringen.

Übrigens ist er Norddeutscher, aus Stettin, segelt und läuft leidenschaftlich Ski. Und er ist sehr groß, mindestens 1,85 m. Nächsten

* Konstruktionsbüro

** Historienfilm mit Hilde Krahl. Regisseur Georg Wilhelm Papst schrieb das Drehbuch gemeinsam mit Axel Eggebrecht und Walter von Hollander

*** Nachbarstadt von Dessau

Sonntag wollen wir raus nach Wörlitz, aber nur, wenn schönes Wetter ist. Er bringt seinen Freund mit.
Also, Klein-Wanda, Du bist nun genauestens informiert, nicht? Verleb Deinen Geburtstag recht schön. Denk an mich und schreib mir bald. Adieu, Deine alte Hanna

Flensburg, 15.10.41, 23 Uhr

My Darling!
Jetzt sollst Du schnell noch einen Sonntagsgruß erhalten. Dein Brief* hat mir sehr gut gefallen, besonders das, was Du über Willy sagtest. Ich finde ihn von Tag zu Tag sympathischer. Ich weiß nun nicht, ob ich mir einrede, ich liebe ihn – ob das echt ist und ich es wirklich tue. Auf jeden Fall habe ich die graue Theorie vom vorigen Jahr umgestoßen. Typische Inkonsequentheit der Frau. Aber schietegal!
Gratuliere mir, ich bin mit Wirkung vom 9.11.41 zur JM-Gruppenführerin offiziell befördert. Ironie des Schicksals. Jetzt, wo ich dies gar nicht mehr verdiene. Voriges Jahr um diese Zeit, da hätte man mir damit imponieren können, aber nun! Mittwochabend war ich bei Marlis, unserer Untergauführerin, zur Beförderungsfeier eingeladen. Es war ein ganz kleiner Kreis und sehr nett. Dafür mußte ich leider meine »Lustige Witwe« versäumen, wird aber noch nachgeholt.
Montagabend war ich in dem Film »Kameraden«**. Großartig sind diese Propagandafilme. Wo kämen wir ohne Rundfunk und Film, diesem schlagendsten Beweismittel des deutschen Volkes, hin? Na, den Film wirst Du ja gewiß schon gesehen haben. Jede Woche dreimal Kino ist wohl Dein Satz.
Hanna, wir sehen uns wieder, am 7. und 8. Januar 42 in Dessau, wenn ich von Reinerz*** nach Hause fahre. Was sagst Du nun? Ist das nicht toll? Wenn alles klappt, fahre ich mit Vati in meinen letzten Schul-

* Nicht erhalten
** Von Regisseur Hans Schweikart (»An der schönen blauen Donau«, 1954) mit Willy Birgel
*** Duszniki Zdrój, Ski- und Kurort im besetzten Polen

ferien zum Wintersport. Ein Jahr bin ich ja dann dem Vaterland verpflichtet und könnte erst wieder Sommer 43 diese Freude erleben. Was wünscht Du Dir zu Weihnachten? Antworte bitte bald, sonst gibt's nichts mehr. Für heute Schluß, gute Nacht, Liebe, es grüßt Dich Deine Wandelgard

Flensburg, den 18.10.41, 14 Uhr

Liebe Hanna!
Erst heute komme ich dazu, Dir für Deinen festlichen Geburtstagsbrief zu danken. Er kam am Donnerstag, Deine liebe Karte am Mittwoch. War ich enttäuscht, nur Deine Karte, sonst nichts, keine weitere Geburtstagspost. Aber dann am Donnerstag viermal Post, hast Du Worte? Deinen Brief, je einen von Willy, Hermann und Henri. Von Henri nur eine Karte, aber trotzdem viermal Post.
Aber ein Geburtstagsbrief waren nur Deiner und Hermanns. Willys nämlich war vom 14.9., von der Quelle der Wolga in den Waldaihöhen, und erst Ende voriger Woche wurde die Einnahme selbiger im Heeresbericht genannt. Hermann hat die Einnahme von Kiew mitgemacht, das waren wirklich zwei interessante Briefe aus Rußland.
Bei uns ist schönes Wetter, hoffentlich auch bei Dir in Dessau. In Gedanken bin ich bei Euch. Einmal wieder mit Dir zusammen sein, wie wäre das schön! Dagegen sitze ich hier und erledige meine Post. Dein Jochen ist gewiß mit Hanno zusammen gewesen (Juttas erster Fähnrich, jetzt Leutnant) von der Gru 1937. Frag ihn mal. Hat der Glück, daß er beim Heer als Leutnant noch angenommen wird! Er ist ja geradezu mein Fall, Segeln und Skilaufen, 1,85 Meter ist auch meine Größe. Ich wünsche Dir viel Glück und Spaß mit ihm und bin froh, daß Du jetzt Günther überwunden hast. Hoffentlich klappte Euer Rendezvous, ich drückte Dir die Daumen die ganze Zeit.
Hanna, wir sollen jetzt unseren Bildungsgang schreiben. Kannst Du mir nicht Deine Tagebücher, bevor Du ins Pflichtjahr gingst, schikken, denn sie sind ja auch zum großen Teil meine. Weiter sollen wir alles das, was unsere Entwicklung beeinflußte, uns förderte und uns die Reife gab, sowie markante Erlebnisse unserer Jugend darstellen. Han-

na, überlege Dir bitte mal dasselbe für Deine Jugendzeit bis zum Pflichtjahr, vielleicht würde mir da manche entscheidende Begebenheit, die ich vergaß, wieder einfallen. Auch für Dich selbst ist das ja sehr interessant.

Gerade von den Jahren 6 bis 10, also von unserer Grundschulzeit, weiß ich nur noch sehr wenig. Später waren das Elternhaus, die Schule, BDM, unsere Freundschaft, Sport, Theater, Filme, Reisen, Politik, Lektüre, Feste, Feiern, Lager und Fahrt wohl die wichtigsten Faktoren für meine Entwicklung.

Hanna, ich danke Dir sehr, daß Du mich Mittwoch anriefst. Leider war ich im Theater, »Rose Berndt« von Hauptmann wurde gegeben. Du kannst Dir vielleicht das Buch aus der Bibliothek holen, es ist sehr ergreifend. Hauptmann schildert das Schicksal eines Mädchens, das einen verheirateten Mann liebt. Ein anderer überrascht die beiden, und als Rose allein ist, erpreßt er sie und vergewaltigt sie. An den Folgen, die sich für Rose immer schwieriger gestalten, geht sie schließlich zugrunde. Da das Stück auch sehr gut gespielt wurde, war man tief erschüttert von der Schlechtigkeit der Menschen.

Hast Du das Abendtäschchen schon bekommen? Ich schickte es am 10.10. ab.

Nun für heute aber Schluß. Ich wünsche Dir für den heutigen Tag sehr viel Vergnügen, sei recht herzlich gegrüßt
von Deiner Wandelgard

Im Osten, den 19.10.41

Meine liebe Wandelgard!

Am heutigen Sonntagmorgen eilen meine Gedanken wieder zu Dir, überhaupt ist dieses die einzige Möglichkeit, um hier nicht zu verblöden. Wenigstens haben wir nun eine feste Unterkunft bezogen, da wir zur Ruhe übergegangen sind. In einer russischen Schule haben wir uns häuslich niedergelassen. Die Hauptsache ist, daß wir eine warme Stube haben, wenn es draußen schneit und eine Temperatur von minus 15 Grad herrscht.

Als Wandspruch steht immer vor unseren Augen: »Hurra, wir sind

verblödet!« Keine Post erhält man, keine Zeitungen, kein Radio, nur Kartenspiel von früh bis spät. Den ganzen Tag hört man nichts anderes als »Fünfzig RM stehen« und »Zwanzig, einundzwanzig zieht!« Du weißt vielleicht, was hier gespielt wird: Siebzehn und vier! Auch Lotterie und dergleichen, Hauptsache, es kommt viel Geld in die Kasse. Wir Bayern dagegen sind zurückhaltender, wir spielen einen anständigen Schafkopf und behalten unser Geld für den Fall, daß wir doch noch nach Hause zurückkommen.
Im allgemeinen ist unsere Lage, milde ausgedrückt, trostlos. Aber trotzdem dürfen wir nicht meckern, wenn wir bedenken, daß die Soldaten, die bei dieser unmenschlichen Kälte vorne kämpfen und herrliche Erfolge erringen, nicht die Vergünstigungen haben wie wir. Trotzdem, auch dieser Krieg nimmt sein Ende, und wenn es uns vergönnt sein sollte, beginnt ein neues Leben. Ich befürchte nur, die Heimat kann den Ansprüchen aller Frontsoldaten nicht recht genügen.
Nun, meine liebe Wandel, sei aufs herzlichste gegrüßt
von Deinem Willy

Dessau, den 28.10.41

Liebe Wanda!
Ja, das Mädchen schreibt auch mal wieder. Hattest Du gar nicht mehr gedacht, was? Aber siehst Du, ein guter Kern steckt doch noch in mir, nicht? Hoffentlich ist nun das Geburtstagspäckchen eingetrudelt.
Ja, Wanda, das wäre was, wenn wir beide mal so durch Dessau wetzen könnten, was? Den Sonntag haben wir damals sehr nett verlebt. Ich hab Jochen mal gefragt, ob er mit Hanno Krieg zusammen war. Er ist aber nur mit einem Sonderkommando in Meierwik* gewesen, also nicht in der Gru 376.
Übrigens hab ich aus seinem Mund zum ersten Mal das Wort MWP** für die Flensburger Mädel gehört. Daraufhin habe ich ihm dann gesagt, daß ja auch die Marine nicht gerade den besten Ruf bei uns ge-

* Im Ausbildungszentrum der Marine bei Flensburg
** Marinewanderpreis

nösse! Ich glaube, er freut sich, daß er nicht mehr dabei ist. Ich glaube auch, er wäre gerade Dein Fall.
Wir beide können uns sehr gut leiden. Also alles wäre ok. Ich selbst bin auch froh, daß ich jetzt über Günther weg bin. Nun stelle Dir aber vor, gestern krieg ich wieder einen Brief von ihm, Günther. Seit langer Zeit mal wieder. Den letzten hatte ich zum Geburtstag erhalten. Anscheinend hat er zwischendurch noch mal geschrieben. Den Brief hab ich aber nicht bekommen. Also, Günther ist jetzt in Jüterbog* auf der Waffenschule. Nun schreibt er mir, daß alle Junker der Schule jetzt Freitag die Pionierschule hier in Roßlau besuchen werden. Er meint, ob ich was dagegen hätte, wenn wir uns treffen. Das hab ich natürlich nicht. Da hab ich ihm dann sogleich meine Telefonnummer geschrieben, daß er mich im Werk erreichen kann. Wenn sie eine kurze Freizeit für Dessau kommen, will ich versuchen, für ihn frei zu bekommen. Na, hoffentlich klappt das alles so. Ich freu mich natürlich schrecklich, und auch er freut sich, wieder einmal einen bekannten Menschen zu sehen. Ja, wer hätte das gedacht. Ich finde das natürlich einen Witz, daß wir uns hier in Dessau wiedersehen.
Was war hier während der letzten Zeit los? Ich bin ein ganz veränderter, unsolider Mensch geworden. Mittwochs, sonnabends und sonntags findet mich niemand mehr zu Hause, da muß ich einfach Zeit für Jochen haben. Manchmal komm ich mir direkt meiner eigenen Freizeit beraubt vor. Aber trotzdem freue ich mich schon immer wieder auf das nächste Mal, wenn wir uns treffen. Daher kommt es auch, daß die Woche für mich so schnell verläuft. Na, schnell verlief sie schon früher, aber jetzt rennt sie richtig.
Nun mal was anderes, zu Eurem »Bildungsgang«. Du meinst, daß ich Dir meine Tagebücher schicken soll. Ich glaube aber, daß da gar nicht soviel Positives für diese Arbeit dabei herauskommt. Ich habe ja nicht irgendwelche Gedanken geschrieben oder sonst was von mir, sondern lediglich das, in Stichworten, was an dem Tag gerade los war.
Ja, Wanda, von den Jahren 6 bis10 weiß ich auch nicht mehr viel. Nur das eine, daß wir da jeden Tag zusammen waren. Wir haben immer ei-

* Stadt in Brandenburg, in der sich eine Offiziersschule befand

ne sehr reiche Phantasie gehabt, von der aber jetzt bei mir fast nichts mehr übrig ist. Ich denke da an unsere Mooshäuser, Gärten, Baumstümpfe und was wir uns sonst noch angelegt hatten. Aber ich glaube, es ist ganz natürlich, daß bei Kindern die Phantasie stärker ausgeprägt ist als bei Älteren. Es ist wohl so, daß der Mensch, je älter er wird, immer nüchterner und realer denkt.

29.10.

Bis hier kam ich gestern. Da war es gerade 1/4 vor 22 Uhr, und es gab Alarm. Wir sind ins Bett gegangen, weil wir keine Neigung hatten, in den Graben zu gehen bei dieser Kälte. Ich bin dann eingeschlafen und erst bei der Entwarnung um 24 Uhr aufgewacht, raus aus der Alarmgarderobe und weiter geschlafen.

Nun zum Bildungsgang weiter: Weißt Du, wir sind früh selbständig geworden, durch den JM-Dienst hauptsächlich. Und dann haben wir uns gegenseitig dazu erzogen, glaub ich. Ein großes Erlebnis war für mich das Thingspiel »Die Schlacht der weißen Schiffe«* damals in Segeberg. Es hat einen ganz starken, gewaltigen Eindruck hinterlassen. Ich weiß nicht, wie es Dir da ergangen ist?

Sonst wüßte ich auch nur dieselben Entwicklungsfaktoren, die Du schon angeführt hast. Was Dich speziell beeinflußt hat? Ich glaube, wir haben uns gegenseitig beeinflußt, unbewußt. Bei mir ist es so. Ob ich Dich hab, mußt Du selbst wissen. Aber Du kannst Menschen viel besser beeinflussen als ich.

So, Wanda, finish. Hoffentlich gefällt Dir das Bild von mir, eigentlich solltest Du es schon zum 15. haben, aber es war noch nicht fertig. Es grüßt Dich von Herzen

Deine Hanna

* Der gleichnamige historische Roman spielt in Lübeck zur Hansezeit; Autor Henrik Herse war im Hauptberuf SS-Obersturmführer. In der Freilichtbühne Bad Segeberg wurde eine Bühnenadaption des Romans aufgeführt

Flensburg, 30.10.41, 23 Uhr

Liebe Hanna!

Heute ist nun schon der dritte Abend, daß ich im Bett sitze und schreibe. Ich muß mir buchstäblich die Zeit zum Schreiben von meinem Schlaf stehlen.

Vor allen Dingen möchte ich Dir für Deinen entzückenden Leuchter meinen herzlichsten Dank aussprechen. Er steht auf meinem Nachttisch und ist der Glanz in meiner Hütte. Dann möchte ich weiter, daß diese ewige Kreuzerei unserer Briefe aufhört. Wir haben beide am Sonntag, den 19., das letzte Mal geschrieben. Ich wartete auch auf Post von Dir und dachte, sie würde diese Kreuzung aufheben. Und dabei wartetest Du ebenfalls auf meine Post. Schließlich hatte ich ja einen nicht so leicht erfüllbaren Wunsch geäußert, der auf Überlegungen beruht. Weißt Du was, lang wird dieser Brief, glaube ich, nicht, denn draußen brummt es wieder so verdächtig.

Ja, Hanna, wo soll ich anfangen zu berichten von diesen letzten zehn Tagen Poststille? Dafür habe ich aber doch sechsmal Post gehabt: dreimal von Willy, zweimal von Henri, einmal von Hermann, toll, nicht wahr? Da schreibt man sich vielleicht etwas zusammen!

Willy hat bestimmt bei Wjasma und Brjansk die Doppelschlacht mitgemacht. Es wurde ja auch General Hoth wieder dabei erwähnt. Weiter schrieb er mir – Dienstag bekam ich Post von ihm und Hermann, wieder gleichzeitig – einen Brief, der war wirklich zu nett. So ein richtiger Liebesbrief. Ich muß sagen, daß mir das jetzt, nach über einem Jahr Briefwechsel, nichts mehr ausmacht.

Wenn ich ehrlich sein soll, muß ich gestehen, daß ich ihn jetzt auch sehr, sehr gern habe. Also, es geht auch anders durch einen Pfundsbriefwechsel. Heute nachmittag erhielt ich einen Brief von Willy vom 19.10., meinem Schreibsonntag. Da schreibt er mir von minus fünfzehn Grad Kälte und Schnee.

Hermann ist 350 Kilometer von Kiew nach Rußland hineinmarschiert und ist wohl bei der Einnahme von Charkow* dabeigewesen. Auch

* Zweitgrößte Stadt der Ukraine, die im Zuge der Schlacht um Moskau am 24.10.41 von den Deutschen eingenommen wurde

dies war ein sehr netter Brief. Jetzt habe ich schon zum dritten Mal von Willy und Hermann am gleichen Tag Post gehabt. Ich sehe schwarz, wenn die Soldatenzeit für beide einmal vorbei ist und sie sich wieder in ihrer Heimatstadt Regensburg begegnen. Na, mein Briefwechsel mit Hermann ist rein kameradschaftlich, und das ist das Schöne daran. Obwohl Hermann doch zwei Jahre älter als Willy ist.
Nun aber Schluß damit, Du siehst, daß ich von Post sozusagen lebe. Ich finde es zu nett. Übrigens ist nett ein schwacher Ausdruck, wie Heyden* mir gestern sagte. SCHÖN gebe doch viel mehr her.
Denke aber bitte ja nicht, daß ich deswegen auf Post von Dir verzichte. Keineswegs! Deine Briefe sind mir viel mehr, weil ich mit Dir alles, alles besprechen kann, was mit den anderen ja nicht gut geht. Ich muß sagen, daß ich auf Post von Dir wartete, da aber der liebe Leuchter kam, schrieb ich doch vorher und lache mir nun eins, wenn sich unsere Briefe wieder kreuzen.
Nun aber weiter. Mittwoch besuchten wir das Gräberfeld oder vielmehr den Baumsarg aus der Bronzezeit bei Harrislee. Er wurde gerade von Steinen freigemacht. Geöffnet wird er erst später. Was wird drin sein, ist die große Frage. Donnerstag sechs Stunden Klassenaufsatz. Wir hatten vier Themen: 1. Prinz von Homburg als Held, 2. Kampf mit dem Drachen nach Schillers Ballade, 3. Berufsfragen und Berufswahl, 4. Erschöpft sich die Vorstellung von der deutschen Frau in den Begriffen der Hausfrau und Mutter? Ich nahm das dritte Thema, das vierte interessierte mich eigentlich mehr, fing es zu Hause an, da bekamen wir es alle als Hausarbeit auf.
Sonnabend mit Walter Ulm** ins Kino, »Heimkehr«***. Großartig spielte Paula Wessely mal wieder, so natürlich und schlicht. Abends Skat, wie üblich mit Vati und Walter, und am Sonntag habe ich an der Arbeit über die deutsche Frau (Thema vier) geschrieben. Montag Turnen. Oh, Freitag war ich noch bei einem Vortrag, »Dieser Krieg,

* Wandas Klassenlehrerin

** Der gleichaltrige Nachbarsjunge

*** Antipolnischer Propagandafilm von Gustav von Ucicky mit Paula Wessely. Nach dem Krieg hat sich die spätere Doyenne des Wiener Burgtheaters für diesen Film entschuldigt

ein Krieg der Weltanschauung?«, habe dort Deine Mutter und Lisa getroffen. Dienstag bei Menzel Latein und noch an Willy geschrieben.

Mittwoch, gestern, ein Drama, ein Schülerwitz! Zu meinem Geburtstag schrieben wir eine Mathearbeit, die ich nicht konnte, war so verbohrt, nervös, aufgeregt, einfach toll. In der größten Not frißt der Teufel Fliegen. Also, Brief an Schulte auf dem Löschblatt. Ich Dösbattel laß es in der Arbeit liegen. Gestern bekamen wir die Arbeit zurück. Zur Vehme, unsere Mathelehrerin, schimpfte wie ein Rohrspatz.

Drei Täuschungsmanöver. Auch Tula und Bernie mußten gestehen, sie hätten zusammengearbeitet. »Ja, und den Beweis dieser Täuschungsversuche habe ich schwarz auf weiß!« Und dann zeigte sie besagtes Löschblatt: »Ich habe die Sache der Klassenlehrerin mitgeteilt, das gibt eine Benachrichtigung nach Haus!« Die Klasse hat laut gelacht, wie sie mich dann drankriegte.

Vor Jahren habe ich schon einmal einen solchen Bolzen gedreht, und det wußte det Aas auch noch und hielt es mir vor. Damals hätte ich ihr hoch und heilig beteuert, ich würde nie mehr abschauen. Ein Witz mit 'nem Band dran, und das alles noch vor der Charakteristik fürs Abi.

Na, gestern nach dem Dienst pilgerten wir drei Sünder zu Heyden, und sie war so prima zu uns. Alles ist wieder klar, nur der Brief kommt nach Haus. Morgen ist Mutti nicht da, Lisa fängt ihn ab, und ich unterschlage ihn einfach, denn bei Vati und Mutti gäbe es einen heillosen Krach. Darüber darfst Du Dich aber im nächsten Brief nicht auslassen, denn Mutti könnte den Brief vielleicht finden.

Jetzt ist es 24 Uhr vorbei, und ich schreibe schon so schnell, das wirst Du wohl merken (so viele Seiten bekommen die anderen, selbst Willy, nicht). Stell Dir vor, die Winterreise ist okay. Ich fahre mit Vati am zweiten Weihnachtstag über Berlin – Berlin, verstehst Du! – nach Bad Reinerz in Schlesien. Vati zur Kur, und ich zum Skilaufen. Anfang Januar reise ich heim, und Vati bleibt noch da. Meine Liebe, leihst Du mir bitte wieder Deine Stiefel? Ich kann sie ja dann persönlich auf der Rückreise abgeben.

So, und wie geht es nun Dir, liebe Nüte? Warst Du am 19.10. mit Jochen zusammen? Schreib bald wieder und sei herzlich gegrüßt
von Deiner alten Wanda
NS: Anbei ein schon lang versprochenes Bild vom Skilager im Februar. Gott sei Dank ist jetzt kein Alarm. Habe mal wieder falsch gedacht.

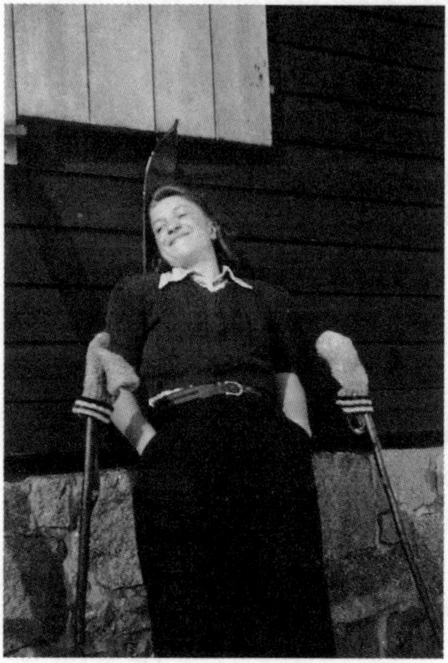

»Hier ein längst versprochenes Bild von meinem Skilager im Februar.«
Wanda 1941 im Harz

5.
»Dieser Feldzug hat uns innerlich wie äußerlich gewandelt«

Willy erlebt den russischen Winter mit minus 50 Grad • Wanda soll das Notabitur machen und dann zum Osteinsatz • Hanna wird Jochens feste Freundin

November 1941. Nur noch gut sechzig Kilometer entfernt von Moskau stehen die deutschen Soldaten. Am 27. Oktober hatte Hitler gegenüber Goebbels erklärt, man müsse nur auf Trockenheit oder Frost warten, damit die Straßen wieder passierbar seien. Dann werde »der Sowjetwiderstand in relativ kurzer Zeit gebrochen« sein. Mitte November ist der Boden hartgefroren. Die deutschen Truppen rücken bis auf zwanzig Kilometer an Moskaus Stadtzentrum heran.

Die Kälte? Kein allzu großes Problem, behauptet Willy, man sei bestens ausgerüstet. Das stimmt so nicht. Winterbekleidung ist knapp, mehr als 133 000 Soldaten werden ausfallen wegen Erfrierungen. Denn Hitler und seine Generäle hatten stets geglaubt, sie könnten die Sowjetunion vor Wintereinbruch erobern.

Am 5. Dezember, es herrschen minus 25 Grad, startet die russische Gegenoffensive. Mit aufgestellten Bajonetten werfen sich die Soldaten den deutschen Panzern und Maschinengewehren entgegen. Den eigentlich aussichtslosen, selbstmörderischen Kampf untermalen sie mit Kriegsgebrüll, sie zeigen den Mut der Verzweiflung. Vielen ihrer schockierten Gegner erscheint das grauenvoll und angsteinflößend. Wie Willy solche Szenen erlebt haben mag? Dieser Feldzug habe ihn verändert, schreibt er bedauernd. »Das Donnern der Geschütze hat unsere Seelen gehärtet.« Anders hätte der Abiturient das Töten einerseits, die Todesangst andererseits wohl kaum ertragen.

Tatsächlich gelingt es der Roten Armee, den Angriff auf Moskau zurückzuschlagen und ihrer Hauptstadt das Schicksal Leningrads zu ersparen.

Dort, in der nördlichen Metropole, sterben Tag für Tag vier- bis fünftausend Menschen, insgesamt mehr als die Hälfte der ursprünglich drei Millionen Einwohner. Denn die Deutschen haben die belagerte Stadt vom Nachschub abgeschnitten.

Am 13. Dezember erfahren die Bürger von Moskau, daß ihre Stadt gerettet ist. Eine solche Kraftanstrengung hatte kaum jemand der Roten Armee zugetraut. Doch sie ist teuer erkauft. Zwischen Juni und Dezember 1941 sind weit über 2,5 Millionen sowjetische Soldaten gefallen. Die deutsche Bilanz des Ostfeldzugs ist ebenfalls katastrophal: 831 000 Gefallene, Verwundete und Vermißte – die Wehrmacht hat ein Viertel ihrer Soldaten verloren. Bis zum Frühjahr 1942 werden es noch einmal so viele sein. Ein Schock für die Menschen daheim, die solche Verluste nicht gewohnt sind: Bislang hatte der Krieg im großen Rest von Europa nur insgesamt 50 000 deutsche Soldatenleben gekostet.

Auch Willys Einheit, die einige Male an vorderster Front kämpfte, weicht zurück vor der Roten Armee. Weihnachten feiert der Gymnasiast in Roslawl, südlich von Smolensk. Wandas Briefe erscheinen ihm wohl wie Botschaften von einem anderen Stern. Skiurlaub in Bad Reinerz? Unvorstellbar im russischen Kugelhagel. Wie gern wäre er wenigstens bei einem Schneeschuh-Bataillon, anstatt im Panzer zu sitzen! Tatsächlich muß Wanda ihre Ski gleich nach dem Winterurlaub abgeben, die Wehrmacht kann sie in Rußland brauchen.

Immer mehr beeinträchtigt der Krieg auch in Flensburg den Schulunterricht. Der fällt nun schon seit über einem Jahr häufig morgens aus, weil die Kinder nachts im Luftschutzkeller saßen statt zu schlafen. Jetzt wird obendrein der Brennstoff knapp. Also gibt es Kohlenferien: Statt die Klassenzimmer zu beheizen, läßt man die Schüler lieber gleich zu Haus. Nur die Abschlußklassen bekommen nicht frei – welch ein Pech, meint Wanda.

Vielleicht aber ist die Schulzeit ohnehin schneller vorbei als gedacht. »Wir, sechs Jungmädelführerinnen aus Flensburg, sollen zum Osteinsatz!« Das bedeutet: Notabitur – eine verkürzte Schulzeit ohne Abschlußprüfung, wie damals bei Willy. Und dann ins besetzte Polen, das jetzt Warthegau heißt. Was sie dort erwarten würde, ist ihr nicht recht klar. Wanda freut sich auf ein Abenteuer. Auf einen Ausflug in eine verlockende fremde Welt, der sie obendrein näher zu Willy brächte. Oder soll sie doch lieber ablehnen? Nicht, daß ihr der versäumte Schulstoff später beim Studium fehlt.

Als sogenannte Umsiedlungsbetreuerinnen werden BDM-Führerinnen ab 16 Jahre seit 1942 im Warthegau eingesetzt. Sie helfen dort, die polnische Bevölkerung aus den Häusern zu vertreiben, die sie anschließend für deutsche Siedler herrichten. Spezielle Schulungen bereiten die Mädchen auf den Einsatz vor. Dabei gibt es einerseits praktische Anleitungen. Andererseits werden sie ideologisch geschult, damit sie ja kein Mitleid mit den Vertriebenen empfinden. Man paukt ihnen ein, daß die Deutschen angeblich den Slawen rassisch überlegen seien. Viele dieser BDM-Mädchen wechseln später dann zu den SS-Helferinnen. Doch aus Wandas Osteinsatz wird erst mal nichts.

Statt dessen lernt die Schülerin weiter für das Abitur. Eine Abwechslung im Alltag: das Päckchen mit den hübschen Pullovern aus Wien. Das hat ein Bekannter ihrer Eltern geschickt, der jetzt ein Kaufhaus besitzt. »Herr Immann ist seit der Angliederung Österreichs Inhaber dieser einst jüdischen Firma«, schreibt sie lakonisch an Hanna. Wieso, warum, und was ist mit den früheren Besitzern? Das hinterfragt sie genausowenig wie damals Hanna, die in Dessau in einer ehemaligen »Judenvilla« wohnte. Für die beiden Mädchen offenbar eine Selbstverständlichkeit, daß die jüdischen Bürger enteignet und vertrieben werden. Eine Tatsache, mit der sie aufgewachsen sind.

Im Osten, den 30.10.41

Liebe Wandelgard!
Jetzt kann ich vom selben Leid klagen, wie Du es in Deinen ersten Briefen getan hast. Seit sechs Wochen warte ich schon vergeblich auf Post. Deinen letzten Brief erhielt ich am 11.9. Ein schwacher Trost ist, daß niemand von unserem Haufen Post erhalten hat. Gerade jetzt, wo die Einsamkeit und Abgeschlossenheit von der Welt unserer seelischen Verfassung ihren Stempel aufdrückt, bietet einem die Heimat die beste Ablenkung und Zerstreuung. Nun sind wir leider dazu verdammt, die meiste Zeit auf der warmen Stube totzuschlagen.
Heute nacht stürmte es draußen wieder ganz toll, weil ausgerechnet ich auf Posten stand. Geschneit hat es nicht, aber dafür geregnet. Der kalte Sturmwind verwandelte die Wassertropfen sofort zu Eisklümp-

chen, die an allen Gegenständen festfroren. Die Birken vor unserem Haus sehen aus wie Trauerweiden, so sehr hat die Last des Eises ihre Wipfel zur Erde gedrückt. Als ich abgelöst wurde, war mein Karabiner von einer zentimeterdicken Eiskruste überzogen.
Aber deswegen brauchst Du, liebe Wandelgard, nicht gleich an erfrorene Gliedmaßen denken. Denn obwohl der Mensch schon von Natur aus widerstandsfähig ist – soweit er gesund ist –, in Rußland wird er noch widerstandsfähiger. Schließlich haben ja schon unsere Urgroßväter, die 1812 unter Napoleon hier waren, den Unbilden des russischen Winters standgehalten. Und heute, wo unsere Ausrüstung nichts zu wünschen übrig läßt, kann uns die Kälte auch nicht mehr erschüttern. Wir werden unser Schicksal schon meistern, das »Wann?« überlassen wir der Zeit.
Nun, liebe Wandelgard, habe ich das Gefühl, daß ich heute sehr viel geschmarrt habe, was Du vielleicht mit fragendem Gesicht zur Kenntnis nimmst und was Dich möglicherweise überhaupt nicht befriedigt. Aber mir ist es unmöglich, über etwas zu schreiben, was für mich keine Problematik enthält. Besonders dann kann ich diese Eigenschaft feststellen, wenn ich so viel Zeit habe, um mein Gemüt mitsprechen zu lassen.
Der zweite Seitenflügel dieses Feldpostbriefes soll Dir, meine Liebe, die tausend heißesten Grüße und noch etwas mehr übermitteln
von Deinem einsamen Willy

Feldpostkarte vom 6.11.41

Liebe Wandelgard!
Endlich hat mich wieder einmal ein Brief von Dir vom August erreicht, wofür ich Dir bestens danke. Die Antwort muß ich Dir aber noch einige Tage vorenthalten, da ich momentan keine Gelegenheit zu einem ausführlichen Brief habe. Nun, die Hauptsache ist, daß Du jetzt allmählich meine Post erhältst.
Rieke ist sicher auch schon im eifrigen Briefwechsel mit ihrem Panzersoldaten. Ich selbst kenne diesen sehr gut und schätze ihn vor allen Dingen wegen seiner Kameradschaft. Außerdem ist er in Kärnten zu Hause, unweit von dem Ort, wo sich Deine Schwester zur Zeit aufhält.

Nun, liebe Wandelgard, nimm mir bitte die Schrift nicht übel, denn nur das Knie als Unterlage und ein drei Zentimeter langer Bleistiftstummel sind keine ideale Schreibgelegenheit.
Also sei heute recht herzlich gegrüßt
von Deinem Willy

Flensburg, 8.11.41

Meine liebe, liebe Hanna!
Ich hatte schon beschlossen, Dir heute abend zu schreiben. Nun erhielt ich eben, als ich nach Hause kam, Deinen lieben Brief und muß Dir gleich antworten. Dann kann ich heute abend noch Latein büffeln. Gestern abend schrieb ich Willy, es war wohl 24 1/2 Uhr, als ich fertig war. Eine halbe Stunde später kam Alarm. Das war insofern günstig für mich, als man dann am anderen Morgen ausschlafen kann. Meine Post muß ich grundsätzlich zwischen dreiundzwanzig und vierundzwanzig Uhr erledigen. Dabei heißt es vorsichtig sein, denn es ist von der »Regierung«* nicht genehmigt. Ich soll schlafen, damit ich genügend Kräfte für meine Arbeit habe.
Ich lege Dir den letzten Brief von Willy bei. Ich bin sehr gespannt, wie Du Dich darüber äußerst. Sonst gibt's nichts Neues. Schule, Schule, Schule!! Ich hätte mir das Abi nie so vorgestellt. Dieses ewige Büffeln! Kaum hast du eine Arbeit hinter dir, kommt schon die nächste. Wenn erst mein Bildungsgang fertig ist, sehe ich schon viel weiter. Montag, übermorgen, will Heyden die Kladden sehen. Meine kann sie nicht vor Donnerstag bekommen. Und dann diese Spannung. Wie wird er ausfallen? Es hängt ja die Zulassung zum Abitur zu neunzig Prozent davon ab. Und dann wird dir nicht mal mitgeteilt, wie man ihn beurteilt hat. Ich habe großes Glück gehabt, meine letzten vier Deutscharbeiten waren inhaltlich gut, in zweien bekam ich wegen der Fehler eine drei, sonst zwei. Dazu kommen noch die Lateinstunden. Ich begann jetzt mit dem Lesen von Caesars »Gallischem Krieg«. Eine zeitraubende Sache, diese Lektüre.

* Wandas Eltern

Du siehst, ich werde nur so durch die Woche gehetzt, ohne aufzuatmen. Seit Oktober bin ich an keinem Sonntag auch nur einen Schritt aus dem Haus gekommen. Ja, die Zeiten haben sich geändert. Ich versauere, veröde bald, und Du genießt das Leben von seiner schönsten Seite. Beneidenswert!
Jochen ist ja direkt ein Abenteurer. Da gibt es keine Langeweile, das glaub ich Dir gerne. Ich möchte mal Mäuschen sein, wenn Ihr im Café Kieferneck sitzt. Du glaubst ja gar nicht, wie ich mich freue, daß Du so einen netten (schwach!), interessanten Kameraden gefunden hast. Es ist mir jedes Mal, wenn Du mir schreibst, als würde ich das alles miterleben. Ich bin so vertraut mit Jochen, als wenn ich ihn schon lange kennen würde.
So weit sind wir beide schon aufeinander eingespielt, daß die eine die Freuden und Leiden der anderen miterlebt. Ich schrieb auch in meinem Bildungsgang, ich hätte die Jahre von sechs bis sechzehn durch unsere intensive Freundschaft doppelt gelebt. Das ist bestimmt wahr! Wenn ich nun unseren Briefwechsel überdenke, finde ich, wir haben uns oft direkt Liebesbriefe geschrieben. Ich glaube, daß solche Freundschaft und Liebe zwischen zwei unverwandten Menschen sehr selten ist. Trotzdem wir nun so weit voneinander entfernt sind, sind wir uns doch so nahe. Und nichts gibt es, was die andere nicht weiß.

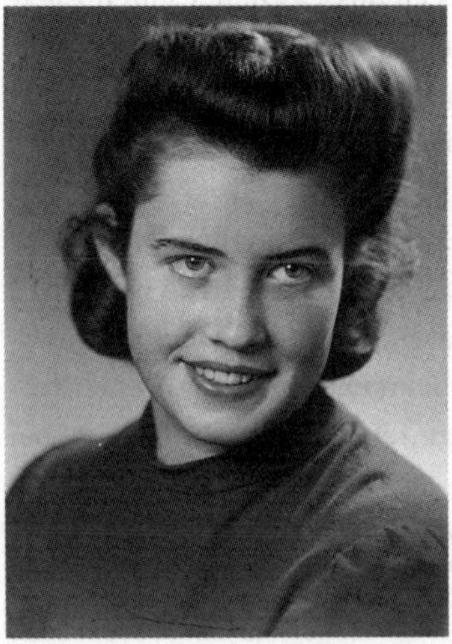

»Dir, Wanda, von Deiner Hanna.«
Oktober 1941

Ich schütte Dir (und Du mir wohl auch) mein Herz aus. Ich glaube, daß Du manches, was Du mir mitteilst, nicht nach Hause schreibst. So wird es bei mir auch später sein!

Gleich gehe ich zum Dienst. Acht Bestätigungen und zwei Beförderungen darf ich aussprechen. Morgen ist ja der 9. November*. Das ist immer mit das Schönste, was eine Gruppenführerin tun kann.

Für Dein Bild meinen herzlichsten Dank. Es ist großartig! »Ist das eine Filmschauspielerin?« war die Frage meiner Klasse, als sie das Bild sah, denn ich hatte es in meinem Geschichtsbuch liegen. Ich muß Mittwoch auch zum Photographen für meinen Bildungsgang, aber ich werde niemals so gut.

So, meine Liebe, nun verlebe einen schönen Sonntag mit Jochen und denk vielleicht auch einmal an die büffelnde Klein Wanda. Sei herzlichst gegrüßt

von mir

Rußland, den 15.12.41

Mein liebe Wandelgard!

Heute erhielt ich endlich Deinen Brief vom 28.10., der mir in tief ins Herz greifenden Worten das Geständnis Deiner Liebe brachte, was mich unsagbar beglückte. Während des Genusses Deiner guten Zigaretten versuche ich nun meine in freudige Erregung geratenen Gedanken zu ordnen, um mich Deiner Liebe würdig zu erweisen. Jetzt können wir endlich die Herzen zueinander sprechen lassen, und wir können unseren Gefühlen freien Lauf lassen.

Liebste, Du hast richtig geurteilt, als Du die Frage aufgeworfen hast, was wohl eine Begegnung zwischen uns gebracht hätte. Wärest Du auch weiterhin in den Deinen Briefen konsequent und Deinen Prinzipien treu geblieben, so hätte bestimmt beim nächsten Zusammentreffen das Gefühl über den Verstand gesiegt. Ich glaube nicht, daß Du bei

* Am 9. November 1923 wurde Hitlers Putschversuch in München niedergeschlagen, er selbst daraufhin zu vier Jahren Festungshaft verurteilt. In der Nacht vom 9. zum 10. November 1938 starteten die Nazis ihre brutale Judenverfolgung mit der Reichsprogromnacht

einem gemeinsamen Spaziergang Arm in Arm, in lauschiger Abendstunde und in einer Umgebung, wie sie sich für Verliebte geziemt, noch in kameradschaftlichen Grenzen geblieben wärst, während Dein Willy vor Liebesweh fast zerflossen wäre.
Wenn Du Dir vielleicht auch Vorwürfe gemacht hast, als Du Deine Grundsätze aufgabst, so kann ich Dir nur sagen, daß jeder ehrlich denkende Mensch seine Anschauung mehr oder minder oft ändern muß. Natürlich spielt dabei das Anhäufen von Lebenserfahrung eine große Rolle. Auch ich habe in der letzten Zeit eine ganz andere Lebensauffassung bekommen, nur in dem einen bin ich mir seit eineinhalb Jahren treu geblieben, daß Du für mich das höchste Glück bedeutest.
Voriges Jahr schon warst Du mir mehr als eine Kameradin, was mir damals in Anbetracht meiner Unreife schwerfiel, es Dir zu äußern. Aber dieser Feldzug hat uns innerlich wie äußerlich gewandelt. Damit will ich nicht sagen, daß ich jetzt ein gereifter Mann wäre. Nein, ganz im Gegenteil, aber das Zischen der Geschosse und das Donnern der Geschütze hat unsere Seelen gehärtet und unsere Herzen empfänglicher gemacht für die Regungen der Liebe. In freudiger Erwartung sehne ich mich nach der nächsten Zukunft, die für uns beide die Erfüllung eines langen Traumes bringen wird.
Nun, meine Liebe, wieder zurück in die rauhe Wirklichkeit. Neuigkeiten gibt es keine, da bekanntlich das deutsche Heer den Winter über Stellung bezogen hat. Doch heute erhielt ich Kenntnis von einer für mich erfreulichen Tatsache. Es soll innerhalb unserer Division ein Panzerschützen-Schneeschuhbataillon aufgestellt werden. Hoffentlich geht meine Meldung durch. Dann kann ich mich endlich wieder einmal nach Herzenslust auf den »Brettln« austoben. Bloß sehe ich schwarz für ein geeignetes Skigelände. Wahrscheinlich haben wir nur Gelegenheit zu anstrengenden Langläufen.
Ich bin nur gespannt, in welchem Dorf wir Weihnachten feiern werden. Zweimal haben wir uns zur Überwinterung eingerichtet, und jetzt müssen wir vielleicht wieder weiterwandern. Das Soldatenleben bringt halt viel Abwechslung.
Liebe kleine Wanda, auch bei mir ist es jetzt spät geworden. Mitternacht ist vorbei, und morgen früh ist die Nacht um. Zum Schluß grü-

ße und küsse ich Dich aus übervollem Herzen und wünsche Dir ein recht fröhliches Weihnachtsfest und ein glückliches neues Jahr. Deine lieben Eltern und Geschwister lasse ich ebenfalls vielmals grüßen und wünsche auch ihnen recht frohe Feiertage,
Dein glücklicher Willy

Flensburg, den 18.12.41

Liebe Hanna!
Eben habe ich Deinen lieben Brief erhalten. Wie niedlich, daß Du noch so viel Englisch konntest und Deine Kenntnisse für mich anwandtest. Du leihst mir Deine Stiefel, my dear, I embrasse you full of love and thank you very much! Daß man Euch mit Urlaub so im Ungewissen läßt, ist ja geradezu toll. Aber vielleicht kommst Du dann überraschend doch.
Nun will ich Dir schnell allerlei Neues erzählen. Montag morgen Post von Willy. Ein kleiner, lieber Brief zum Weihnachtsfest. Nicht sehr inhaltsreich, so daß ich mich eigentlich ärgerte. Na, Schiet, war wenigstens nach vier Wochen mal wieder ein Lebenszeichen von ihm. Er bekommt jetzt im Dezember meine Septemberbriefe, die ein Vierteljahr zurückliegen. Wie hinterm Mond.
Dann kam ein Paket von – erinnerst Du Dich noch an Herrn Immann, den Österreich-Flüchtling von 38? – der Firma Enken, Wien, mit drei Pullovern und einem Westower. Herr Immann ist seit der Angliederung Österreichs Inhaber dieser einst jüdischen Firma. Das war vielleicht eine große Überraschung.
Am Nachmittag kommt ein Brieftelegramm von Oma aus Regensburg. Sie ist schwer krank. Mutti möchte doch zu ihr kommen. Heute ist Mutti weggefahren. Weihnachten ohne Mutter! Welche Zustände! Jetzt liegt die Hauptlast der Arbeit der Feiertage auf meinen Schultern und auf Lisas. Wie fühl ich mich als Vertreterin der Mutter!
Dazu hat Gila jetzt eine schwere Bindehautentzündung und muß zweimal täglich Spritzen bekommen, und das Auge muß eingerieben werden. Das ist so eine Sache, Auge! Da diese Geschichte übertragbar

ist, hat Rieke jetzt auch den Schiet. Also kann ich jetzt jeden Morgen und Abend zwei verarzten. Vorübung zum Beruf? Aber gleich mit den Augen, einer schwierigen Sache, möchte ich nicht beginnen.

Weiter muß ich für Vatis und meine Reisevorbereitungen sorgen. Dann am Dienstag morgen, plötzlich und unerwartet, schneit der Oberschulrat ins Haus zur Zulassungsprüfung der Oberprimen. Ging aber alles okay. Einfach prima. Am Nachmittag war ich bei Janus zum Englisch, anschließend beim Schneider und kam um achtzehn Uhr dreißig nach Haus.

Währenddessen hatte der Untergau fünfmal angerufen, ich soll sofort mein letztes Schulzeugnis ins BDM-Heim schicken zwecks Notabitur. Wir, sechs Jungmädelführerinnen aus Flensburg, sollen zum Osteinsatz. Ich sofort da hin, weil mit dem ersten Zug morgen ein Mädel mit unseren Zeugnissen nach Kiel soll, und eine Frau vom Obergau muß damit dann nach Hamburg. Ich bin ja gespannt, wie das ausgeht.

Weißt Du, jetzt habe ich Bedenken. Früher stimmte ich immer für Notabi. Aber jetzt denke ich doch, was ich da alles noch fürs Leben versäumen könnte, vor allen Dingen für mein Studium. Vati sagt, ich sollte es machen, was ich hab, hab ich, das stimmt ja auch. Margot und Karen haben es abgelehnt. Ihre Zeugnisse haben nur Frauke, Fiesel, Berni und ich eingereicht.

Liebe, hoffentlich können wir uns vor Weihnachten noch ausklönen, Du mußt dann zu mir kommen, weil ich ja soviel zu tun habe. Du darfst mir auch beim Tannenbaumschmücken helfen. Nicht wahr, das tust Du doch gerne? Also dann, bis auf Widerruf, alles Gute und viele liebe Grüße

von Deiner Wanda

NS: Grüße Jochen unbekannterweise. Bin ja so gespannt auf ihn. Ich schreie mir was weg, wenn ich daran denke, wie Du ihn mir im Café Kieferneck vorstellen wirst. Hanna, ich freue mich ja so auf unser Wiedersehen hier und in Dessau!

Rußland, den 24.12.41

Liebste Wandelgard!

Heiliger Abend – wie tief wirkt doch dieses Wort auf unser Gemüt, besonders jetzt, wo wir wieder auf dem Weg zur Front sind. Vor einigen Tagen haben wir unseren Stützpunkt verlassen, und nun feiern wir in einem Aufenthaltsraum am Bahnhof Roslawl Weihnachten. Fleißige Schwesternhände vom Roten Kreuz haben den Raum stimmungsvoll geschmückt. Weihnachtslieder und solche Lieder, die von der Sehnsucht nach etwas Liebem erzählen, klingen an mein Ohr. Vergessen sind für Stunden die rauhen Kriegssitten, die dafür einem weichen kindlichen Gemüt Platz gemacht haben.

Aber wie ja nichts vollkommen auf Erden ist, so sollte auch unsere Weihnachtsfeier nicht ungestört bleiben. Dieser Absatz ist jetzt am 25.12. vormittags geschrieben. Gestern abend, während der schönsten Feierlichkeit, kam plötzlich der Befehl zum sofortigen Aufbruch. In Null Komma nichts waren wir fertig und saßen im Zug, in dem wir jetzt noch sitzen und keinen Schritt gefahren sind. Aber das ist immer so beim Kommiß, zuerst wird hastig verladen, mit dem Transport selbst aber hat es ja Zeit.

Nun, meine Liebste, möchte ich Dich noch bitten, für den Fall, daß die Postbeförderung wieder etwas länger dauert, nicht ungeduldig oder ängstlich zu werden. Du mußt bedenken, daß wir jetzt wieder an vorderster Front sind.

Zum Schluß, meine süße, kleine Wanda, sei tausendmal aufs herzinnigste gegrüßt und geküßt

von Deinem Dich glühend liebenden Willy

Bad Reinerz, 1.1.42

Liebe Hanna!

Nach aufregender Silvesternacht und einem sehr delikaten Mittagessen sitze ich in meinem Zimmer und schreibe an Dich. O Hanna, was habe ich nicht alles in dieser Woche erlebt! Ich will der Reihe nach erzählen. Ach was, das wird ausführlich mündlich berichtet. Vorher noch schnell, wie wird es mit Mittwoch? Ich habe es bei Vati durch-

gedrückt, daß ich Dienstag, den 6.1., um 6 Uhr früh hier abfahre, und bin um 12 Uhr nachts in Dessau. Und Du, meine Liebe, holst mich morgens um 9 Uhr im Hotel ab, dann ist alles okay.
Hast Du mit Mutti alles beredet und das Zimmer bestellt? Will es Mutti nicht, so mache ich es ohne Erlaubnis, geht auch. Geht es nur ohne Erlaubnis, dann sage ich eben: Zugverspätung, ich mußte in Dresden übernachten. Denn auch auf der Hinfahrt brauchten wir drei Tage vom Freitagabend bis Sonntagabend nach Bad Reinerz. Wir trafen mit 24 Stunden Verspätung ein.
Bis Leipzig waren wir pünktlich, dann blieben wir ständig stehen und waren um 9 Uhr abends anstatt um 6 in Dresden. Drei Stunden saßen wir dann im Dresdner Zug, bis wir um halb eins abfahren konnten. Denn alle Weichen waren voll von Packschnee. Sie konnten nicht gefegt werden, sondern mußten mit Hacken befreit werden. So kamen wir erst abends in Breslau an, weil wir den Anschlußzug in Görlitz verpaßt hatten. Am nächsten Morgen kamen wir nicht weiter, weil der D-Zug Wien-Danzig auf einen Güterzug aufgefahren und entgleist war. Endlich konnten wir mit einem Zug bis zur Unfallstelle fahren, mußten dort aussteigen, an der Unfallstelle vorbeigehen, wo der tote Lokführer noch in der Maschine saß. Dahinter wartete der neue Zug nach Bad Reinerz auf uns.
In Breslau hatte ich am Bahnhof mit drei Jungen gesprochen, die auch nach Reinerz wollten. Zufällig stiegen sie dann in unser Abteil, und wir hatten viel Spaß. Die drei waren vom Osten, aus Litzmannstadt*. Einer, groß, blond und blauäugig, 1,88 Meter, war besonders schneidig. In Reinerz fuhren wir zusammen dann mit den Schlitten in die Hotels. Sie hatten sich uns angeschlossen.
Montag früh holte mich der Große zum Skilaufen ab. Bis gestern waren wir immer zusammen. Schon Montagabend, wir waren alle vier in einer Bar, wurde er frech. Er bekam eine Abfuhr. Bis gestern hatte er dann noch sechs Versuche gemacht, da war es mir einfach zu toll, und ich habe ihm gehörig die Meinung gesagt. Daraufhin haben wir uns verkracht.

* Lodz im besetzten Polen

Durch die Jungs lernte ich auch ein Litzmannstädter Mädchen, Mira, kennen. Gestern abend waren wir zum Silvesterball im Kurhaus. Mira mit ihren Eltern, ich mit Vati und unseren Pensionsgästen. Das war eine tolle Feierei. Von unseren vier Herren waren drei besoffen. Aber richtig! Nur mein Vati, dieser Boß, Gott sei Dank, blieb normal.
Ansonsten tobe ich den ganzen Tag auf den Brettern herum. Die Braunlager Schule kann sich behaupten. So was Schneidiges wie den Wintersport gibt es bei den anderen Sportarten nicht. Leider werde ich jetzt meine Skier los, ich muß sie am 5. abgeben. So konnte ich sie wenigstens noch fein ausnützen.
Also, bis Mittwoch, ich komme auf alle Fälle zu Dir. Nun alles Gute zum neuen Jahr wünscht Dir und Deinen Eltern und Deinen Geschwistern
Deine Wanda

Rußland, den 1.1.1942

Liebste Wandelgard!
»Prosit Neujahr!« habe ich Dir heute nacht im Geiste zugerufen, als ich von 23.30 bis 0.30 Uhr auf Feldwache stand. Fröhlich hörte sich das Neujahrsschießen unserer sowie auch der feindlichen Artillerie an, die sich gegenseitig beharkten. Ein brennendes Dorf lieferte noch das nötige Feuerwerk dazu. Nur das feierliche Geläut unserer heimatlichen Kirchenglocken vermißte ich schmerzlich.
Doch wenn man so für sich allein seine Gedanken kreisen lassen kann, findet man sich ganz plötzlich in einem festlich gedeckten Zimmer. Zwölf dumpfe Glockenschläge ertönen, man stößt die Sektgläser an, beglückwünscht sich und küßt sein geliebtes Mädel auf den frischen roten Mund. Und immer wieder sah ich Dein liebes Gesicht, wie es sich ein wenig um mich ängstigt.
Nun ja, die Feiertage gehen auch vorbei, und für Dich beginnt wieder der graue Alltag, wie er für mich schon seit über einem halben Jahr gewesen ist ohne irgendwelche Unterbrechung. Ob Sonntag oder Wochentag ist, spielt bei uns keine Rolle. Wir rechnen nur mehr mit

dem Datum und erwägen jeden Tag aufs neue, wie lange die barbarische Kälte noch anhalten wird.
Heute morgen haben wir minus 48 Grad gemessen. Du kannst Dir denken, daß es dann nachts bestimmt über 50 Grad hatte. Dazu kommt noch, daß jeder Posten erhöht wachsam sein muß für den Fall, daß der Russe in unsere Stellungen einbrechen will. Du darfst versichert sein, eine Stunde Wache am Feind kostet mehr Nerven als ein Angriff im Panzer.
Wenigstens haben wir halbwegs anständige Unterkünfte. Jeweils 10 Mann wohnen in einem Russenhaus. Dabei hatte ich sogar das Glück, eine Hausfrau zu bekommen, die ausgezeichnet Deutsch spricht, da sie von 1914–18 in Deutschland gearbeitet hat. Diese Frau tut alles für uns, was in ihren Kräften steht. Zu jeder Tageszeit steht der Samowar bereit, der uns Tee liefert.
Bei dieser Gelegenheit möchte ich Dir verraten, wie der Russe seinen »Tschai« (Tee) zubereitet. Im Samowar wird das Wasser heiß gemacht. Dann wird ein Becher etwa bis zur Hälfte mit Teeblättern gefüllt, so daß eine stark konzentrierte Lösung entsteht. Dann läßt man heißes Wasser aus dem Samowar in eine Tasse laufen und gibt etwas von der starken Teelösung hinzu und der Tschai ist fertig. Der Vorteil von dieser Teezubereitung ist, daß man, wenn der Samowar dauernd geheizt wird, zu jeder Zeit heißen Tee trinken kann. Besser aber schmeckt er meiner Ansicht nach nicht als unser gebrühter Tee zu Hause. Aber das ist wieder Geschmacksache.
Nun, mein Liebling, habe ich für heute genug erzählt. Es grüßt Dich also in unverbrüchlicher Liebe und mit tausend heißen Küssen
Dein Willy

Flensburg, den 4.1.42

Meine liebe Wanda!
Als ich gestern aus der Stadt nach Hause kam, war der Brief von Dir da. An Erlebtem fehlt es Dir ja nicht.
Nun zum Thema Dessau! Am Freitag war ich bei Deiner Mutter. Sie

meinte, Du hättest alles mit Deinem Vati geregelt, weil Du schreibst, alles wäre in Ordnung gegangen. Da hat Deine Mutter nun gemeint, auch die Sache mit Dessau wäre ok. Und daß Dein Vati die Zimmerbestellung dann sicher vornehmen würde.
Als ich nun gestern Deinen Brief erhielt, sah ich, daß Du mit Deinem Vater nicht gesprochen hast. Auf alle Fälle werde ich Mittwoch vormittag um 9 Uhr bei Dir im Kaiserhof erscheinen. Wenn Du nicht dasein solltest, was ich aber nicht annehme, muß ich ja wohl oder übel in der Baracke bleiben. Ansonsten Treffen um 18 Uhr »Kieferneck«. Hoffentlich findest Du es.
Jochen entwickelt sich übrigens zum fleißigen Schreiber, hab ich mit Freuden festgestellt. So alle zwei, drei Tage krieg ich Post von ihm. Ich weiß es wirklich zu schätzen, weil er an und für sich sehr wenig schreibt.
Also bis Mittwoch, auf Wiedersehen,
Deine Hanna

Rußland, den 7.1.42

Meine liebe Wandelgard!
Heute hat es endlich wieder einmal Post gegeben. Es war nicht viel, aber zu meiner Freude war doch ein Brief von Dir dabei, allerdings schon vom 17.10. Für diesen lieben Brief wie für die Zigaretten danke ich Dir recht herzlich.
In diesem Brief hast Du mich noch auf den Waldaihöhen gewähnt. Darüber möchte ich Dir heute einen kurzen Erlebnisbericht geben. Obgleich dies ja schon vor mehr als vor einem 1/4 Jahr geschehen ist, liegt mir jeder Tag noch ganz klar vor Augen.
Unsere Kompanie war im ganzen Ostfeldzug bereits dreimal Spitze der gesamten deutschen Armee. D.h., wir waren dreimal am weitesten nach Osten vorgeschoben. Das zweite Mal war der Vorstoß, von dem ich Dir jetzt erzähle. In anstrengenden Straßenfahrten hatten wir uns von Cholm aus nach Demjansk durchgekämpft. Dort lagen wir einen Tag in Ruhe.
Im Morgengrauen des nächsten Tages brach unsere Kompanie auf mit dem Auftrag, bis zum Westufer des Seliger-Sees vorzustoßen und an

der Wolgaquelle in Stellung zu gehen. Trotz stärkstem Abwehrfeuer der feindlichen Artillerie erreichten wir ohne große Ausfälle den See an der Westseite.
Vor uns ragte eine kleine Landzunge in den See hinein. Darauf stand eine Kapelle. Unser Chef ließ absitzen von den Panzern und die Glokke, die noch zufällig im Kirchturm hing, läuten. Darauf gedachte er in einer kurzen Ansprache der Toten und Verwundeten unserer Kompanie. Doch der Russe hatte wenig Verständnis für solche Feierstunden. Er leitete sein Artilleriefeuer derart gut, daß wir gezwungen waren, Panzerdeckung gegen Splitter zu suchen. Nach einigen Stunden kamen dann unsere Infanteristen nach, um uns abzulösen.
Warum er Dir das erzählt, wirst Du Dich fragen, wo dies doch schon so lange her ist. Aber, meine Liebe, das ist mal so bei uns: In den langen Wintermonaten, die so arm an Erlebnissen sind, gehen wir immer noch den Erinnerungen des Sommers nach.
Nun, mein Liebling, es wird Zeit, daß ich Schluß mache. Es wird schon dunkel. Hier gibt es das nicht, daß man das elektrische Licht anschaltet. Deshalb sei jetzt innig gegrüßt und geküßt
von Deinem Willy

Flensburg, 11.1.42

Meine liebe Hanna!
Heute vor einer Woche stand ich mit einem bangen Gefühl der Ungewißheit im Zug und wartete auf dem Bahnhof Dessau. Eine Woche ist das jetzt schon her, und ich sehe mich noch wie gestern mutterseelenallein am Bahnhof stehen. Ja, das war so recht eine Wanda-Sache. Aber gut ging es doch, und vor allem war er sehr schön, unser Tag Beisammensein. Der schönste der ganzen Reise.
Jetzt wirst Du schon wieder dreimal mit Jochen zusammengewesen sein. Schade, daß ich ihn nicht kennenlernte. Auf alle Fälle hast Du nun einen Grund, ihn zum Photographen zu schicken. Ich muß doch auf jeden Fall ein Bild sehen, wenn mir die Wirklichkeit schon versagt blieb.

15.1.42

Heute geht es endlich weiter. Gestern abend war Fliegeralarm, darum konnte ich nicht weiterschreiben. Heute allerdings wieder, aber ich sitze im Bett. Da, eben geht ein englischer Stukaflieger nieder! Dies Geheul, das erste Mal, daß ich es höre, schrecklich, und dabei bin ich nicht mal unten im Keller. Vati ist ja nicht da.

Heute habe ich auch zum ersten Mal Leuchtspurmunition gesehen, rote und weiße. Dazu eine gelbe und grüne Leuchtbombe und den Feuerschein vom Flugplatz. Es sind gewiß Öltanks getroffen worden. Gott sei Dank, der Flieger ist davongebraust, das Herzklopfen läßt nach. Was ist man doch für ein Hasenfuß, wenn es um das bißchen Leben geht!

Gestern war es gemein, ich war im Theater, »Frau Luna«. Nach der Pause war gleich Alarm. Eine Gemeinheit! Jetzt sind schon bald drei Stunden Alarm. Um 21 Uhr begann das schöne Spiel.

Nun zu meiner Heimreise, sie verlief sehr gemütlich. Übrigens brauchte ich den Zuschlag zweiter Klasse nicht zu bezahlen, keine Schaffnerin kam. Freitag morgen in der Penne ging alles gut. »Man« (Heyden) fand, ich sähe sehr angegriffen aus, und »man« hatte Sorge, ich sei zu früh aufgestanden.

Post hatte ich von Willy und Hermann, und einen von mir an Willy zurück. Willys Brief: phantastisch! Ich glaube, ich sagte Dir, ich hätte ihm auf den letzten netten Brief, den ich Dir schickte, auch das erste Mal nach 1 1/2 Jahren einigermaßen nett geantwortet. Ich kann es ja nicht so feinfühlig wie er. Ich schrieb von dem Erlebnis mit Walter und den Schlüssen und Folgen, die es für mich hatte. Darauf antwortete er mir großartig.

Ich hatte Sorge, weil ich doch inkonsequent war und meine Prinzipien aufgab. Er antwortete darauf so nett, daß jeder Mensch im Leben mehrmals seine Grundsätze revidieren müßte und daß auch er eine ganz andere Lebensauffassung durch das Erleben in Rußland bekommen hätte.

Der Osteinsatz fällt jetzt erstmal ins Wasser. Aber vom Arbeitsdienst bekam ich eine Anfrage, ob ich dann in den Warthegau* möchte, ich

* Im besetzten Polen

bejahte sie als Idealistin. Sibbers, Ewald, Bernie und ich, leider nur vier Optimisten von zwölfen, möchten gen Osten gehen.
Grüße Jochen und Hermine, ich mag sie sehr gern, recht schön von mir.
Herzlichst, Deine Wanda

Flensburg, 11.1.42

Mein lieber Willy!
Sonntagabend! Leider komme ich erst heute dazu, Dir für Deinen lieben Brief vom 15.12.41 recht herzlich zu danken. Die ganze Heimfahrt aus Bad Reinerz bewegte mich schon der Gedanke an die Post, die ich zu Hause vorfinden werde. Tatsächlich waren zwei Briefe vorhanden. Einer von Dir und einer an Dich, der zurückgeschickt worden war mit einer neuen Feldpostnummer. Ich schicke ihn Dir wieder mit, obwohl er ja uralt ist.
Nun zu Deinem lieben Brief. Jetzt kann ich ja ehrlich sein und Dir sagen, wie glücklich er mich gemacht hat. Vor allen Dingen freut es mich, wie lieb Du Dich bemüht hast, mir meine Inkonsequentheit von der anderen, der rosigsten Seite zu zeigen. Ich kann Dir sagen, daß ich Deinen Ausführungen voll zustimme.
Wenn ich durch Goethes Literatur nicht so recht empfänglich für derartige Stimmungen gewesen wäre, hätte ich Dir wohl kaum meine Gefühlsregung preisgegeben. Wir behandelten gerade die »Goetheschen Liebesgedichte« und andere Werke, z.B. die »Iphigenie«, und die berührten mich sehr und machten mich innerlich so frei und ungebunden.
Ich glaube, daß ich mich bei unserer Begegnung im Sommer 40 nicht so schnell ergeben hätte. Ich bin, wie ich bin, nämlich in solchen Dingen sehr reserviert, und so hat es etwa 1 1/2 Jahre gedauert, bis ich Dir meine Gefühle bekannte. Vielleicht war es nicht richtig, bemühe Dich bitte, die Angelegenheit von meiner Seite zu betrachten. Glaubst Du nicht auch, daß wenn wir uns gleich die glühendsten Liebesbeteuerungen gemacht hätten, unsere Zuneigung langsam abgeschwächt worden wäre und alle Gefühlsduselei zur Gewohnheit geworden wäre?

Dagegen war doch unser kameradschaftlicher Briefwechsel viel besser. So lernten wir uns allmählich immer näher kennen. Auch das ist eigentlich nicht die volle Wahrheit. Z.B. weiß ich immer noch gar nicht, wofür Du Dich eigentlich interessierst, wo Deine Hobbys liegen. Wir achteten uns, schätzten uns langsam immer mehr, und unsere Zuneigung wurde immer stärker.
Daraus wuchs dann wohl bei mir die Liebe, und vor allen Dingen wurden mir durch diese Art von Briefwechsel Enttäuschungen, wie ich sie so oft bei meinen Freundinnen erlebte, erspart. Ich muß da immer noch an Hanna und Günther denken, Du kennst die Geschichte ja.
So habe ich nur Sorge um die Zukunft, denn wer weiß, wann uns die Sterne günstig sind und uns ein gütiges Geschick wieder zusammenführt. Wie damals in München. Am nächsten Tag nach unserer flüchtigen Bekanntschaft begegneten wir uns zufällig vor der Theatinerkirche. Darum möchte ich Dir im voraus eins sagen: Ich werde bestimmt nicht immer in der Lage sein, Dir Liebesbriefe zu schreiben. Ich bin nämlich eigentlich ein sehr zurückhaltender und nüchterner Mensch, und ich möchte Dich im voraus vor Enttäuschungen bewahren.
Aber das eine darfst Du mir glauben, daß Du jetzt mein ganzes Glück bist und jeder Gedanke an Dich mich mit einem seligen Schauder überflutet. Gerade dadurch, daß ich in der vergangenen Zeit viele verschiedene Männer kennenlernte, weiß ich jetzt, wie lieb und wert Du mir bist.
Aber vielleicht irre ich mich auch in mir selbst, denn eigentlich freute ich mich schon immer riesig über Deine Briefe, in denen Du ganz zart und oft indirekt Deine Gefühle und Wünsche ausdrücktest. So erwartete ich schon immer mit Sehnsucht den nächsten Brief. Doch konnte ich mich nicht dazu bewegen, Dir dies alles schon früher mitzuteilen. Also mag ich vielleicht wieder Unrecht haben, und das ganze heutige Geschreibsel ist unlogisch. Mich trieb aber die Sorge um die Zukunft dazu, dies alles mit Dir einmal zu besprechen. So habe bitte ein gnädiges Nachsehen mit mir.
Jetzt bin ich schon zwei Tage, nein drei, wieder zu Hause, und auch die Schule, die liebe Gute, nahm mich ganz in Anspruch. Na ja, noch zwei Monate und alles ist geschafft. Bis heute mittag habe ich fast

nichts anderes gemacht als Vierecke gestrickt und gehäkelt, aus Wollresten. Denn überall, sei es Schule, Dienst oder Ortsgruppe, werden Decken für Euch an der Ostfront angefertigt.
Mit wieviel Freude und Liebe schaffte ich daran mit, immer von dem einen Gedanken beseelt: Vielleicht bekommst Du, Lieber, einmal eine solche Decke in die Hand mit der Aufschrift Staatliche Oberschule für Mädchen Flensburg, Klasse 8 hb, oder Jungmädelgruppe 1/86 Flensburg oder Ortsgruppe Galwik Flensburg. Was denkt und träumt man sich nicht alles zurecht!
Heute abend wurde gerade das phantastische Ergebnis der großen Sammelaktion mit 56 Millionen Decken im Radio bekanntgegeben. Das ist doch ein fabelhafter Beweis, daß wir in der Heimat Euch nicht vergessen und wissen, was wir Euch schuldig sind, und stets in Liebe und Sorge an Euch da draußen denken.
So sende ich Dir, mein lieber, lieber Willy, recht innige Grüße
Deine glückliche Wandelgard

Dessau, 14.1.42

Liebe Wandel!
Jetzt ist es gerade 1/1 1 Uhr, die Mittagspause beginnt, und da muß ich unwillkürlich an den letzten Mittwoch denken. Da waren wir wohl gerade beim Bauhaus. Prima war's doch, nicht? Wie ist es Dir nun ergangen? Hast Du noch irgendwelche Unannehmlichkeiten mit der Penne gehabt? Was sagte denn Deine Mutti? War sie böse? Bist Du überhaupt gut nach Haus gekommen?
Von Hermine soll ich Dich recht herzlich grüßen. Sie mag Dich, glaube ich, ganz gerne leiden. Sie erzählte mir nachher, daß sie nie gewußt hätte, wie sie Dich anreden sollte. Du selbst hast sie, glaub ich, immer geduzt. Und sie wußte nie, woran sie war. Stell Dir vor, Hermine hat geglaubt, Du seist viel älter als ich. Also, ich grüß Dich schön und Du sollst ja über Dessau fahren, wenn Du evtl. nach Litzmannstadt zum Osteinsatz kommst.
Übrigens hat der Bahnbeamte noch mächtig geschimpft, weil ich mit der Taschenlampe so gefuchtelt hab. Na, uns konnte keiner! Um 1/2 1

Uhr lagen wir in der Koje, und um 1 Uhr haben wir nochmal gedacht: So, nun ist Wanda schon über Magdeburg hinaus. Dann sind wir eingeschlafen, um nach nur fünf Stunden wieder aufzustehen. Der Morgen war einfach toll. So müde war ich, und die Arbeit schmeckte mir auch nicht am Freitag. Als ich dann um 1/2 5 Uhr aus dem Werk komme mit Gisela, da treffen wir genau dort, wo der Weg von der Junkersstraße zum Bauhaus geht (Du weißt ja nun Bescheid), Jochen. Ja, er hatte eine Karte fürs Friedrich-Theater vom Lehrgang gekriegt. War natürlich nicht hingegangen, sondern hatte auf mich gewartet. Sonnabend trafen wir uns um 18 Uhr am Rathaus, d.h., ich war erst um 18.30 Uhr dort. Ich glaub, ich lern es nie, pünktlich zu sein. Dann haben wir uns den »Meineidbauern«* angesehen. Und nachher um 21 Uhr im »Beutel« gegessen. Den Goldenen Beutel hätte ich Dir eigentlich noch zeigen sollen. Sonntag früh bin ich um 11 Uhr mit Hermine ins Konzert des Mozartchors der Berliner Rundfunkspielschar gegangen. Das hätte Dir auch gefallen.
Nachmittags haben wir vier, Rita, Oswald, Jochen und ich, im Kieferneck Kaffee getrunken. Und Jochen und ich sind nachher noch ins Kino zu »Quax, dem Bruchpiloten«** gegangen. Also, Wanda, so gelacht wie da habe ich seit langer Zeit nicht mehr.
So, Klein-Wanda, jetzt finish. Übrigens soll ich Dich von Jochen unbekannterweise grüßen. Es grüßt Dich von Herzen
Deine Hanna

Rußland, den 24.1.42

Meine liebe Wandelgard!
Heute bitte ich Dich, mein Liebling, die äußere Aufmachung dieses Briefes entschuldigen zu wollen, da mir momentan die nötigen Utensilien zu einem vornehmen Brief fehlen. Ich habe zwar genügend besseres bzw. feineres Briefpapier als dieses. Es ist aber leider in einer mei-

* Österreichisches Volksstück mit Gesang von Ludwig Anzengruber (1839–1889)
** Turbulente, ideologisch geprägte Fliegerkomödie mit Heinz Rühmann, die nach dem Krieg erst verboten und später in gekürzter Fassung wieder aufgeführt wurde

ner Packtaschen, die zur Zeit alle irgendwo auf einem Lkw in Rußland rumliegen und deshalb unerreichbar sind. Außer meinem Brotbeutel mit einigen hundert Zigaretten und dem Fotoapparat sowie zwei Dekken und Zeltplanen habe ich nichts bei mir.
Ursache ist, daß wir Panzerleute jetzt als Infanteristen eingesetzt sind und deshalb jedes einigermaßen entbehrliche Gepäck in der Etappe zurücklassen mußten, wenn wir uns nicht zu Tode schleppen wollen. Ich bin, wenn auch nur für kurze Zeit, aus dem Verband unseres Panzerregimentes ausgeschieden. Eine Infanteriedivision hatte nämlich zehn Panzerfunker angefordert, und jetzt bin ich in der Fernsprechkompanie einer Nachrichtenabteilung dieses Divisionsstabes.
Für mich ergeben sich daraus mehrere Vorteile. Einmal bin ich genauestens unterrichtet über die militärische Lage, da ich jedes Gespräch der einzelnen Kommandeure unseres Armeekorps mit anhören kann. Außerdem ist die Verpflegung entschieden besser und reichlicher als bisher. Vor allen Dingen gibt es Zigaretten in Hülle und Fülle, woran wir bei der Panzerdivision immer Not litten. Aber wie gesagt, diese Vorteile sind zeitlich begrenzt, da wir zehn Funker ja schon in einigen Wochen wieder bei den Panzern sein können.
Trotzdem gebe ich Dir die neue Feldpostnummer an. Für den Fall, daß dieser Brief nicht länger als 6 Wochen zu Dir braucht – vorausgesetzt, daß er überhaupt ankommt –, bitte ich Dich, unter dieser Nummer zu schreiben. Es ist nämlich sehr bitter für mich, wenn ich bei der Postverteilung immer leer ausgehe.
Ob und in welchem Zeitraum Du jetzt von mir Post erhältst, kann ich nur ahnen. Auf jeden Fall bis zu meinem Abrücken vom Stützpunkt bei Smolensk wieder an die Front wirst Du Dich wohl eines regelmäßigen Briefempfanges erfreuen können. Mein Weihnachtsbrief aus Roslawl wird vielleicht auch noch dabei sein. Aber was wird, wissen nur die Götter.
Wozu ich das alles schreibe? Nur um Dich hinwegzutrösten über Zeiten, in denen ich mich scheinbar in Schweigen hülle. Ich kann mir sehr gut vorstellen, wie Du Tag für Tag in banger Erwartung nach Hause kommst. Hat er heute geschrieben? Besonders jetzt, wo unsere Her-

zen einander nähergekommen sind, kann ich es Dir sehr nachfühlen. Deshalb würde es mir weh tun, wenn ich Dich in schmerzlicher Sorge um mich wüßte.
Was ich von Dir, liebster Schatz, verlange: daß Du mir vertraust und die Hoffnung nicht sinken läßt. Das ist dasselbe, was auch mich seelisch aufrechterhält und mich nicht zum Sklaven der Zeit macht. Ich grüble nicht über vergangene Wochen und Monate nach, in denen wir nach Hause gefahren sein könnten, sondern ich freue mich über jeden neuen Tag, der dann einmal doch das so heiß ersehnte Abfahrtsignal des Zuges in die Heimat bringen wird.
Mit der allmählich abbrennenden Kerze werden auch meine Gedanken müde. Deshalb sei jetzt innigst gegrüßt, ein Gutenachtkuß und dann husch, husch ins Bettchen. Träume recht süß
von Deinem Willy

Flensburg, 27.01.42

Liebe Hanna!
Draußen schneit es in dicken Flocken, drinnen in der halbdunklen Klasse döst alles, während eine von uns an einer Englischübersetzung herumstottert. Da holte ich mein Briefpapier heraus, das ich ja immer bei mir habe, und beginne etwas mit Dir zu plaudern. Ich finde es zum Wimmern, daß Hermine mich älter als Dich schätzte. Siehst Du, mal wieder ein Beweis, daß ich so gealtert bin durch die anstrengende Pennearbeit. Nett ist doch, daß unsere Sympathie auf den ersten Blick hin entstand. Ich mochte sie gleich gerne, und sie scheint es auch getan zu haben.
So, jetzt sind wir in die Parallelklasse umgezogen, ich sitze auf einem Stuhl bei der Heizung, es war so kalt, aber eben holt Weimar mich weg. Also Wei…

28.1.42

Was ich da schreiben wollte, weiß ich nicht mehr. Es ist bereits der 28., morgens 10 Uhr. Heute vor drei Wochen, wohl um dieselbe Zeit, traf ich ein mir liebes bekanntes Gesicht in Dessau. Nun wirst Du immer die Lokale, Orte usw. angeben können, denn ich weiß ja Bescheid und weiß, wo meine kleine große Hanna sich herumtreibt. Du wirst

inzwischen ja wieder oft mit Jochen zusammengewesen sein. Ich habe manchmal am Sonnabend, Sonntag oder Mittwoch an Euch gedacht.
Du wirst gewiß staunen, daß wir wieder nachmittags Penne haben. Aber die bösen Buben sind uns auf die Pelle gerückt für lange Zeit. Ja, ja, so ist der Krieg. Das Gymnasium ist wieder Lazarett, und so geht es weiter eine Woche vormittags, eine Woche nachmittags. Aber kann uns das erschüttern? Noch dreieinhalb Wochen vor- und viereinhalb Wochen nachmittags Unterricht, dann können sie uns mal!
Weißt Du, ich bin dabei, mir zwei neue Kleider zu nähen. Aus dem hellblauen Taftkleid, jetzt dunkelblau, habe ich mir ein reizendes Theaterkleidchen genäht mit taubenblauer Passe und Ärmeln. Außerdem habe ich noch Stoff für ein dunkelblaues Seidenkleid, das soll bis zum Abi fertig werden. Meinen Mantel habe ich auch schon bekommen, er sitzt ganz schneidig und ist ein guter Beweis für die Parole: aus alt mach neu. Omas schwarzer alter Mantel, neu gefärbt und gewendet, wurde mit hellgrauem Pelz, Feh, verarbeitet.
Was trieb ich während der letzten Zeit? Nichts Besonderes! Sonntag war Sportfest in der Marineschule. In der letzten Zeit herrschte bei uns eine eisige Kälte. Minus 21 bis minus 24 Grad. Da ist es doch klar, daß wir als Hosenmätze anzutreffen waren.
So, jetzt weiß ich nichts Neues mehr. Nun grüße bitte Hermine recht herzlich von mir, und auch Jochen laß ich für seine Grüße danken.
Also, servus Hanna,
Deine Wanda

Rußland, den 29.1.42

Meine liebe Wandelgard!
Endlich hab ich mal wieder genügend Freizeit, um mich ausreichend privaten Angelegenheiten widmen zu können. Nach den letzten Wochen hätte ich nicht geglaubt, daß wir so schnell wieder zur Ruhe übergingen. Es ist zwar keine Ruhestellung, aber unsere Beschäftigung ist derart harmlos, daß ich mich fast wie in einem Erholungsheim fühle. Seit einer Woche liegt unser Divisionsstab schon in einem einigerma-

ßen anständigen Dorf. Die Aufgabe von unserm Fernsprechtrupp besteht lediglich darin, Störungen der Leitungen zu suchen und zu beheben. Gestern trat zum ersten Mal dieser Fall ein, und zum Glück war die schadhafte Stelle bald gefunden. Wegen dieser »aufreibenden« Tätigkeit fallen die so lästigen Nachtwachen weg, für die andere Trupps da sind. Auf diese Weise kann man jetzt wenigstens wieder seinen Geist »auffrischen«. Mit 20-Pfennig-Romanen, die sich einer großen Nachfrage erfreuen.
Allerdings ist das weniger geistanregend als geisttötend, aber die Langeweile vertreibt solche Lektüre, und dafür ist schließlich jedes Mittel gut genug. Ich selbst würde ja am liebsten nur Briefe schreiben, aber wo soll ich dazu den Stoff nehmen? Bei regelrechtem Postverkehr wäre dieses etwas Leichtes, so muß ich halt meine Gedanken immer an den Haaren herbeiziehen.
Trotzdem bin ich dem Schicksal dankbar, daß alles bis jetzt so gut verlaufen ist. In vier Wochen, wenn wir noch in diesem Quartier liegen bleiben können, hätten wir das Schlimmste überstanden. Im Februar kommen nämlich eisige Schneestürme laut Aussagen der Bevölkerung, wie sie noch nicht dagewesen sind in diesem Winter.
Dagegen schützen kann man sich im Freien nicht. Wir haben es bei unseren letzten Märschen erfahren, wie wenig unsere Winterbekleidung schützt. Mit drei Kopfschützern haben wir Wangen und Nase verhüllt, bloß ein kleiner Spalt für die Augen blieb frei. Doch das genügte, um in kürzester Zeit Eiszapfen von den Augenbrauen herabhängen zu haben. Lüftet man dann die vom Atmen steif und starr gefrorenen Kopfumhüllungen, ist meistens die Nase oder Wange weiß. Dann bleibt weiter nichts mehr übrig als sich ganz rasch mit Schnee einzureiben.
Manchmal wundere ich mich, wie es wohl möglich ist, daß der Mensch so viel aushalten kann. Jedenfalls ist eine eiserne Willenskraft imstande, Wunder dieser Art wirken zu lassen.
Nun, meine Liebste, wie wird es wohl Dir gehen? Früher war um diese Zeit der Hauptbetrieb in der Schule. Vor zwei Jahren schwitzte ich selber noch auf der Schulbank – oder sollte vielmehr schwitzen –, um in der letzten Klasse möglichst gute Zeugnisse zu bewerkstelligen. Ein Jahr darauf konnte ich meine Schulkameraden schon als Soldat be-

grüßen, und jetzt ist die ganze ehemalige Klassengemeinschaft in die Welt verstreut, wo Deutschlands Interessen sind.
Wie lange wird es dauern, dann stehst auch Du mitten im Leben, allein auf Dich selbst angewiesen? Ich weiß, Du sehnst Dich vielleicht danach, aber bald wirst Du Dich wieder zurückwünschen in die sorglosen Tage der Jugendzeit oder schon geborgen wissen im trauten Hafen der Ehe. Glaube mir, es kommt mir selbst fast lächerlich vor mit meinen 20 Jahren, aber ich sehne mich unbändig nach dem stillen Frieden in der Familie. Die sieben Kriegsmonate dünken mich wie Jahre.
Das Abenteuerleben kenne ich jetzt zur Genüge, ich bedaure bloß, daß ich mir beim Ausscheiden aus der Wehrmacht meine Lebensstellung erst gründen muß. Darüber werden wohl auch wieder Jahre vergehen, die mein heißes Verlangen ungestillt lassen. Mir wird ganz warm ums Herz, wenn ich der Zeit um etwa acht Jahre vorauseile. Ich sehe Dich schon als mein trautes Frauchen, wie Du mit mir Freuden und Sorgen des Alltags teilst, und doch liegen noch so viele Schwierigkeiten dazwischen.
Du siehst, mein Liebes, auf was man alles kommt, wenn einem der Stoff zu einem geistreichen Brief fehlt. Solche Gedanken kommen einem etwa vor dem Schlafengehen, deswegen sind sie aber nicht die schlechtesten. Sie bereiten viel Freude, die leider die rauhe Wirklichkeit nicht zu bieten hat.
Doch für heute ist es genug mit dem Grübeln. Sei also aufs herzlichste gegrüßt und geküßt, liebster Schatz,
von Deinem Willy

Flensburg, 30.1.42

My Dear!
Welch Schau, das ewige Kreuzen unserer Briefe! Dazu schrieb ich Dir dasselbe wie Du mir. Ich schrieb, Du möchtest gleich antworten, und Du batest mich auch darum. So folge ich Willyg Deinem Gebot, wie Du es wohl auch mit meinem tun wirst. Und die Kreuzerei geht so weiter.

Du scheinst ja im vollen Fahrwasser zu sein. Geburtstagsfeier mit Sekt ist absolut nicht zu verachten. Da hätte ich gerne anwesend sein mögen.
Vorgestern, um 1 Uhr nachts, kam Vati wieder heim. Von Dessau wird geschwiegen in seiner Anwesenheit. Weißt Du, er mag gerne mit mir reisen, wie er mir sagte, und ist nach dem Abi noch Zeit, will er mich mit nach Berlin nehmen. Ist doch viel wert, wenn man mit seinem Vater auf gutem Fuß steht.
Stell Dir mal vor, was ich für ein tolles Leben führe. Wir haben diese Woche nachmittags Schule, und da komme ich nachher nie mehr heim. Montags war ich anschließend zum Sport, Dienstag bei Janusch zum Englisch, Mittwoch war Theater, »Wiener Blut«, und gestern schleppte mich Karin Schmidt mit ins Kino, »Illusion«*. Ein netter Film, sagen wir Frauen. Furchtbar, die Männerwelt, endlich einmal ist sie reingefallen. Das freute mich vielleicht. Wenngleich dieser Film so typisch Theater war und mir die ewige Küsserei gar nicht behagte, gefiel er mir im allgemeinen doch. An diesem Spiel der Illusion ist bestimmt etwas Wahres dran, wenn vielleicht auch nicht so stark. Wie oft kommt es doch vor, daß Frauen mit Männern spielen?
Vorige Woche erhielt ich Post von Willy. Sie war vom Heiligen Abend während der Fahrt an die Front von einem Bahnhof Roslawl. Sie haben Weihnachten im Zug gefeiert ohne jegliche Post. Soldatenlos, wie er so nett sagt.
So, nun aber Schluß, grüße Hermine bitte und sage ihr, wenn vernünftige Leute den Kopf verlieren, so finden sie ihn auch bald wieder, selbst im Wohnheim Krosigstraße. Ich kenne das von unserem Verein.
Good bye,
your Wanda

* Regisseur Viktor Tourjansky erzählt in dem Musikfilm von einer Frau (Brigitte Horney), die mit den Gefühlen eines Mannes (Johannes Heesters) spielt und seine Liebe zum Gegenstand einer Wette macht

Dessau, 30.1.42

Liebe Wanda!

Du bist wirklich unverbesserlich. Briefeschreiben im Englischunterricht! Wenn Du nun jedenfalls englisch geschrieben hättest, dann wäre dies vielleicht noch zu billigen. Aber so: eine verwerfliche Tat! Ihr müßt jetzt also wieder Eure Penne mit den Jungens vom Gymnasium teilen. War es nicht im vorigen Winter auch so?

Am Dienstag hatten Jochen und ich uns verabredet im Kieferneck, Uhrzeit $^{1}/_{9}$ bis 9 Uhr. Wann war ich da? Um $^{1}/_{2}$ 10 Uhr. Ich hatte richtiggehend die Zeit verpennt. Aber im K. angekommen, war kein Jochen zu sehen. Am Donnerstag erzählte Gisela mir, daß sie am Mittwoch, als sie nach Hause gegangen ist, Jochen getroffen hatte. Aber er hatte sich nicht hierher getraut, um nach mir zu fragen.

Also war's Dienstag wie Mittwoch eine Fehlanzeige. Na, bis morgen kann ich ja noch auf Post hoffen, daß wir uns dann doch Sonnabend oder Sonntag sehen können. So lange dauert ja unsere Vorfreude auch nicht mehr. Übrigens, Gisela hat sich noch nicht verlobt. Wahrscheinlich erst im Sommer, wenn sie 19 Jahre alt und Horst Oberleutnant ist.

So, kleine Wanda, ich will endigen. Heute abend werde ich mir den Film »Illusion« mit der Horney ansehen. Nun wünsche ich Dir einen frohen Sonntag. Herzliche Grüße an alle anderen, besonders doch an Dich,

Deine Hanna

Flensburg, den 4.2.42

Liebe Hannenüte!

Als Mutti mir am Sonntag Deinen lieben Brief brachte, habe ich recht herzlich gelacht. Ich habe mich fast gewunden vor Lachen. Denn genauso prompt, wie Du auf meinen, habe ich auf Deinen Brief geantwortet. Ich bin gespannt, wann die Kreuzerserenade ihr Ende findet.

Ja, was soll ich Dir berichten? Seit Freitag ist nicht viel losgewesen. Montag nachmittag war ich in Haurup beim Jungmädeldienst. Ich sollte das Leistungsabzeichen, die Schulung dafür, abnehmen. Das war

sehr nett. Die Jungmädel waren sehr aufgeweckt und konnten ihren Lex ausgezeichnet. Es waren siebzehn Mädel, da waren wir schnell fertig.
Dann haben wir noch gesungen, und nachher sind wir auf den Dorfteich zum Glitschen gegangen. Das war natürlich ein großer Spaß. Ein Abendbrot mit weichen Eiern und Schinkenbrot war eine gute Beigabe zu dieser Fahrt. Anschließend ging ich dann noch zum Turnen zu 08 und kam mit Muskelkater müde, matt und faul heim.
Vorgestern, Dienstag, haben wir eine traurige Nachricht bekommen: Kohlenferien auf unbestimmte Zeit – nur wir Abschlußklassen müssen am Montag alle in die Mittelschule. So kann ich auf meine alten Tage noch in Euer einstiges Miefloch wandeln. Welcher Spaß, stell Dir vor, Du wärst noch da!
Na ja, auf alle Fälle sind es fünf Tage schulfrei. Man gab uns für diese Zeit einen Hausaufsatz auf, »Gesichter, die ich nie vergesse«. Eigentlich ein sehr dankbares Thema. In diesem Aufsatz muß ich gut abschneiden, daß ich meine Drei in Deutsch behalte. Ich möchte ja mein Abi doch gerne mit befriedigend bestehen, gut wird es nicht mehr werden. Mein letztes Zeugnis war genau 2,8 als Durchschnitt. Ich brauche aber nur Pech zu haben, und dann ist es aus mit der Drei.
Gestern abend waren Schulte, Boischi und ich bei Tante Male* zu Besuch. Das war wirklich sehr nett. Um ein Uhr kam ich heim. Erfolg: Generalkrach! Diese dumme Menschheit von Eltern! Sie sollten sich doch langsam daran gewöhnen, eine erwachsene Tochter zu haben. Statt dessen benehmen sie sich so albern, sind beide noch um 1 Uhr nachts auf und machen so ein Getue. Toll. Ich weiß schließlich selbst, was ich machen, tun und lassen kann.
Mit solchen Auftritten erreichen sie doch nur das Gegenteil. Wenn ich einmal freigelassen bin, dann hole ich das Versäumte nach, und dann wird alles viel schlimmer. Es gibt bestimmt nicht allzuviele Mädels, die immer so artig um halb elf ins Bett gehen müssen. Was haben sie mir schon alles übelgenommen, sogar, daß ich vorige Woche mit Karin im Kino war und nun am Dienstagabend wieder. Ich bin höchstens fünf-

* Wandas ehemalige Schwimmtrainerin

mal in meinem bisherigen Leben abends im Kino gewesen. Ach, das ist eine Plage. Wie beneide ich Dich da nur! Stell Dir mal vor, Vati und Mutti glauben, ich hätte hier irgend so einen Heini, mit dem ich immer weggehe. Das ist doch weiß Gott die Höhe.
So, nun aber Schluß, es grüßt Dich, meine liebe Hanna, recht herzlich
Deine Wanda

Dessau, 8.2.42

Meine liebe Wanda!
Weißt Du, wo ich sitze und schreibe? Im Kaiserhof und warte auf mein Mittagessen: Eintopf, Kohlsuppe mit Rindfleisch. Eigentlich dachte ich, daß Hermine oder Gisela und Horst hier anzutreffen wären. Aber bis jetzt noch nicht!
Weißt Du das eigentlich, daß Hermine am letzten Montag, also vor einer Woche, auszog? Ganz plötzlich kam es. Sie ist natürlich sehr froh! Ich warte nun auf den Tag, wo auch ich diesem »Hurenhausen« (so haben wir nämlich unsere Baracke getauft) den Rücken kehren kann. Auf Nimmerwiedersehen! An dem Tag werde ich wie aus dem Häuschen sein. Wohl verständlich! Mir steht diese Massenbehausung nämlich bis oben hin.
Die letzte Woche habe ich abends fast immer länger im Werk gearbeitet. Eine Sache mußte bis Sonntag früh fertig sein, da half kein Zetern und Schreien. Dienstag sah ich mir den Film »Illusion« an. Ich hatte mir keine Illusionen gemacht. Deshalb war ich nicht so arg enttäuscht. Aber diese ewige Küsserei fiel mir auch auf die Nerven.
Mittwoch trafen Jochen und ich uns im Kiefernhof. Am Dienstag davor war er in Berlin gewesen und hatte sich seine Offiziersklamotten, soweit sie fertig waren, gekauft. Ja, jetzt am Freitag ist der große Tag der Beförderung, und am Sonnabend ist Kursusschluß. Wahrscheinlich fährt Jochen erst am Sonntag, dann haben wir noch den ganzen Sonnabend für uns. Darauf freue ich mich schon sehr, und dann heißt es erstmal Abschied nehmen.
Donnerstag hatte Hermine Geburtstag. Es war sehr nett, gleichzeitig feierten wir die Einweihung ihres neuen Heims. Sonnabend traf ich

wieder mit Jochen zusammen, 18 Uhr Rathaus, am historischen Verkehrsschild. Dann waren wir bei Karstedt. Weißt Du noch, das ist so ein kleines gemütliches Weinlokal gegenüber von der katholischen Kirche. Gestern hatte Jochen mal wieder Luftschutzdienst. Nun werden wir uns erst Mittwoch wiedersehen. Wir zählen schon die Stunden bis zur Abfahrt.
So, und Ihr müßt nun auf Eure alten Tage, die letzten Schultage Eures Lebens, noch in unserer alten Penne, der Mädchenmittelschule, hausen, das ist ja wirklich eine tolle Zumutung! Aber Ihr habt doch trotzdem ein ziemlich faules Leben. Wann steigt denn nun die Abiprüfung?
Meine Liebe, ich will nun aufhören, Gott sei Dank, daß diese Briefekreuzerei endlich aufgehört hat. War ja kein tragbarer Zustand mehr. Eigentlich müßte ich noch mehr schreiben, d.h. nicht an Dich, ich stellte nämlich mit großem Schrecken fest, daß so viele Leute Post von mir haben müßten. Heute abend habe ich erst mal die Leute zu Haus, Günther und Dich abgefertigt.
Also, my dear, es grüßt Dich herzlich
Deine Hanna

6.
»Unheimlich war die Stille, viele Tote lagen auf dem Schlachtfeld«

Willy überlebt einen Einsatz, bei dem 17 seiner 20 Kameraden sterben • Wanda macht ihr Abitur • Hannas Freund Jochen kommt an die Front

Winter 1941/42. Vor rund 15 Monaten, im Herbst 1940, hatten Deutschland, Italien und Japan den Dreimächtepakt geschlossen. Jetzt, am 7. Dezember 1941, greifen die Japaner überraschend den amerikanischen Pazifikhafen Pearl Harbour an und versenken dort 19 Kriegsschiffe. Tags drauf erklären die USA und Großbritannien deshalb Japan den Krieg. Am 11. Dezember stellen sich Deutschland und Italien offiziell an die Seite ihrer fernöstlichen Verbündeten – und gegen die Amerikaner. Der Krieg hat sich nochmals ausgeweitet. Und ist endgültig zum Weltkrieg geworden.

In Rußland erleben die Deutschen unterdessen eine Katastrophe. Nun steht endgültig fest, daß die UdSSR nicht mit einem »Blitzkrieg« zu erobern ist. Nicht erst in Stalingrad, sondern bereits hier vor Moskau geht der Krieg für Deutschland verloren. Die schweren Kämpfe auf dem »trostlosen, blutgetränkten Boden Rußlands«, gepaart mit der bitteren Kälte: Willy könnte verzweifeln – wären da nicht die Briefe von und an Wanda, die ihm die Flucht in eine Phantasie erlauben. Die Träume von einer besseren, gemeinsamen Zukunft lassen ihn für eine Weile den Alptraum der Gegenwart vergessen. So ergeht es fast allen Soldaten.

Die überragende Bedeutung solcher Briefe für die jungen Männer an der Front ist dem Regime sehr klar. »Die schnelle und sichere Postverbindung zwischen Truppe und Heimat ist eine Voraussetzung für die Erhaltung der Stimmung und Schlagkraft der Truppe«, hieß es 1940 in einer Anweisung zur Postbearbeitung. Insgesamt gibt es 68 000 Feldpostnummern. Sie sind bestimmten Regimentern zugeordnet, die aber im Verlauf des Krieges ständig ihre Position ändern. Logistisch eine Herausforderung, da für eine zuverlässige Verbindung zu sorgen. 1942 brauchen Briefe an die mittlere Ostfront durchschnittlich acht bis zehn Tage.

Insbesondere Post von Mädchen hellt die Stimmung der Soldaten auf. Deshalb propagieren die Nazis Briefwechsel als vaterländische Pflicht, gern soll ein Mädchen gleich mehreren Soldaten schreiben. Auch Wanda und Hanna tauschen – mal mehr, mal weniger regelmäßig – Briefe mit verschiedenen jungen Männern an der Front. An Wandas jüngere Schwester Rieke, die Anfang 42 erst 14 ist und ebenfalls gern schreiben will, vermittelt Willy einen Kameraden.

Wer keine persönlichen Kontakte zur Front hat, kann auch an »den unbekannten Soldaten« schreiben – über eine offizielle Börse für Brieffreundschaften. Für die Mädchen ist das ein lustiges Abenteuer. Zumal es, wenn der Soldat dann Fronturlaub hat, ein Rendezvous geben kann. Und manchmal, auch das hat man schon gehört, sogar eine schnelle Verlobung.

Irgendwann wird auch Wanda, nur zum Spaß, solch einen anonymen Briefwechsel probieren. Sie ist da unbefangener als Hanna. Hanna jedenfalls ist ganz entschieden – für Jochen. Und der muß nun auch an die Front.

Was schreibt Wanda da? Heinz soll gefallen sein, der Jugendfreund aus Flensburg, an den sich doch so viele Erinnerungen knüpfen? »Immer die Besten«, sinnieren die beiden Mädchen, ganz wie es der allgemeinen Sprachregelung entspricht. Der Tod rückt ihnen näher. Und dennoch: Daß auch Willy und Jochen etwas zustoßen könnte, das stellt man sich am besten gar nicht vor.

Rußland, den 12.2.42

Meine liebe Wandelgard!
Eben steigt die JU 52 vom nahegelegenen Feldflugplatz auf. Sie zieht nochmal ihre Platzrunde, um dann mit Kurs nach Westen in die Heimat abzufliegen. Mit ihr sind meine Gedanken fortgeeilt, die Tausende von Kilometern in Windeseile zu überbrücken, um schließlich bei meinem lieben Mädel in Flensburg ihr Ziel zu finden. In stiller Freude denke ich an Dich, Liebste, und bin dadurch für Stunden empor-

gestiegen aus dem trostlosen, blutgetränkten Boden Rußlands, empor in den Himmel der Liebe.
Es fällt manchmal einer rauhen Kriegerseele sehr schwer, zartbesaitete Töne anzuschlagen, wo doch in diesem Kampf auf Leben und Tod so viel Menschenunwürdiges geschieht. Aber das will ich auf Briefeslänge vergessen, sonst würden Dich vermutlich meine Zeilen abstoßen.
Viel wichtiger ist mir, daß Du aufs neue meiner unverbrüchlichen Liebe versichert bist. Oft ist es mir schon schlimm genug ergangen, aber dann sah ich wieder Dein Bild vor mir, Deine frohen Augen, Dein liebes Gesicht, und weggewischt war all das Schwere, das mich bedrückte. Du bist und bleibst mir mein guter Geist, der mich überallhin begleitet.
Deinen Brief, der das Geständnis Deiner Liebe enthielt, trage ich immer als kostbares Gut in meiner Brusttasche. Oft ziehe ich ihn heraus, wenn meine Kameraden Post bekommen, und dann bin ich wieder glücklich und zufrieden, wie immer, wenn ich einen Brief von Dir erhielt. Mein ganzes Sehnen geht auf in dem Gedanken: Wann darf ich Dich einmal in meinen Armen halten und Dir den ersten Kuß auf Deine süßen Lippen drücken?
Doch mein Verstand sagt mir, daß ich dazu mindestens erst einmal Urlaub haben muß. Es wäre schön, im Sommer acht Tage davon an der Ostsee zu verbringen. Wenn man uns einmal aus der Ostfront herauszieht, so wird man uns sicher ausreichend Zeit zur Erholung geben. Was wir schließlich auch verdient haben. Somit würde es mir bestimmt möglich sein, Dich zu besuchen. Doch vorläufig müssen wir uns noch einige Zeit gedulden.
Heute, liebste Wanda, habe ich mich endlich dazu aufgerafft, die lateinische Schreibweise anzuwenden. Es ist mir nicht leichtgefallen, aber schließlich hat es keinen Zweck, den Konservativen zu spielen.
Nun zum Schluß, Du meine große Liebe, sei tausendmal herzinnigst gegrüßt und geküßt
von Deinem Dich heiß liebenden Willy

Rußland, den 18.2.42

Liebste Wandelgard!

Heute muß ich Dir rasch noch etwas Wichtiges mitteilen, obwohl die Zeit knapp und die Gelegenheit ungünstig ist. Wir kehren nämlich wieder zu unserer Panzerwaffe zurück. Heute morgen haben wir die Nachrichtenabteilung, bei der wir vier Wochen zu Gast waren, für immer verlassen und sind jetzt auf dem Wege zu unserer alten Panzerdivision. Was man dort mit uns im Sinne hat, weiß ich nicht. Höchstwahrscheinlich landen wir bei unserer alten Kompanie. Du kannst also ruhig wieder unter der Nr. 22527 schreiben.

Für diese Nacht sind wir bei einer Nachschubkolonne untergekommen. Dazu gehört auch ein Verpflegungsamt mit den zugehörigen Marketendereien. Du kannst Dir vorstellen, daß es hier feuchtfröhlich hergeht. Immer und immer wieder kreisten die Flaschen in der Runde, so daß ich mit dem Schreiben warten mußte, bis unsere Gastgeber sich sternhagelblau ins Bett begaben.

Mir selbst fällt es jetzt schwer, den Bleistift zu führen, da mir trotz meiner vorgenommenen Enthaltsamkeit die vielen »Schlückchen« den Kopf doch etwas schwer gemacht haben. Wir können halt nicht viel vertragen, worüber ich jedoch nicht traurig bin. Ich glaube, wenn ich wieder in Deutschland bin, werde ich so genügsam, daß ich mich selbst nicht mehr kenne. Mir schmeckt einfach Alkohol nicht mehr, gleich in welcher Form er mir geboten wird.

Vielleicht ist daran auch die Umgebung schuld. In einem netten Café und bei den Klängen einer schmissigen Tanzmusik würde mir eine Flasche Sekt bestimmt munden, besser als in einem muffigen Russenhaus, wo uns Bomben und Granaten im täglichen Programm gesendet werden.

Doch heute muß ich mich kurz fassen, da dieser Brief unbedingt noch zum Feldpostamt muß, damit er möglichst bald in Deine Hände gelangt. Sei nun tausendmal gegrüßt und geküßt

von Deinem Willy

Gute Nacht, Liebling, und träume recht süß von mir.

Flensburg, 21.2.42

Meine liebe Hanna!

Du wirst jetzt gewiß schon böse sein, weil ich nicht schrieb. Aber dafür wirst Du nun öfter seine lieben Briefe bekommen. Jochen ist bestimmt schon fort von Dessau. Na, er wird ja gewiß einmal wiederkommen. Nun mache nicht wieder so dumme Geschichten wie mit Günther damals. Du wirst ja aus der Vergangenheit gelernt haben, aus Fehlern wird man bekanntlich klug.

Denk immer an mich, wenn Dir so eine blöde Stimmung wie damals aufkommt. Willy und ich stehen nun bald zwei Jahre im Briefwechsel. Sommer 40–42. Und er wurde stets herzlicher. Siehst Du, es geht auch anders. Natürlich haben wir, das heißt ich, nicht mit glühenden Liebesbriefen angefangen, die dann selbstverständlich mehr oder weniger kühler werden müssen. Wir haben es umgekehrt gemacht, und auch das geht. Aber bei Dir ist es ja anders. Trotzdem rate ich Dir, sei vernünftig, my darling. Nimm alles nicht so tragisch!

Doch was quatsche ich da alles. Ich habe mich noch nicht für mein langes Schweigen entschuldigt. Ich glaube, ich habe Dir zuletzt vor etwa drei Wochen geschrieben. Es war noch in unseren sechstägigen Kohlenferien. Siehst Du, jetzt sind es nur vier Wochen bis zum Abi, und da muß man ran, ob man will oder nicht. Danach kannst Du dann wieder um so mehr Post bekommen. Vor allem erlebe ich nicht so viel, denn immer heißt es nur Pauken.

Am 3.3. beginnen die schriftlichen Abiturarbeiten mit Englisch. Am 4. Deutsch, am 5. Mathe. Also, jetzt in 8 Tagen darfst Du Daumen, Finger und Zehen drücken. Diese drei Arbeiten sind für mich, bis auf Englisch, günstig. Als vierte kommt Biologie. Da habe ich Schwein, damit beginnt mein Glück zum Abi. Bio ist mein Wahlfach, da muß ich eigentlich orientiert sein. Am 16.3. ist die Sportprüfung. Da mußt Du erst recht alles kneifen, alle Deine Glieder. Ich muß eine Eins rausschinden für die Fünf in Englisch.

Die mündliche Prüfung ist in der letzten Märzwoche, und die praktische liegt noch nicht fest. Also, Du siehst, mit aller Macht geht es endlich zum Schluß, Gott sei Dank. Diese Woche bekam ich not one Post. Vorige Woche viermal. Dreimal von Willy vom Januar und von Dir.

Die Briefe von Willy waren idealistisch bis zum TZ. Trotz minus 48 Grad, ganz prima.
Nun aber good night, twentyfour a clock, my dear child, denk ab und zu mal an mich, wenn's geht. Herzlichst
Deine Wanda

Flensburg, 25.2.42

Mein lieber, lieber Willy!
Ich konnte es kaum glauben, als der Briefträger mir schmunzelnd Deinen lieben Brief vom 29.1. überreichte. Schon wieder Post! Begeistert ließ ich alles stehen und liegen und vertiefte mich in Deine lieben Zeilen. Dein Brief hat mich sehr gefreut. War er ja auch so lang und inhaltsreich.
Weißt Du, was ich am liebsten lese und was mir immer sehr nahegeht? Das ist Deine Widerstandskraft gegen alle Unbilden, Dein Idealismus, die Selbstverständlichkeit und Ausdauer, mit der Du Deinen Dienst meisterst. Es gibt mir ein so beruhigendes Gefühl, daß Du Deinen Lebensmut und Deine Spannkraft in dem öden Einerlei mit Deinen Pflichten aufrechterhältst. Wenn man solche Briefe von der Front bekommt, dann ist man beruhigt. Und man kann den Miesmachern und Meckerern in der Heimat, die es leider doch auch gibt, treffsicher entgegentreten und übers Mundwerk fahren.
Ja, Du hast ganz recht, wenn Du mich in der größten Hetze der Examensnöte wähntest. In vier Wochen, am 24. März, ist der große Tag der mündlichen Prüfung. Wenn Du diesen Brief rechtzeitig erhältst, dann denk einmal an Deine Wanda und drück den Daumen für das arme Häschen. Heute in einer Woche haben wir schon die schriftliche Deutscharbeit hinter uns.
Ich bin zur Zeit sehr beruhigt. Gestern bekamen wir die letzte Mathe- und Deutscharbeit vor der Prüfungsarbeit zurück. In beiden bekam ich ein »gut«! Wie stehe ich da? Großartig, sage ich Dir, da habe ich wenigstens eine Reserve und einen evtl. Ausgleich für schlechte Prüfungsarbeiten. Aber die müssen auch so werden wie die letzten! Abi-

tur ist wohl Glücksache. Froh bin ich schon, wenn ich diesen Rummel hinter mir habe.
Du hast ganz recht, ich sehne mich danach, endlich aus dem Elternhaus raus in die Welt zu kommen, um meinen eigenen »Mann« zu stehen. Doch erst einmal raubt der RAD dieses Ideal. Aber ich werde genauso eisern, wie Du dort draußen Deinen Dienst versiehst, meine Pflicht tun. Ich schrieb Dir ja schon, ich habe mich für den Osten in den Warthegau gemeldet, denn unsere Bauern kenne ich bereits. Bei uns geht es sehr sauber zu, da ist jeder Bauer ein kleiner König. Aber mich lockt gerade die andere Arbeit, das Neue.
Es ist sicher viel bequemer in Schleswig-Holstein zu sitzen, alle vier Wochen zu Vati und Mutti heimzufahren, als dort draußen in fremder Umgebung bei den Volksdeutschen zu arbeiten. Diese Arbeit muß aber auch verrichtet werden. Wozu bin ich all die Jahre Jungmädelführerin gewesen, wenn der Idealismus unserer Arbeit spurlos an mir vorübergegangen wäre? Und dann ist da noch etwas, das mich gen Osten treibt. Dieser Magnet bist Du. Ich bin Dir im ehemaligen Polen doch etwa tausend Kilometer nähergerückt.
Wenn ich nun schon von meiner Zukunft begann, will ich sie Dir auch weiter vor Augen führen. Den Winter 42/43 werde ich in einem Lazarett als Kriegsmädel* verbringen. Das wird mir dann gleich als Praktikum für das Medizinstudium angerechnet. Wenn alles klappt, kann ich im nächsten Jahr, im Frühjahr 43, mit meinem Studium beginnen. So, nun weißt Du, wie sich »Deine Kleine« ihren Lebensweg vorläufig zurechtgelegt hat.
Auch Du hast Dich offenbar eingehend mit Deiner Zukunft beschäftigt. Ich kann Dir sehr gut nachfühlen, wie schwer Dir der Gedanke wird, daß Du nach dem Kriegsschluß erst mit Deiner Ausbildung beginnen kannst, um Dir später eine Existenz zu schaffen.
Aber schau, eine Existenz aufbauen, das haben unsere Eltern nach dem Ersten Weltkrieg auch gemußt, und sie haben sich damit abgefunden, wie wir es ebenfalls jetzt tun müssen. Und sie haben es geschafft. Es

* Beim Kriegshilfsdienst. Seit August 1941 wurden die Mädchen im Anschluß an den Arbeitsdienst weitere Monate dienstverpflichtet

gehört nur die nötige Energie und Ausdauer dazu, und ich glaube, die hast Du. Was gedenkst Du dann eigentlich zu studieren, darf ich so neugierig sein?

Ich verstehe vollkommen, wenn Du Dich nach diesen anstrengenden Monaten des Kampfes nach häuslichem Frieden sehnst. Doch alles Leben ist nun einmal Kampf, so oder so! Ist der Sieg dieses Krieges um die Zukunft, das Bestehen unseres deutschen Volkes erst errungen, dann wird unser Dasein sich viel schöner gestalten. Und jeder, der mitgekämpft hat für dieses Ziel, hat ein Recht auf diese Zukunft. Ewig ist dann das stolze Bewußtsein, daß unsere Generation zum Aufbau ihren Teil beigetragen hat.

Für mich war es natürlich ungemein beglückend, ja schier unfaßbar zu erfahren, daß Du mich in Deine Zukunftspläne mit eingeschlossen hast. Aber, Willy, ich muß ehrlich bekennen, ich fühle mich noch viel zu jung und unerfahren, als daß ich mich mit solchen Gedanken je beschäftigte. Genauso wie sich erst langsam aus den kameradschaftlichen Gefühlen, die mich an Dich banden, mehr und stärkere Gefühle entwickelten, so langsam müssen meine Gedanken an solche Dinge reifen.

Du sprachst von Schwierigkeiten, die uns auf diesem Wege begegnen werden. Sie sind ja dazu da, daß wir sie überwinden. Aber das wird nicht immer einfach sein. Ich denk da nur an die Religionsunterschiede. Doch Willy, ich bitte Dich, lassen wir dies erst mal ein wenig ruhen. Warten wir ab, bis wir uns wiedersehen, dann können wir weiterreden, planen und alles besser beurteilen. Wer weiß, vielleicht magst Du mich dann gar nicht mehr, wenn Du mich wiedersiehst. Doch nun Schluß. Mein lieber, lieber Willy, laß Dich recht herzlich grüßen und küssen

von Deiner Wandelgard

NS: Ich habe gerade eine Erzählung von der Droste-Hülshoff da, die leg ich bei. Vielleicht ist sie doch etwas besser als die 20-Pfennig-Romane.

Dessau, 28.2.42

My dear!
Ach Du armes, vielgeplagtes Wesen. Also, Ihr dürft noch einmal ausgiebig schuften! An den bewußten Prüfungstagen werde ich mit aller Macht den Daumen usw. kneifen, ja?
Was »seine lieben Briefe« anbetrifft, da muß ich Dir sagen, daß sie nicht »nun um so öfter« kommen. Seit der Kursus hier zu Ende ist, und das war am 14., hatte ich erst zweimal Post. Überhaupt, wie Jochen hier von Dessau weggekommen ist, das war alles so plötzlich und überraschend. Wir haben uns gar nicht richtig verabschiedet, weil wir immer noch dachten, wir hätten den Sonnabend und Sonntag für uns. Was aber mal wieder nur gedacht war! Ich habe ihm nicht mal persönlich zu seiner Beförderung zum Leutnant gratulieren können, noch ihn als Leutnant gesehen.
Die Abfahrt von Dessau war so überstürzt, weil der ganze Lehrgang nach Berlin zum Führer fuhr, der dort zu allen jungen Offizieren sprach. Dann sind sie alle in ihre Garnisonsstadt gefahren, da hat Jochen mal unverdientes Glück gehabt. Seine Garnison ist nämlich Stettin, oder vielmehr ein Vorort davon. Vielleicht fahre ich nächstes oder übernächstes Wochenende nach Berlin, dort wollen wir uns treffen. Berlin ist grad die Mitte der Strecke Dessau–Stettin. Darauf freue ich mich natürlich riesig. Freude! Erstens auf Berlin und zweitens auf Jochen. Oder besser umgekehrt?
Ach Wanda, ich fand das so rührend von Dir, mich darauf aufmerksam zu machen, nicht wieder so dumme Geschichten wie mit Günther damals anzufangen. Weißt Du, Wanda, das werd ich, glaub ich, nie wieder tun!
Übrigens, von Günther hatte ich am 14. Januar Post. Er schrieb mir ganz stolz von seiner Beförderung zum »Preußischen Leutnant«. Na, die beiden Jungens sind schon ganz gut. Gleich vom Unteroffizier zum Leutnant befördert, und nicht erst über den Feldwebel oder Oberfeldwebel. Du hast ja Günther vielleicht in Flensburg gesehen, alle hatten nämlich acht Tage Urlaub. Heute hat Günther Geburtstag. Ich hab sogar daran gedacht und ihm geschrieben. Wenn auch erst heute, aber das ist ja schietegal.

Heute abend bin ich ganz allein. Zwei aus der Stube sind nach Hause gefahren, und die dritte ist heute abend fort. Das ist richtig nett so ruhig allein.
So, meine Kleine, nun aber Schluß. Viele herzliche Grüße
von Deiner Hanna

Flensburg, 9.3.42

Liebe Hanna!
Wir haben jetzt Kochen in Eurer Penne. Eben habe ich meinen Vortrag hinter mir. Ich sage Dir, das ist eine Qual mit dem freien Sprechen! Weißt Du noch, früher konnte ich reden wie ein Buch. Meine schriftlichen Arbeiten waren stets schlechter als meine mündlichen Leistungen. Aber jetzt ist alles wie ausgewechselt. Mündlich falle ich in Deutsch, in Bio und auch sonst ständig rein. Wie soll das nur am 24.3. werden? O, ich sehe so schwarz!!!
Die schriftlichen Arbeiten haben wir nun glücklich hinter uns. Die vier deutschen Themen: Was nennen Sie »groß«?, Bildbeschreibung, Parzivals Entwicklung, als viertes Parzivals Läuterung. Das letzte nahm ich als einzige der Klasse. Es ging ganz gut, hatte mich schon seelisch darauf vorbereitet. Acht halbe Bögen ergab die Arbeit, das war Mittwoch. Donnerstag Mathe, hier kann ich mit einer guten Zensur rechnen, ich habe alle Aufgaben richtig gelöst. Ich lache mir einen Ast. Als beste Prüfungsarbeit ausgerechnet Mathe.
Freitag war die Bioarbeit: Wie sorgt die Natur dafür, daß die Arten zahlenmäßig gesund und rein erhalten werden? Das andere Thema war über die Pflanze und ihre Bedeutung für den Menschen. Ich nahm das erste. Morgen kommt Englisch: Der Wolf und die sieben Geißlein. Karin fand, daß die Verben, die wir zuletzt behandelt hatten, auf dieses Grimmsche Märchen paßten. So haben wir alle uns schon eine Arbeit machen lassen. Ich habe sie von einem Herrn vom Kraftwerk*.
Was trieb ich sonst? Oh, nicht viel, es ist hier sooo öde. Na, Du wirst ja gewiß auch nicht viel Freude haben, wo er, der Herrlichste von allen, abwesend ist. Daß Ihr Euch in Berlin treffen wollt, finde ich sehr

* Wandas Vater war Direktor des Kraftwerks

schneidig. Würdest Du Dich auch mit mir in Berlin treffen? Wenn ich gen Osten fahre, kann ich ja über Berlin oder über Leipzig meinen Weg nehmen. Vorläufig weiß ich aber gar nicht, wo man mich hinstecken wird.
Hanna, Du bist ja so erfahren in solchen Sachen, sag mal, was ich tun soll. Ich war ratlos, als ich diese beiden Briefe*, es sind die letzten von Willy, bekam. Schnappt der Mensch dort in der Einöde über, oder was fehlt ihm? Ein wenig muß ihm Rußland doch zu Kopf gestiegen sein, daß er mir solche Briefe schreibt. Das ist mal wieder zu hoch für mich. Ich bin entsetzt.
Der letzte Brief, den ich Dir im November schickte, der so wahnsinnig weich war, Du erinnerst dich vielleicht, der hat mich damals hingerissen, und ich antwortete ihm darauf sehr nett. Ich schrieb von Walter Freitag, erzählte ihm dies alles, und auch daß ich ihn nach dieser Episode so richtig schätzen lernte. Daß mir danach erst so richtig zu Bewußtsein gekommen sei, wie gerne ich ihn eigentlich habe. Du kennst mich ja, so ein Gefühlsmensch bin ich nun einmal nicht, sondern eher zum Lästern aufgelegt.
Diesen Brief hat er nun viel, viel toller aufgefaßt, und immer wieder schreibt er von ihm. Es ist ja leider der letzte, den er von mir bekommen hat. Stell Dir mal vor, ein Brief vom November! Die anderen Briefe, das Weihnachtspäckchen usw. hat er gar nicht erhalten. Ein Trost ist mir, Du wirst wohl so ähnliche Probleme gewälzt haben.
Aber weißt Du, ich bin ja in solchen Angelegenheiten ein Waisenknabe, alle Liebelei habe ich nur lächerlich genommen, es fehlt mir eben der richtige Ernst zu solchen Dingen. Ich bin noch viel zu naiv, und erst nach einem Wiedersehen kann ich ihn richtig einschätzen. Da wird sich zeigen, ob wir uns überhaupt noch mögen. Vielleicht kann ich ihn nun gar nicht mehr ausstehen. Das Wiedersehen muß erst über solche Dinge entscheiden. Bekomme bitte keinen Schreikrampf, ich möchte nicht die Arztkosten tragen.
Na, meine Liebe, antworte bitte rasch, es grüßt Dich
Deine Wandelgard

* Die Briefe vom 29.1. und 12.2.42, in denen er Wanda seine Liebe beteuert

Rußland, den 9.3.42

Meine liebe Wandelgard!
Lange hab ich Dich diesmal warten lasse, ich glaube, es sind schon mehr als 14 Tage, seitdem ich Dir das letzte Mal schrieb. Vielleicht sind es auch schon drei Wochen. Jedenfalls war es eine Zeit, die an uns die höchsten Anforderungen stellte und unsere Nerven derart beanspruchte, daß wir uns für nichts mehr interessierten als nur für den Feind. Das klingt bitter und enthält eine völlige Absage an die Lebensfreuden. Aber ich will Dir einiges erzählen, was wir erlebt haben, als wir die Nachrichtenabteilung für immer verließen.
Etwa 50 km hinter unserer vordersten Linie war der Russe von der Flanke aus bis dicht an die Rollbahn gestoßen. Immer wieder versuchte er, diese für uns so wichtige Nachschubtrasse in seinen Besitz zu bringen. Einige Male war ihm dies schon gelungen, er wurde aber immer wieder zurückgeworfen. Unser Sicherungsbataillon bekam die Aufgabe, südlich der Rollbahn Stellung zu beziehen und die andauernden Angriffe des Feindes abzuwehren.
Bis zum 22.2. verlief alles ruhig. Nur die russische Artillerie behagelte unser Dorf sehr schwer. Am 23.2.43, dem Gründungstag der Roten Armee, ging der Russe zum Angriff über. Mit schwersten Verlusten mußte sich der Feind jedoch zurückziehen. Dafür setzte in den darauffolgenden Tagen eine Artillerietätigkeit ein, die uns allmählich auf die Nerven ging.
Am 24.2. gingen sieben Volltreffer in unser Quartier. Trotz der drei ersten, die in den Vorraum einschlugen, blieben wir im Haus. Da krachte auch schon die vierte Granate, die zwischen den beiden Fenstern in die Vorderwand einschlug. Zwei Mann sofort tot, zwei schwer verletzt, die übrigen zehn Mann alle leicht verwundet. Ich hatte wieder einen Schutzengel, so daß ich mit dem Schrecken davonkam.
Daraufhin mieden wir die Häuser und sahen bald, wie recht wir daran taten. In kürzester Zeit stand die ganze Ortschaft in Schutt und Asche. Allerdings waren wir nun gezwungen, Tag und Nacht im Freien zu verbringen. Hinter unserem Schneewall, auf dem das MG in Stellung gebracht war, breiteten wir unsere Decken aus, um abwechselnd eine Stunde zu ruhen. Dabei herrschte eine Kälte von immerhin 25 Grad.

Mit Sehnsucht warteten wir auf Ablösung, um so mehr, als unser Häuflein immer kleiner wurde. Unser Zug, der mit 21 Mann hochgezogen war, bestand schließlich nurmehr aus vier Mann.
Am 28.2. griff dann der Russe mit Panzern an. Im letzten Augenblick erschienen unsere Stukas und vertrieben den Spuk. Endlich kam am 2.3. die Ablösung. Mit einem befreiten Aufatmen packten wir unsere übriggebliebenen Sachen auf die Schlitten, und mit »Hurra« ging es noch bei Nacht 10 km zurück. Vollkommen erschöpft und ermüdet ließen wir uns im neuen Quartier nieder.
Wir hatten die Augen noch nicht geschlossen, als uns der Ruf »Alarm« wieder auf die Beine brachte. Einige Kilometer westlich der Stelle, an der wir die Rollbahn verteidigt hatten, war der Russe durchgebrochen und hatte die Straße besetzt. Unser kleiner Haufen mußte natürlich wieder her, um ein weiteres Vordringen des Feindes nach Osten zu verhindern. Nachts um zwei zogen wir in die Stellung. Bis fünf Uhr früh blieb es ruhig. Plötzlich tauchte im Morgengrauen ein feindlicher Spähtrupp von 20 Mann auf, der unser Feuer sofort erwiderte. Den ganzen Vormittag über dauerte das Geplänkel. Immer neue Russen tauchten auf, ohne jedoch einen Fußbreit Raum zu gewinnen. 14 Stunden lagen wir draußen im Schnee, als endlich ein Infanterieregiment mit einem Großangriff die Geschichte wieder bereinigte. Die Rollbahn war frei.
Abends um 8 Uhr setzten wir uns in Marsch nach Westen. Unheimlich war die Stille, als wir durch die gefährdete Stelle marschierten. Mehrere Russenpanzer standen zusammengeschossen mitten auf der Straße. Viele Tote lagen auf dem Schlachtfeld. Doch auch diese Stätte des Grauens lag bald hinter uns. Die Freude über unsere Ablösung ließ uns die Beschwerden eines Dreißig-Kilometer-Nachtmarsches vergessen.
Die nächsten drei Tage brachten ebenfalls flotte Fußmärsche, und gestern sind wir in unserer vorläufigen Ruhestellung angelangt, dreißig Kilometer ostwärts Roslawl. Hauptsache ist, wir sind weit ab vom Schuß. Vor allen Dingen können wir wieder schlafen. Was weiter wird, steht in den Sternen geschrieben. Jeder hat aber die Hoffnung, daß wir nicht mehr allzulange in Rußland bleiben. Ist oder wird das nicht der Fall, dann wäre es auch nicht die erste Enttäuschung in unserem Leben.
Nun aber, liebste Wandelgard, habe ich Dir wieder einen Bericht über

die schweren Abwehrkämpfe gegeben. Ich habe darauf verzichtet, auf Einzelheiten einzugehen, weil diese in vielen Fällen selbst starke Männerherzen erschauern lassen. Der Hauptzweck dieses Briefes soll sein, daß Du wieder ein Lebenszeichen von mir erhältst und daß Du weißt, daß es mir noch gutgeht.
Sei also nun aufs herzlichste gegrüßt und geküßt
von Deinem Willy

Dessau, den 12.3.42

Liebe Wanda!
Zur Abwechslung mal wieder ein Brief in Sütterlin. Ja, ich bin eben ein Oppositionsmensch, aber das weißt Du ja. Nun zu Deinem Brief, heute erhielt ich ihn. Vielen lieben Dank. Ich will gleich darauf antworten, nettes Mädchen, nicht?
Erstmal zum Thema »Abi«. Die ersten Arbeiten sind wohl bestanden. Kein Wunder, ich hab mir nämlich die Daumen bald plattgedrückt! Wie wurde es mit der englischen Arbeit? Na, zum 18., der mündlichen Prüfung, werd ich Dir den Daumen wieder drücken.
Ja, Wanda, ich bin jetzt wieder ganz solide. Oftmals komme ich mir direkt hausbacken vor, seit Jochen von Dessau weg ist. Das soll nun nicht heißen, daß ich sonst jemals unsolide war, hörst Du! Aus unserm Treffen in Berlin wird leider nichts mehr, denn am 5.3. ist Jochen von Stettin aus direkt zur Ostfront gefahren. Schade, daß wir uns gar nicht mehr richtig gesehen haben.
Zuerst, als Jochen mir von der Abreise schrieb, war ich ganz niedergeschlagen. Aber man darf in dieser Zeit nicht egoistisch sein. Das ist man leider sehr leicht, wenn man einen Menschen so lieb hat. Schließlich hat es ja keinen Sinn, deshalb den Kopf hängenzulassen. Mit unabänderlichen Dingen hat man eben fertig zu werden in dieser Kriegszeit. Weißt Du, Wanda, es ist etwas so Schönes, das volle Vertrauen eines Menschen zu haben. Das gibt einem so viel Kraft, daß man den Versuchungen in Form von neuen Bekanntschaften ganz eisern standhält. Schön ist das, wenn man es kann.

Nun mal zu Willys Briefen. Du willst also meine Stellungnahme dazu haben. Du meinst, ich bin so erfahren in »solchen Sachen«. Meinst Du, Darling! Aber ich hab mal versucht, mich in die Stimmung von Willy hineinzuversetzen. Also, ich würde es einem Soldaten, der nun schon über ein halbes Jahr in Rußland liegt, niemals übelnehmen, wenn er mir so einen Brief schreibt.
Anderseits verstehe ich Dich auch vollkommen, daß Du so entsetzt warst, als Du den Brief erhieltest. Denn ich glaube, Dir liegt kein Gedanke ferner als der ans Heiraten. Stimmt's? Deshalb hat der Brief Dich so aus dem Konzept gebracht.
Aber versetz Dich doch mal in die Lage der Soldaten. Immer sind sie nur unter Männern. Wie lange haben sie nicht mehr mit einer Frau oder einem Mädchen gesprochen! Immer nur die Kameraden, und dazu diese Einöde der Landschaft. Ich kann mir schon vorstellen, daß sie da ihren Gefühlen mal freien Lauf lassen, und dann kommt es eben zu solchen Ergüssen. Ich glaube fest, da ist Willy nicht der einzige, der solche Briefe schreibt. Bei ihm kommt es aber besonders zum Vorschein, weil er für einen Mann ziemlich viel Gefühl hat und das auch noch in Worte fassen kann. Meinst Du nicht auch?
Wanda, um eines bitte ich Dich, gib ihm auf seinen letzten Brief hin keine zu grobe Abfuhr. Ich glaube nämlich, seine Liebe zu Dir gibt ihm einen großen Halt, und dieser muß ihm erhalten bleiben. Er braucht diesen Halt jetzt bestimmt für seinen Dienst bei den Panzern. Was er sich so ausmalt, in acht Jahren weiter, sind jetzt ja nur Illusionen. Soll er sie ruhig weiter behalten.
Also, Wanda, meine Liebe, Du siehst, ich bin nicht in Ohnmacht gefallen. Ich habe nur versucht, dazu Stellung zu nehmen, und vielleicht hab ich Dir damit etwas auf dem Weg geholfen? Weißt Du, ich wäre gar nicht so überrascht, wenn Jochen mir nach einiger Zeit so einen Brief schreiben würde, glaubst Du? Na, hoffentlich kriege ich bald Post von ihm.
Am Montag erhielt ich eine Karte aus Tilsit. Aber da hat er mit so einer genialen Flüssigkeit seine Feldpostnummer draufgeschrieben, daß ich sie nicht entziffern kann. Jeder las eine andere Zahl daraus. Nun muß er eben vorläufig die Konsequenzen tragen, kriegt keine Post.

Hab ich Dir eigentlich von Gesa erzählt? Weißt Du, die Neumünsteranerin und Oswald, den kennst Du doch von den Erzählungen her, er war Jochens Freund hier auf der Waffenschule. Gesa und Oswald haben sich verlobt. Stell Dir das vor! Nach dem Weihnachtsurlaub haben sie sich das erste Mal wiedergesehen! Dann haben sie sich drei Wochen lang näher kennengelernt, und schon haben sie sich verlobt. Also, ich war einfach geplättet, als ich das hörte, daß Gesa nach Gumbinnen* zur Verlobung gefahren war. Oswald wollte das so, bevor er an die Front ging. Hoffentlich enttäuscht Gesa den armen Oswald nicht. Er täte mir dann wirklich sehr leid. Ich bin ja nur gespannt, wie Jochen sich dazu äußert. Bis jetzt weiß er es sicher noch nicht. Ich will es ihm aber schreiben.

So, meine Liebe, bist Du nun zufrieden mit mir?!

Viele herzliche Grüße

von Deiner Hanna

Rußland, 15.3.42

Liebste Wandelgard!

Ostern steht vor der Türe, das Fest des Frühlings, der Wiedergeburt der Natur. Seit Monaten haben wir diese Zeit herbeigesehnt. Und siehe da, rückblickend kann ich feststellen, sie ist doch viel schneller gekommen, als wir geglaubt hatten. Heute schüttelt mancher ungläubig sein Haupt, wenn man ihm erzählt, in drei Wochen sei Ostern. Dabei ist er vielleicht gerade damit beschäftigt, sich den Inhalt seiner Weihnachtspäckchen zu Gemüte zu führen, die gestern in rauhen Mengen bei unserer Sicherungskompanie eintrafen. Die meisten tragen die humorvolle Aufschrift »Erst Weihnachten öffnen«! Ein weiteres 3/4 Jahr wollen aber die Kameraden die Dauerhaftigkeit all der süßen Sachen nicht prüfen.

Ich für meinen Teil bin nur gespannt, wann und ob überhaupt für mich noch etwas ankommt. Aber das ist nun einmal der Fluch, wenn man seit einem halben Jahr nicht mehr bei seiner alten Kompanie ist. Auf deren Feldpostnummern lasse ich jedoch stur alles schicken, in der

* Stadt in Ostpreußen, heute Gussew

Hoffnung, daß ich bald wieder zu ihr zurückkehre. Aber nicht nur wegen der Post ist diese Abkommandierung peinlich, auch wegen der Beförderung. Mir persönlich ist allerdings der Gefreitenwinkel gleichgültig. Doch wird das Fehlen derselben, bei einem fast anderthalb Jahre dienenden Soldaten, oft falsch empfunden.
Dabei spielt es an der Front gar keine Rolle, ob man Schütze ist oder Offizier. Jeder hat die Pflicht, seinen Mann zu stehen, wobei der Dienstgrad untergeordnete Bedeutung hat. Bis wir wieder in die Heimatgarnison kommen, bin ich sicher längst bei meiner alten Mondscheinkompanie, die dann auch eine Beförderung aussprechen kann. Dies soll kein Größenwahnsinn sein, sondern nur zur Orientierung dienen, damit Du nicht in Zweifel über mein Soldatsein gerätst.
Wir liegen noch immer in unserer Ruhestellung, von der ich Dir schon im letzten Brief schrieb, und warten täglich auf unseren Abtransport zu unseren alten Einheiten. Zur Zeit allerdings hat der Winter uns wieder – hoffentlich das letzte Mal – einen Streich gespielt. Ein neuer Kälteeinbruch von minus 20 Grad ist eine Woche vor dem kalendarischen Frühlingsanfang unangenehm. Dazu verweht ein starker Nordwind die Straßen metertief. Doch sind überall Schneeschaufler am Werk, um den Kampf mit den Unbilden des Winters aufzunehmen.
Zu Hause, meine liebe Wandelgard, werdet Ihr sicher den Frühling schon einläuten, damit Ihr das Osterfest stimmungsvoll feiern könnt. Ich wünsche Dir also ein recht frohes und glückliches Fest im Kreise Deiner lieben Eltern und Geschwister und grüße und küsse Dich aufs herzlichste
Dein Willy

Flensburg, 19.3.42

Meine liebe Hanna!
Eben las ich in der Zeitung die erschütternde Anzeige, daß Heinz Dreesen gefallen ist. Weißt Du, das geht mir so nahe, daß ich es Dir gleich mitteilen muß. Ist er doch eingereiht in die schönsten Jugenderinnerungen unserer Jungmädelführerinnenzeit. Was haben wir ge-

meinsam für schöne Stunden verlebt, und jetzt soll dieser schneidige Junge, der doch solche Zukunft hatte, gefallen sein! Er soll von dieser Erde verschwunden sein, das kann man sich doch gar nicht vorstellen. Ich weiß noch, wie er mir damals strahlend erzählte, er soll nach Prag zur Waffen-SS. Ja, so fallen unsere besten Jungs.
Ein gütiges Geschick möge die beiden lieben Menschen, die Du und ich, wir beide, dort draußen wissen, in die Heimat zurückführen. Aber wir müssen uns auch mit dem Gedanken befassen, daß es anders werden könnte. Doch wollen wir das Beste hoffen. Hast Du Post von Jochen? Er wird wohl im Norden von Rußland eingesetzt sein, wenn er über Tilsit fuhr. Von Willy habe ich vor gut vierzehn Tagen die letzte Post erhalten, sie war vom 18.2.
Deine Stellungnahme zu seinem Brief hat mir sehr gut gefallen, sie stimmt mit der meinigen überein. Ich habe ihm auch ganz nett geschrieben und ihn leise auf die vielen wenn und aber hingewiesen. Denn ich bin mir ja, oder vielmehr mußte mir darüber klar werden, daß ich die ganze Angelegenheit nicht mehr als Episode, wie bei den anderen, betrachten kann, sondern ernster nehmen muß, wohlgemerkt ernster.
Trotzdem glaube ich nicht an diese Zukunft mit ihm. Ich werde bestimmt noch mehr Menschen kennenlernen. Es kommt mir reichlich romanhaft vor, daß ich ausgerechnet mit dem Menschen, den ich wohl als ersten näher kennenlernte, und noch dazu auf solch abenteuerliche Weise, mein ganzes späteres Leben verbringen soll. Na, warten wir ab, wie die Dinge laufen werden. Ich glaube aber, ich ende als alte Jungfrau, geh ins Kloster. Mit Dir wird das gewiß anders sein.
Weißt Du, ich war platt über diese schnelle Verlobung von Oswald und Gesa. Ich bin mehr für das Sprichwort: »So schnell schießen die Preußen nicht.« War Oswald nicht zuerst mit Hermine und Euch zusammen? Ich habe so eine Vorstellung, als wenn Ihr vier Weihnachten immer zusammen wart.
Ich für meine Person sage: »Ich werde Ärztin, dann habe ich einen Beruf, in dem ich alt werden kann, viel leisten kann, selbständig bin und auf keinen M… angewiesen bin!« Gerade gestern waren wir bei einer akademischen Berufsberaterin. Es sei eine schwere, langwierige Aus-

bildung, nur mit Tatkraft, Energie und Ausdauer kann man sich durchsetzen. Na, ich werde mich restlos einsetzen, und alles wird geschafft. Wir bekommen als Medizinstudenten einen Stundenplan, ganz toll, aber damit werde ich fertig. Genau wie es mit meinen Abiturarbeiten gutgegangen ist, Mathe gut, Bio fast gut, ich machte einige Bummel, also leider doch nur drei, und in Deutsch soll meine Arbeit sehr erfreulich sein. Morgen als Abschluß ihres Deutschunterrichtes will Heyden sie vorlesen, ausgerechnet meine Arbeit! Das soll schon etwas heißen. Ja, Liebe, morgen ist mein letzter Schultag, toll, nicht wahr? So, nun weiß ich wirklich nichts mehr. Also für heute Schluß, meine alte, liebe Freundin, es grüßt Dich herzlich
Deine Wanda

Flensburg, den 25.3.42

Mein lieber Willy!
Endlich, endlich hab ich es geschafft: Es ist bestanden, das Abitur. Gestern Abend um 21 Uhr waren wir fertig, fertig mit der Schulzeit! Himmlisch ist dieses Gefühl! Dazu hab ich noch mit befriedigend bestanden. Restlos glücklich wäre ich, wenn auch Du jetzt hier zum Feiern wärst! Gestern abend erwarteten mich zu Hause meine Eltern, Geschwister und meine Oma mit Sekt und Wein, und dann wurde gefeiert. Heute abend haben wir, unsere Klasse, ein Essen um 18 Uhr im ersten Hotel in Flensburg zum Feiern bestellt.
Ach, wo soll ich nur anfangen zu berichten. In der vorigen Woche war unsere Turnprüfung. Es klappte bei mir alles großartig. Das »Sehr gut« im Sport war schon gesichert. Am Donnerstag war die theoretische Handarbeitsprüfung. Ich sollte eine Bluse nähen, beschreiben, wie ich das alles machen würde. Freitag war der letzte Schultag.
Sonnabend habe ich noch geochst, soviel wie in den Kopf nur hineinging. Abends war ich dann im Theater zu einer reizenden Komödie »Die kluge Dienerin« von Schreyvogel, da wurde ich so richtig aufgepeitscht und fabelhaft zerstreut. Man gab sich süßeren Gefühlen hin als nur den Angstqualen »Abitur«.

Sonntag ging die Schufterei weiter: »Dies soll noch durchgelesen werden, in jenem Fach hat man kaum einen Dunst, also noch einmal ran an das Vergnügen!« Trotzdem hat sich die halbe Klasse für den Nachmittag zu einem Spaziergang verabredet, und wir sind auf der vereisten Förde spazierengegangen, so weit hinaus, bis die Zöllner uns mit Schreckschüssen zurückholten. Die Hoheitsgrenze ist nämlich auf der halben Förde, dann kommt schon das dänische Hoheitsgebiet.
Am Sonntag abend und am Montag wurde immer noch das Wissen vervollständigt. Dann am Dienstag, gestern, war es so weit.

26.3.

So weit bin ich gestern gekommen, dann war es 17 Uhr, und ich mußte aufhören, weil ich zu unserem Abschiedsfest mußte. So kommt heute die Fortsetzung.
Mein Wahlfach war Biologie. Ich bekam die Themen: 1. Vergleichen Sie die bevölkerungspolitische Lage Deutschland-Frankreich-Österreich und sprechen Sie über die Wirksamkeit der bevölkerungspolitischen Maßnahmen in diesen Ländern. 2. Ausmerze und Auslese bei Pflanze, Mensch und Tier. 3. Staatenbildung im Tierreich. Das erste Thema habe ich nur halb besprechen brauchen, vom zweiten nur ein paar Sätze, und dann war es genug.
Worin wurde sonst noch geprüft? Lach nicht, ich war auch auf alles andere gefaßt, nur nicht auf Kochen. Ich sollte über Haushaltsführung sprechen, die Wirtschaftskladde, Vermögensaufstellung, Inventarverzeichnis und Hausarbeitspläne für Tag, Monate und Jahr. Da hat man nun tagelang große Berechnungen angestellt und für die Fächer gepaukt, die wohl drankommen könnten, und dann kommt man nur in Bio und Kochen zu Wort. Ich hab mir vielleicht eins gelacht.
Um 21 Uhr waren wir fertig. Urteilsverkündigung! Ich hatte ja schon gesagt, daß ich mit befriedigend abgeschlossen hatte. Eigentlich hätte ich im Abitur mit gut abschneiden müssen, aber die Fünf im Fach Englisch hat mir einen Strich durch diese Rechnung gezogen.
Aber was macht das, ich bin auch so vollkommen zufrieden. Ich habe bestimmt eine glückliche Schulzeit hinter mir, mit sehr vielen schönen Erlebnissen, besonders die sechs Jahre mit Hanna waren nur der Freiheit gewidmet. Da wurde nicht viel für die Schule gearbeitet. Nur die

letzten zwei Jahre (genau anderthalb Jahre, seit dem Sommer 40) habe ich etwas mehr getan und dann vor allen Dingen in den letzten vierzehn Tagen, da wurde das Versäumte nachgeholt.
Nun zu unserer gestrigen Feier. Unsere Zusammenkunft war sehr nett. Die Feier war schlicht und ohne Lehrer und Langhosen, d.h. ohne Tanz und derartiges Vergnügen, also ganz der Zeit entsprechend. Zuerst gab es Karbonade mit Rotkohl und Kartoffeln. Vorher eine gute Fleischsuppe, zum Nachtisch Pfirsichkompott, und dann brachte uns der Ober, er war rührend, für zwei Mädels jeweils eine Flasche Wein. So saßen wir nicht auf dem Trocknen. Unsere Nordschleswigerinnen, jenseits der Grenze*, hatten Konfekt und Naschereien mitgebracht. Alles war sehr stilvoll. Wir haben dann unserem ehemaligen Oberstufenklassenlehrer, der seit zwei Jahren Soldat ist, gemeinsam geschrieben. Jede schrieb ein Wort oder einen Satz, und das Ganze wurde so richtig ein scheinbar besoffener Brief.
Ja, so hätte man den ersten Lebensabschnitt nun geschafft. Ich kann es immer noch nicht glauben. Am 14.4. geht es dann in den ernsteren Teil unseres Lebens. Der RAD hat gerufen. Stell Dir vor, welches Pech ich wieder hatte! Ausgerechnet mich muß das Los treffen, daß ich nicht in den Osten komme.
Gestern hab ich in Schleswig beim RAD angerufen, ob das wohl ein Versehen ist, daß ich nach St. Michaelisdonn in Dithmarschen muß und nicht in den Osten. Ja, sagte man mir, es wären zu viele Bewerbungen gekommen, und ich hätte nun mal das Pech gehabt, und daß ich zu denen gehöre, die in der Provinz bleiben. Allerdings leuchtet mir noch ein Hoffnungsstrahl in der Finsternis: Sollte ein Mädel ausfallen, so darf ich einspringen. Warten wir es also ab.
Ab jetzt darfst Du ruhig an die Arbeitsmaid W.K. im RAD-Lager St. Michaelisdonn, Süderdithmarschen, Schleswig-Holstein, schreiben. Im Winter werde ich nach neuesten Informationen eine Ausbildung als Rot-Kreuz-Helferin mitmachen. Dies ist mein Kriegshilfsdienst, und ich bekomme dann eine Studienberechtigung. Es steht jetzt felsenfest für mich, ich werde Medizin studieren!

* Aus Dänemark, das die Deutschen seit April 1940 besetzt hielten

So nun zu Dir, mein Liebling, Dein letzter langer Brief hat mich ungemein erfreut. Erstmal war er nach drei Wochen endlich wieder ein Lebenszeichen, und zweitens gab er mir ein sehr gutes Bild von der Schwere Eurer Kämpfe. Weißt Du, Willy, Du brauchst keine Sorge zu haben, daß mich solche Berichte abstoßen. Ich kann dergleichen Dinge sehr viel vertragen, muß ich ja später in meinem Beruf auch mancherlei Unangenehmes sehen.
Vor allen Dingen zeigte mir Dein Brief, wie unsagbar gut wir es in der Heimat haben. Es kam mir wieder einmal so recht zum Bewußtsein, zu welchem Dank die Heimat der Front verpflichtet ist und wie gering im Vergleich zu Euerm Kampf unsere kleinen Opfer und Beschwerden sind. Wenn jeden Tag im Wehrmachtsbericht die örtlichen Angriffe erwähnt werden, so hört kaum einer mehr hin. Man denkt nur selten daran, wieviel Nervenkraft, Mut und Zähigkeit gerade diese unentwegten Angriffe kosten.
Ich aber kann Dir nur sagen, daß ich dabei immer an Dich denke und meine Gedanken, begleitet von den heißesten und besten Wünschen, zu Dir in die Ferne schweifen lasse. Wenn mir etwas schwerfällt, dann greife ich zu Deinen Briefen, und die geben mir so viel Kraft und Zuversicht. Was Du im großen, im aktiven Kampf leistest, das möchte ich in den kleinen Dingen des Alltags auch beweisen. Gerade für die kommenden Monate des RAD wirst Du mein Vorbild sein.
Ich muß Dir auch sagen, daß Dir dieser Bericht Eurer Kriegssituation ausnahmslos gut gelungen ist. Er war so packend und anschaulich geschildert, daß ich alles aus tiefsten Herzen miterleben konnte. Ja, Willy, bei diesen Kämpfen hast Du sehr viel Glück gehabt und bist von der Vorsehung verschont geblieben, und hoffentlich wirst Du das auch weiterhin. Weißt Du, ich habe beim Lesen Deines Briefes an den »Goetheschen Brief« aus dem Faust gedacht: »Das Schaudern ist der Menschheit bester Teil.« Welch tiefe Wahrheit steckt doch dahinter!
Ein großer Kummer wurde mir in der vorigen Woche bereitet. Mein Weihnachtspäckchen, das ich Dir schickte, kam zurück. Nun hast Du gar keine Weihnachtspost von mir bekommen. Du kannst mir direkt leid tun. Ich hatte Dir so verschiedene Dinge geschickt und beim Einpacken daran gedacht, wie Du Dich wohl freuen würdest. Und nun dies.

Unter anderem war auch eine Packung Briefpapier dabei, die wäre wohl zum Teil von Dir zu mir gegangen. Das wird jetzt umgekehrt der Fall sein. Viele Teile kann ich Dir nicht mehr schicken, weil sie nach den neuen Bestimmungen über 100 Gramm wiegen. Gleichzeitig mit diesem Brief geht noch einer mit Zigaretten, einer mit einer Tafel Schokolade und einer mit »Schillers Räuber« an Dich ab. Ich glaube, »Die Räuber« passen am besten zu Eurer Verfassung.
So, jetzt möchte ich langsam schließen. Zwölf Seiten sind eine ganz nette Leistung für mich. Was werden da nur für Fehler drin sein, oh weh, trotz Abitur.
Nun, mein lieber Willy, sei recht herzlich gegrüßt
von Deiner Wandelgard

Dessau, den 25.3.42

My dear!
Hast Du es gemerkt, wie ich gestern den Daumen gedrückt hab? Hat es Dir Erfolg gebracht? Dann seid Ihr also fertig mit allem. Wie hast Du Dir diesen Tag herbeigesehnt! Aber nun, wo er da ist, kommt es einem doch komisch vor, daß man jetzt nicht mehr in die Penne zu gehen braucht.
Für Deinen Brief sage ich Dir herzlichen Dank. Es war ein Sonntagsbrief! Einer von zu Haus und Dein Brief lagen für mich bereit. Von zu Haus kam endlich die Nachricht von Helmuts Hochzeit.
Wanda, weißt Du, ich war so erschüttert, als ich las, daß Heinz gefallen ist, ich kann es einfach nicht glauben, den ganzen Tag ging es mir immer wieder durch den Kopf. Warum mußte gerade Heinz fallen, immer sind es doch die Besten. Aber mit diesen unabänderlichen Dingen muß man auch fertig werden.
Von Jochen hatte ich vor ungefähr einer Woche Post, er schrieb mir aus Pleskau* am Peipus-See, aber das war noch nicht der endgültige Ort. Von da aus sollte er noch mit einer JU weiterfliegen. Das ist wohl das einzige Verkehrsmittel, das dort oben überhaupt benutzt werden

* Pskow, im Norden Rußlands nahe der estnischen Grenze

kann, und nun warte ich weiterhin auf Post. Meine Stellungnahme zu Willys Brief hat Dir also gefallen, und wie mir scheint, hast Du meinen Rat auch befolgt.

So, nun noch für Dich eine kleine Überraschung, vielleicht. Ich fahre Ostern nämlich nach Hause. Wenn die Reichsbahn keine Sperenzchen macht, klappt alles. Freust Du Dich? Oder bist Du schon Ostern gar nicht mehr in Flensburg?

Also, meine Liebe, auf Wiedersehen daheim,

Hanna

7.
»So bleibt einzig der Wunsch, endlich wieder ein Leben zu führen, wie es sich für einen zivilisierten Menschen geziemt«

Willy träumt vom Studieren und von einer Zukunft mit Wanda • Wanda wird zum Arbeitsdienst eingezogen • Hanna bekommt ein eigenes möbliertes Zimmer

Frühjahr 1942. Den ganzen Winter über machten russische Angriffe und Partisanenkämpfe den Deutschen zu schaffen, und die sowjetische Gegenoffensive hatte Erfolg. Klar ist nun: Der »Blitzkrieg« im Osten war ein Hirngespinst, eine Illusion fern jeder Realität. Auf die Arbeitskraft von Millionen Männern wird die deutsche Wirtschaft noch länger verzichten müssen. Und das, wo andererseits die Rüstungsindustrie auf Hochtouren produzieren muß, weil der Krieg auch eine Materialschlacht ist.

In den ersten neun Monaten des Rußland-Feldzugs hat die Wehrmacht Millionen von Gefangenen gemacht. Mit deren Versorgung sind die Deutschen manchmal überfordert, manchmal auch lassen sie die Gefangenen bewußt verhungern. Täglich sterben in den Lagern 3000 bis 4000 Russen.

Bis Ende 1941 galt es als undenkbar, die sowjetischen Gefangenen zur Arbeit in Deutschland zu zwingen – man fürchtete die kommunistischen Gedanken, die sich als ansteckend erweisen könnten. Nun aber werden die Kriegsgefangenen zum Beispiel im Straßenbau geknechtet. Zudem beginnt in den besetzten Gebieten Rußlands eine regelrechte Jagd auf Menschen, die man als »Ostarbeiter« nach Deutschland verschleppen will. So werden im Jahr 1942 massenhaft Sowjetbürger nach Deutschland deportiert, neben den Kriegsgefangenen auch Zivilisten, die oft auf offener Straße gekidnappt wurden. Insgesamt werden während des Krieges rund 15 Millionen Sowjetbürger von den Deutschen zur Zwangsarbeit rekrutiert.

Nach acht strapaziösen Monaten beginnt im März erneut die Schlammperiode, die für eine Kampfpause sorgt. Jetzt endlich Urlaub träumt Willy. Ein Traum, der ihn schon seit anderthalb Jahren begleitet, er würde Wanda so gern wiedersehen.

Die Freundin hat inzwischen ihr Abitur bestanden und wird nun zum Reichsarbeitsdienst (RAD) eingezogen. Sechs Monate Arbeit als Haushaltshilfe auf dem Land bei kinderreichen Familien; sechs Monate Leben in einer Baracke zusammen mit anderen Mädchen. Der RAD ist Pflicht für die 18- bis 25-Jährigen, sie werden dazu eingezogen wie die gleichaltrigen Jungen zum Militär. Gern hätte Wanda ihren Dienst im Warthegau absolviert, dem besetzten Polen, davon träumt sie immer noch. Doch ihr Einsatzort wird Michaelisdonn in Schleswig-Holstein, nicht allzuweit von Flensburg – welche Enttäuschung!

Gedanken, die Willy inzwischen als naiv erkennt. »Sei nur froh, daß Du in der Nähe Deiner Heimatstadt bleibst. Jedenfalls ist das viel besser als in einem schmutzigen Nest irgendwo im Osten«, schreibt er. Und: »Man soll sich nicht zu weit von zu Hause fortwünschen. Das habe ich auch einmal getan. Heute bin ich doch gescheiter geworden.« Was gäbe er darum, endlich heimzukehren!

Rußland, den 27.3.42

Meine liebe Wandelgard!
Was glaubst Du, was es für wonnige Gefühle sind, wenn man seit einem Vierteljahr das erste Mal wieder Post erhält, dazu noch allerneueste Post. Ich bin nämlich seit gestern bei meiner alten Kompanie, wenigstens im selben Ort. Unser Sicherungsbataillon hat sich in seine Bestandteile aufgelöst. Die Panzerleute bleiben zwar vorläufig noch beisammen für ein paar Tage, bis weitere Befehle eintreffen. Doch einer Aussprache nach, mit meinem alten Spieß, darf ich hundertprozentig annehmen, daß ich bei der 10. Kompanie bleibe.
Nun, meine Liebe, zurück zu Deinen beiden Briefen. In dem einen vom 7.3.42 stak ein zweiter vom 23.11.41, der schon einmal an Dich

zurückgegangen war. Doch nun haben Deine netten Zeilen ihren richtigen Herrn gefunden. Jetzt kommt hoffentlich die Post immer laufend. Für Dein liebes Weihnachtspaket danke ich Dir ebenfalls recht herzlich, auch wenn ich es nicht erhalten habe. Wenn es nicht zurückgegangen ist, so wurde es sicher unter meinen Kameraden verteilt, die sich auch über die guten Sachen gefreut haben.

Eben lese ich in Deinem letzten Brief, daß ich einmal von Antipathie gegen den Alkohol geschrieben habe. Das bekräftige ich auch heute wieder, nachdem ich jetzt genug habe. Aber merkwürdigerweise schmecken die ersten Schlucke immer wieder, besonders wenn es Flensburger Bommerlunder ist, wie es heute mal wieder der Fall war. Trotzdem ich einen schweren Kopf habe, fällt es mir gar leicht, Deine beiden Briefe zu beantworten.

Zu Deinem Abitur möchte ich Dir recht viel Glück wünschen bzw. gratulieren. Ich staune bloß, was Ihr alles zu leisten habt. Besonders in meinem Lieblingsfach, in Mathematik, empfinde ich die Aufgaben in sphärischer Trigonometrie als nicht einfach. Ich glaube nicht, daß ich momentan damit fertig würde. Was das deutsche Thema anbetrifft, so würde ich mich mit Vergnügen darauf stürzen, um so mehr, als es aus unserer alten Literaturgeschichte stammt. Deine Biologieaufgabe wäre auch nach meinem Wunsch. Das eine Thema ist der Kampf ums Dasein, eine mehr philosophische Angelegenheit, während das andere auf chemische Art in der Hauptsache den Kreislauf des Sauerstoffs behandelt.

Nun, meine liebe Wanda, muß ich Dir leider etwas Trauriges berichten. Erst heute erfuhr ich, der Kamerad, der mit Rieke im Briefwechsel stand, ist infolge eines Unglücksfalles gestorben. Ich weiß nicht, wie weit der Briefverkehr gediehen war. Doch falls er schon reger war, will ich Dir Näheres berichten.

Es war im Dezember 1941. Unsere Panzer hatten gerade einen kleinen Aufenthalt vor sich. Ein Fahrer will absitzen und kommt dabei aus Unvorsichtigkeit an den Abzug eines MGs. Eine Garbe saust aus dem Lauf heraus und trifft zwei Mann des davorstehenden Panzers. Einer davon war Walter. Schwerverwundet wurde er sofort zurückgeschafft. Kurz darauf verschied er.

Ich war sehr niedergeschlagen, als ich dies erfuhr. Jetzt sieht man so viele der besten Kameraden dahinsinken, daß man fast verzweifeln könnte. Aber ihr Tod wird hundertfach gerächt. Mitleid gibt es keines mehr. Die Russen verdienen es nicht. Da sie in den meisten Fällen Bestien in Menschengestalt sind. Doch will ich Dich nicht mit diesen grausamen Dingen beunruhigen.

Über unsere derzeitige Lage kann ich Dir nur mitteilen, daß es jetzt besser wird. Vor allen Dingen setzt allmählich Tauwetter ein, was in einer Hinsicht unangenehm wegen des Hochwassers ist, auf der anderen Seite ist jedoch dafür gesorgt, daß uns keine Überraschungen mehr drohen, und außerdem kann ja der schneefreie Frühling nicht mehr allzufern sein.

Doch jetzt muß ich allmählich zum Abschluß kommen. Vielleicht bist Du bei Erhalt dieses Briefes schon beim RAD. Dann kannst Du Deine geistige Beschäftigung mit der körperlichen vertauschen. Ich glaube bestimmt, daß sie Dir nicht schwerfällt. Aber ich weiß, wie es ist, für lange Zeit fern von zu Hause zu sein. Doch mögen uns beide auch Tausende von Kilometern trennen, unsere Gedanken finden sich in kürzester Zeit, und unsere Herzen schlagen zusammen.

Du fragst mich, wie Du mich erobert hättest. Liebste, nicht Du hast mich erobert, sondern ich habe um Dich gekämpft, bis Du endlich Deine Liebe gestandest. Du warst für mich der Inbegriff des Types, der mir hundertprozentig entsprach. Deine Frechheit, glaubst Du, war es, was Dich mir empfahl. Nein, Deine Bescheidenheit war es.

Als ich noch ein halbwüchsiger Bengel in den Flegeljahren war und noch nicht vernünftig denken konnte, hatte ich kein Verständnis für Frauen und Mädchen, aber jetzt bin ich hoffentlich gescheiter geworden. Auf jeden Fall kannst Du versichert sein, daß Du mein gutes Omen in diesem Feldzug bist und daß meine Liebe zu Dir unerschütterlich ist. Doch nun, meine große Liebe, sei vielmals aufs allerherzlichste gegrüßt und geküßt

von Deinem Willy

Rußland, den 9.4.42

Meine liebe Wandelgard!

Gestern erhielt ich wieder gleich drei Briefe auf einmal von Dir, wofür ich Dir von Herzen danke. Vom 22.10.41, vom 11.4.42 und vom 12.3.42 waren Deine lieben Zeilen. Mit der Zeit bekomme ich doch noch die geschlossene Briefreihe zusammen. Wenn ich Dich nicht hätte, liebste Wanda, würde es sehr mager mit meiner Post aussehen. Bloß meine Mutter läßt öfter etwas von sich hören.

Ich weiß nicht, ob ich Dir im letzten Brief schon geschrieben habe, daß mein Vater gestorben ist. Gewißheit erfuhr ich jedenfalls erst vor einigen Tagen. Du kannst Dir vorstellen, wie schwer mich der schmerzliche Verlust getroffen hat. Am 30. November 41 war mein Vater gestorben, und Anfang April erfuhr ich erst diese traurige Botschaft! Zwei Telegramme, die an mich abgesandt wurden, erreichten mich nie.

Meine arme Mutter tut mir besonders leid. Mit ihren fast sechzig Jahren und ihrem Fußleiden ist sie jetzt ganz allein zu Hause. Vor allen Dingen lebt sie nunmehr in der Hoffnung, mich baldmöglichst wiederzusehen. Letzteres zu beschleunigen liegt aber leider nicht in meiner Macht. Glaube mir, das tiefe Mitgefühl für meine Mutter bringt mir manche Stunde Kummer und Sorge. Wenn man weiß, daß zu Hause alles in bester Ordnung ist, läßt sich das Leben in der Fremde viel leichter ertragen. So bleibt mir nur noch der einzige Ausweg, meine Mutter in jedem Brief zu trösten und zu versuchen, ihr mein eigenes Los auf das Rosigste hinzustellen.

Nun habe ich Dich mit meinen eigenen Sorgen lange genug in Anspruch genommen. Jetzt würde es mich stark interessieren, was nach dem glücklich überstandenen Abitur aus Dir geworden ist. Die kurze Erholungspause über Ostern ist nun vorbei. Ich vermute, daß Du als zackige Arbeitsmaid in irgendeinem Lager irgendwo in Deutschland Deiner Pflicht nachkommst. Vielleicht wird Dir dieser Brief schon nachgeschickt, so daß seine Laufzeit noch um einige Tage verlängert wird. Doch wie es auch gekommen sein mag, für Deinen Eintritt in den Kampf des Lebens begleiten Dich meine besten Glück- und Segenswünsche.

Eine erfreuliche Tatsache kann ich Dir noch mitteilen, der Frühling kommt zu uns! Das einzige Erfreuliche an dieser Tatsache ist jedoch: Die

Kälte ist endgültig weg. Dafür ist es jetzt schon so weit, daß die Straßen großen Seen gleichen, trotz Ablaufgräben und anderen tiefbautechnischen Errungenschaften. Im allgemeinen ist diese Schlammperiode durchaus ungeeignet zu irgendwelchen Angriffsoperationen für uns sowie auch für die Russen. Daher können wir diese Zeit in Ruhe auskosten. Ja, »Ruhe«, wenn es beim Militär nicht die berühmte Beschäftigungstheorie geben würde. Auf diese Weise ist man tatsächlich von früh bis spät an der blödsinnigsten Arbeit. Das Briefeschreiben fällt dann in die Abendstunden bei kümmerlichem Kerzenlicht.

Ich habe zur Zeit allerdings freie Verfügung über den ganzen Tag. Da ich vor einigen Tagen an einer Mandelentzündung erkrankte. Mit Tabletten und Wärme hab ich mich glücklicherweise ganz gut ausgeheilt. Ich fühle mich nun wieder vollständig gesund. Trotzdem gönne ich mir noch ein paar Tage Ruhe und Erholung, da ich bei der unproduktiven Arbeit, die hier geleistet wird, wirklich nichts versäume.

Erich ist nun auch bei den Soldaten, und zwar bei der Luftnachrichtentruppe. Seinen letzten Brief erhielt ich aus Metz, wo er wahrscheinlich nicht mehr ist. Vielleicht treibt er sich schon in Rußland herum, was ich ihm allerdings nicht wünsche.

Nun, meine liebe Wandelgard, für heute muß ich Schluß machen, da allmählich die Kameraden von der Arbeit zurückkommen und dadurch die Bude zum Bersten voll wird. Sei also jetzt herzlichst gegrüßt und innigst geküßt

von Deinem Willy

Flensburg, den 12.4.1942

Liebe Hanna!

Ja, nun bist Du schon wieder im sinnentötenden Dessau. Ich glaube, Euch, Hermine und Dir, tat dieser kurze Urlaub, Ferien vom Ich, ganz gut. Ich kann verstehen, daß Hermine von Flensburg begeistert war. Wenn man es sich einmal ganz ruhig überlegt, dann gibt es eigentlich sehr viel Schönes in und um unsere Vaterstadt. Der Ostersonnabend wird mir noch lange im Gedächtnis bleiben. Die Stunden auf der Rosenterrasse waren gar zu schön.

Daß wir uns noch einmal richtig ausklönen konnten vorm RAD, war fein und wohl auch nötig. Was gab es doch viel Neues zu berichten. Besonders auf Deiner Seite, da Du ja Deinem Herzen nicht durch das Schreiben Luft machst. Wenn wieder einmal etwas ist, dann darfst Du es mir ganz bestimmt anvertrauen. Und ich werde immer versuchen, Dir zu helfen. Schau, ich schreib Dir ja auch alles.
Ich schicke Dir die Briefe und schütte meine Gedanken vor Dir aus. Weißt Du, das war ja gerade das Schöne an unserer Freundschaft, daß wir zueinander das volle Vertrauen hatten, und das änderte sich auf meiner Seite auch nach unserer Trennung nicht im geringsten. Daß mir Dein Schweigen jetzt einen kleinen Stich gab, kannst Du sicher verstehen. Doch auf der anderen Seite versuche ich, Dich zu verstehen.
Aber glaube mir, Du trägst leichter an solchen Sachen, wenn Du alles niederschreibst, denn dann kommt Dir alles viel besser zum Bewußtsein. Du findest vielleicht sogar selbst einen Ausweg. Auf der anderen Seite glaube ich bestimmt, daß Dir das Bewußtsein, daß sich auch ein anderer Mensch damit befaßt, Erleichterung schafft. So, nun habe ich Dir wieder ganz offen meine Meinung gesagt.
Sonnabend traf sich die Klasse um halb elf bei Café Maaß, anschließend war ich in der Friedastraße, wo man annonciert hatte, daß ein Portemonnaie gefunden worden war, welches zufälligerweise meins war. Dieses Schwein*! Übermorgen ist es dann endlich soweit. Um 7.09 Uhr heißt es ab gen Michaelisdonn, ein neuer Lebensabschnitt beginnt.
Gestern bekam ich von Willy Post, er ist endlich zur 25527 zurückgekehrt (seiner alten Einheit) und bekam den ersten Brief von mir. Das erste Lebenszeichen nach vier Monaten. Ich finde es direkt eisern, daß er mir trotzdem so unentwegt schrieb.
So, nun ist mein Gehirn leer. Es grüßt Dich, meine alte Freundin, recht innig
Deine Wanda.
NS: Die neue Anschrift: Arbeitsmaid WK, St. Michaelisdonn, Dithmarschen, Arbeitsdienstlager

* Glück

Rußland, 13.4.42

Meine liebe Wandelgard!

Gestern wurde mir eine ganz besondere Freude zuteil. Ein Freund von der 10. Kompanie, der von der Werkstattkompanie gekommen war, hatte während der Zeit, in der ich für unsere Feldpost unerreichbar blieb, sämtliche Post an sich genommen, soweit es ihm möglich war. Von Dir erhielt ich auf diese Weise Dein liebes Weihnachtspäckchen vom 15.12. mit dem von mir so geliebten Klassiker Goethe. Vier Briefe vom 6.12., 14.12., 1.1.42 und 20.1. sowie die nette Karte vom 5.1. gaben mir wieder genügend Stoff zum Briefschreiben.

In dem ersten Brief hast Du meine Erinnerung an die »Lustige Witwe« geweckt. Ich habe die heiteren beschwingten Weisen noch so gut im Gedächtnis, als hätte ich sie erst gestern gehört. Die Handlung selbst ist ja das übliche Thema der meisten Operetten. Zuerst laufen sie aneinander vorbei, bis endlich im letzten Akt, nach Abnahme des berühmten Brettes vor dem Kopf, sie sich finden. Dies ist ein Vorgang aus dem menschlichen Leben, wie er oft und oft vorkommt. Selten wird er aber so empfunden, wie er wirklich ist, nämlich komisch. Dem Theater bleibt es überlassen, uns diese menschlichen Schwächen vor Augen zu führen, damit wir endlich daraus lernen.

Im zweiten Brief äußerst Du den naiven Wunsch, mich jetzt sehen zu können. Wäre das möglich, Du würdest bestimmt enttäuscht sein. Meine schwarze Uniform, die Du einst so schick fandest, die war es einmal. Jetzt wird sie allmählich fadenscheinig, voll von Flecken, die durch nichts mehr zu entfernen sind. Mein Gesicht ist auch anders geworden, schmaler zwar nicht, dafür trage ich schon Sorge. Aber man kann daraus lesen. Ein Zug darin spricht von Entbehrungen und Mühen, ein anderer zeigt eine entschlossene Härte.

Doch öfter als sonst kommt jetzt ein mir früher unbekannter Gesichtsausdruck zur Geltung. Es ist ein melancholischer Zug, aus dem Sehnsucht spricht. Man könnte beinahe von Heimweh sprechen, wenn man noch jünger wäre. So bleibt einzig der Wunsch übrig, endlich wieder ein Leben führen zu dürfen, wie es sich für zivilisierte Menschen geziemt. Unsere Jugend will eben auch zu ihrem Recht kommen, und wie Naturvölker wurden wir ja nicht aufgezogen.

Wenn ich nur mein Gefühl zu Worte ließe, ich müßte vor Sehnsucht zergehen. Doch daß es nicht an dem ist, dafür habe ich den Verstand. Dieser gebietet mir, in restloser Pflichterfüllung auszuharren ohne zu murren, bis zum Letzten, wenn es sein muß. Doch ein ungeschriebenes Gesetz der Soldaten heißt: Ein Soldat, der nicht meutert (bedeutet meckert), ist kein Soldat. Dies ist nun kein Privileg für aufwiegelnde Reden, aber es berechtigt zum »Frisch von der Leber weg«-Reden. Trotz alledem, die Sehnsucht bleibt, und bringt der Tag noch so viel Abwechslung. »Nur wer die Sehnsucht kennt…« Das übrige ist Dir ja bekannt. Seit dem Tod meines guten Vaters drängt es mich nochmal so stark, baldigst die Heimat wiederzusehen. Es ist schon eine harte Geduldsprobe für uns.

Da ich korrekt bin – hm, der Gefreite Spannagel wirft sich in die Brust –, kommt jetzt Dein dritter Brief vom 15.12. zur Erledigung. Eigentlich wollte ich ihn übergehen, da sein Inhalt (oder Du?) mir den Kopf gehörig waschen soll. Vier Wochen lang soll ich nicht geschrieben haben! Das glaube ich nicht, denn so lange halte ich es gar nicht aus zu schweigen. Doch ich will mich nicht hinter Ausflüchten verstecken, sondern ich nehme diese Gardinenpredigt auf mich.

Jetzt kannst Du Dich auf keinen Fall mehr beklagen. Ich habe geschrieben über alle möglichen und unmöglichen Dinge. Ich glaube gerne, daß Dich alles interessiert. Doch mit der Zeit nimmt unsereiner nichts mehr wahr. Was sind schon Tieffliegerangriffe, wie sie bei gutem Wetter uns oft bedrohen wollen? So was ist schon gar nicht mehr der Rede wert. Eindrücke von Rußland bekomme ich auch nicht mehr. Ben Akiba – alles schon dagewesen*.

Da kommt plötzlich ein Stoß von Briefen hereingeschneit, und schon wird mir das Briefpapier zu knapp, um all die Worte zu erfassen, die aus dem Herzen sprechen. Auch Fragen soll ich Dir stellen, also befrage ich halt das Orakel. Wie geht es Dir? Liebst Du mich noch? Wann werden wir uns endlich einmal wiedersehen? Die letzte Frage

* Anspielung auf das Drama »Uriel Acosta« von Karl Ferdinand Gutzkow (1811–1878), das in Amsterdam um 1600 spielt. Darin sagt der Rabbi Ben Akiba: »Das Neue ist nur droben! Hier war alles schon einmal da – schon alles dagewesen!« Das Drama galt als »Judenstück« und wurde mehrfach verboten

kannst Du mir allerdings auch nicht besser beantworten als ich. In meinem nächsten Urlaub, Schatzi, und solltest Du in einem noch so gottverlassenen Nest beim RAD sein. Doch stille, sonst werde ich wieder schwermütig.

In einem anderen Brief fragst Du mich, ob ich die Photographien, die Du einem Brief vom August 41 beilegtest, erhalten habe. Leider nicht, was ich sehr bedaure. Ja, ich bitte Dich sogar, schicke mir Bilder von Dir! Du weißt doch, die Heimat knipst, die Front freut sich. Auch die Front hat geknipst, aber bloß vier Filme à 12 Bilder bis jetzt. Diese Filme habe ich erst vor ein paar Tagen zum Entwickeln nach Hause geschickt. Wenn es gut geht, bin ich in 6 bis 8 Wochen glücklicher Besitzer meiner Rußlandaufnahmen.

Momentan sitze ich mit meinem Photo auf dem Trocknen (Blödsinn sowas, als ob mein Apparat schon jemals naß geworden wäre). Die Filme sind mir ausgegangen! Liebste Wanda, bitte versuche, ob Du nicht ein paar 6 x 9-Filme auf Metallspule auftreiben kannst. Ich wäre Dir sehr dankbar dafür, dann könnte ich so manches Erlebnis im Bilde festhalten. Es ist nämlich noch ungewiß, ob meine Mutter, der ich dies Anliegen vorbrachte, diese raren Artikel bekommen kann. Es soll sich auch die Heimat freuen, wenn die Front knipst.

Eine neue Seite beginnt, aber auch ein neues Jahr in Deinem Brief, der jetzt vor mir liegt. Ich könnte vor Neid erblassen, wie schön Du es in Bad Reinerz gehabt hast, wenn ich es Dir nicht von Herzen gönnen würde. Schon allein durch die anstrengende Bahnfahrt hast Du Dir die acht Tage voll verdient. Übrigens, zu derselben Zeit saß ich ebenfalls in der Eisenbahn, allerdings nicht auf dem Weg zum Wintersport.

Silvester hast Du auch zünftig feiern können. Wie ich es verbracht habe, weißt Du ja. Schöner wäre bestimmt die Jahreswende mit Dir geworden, auf einer Skihütte, wie die Baude »Stille Liebe« eine ist. Ein Name verpflichtet, und dieser bürgt für Qualität. Doch wir beide haben ja das Leben noch vor uns, und hoffentlich gibt es dann noch viele Freuden.

Liebste, heute tust Du mir leid, daß Du so viel Geschreibsel von mir bekommst. Ich selbst fürchte mich schon vorm Durchlesen. Ich habe mir nun einmal vorgenommen, alle Deine Briefe auf einmal zu beant-

worten, und sollte es dem Umfang einer Doktorarbeit gleichkommen. Das wird es auch, denn eben bringt ein Melder noch drei inhaltsschwere Briefe von Dir. Das »eben« ist am 15.4., 21.00 Uhr, denn bei unserer kargen Freizeit dauert das Briefeschreiben lange.
Trotzdem ich wie ein Regenschirm gespannt bin, immer korrekt. Daher wird zuerst Dein Brief vom 20.1. beantwortet, um mich dann auf die neue Post zu stürzen. Du schilderst mir einen Unterrichtstag in der Schule, wie er wohl überall auf der ganzen Welt gleich ist. Seine Langweiligkeit muß einen ja dazu verleiten, etwas anderes zu treiben als gerade vorgeschrieben ist. Dazu gehört natürlich auch das Verschandeln der Bänke. Nun, ich habe nichts dagegen, bin doch kein Schuldirektor. Außerdem fühlt man sich, wenn man selbst zum Gegenstand solcher Schnitzereien wird, geschmeichelt.
Schatz, für heute bin ich fertig, fix und fertig. Ich muß Schluß machen, sonst bleibt der Brief zu lange bei mir liegen. Außerdem beansprucht ein Kamerad den Tisch für sich, um darauf sein Nachtlager zurechtzumachen. Doch morgen geht's weiter mit der Schriftstellerei. Jetzt werde ich mich noch in Ruhe dem Genuß des Lesens Deiner neuen Briefe hingeben, die dann morgen ihre Beantwortung finden.
Nun grüßt und küßt Dich für heute innigst
Dein Willy

Dessau, 15.4.42

Meine liebe Wanda!
Dies ist der erste Brief, der an Dich in den Arbeitsdienst abgeht. Ich bin eben vom Werk gekommen und hab Deinen Brief erhalten, hab Abendbrot gegessen und sitz nun am offenen Fenster in der Sonne (eingeschmiert mit Pigmentan) und schreib an Dich. Nachher bring ich den Brief gleich zur Post und geh noch bei Hermine vorbei. Mal sehen.
Ja, Wanda, Du machst mir einen Vorwurf, daß ich meinem Herzen nicht mit einem Brief Luft gemacht habe. Ich weiß nun auch, daß ich Dir damit weh getan habe, weil ich Dir die Geschichte mit Jochen und Gesa nicht schrieb. Wanda, Du darfst es aber nicht so auffassen, als hät-

te ich nicht das volle Vertrauen gehabt. Wenn Du das nämlich glaubst, dann tust Du mir sehr unrecht und obendrein noch weh. Das Vertrauen zu Dir hat sich auch meinerseits durch unsere Trennung nicht geändert. Weißt Du, ich konnte es einfach keinem Menschen erzählen. Vielleicht kannst Du jetzt, nachdem ich Dir alles erzählt habe, ermessen, wie ich durch Jochens Handlungsweise getroffen war und wie weh er mir damit getan hat. Ich glaub, er selbst weiß es immer noch nicht. Dafür ist er nun mal ein Mann, der sich in eine Frauenseele nie ganz und gar hineinversetzen kann. Und zweitens ist Jochen ziemlich leichtlebig. Aber gerade das lieb ich ja so sehr an ihm, gerade das Gegensätzliche zu mir.
Schau, auch Hermine hat sich verletzt gefühlt, daß ich ihr von allem nichts erzählt habe. Aber ich fand, ich müßte allein damit fertig werden. Nicht wahr, Du verstehst mich doch nun? Fortan werde ich Dir aber alles schreiben. Es ist wirklich verkehrt, wenn man alles mit sich selbst abmachen will. Auf alle Fälle ist es leichter, wenn zwei an der Sache tragen, und ich weiß ja, daß Du immer für mich dasein wirst, meine Liebe! So, das war mal meines Herzens freier Lauf.
Nun zu etwas konkreteren Sachen. Die Heimreise verlief bestens, und nun ist man schon wieder über eine Woche im Alltag drin. Post von Jochen hab ich inzwischen viel gehabt. Mittwoch einmal, Freitag einmal und Sonntag zweimal. Beklagen kann ich mich also nicht. So ca. 10 Tage brauchen die Briefe zu mir.
Oh, übrigens, das Wichtigste vergesse ich bald. Am 1. Mai ziehe ich nun wirklich, endgültig aus, in die Richard-Wagner-Straße. Freu Dich, O Christenheit! Also, Wanda, stimme mit mir in meinen Jubel ein.
Wie gefällt es Dir überhaupt im RAD, ich habe die ganze Zeit von mir gefaselt und überhaupt nicht nach Dir gefragt, wie kann ich nur! Anscheinend waren meine Gedanken immer schon viel weiter. Du wirst mir ja im nächsten Brief von Dir berichten, nicht?
Viele liebe Grüße
von Deiner Hanna

Rußland, den 16.4.42

Liebste Wandelgard!

Ich kann meinen Dank nicht in Worte fassen über die Freude, die ich empfand, als ich gestern Deine drei Briefe vom 27.3. erhielt, deren Inhalt allerdings ursprünglich bereits am 24.11., 1.12. und 12.2.42 abgeschickt wurde. Vor mir liegt Dein Bild, auf dem Du so gut getroffen bist. In tiefer Überzeugung kann ich nur feststellen, wie schön Du bist. Deine Augen blicken mich so lieb an, daß mir ganz selig ums Herze wird. Oh, wie freue ich mich darauf, Dein liebes Gesicht ganz nahe vor mir zu sehen und dem zuckersüßen Mündchen einen Kuß aufdrücken zu dürfen, der mich dann in die Seligkeit entführt.

»Deine Augen blicken mich so lieb an.«
Wanda im Frühjahr 1942

Besonders herzlichen Dank für die guten R6 und die Schokolade. Schillers »Räuber« haben mir auch die gewünschte Abwechslung gebracht. Es ist etwas Wunderbares, wenn man in einem Klassiker lesen kann. Jetzt versteht man den Inhalt des Stückes bedeutend besser als während des Durchpaukens in der Schulzeit.

Ich bin meinem Germanisten heute dankbar, daß er die »Räuber« so ausführlich durchgenommen hat. Mit diesem Büchlein hast Du auch mein Interessensgebiet gestreift. Für die Klassiker habe ich im allgemeinen viel übrig. Überhaupt lese ich alles gern, was einigermaßen unterhaltsam ist. Nur Kriegsbücher verabscheue ich seit dem 22.6.41.

Meine Spezialität sind zur Zeit jedoch heitere Sachen von Heinrich Spörl*, Weiß Ferdl** u.a.
Ich bin ja jetzt so glücklich, daß ich wieder laufend Post bekomme. Das war eine trostlose Zeit für mich, als ich so abgeschnitten von meinen Lieben in der Heimat war. Doch auch damals fühlte ich mich nicht verlassen, da ich fest an eine Besserung meiner Lage glaubte. Ich muß schon sagen, daß sich mein Optimismus bewährt hat. Ich gehe darin sogar so weit, daß ich glaube, in nächster Zeit in Urlaub fahren zu können. Ich hab mein Möglichstes versucht, um einen solchen zu bekommen, und nun muß ich halt abwarten, was die Zeit so bringt.
Jetzt muß ich mich zur Wache fertig machen, habe also nochmals vielen Dank für Deine lieben Briefe und sei aufs herzlichste gegrüßt und geküßt
von Deinem Willy

St. Michaelisdonn, den 18.4.42

Liebe Hanna!
Also, die erste Post im Lager, ganz überraschend, bekam ich vorgestern von Dir. Ich danke Dir ganz recht herzlich dafür, zumal jetzt wieder alles okay ist. Ich schrieb Dir ja auch, daß ich Deine Handlungsweise wohl zu verstehen weiß, aber daß Du besser daran tust, nicht alles in Dich hineinzuvergraben. Aber nun Schluß mit dem Thema.
Wenn Jochen nochmal solche »Bummel« macht, dann fahre ich nach Dessau und mache ihm den Magen rein. Ich glaube, daß ich Dich wohl warnen darf. Du weißt, wie Jochen ist, ich glaube nur, daß er Dir noch manche schwere Stunde bereiten wird. Aber wenn Du ihn wirklich liebst, wirst Du wohl darüber wegkommen. Doch laß es Dir gesagt sein: Ein leichtlebiger Mann kann Dich »schwerlebiges« Mädchen leicht enttäuschen.

* Der Humorist Heinrich Spörl (1887–1955) schrieb u.a. »Die Feuerzangenbowle« (1935)

** Der Komiker Ferdinand Weisheitinger (1883–1949), genannt Weiß Ferdl, trat vor allem im Münchner Volkskunsttheater »Platzl«, aber auch in Filmen auf

Nun aber wirst Du ja vor Neugierde platzen. Also kurz in Stichworten: 14.04., 7.39 Uhr ab Flensburg, Ankunft in Michaelisdonn 14.22 Uhr. Sechs Mädel stiegen mit mir aus, Fräulein von Rabenau, unsere Lagerführerin holte uns ab. Unser Lager besteht aus vier Häusern bzw. Baracken. Unser Wohnhaus ist aus Stein. Unten befindet sich der Wohn- und Eßraum, Küche, Führerinzimmer, und oben sind drei Schlafräume mit 20, 16 und 12 Betten. Im letzten hause ich.
Dann gibt es noch eine Fahrrad- und eine Waschbaracke und die Verwaltungsbaracke mit Krankenzimmer. Alles ist sehr, sehr ordentlich. Meine Kameradinnen, wir sind 43 Mädel, sind zu fast 50 Prozent Abiturientinnen. Sie stammen zum größten Teil aus Hamburg und Kiel. Ich allein bin aus Flensburg. Meine »Untermieterin« ist aus Niebüll, Bertel, sie hat auch Abi und ist ein recht netter Kamerad. Morgen werden wir nun vereidigt.
So, heute, Sonntagmorgen, folgt die Fortsetzung. Es ist grauenhaft, kein Mensch hat Zeit zum Schreiben. Unser Tageslauf ist restlos ausgefüllt. Aber, Hanna, glaube mir, ich fühle mich hier wirklich wohl und hoffe, daß das halbe Jahr RAD mir gut anschlagen wird. Ich bekämpfe meinen Egoismus und versuche, so kameradschaftlich wie möglich zu sein. Im allgemeinen bleibe ich zurückhaltend und schweigend im Hintergrund.

»Alles ist sehr, sehr ordentlich.«
Arbeitsdienst-Baracken in St. Michaelisdonn

Am Mittwoch beginnt der Außendienst, und bis dahin haben wir eine Grundschulung, die sich zusammensetzt aus der Dienstschulung, der Hauswirtschaftsschulung und der politischen Schulung. Sport wird auch getrieben. Ich bin zur Zeit dienstuntauglich wegen meines Handekzems. Zuerst sollte ich sofort zurückgeschickt werden, der Arzt wollte mich nicht im Lager behalten.
Das Ekzem stammt von der Kreide des Sportabiturs, deshalb habe ich ihn beredet. So arbeite ich jetzt in der Bücherei, während die anderen das Haus schrubben und gründlich reinmachen. Meine Arbeit ist ganz interessant.
Liebes, jetzt muß ich schließen. Grüße bitte Hermine und sage ihr, ich hätte mich über ihren Brief sehr gefreut, aber leider noch keine Zeit zum Antworten.
Viele liebe innige Grüße
von Deiner Arbeitsmaid

St. Michaelisdonn, den 18.4.42

Lieber Willy!
Dies ist die erste Post vom RAD. Ist das nicht ein Ereignis? Also, ich kann Dir nur berichten, daß es mir hier sehr gut gefällt. Morgen werden wir nun vereidigt, dann sind wir richtige Arbeitsmaiden. Bis jetzt haben wir unsere Klamotten ausgeliefert bekommen, ich habe sie umgearbeitet, damit sie passen. Mindestens sechsmal bin ich in der Kleiderkammer gewesen. Nun ist alles soweit in Ordnung.
Ich bin zur Zeit dienstuntauglich. Gleich am zweiten Abend wurden wir vom Lagerarzt untersucht. Nun habe ich aber in meiner rechten Hand seit dem Sportabitur von der Kreide ein Ekzem, das ausbricht, wenn ich viel im Wasser herumplantsche. Dem Arzt paßte das gar nicht, er wollte mich nach Hause schicken. Zwei sind schon entlassen worden. Dann habe ich ihn beredet noch und noch, und nun soll ich zu einem Facharzt.
In meiner Stube ist ein wüster Krach. Ich kann mich nur schwer konzentrieren. Ich bitte Dich jetzt recht inständig, nicht allzu hohe Ansprüche an meine Briefe zu stellen. Erstens werden sie von nun ab kür-

zer und zweitens nicht so gut in der Form. Ich muß ehrlich gestehen, daß ich Dich aufrichtig bewundere, was Du oft für fabelhafte Briefe fertigbringst, trotz Deiner widrigen Umstände. Ich hoffe, daß ich es mit der Zeit auch noch lerne, denn bisher schrieb ich von zu Haus ja meistens abends im Bett oder wenn ich sonst Ruhe hatte.
Nun will ich einmal schnell unseren Tageslauf schildern: 6 Uhr Aufstehen, 6.10 Frühsport, dann Waschen, Bettenbauen, 7.10 Uhr Fahnehissen und anschließend Kaffeetrinken. Dann kommt die hauswirtschaftliche Schulung. Ja, auch im RAD geht es mit den Schulungen weiter. Aber ich habe wirklich eine sehr gute Grundlage von der Schule, gerade auf diesem Gebiet.
Anschließend kommt die Arbeitsbesprechung, und bis 12.30 Uhr wird im Lager gearbeitet. Mittagessen, Arbeitsabnahme, Mittagsruhe, dann setzt sich die Dienstschulung, d.h. Dienstränge im RAD usw., fort. Anschließend Singen, zum Schluß folgt die politische Schulung. Dieser Plan geht noch drei Tage weiter, dann werden wir im Außendienst bei den Bauern eingesetzt. Darauf freue ich mich sehr.
Am Freitag war meine Mutter bereits hier. Sie ist ja Gauschulungsleiterin bei der Frauenschaft und hatte ausgerechnet hier im Ort einen kulturellen Vortrag zu halten. Das war natürlich sehr günstig, so konnte sie mir allerlei von zu Hause mitbringen und einen Einblick in unser Leben bekommen.
So, nun erstmal Schluß. Hoffentlich bekomme ich recht, recht oft Post von Dir. Es grüßt Dich, mein Liebster, recht, recht innig und gibt Dir einen lieben Kuß
Deine Wandelgard

Dessau, den 22.4.42

Meine liebe Wanda!
Gestern kriegte ich Deinen Brief. Recht herzlichen Dank dafür, den Gruß an Hermine hab ich schon bestellt. Sie rief nämlich heute früh bei mir an, daß sie für Sonntag Theaterkarten für Verdis »Maskenball« hätte.

Weißt Du, es freut mich, daß es Dir recht gut im RAD gefällt. Man war also drauf und dran, Dich wieder heimzuschicken. Oder ist die Sache jetzt auch noch nicht fest bestimmt, ob Du bleibst? Na, in der Bücherei zu arbeiten ist sicher interessant. Eins kann ich nur nicht verstehen, wie Du das fertigbringst, zurückhaltend und schweigend im Hintergrund zu bleiben.
Was hab ich nun zu berichten? Abends gehe ich immer für ein Stündchen spazieren, das ist herrlich, keiner stört mich, bestens! Weißt Du noch, wie wir früher nie verstehen konnten, wenn Lisa allein spazierenging? Nun kann ich es selbst sehr gut.
Ja, gestern war es sehr nett, da muß ich Dir erstmal die Vorgeschichte erzählen. Als ich den ersten Brief von Jochen aus Rußland bekam, da stand hinten auf dem Umschlag eine mir völlig unbekannte Adresse. Ing. W. Schulz LGPA, Königsberg und die Straße. Dann hab ich diesem Herrn einen Brief geschrieben und gefragt, wie er dazu käme, auf einen an mich gerichteten Brief seine Adresse zu schreiben (ist ja auch sehr frech, nicht?). Daraufhin ein langes Schweigen.
Und gestern krieg ich einen Brief aus Berlin von diesem besagten Herrn mit der Erklärung. Erst mal hoffte er, daß meine Geduld auf keine zu harte Probe gestellt worden ist, denn durch seine Übersiedlung nach Berlin hat meine Post so lange gebraucht. Als Jochen mir damals den Brief aus Pleskau schrieb, erzählte er mir, daß er dort zufällig einen seiner besten Segelkameraden getroffen hätte. So schrieb mir dieser Walter Schulz, daß Jochen ihm den Brief gegeben hätte, weil er damals noch keine Feldpostnummer besaß. Na, und dann hat er aus Spaß seine Adresse draufgeschrieben.
Gestern schickte er mir in seinem Brief ein Bild mit und schrieb einen kurzen Steckbrief: 23 Jahre, 1,77 m, blond und zu allen Schandtaten aufgelegt, und außerdem noch vielseitiger Sportler: segeln, reiten, skilaufen. Schon ein großes Plus!
Na, ich hab dem jungen Mann heute einen Brief geschrieben, so richtig frech und mit viel Flachs und so. Ich bin nun sehr gespannt, wie er darauf reagiert. Na, mal abwarten! Weißt Du, ich leg mal den Brief und das Bild mit rein, nicht? Du schickst es mir dann aber im nächsten Brief zurück, ja?

Na, Du kleine Arbeitsmaid, hast Du schon viel zugenommen? Für heute will ich schließen, laß Dich nicht verdrießen und sei sehr lieb gegrüßt
von Deiner alten Dessauerin

St. Michaelisdonn, am 25.4.42

Meine liebe Hanna!
Gestern, als ich von Kiel vom Arzt kam, war mir hundsmiserabel elend. Hör mal, ich muß mich jetzt recht, recht vielmals entschuldigen. Mir ist ein Unglück geschehen. Als ich so nahe daran war, nach Oberkotzau zu fahren, über Bord zu gehen, schob ich die Post beiseite und verknickelte das Bild. Vielleicht kannst Du mir meine Unvorsichtigkeit entschuldigen, aber bedenke meinen Zustand.
Nun zu Deinem Brief. Ich finde die Geschichte schnaftig und den Brief sehr, sehr nett. Und auch auf dem Bild gefällt mir Walter gut. Walter, mal wieder der Name, der uns bzw. mich immer verfolgt. Ich würde ihm auch wiederschreiben und mit recht viel Flachs, das ist in diesem Fall bestimmt angebracht.
Jochen, wie Du ihn mir beschrieben hast, wird es bestimmt verstehen, und Du hast so auch eine kleine Revanche für die Gesa-Geschichte. Einen kleinen Trumpf, der Dir vielleicht bei einem etwas leichtlebigen Menschen wie Jochen ganz gut zustatten kommen kann. Ich wünsche Dir viel Spaß bei dieser Episode. Segeln, reiten, skilaufen – wie ideal! Wäre direkt auch etwas für mich.
Nun mal schnell zu meinen Neuigkeiten. Gestern morgen um halb vier aufstehen, um halb fünf ab nach Kiel. Fräulein Ruth Schättiger, ein Stern vom Flensburger BDM-Himmel, unsere Jungführerin im RAD, begleitete unseren Krankenverein nach Kiel, der unter Ruths Führung die verschiedenen Universitätskliniken absolvieren sollte. Ich bin wieder vollkommen in Ordnung, also RAD-tauglich. Die anderen mußten Herzuntersuchungen über sich ergehen lassen. Ihr Urteil wissen sie noch nicht.
Als wir fertig waren, fuhr Ruth Sch. nach Flensburg auf Urlaub. Die Kielerin ging heim, die Hamburgerin zu ihrer Tante, die Lübeckerin

und ich gingen erst mal zur Uni und erkundigten uns nach dem Kriegshilfsdienst, ob der für das Praktikum vor dem Medizinstudium angerechnet wird. Leni ist Arzttochter und will auch Medizin studieren. Leider wird der Kriegshilfsdienst nicht angerechnet. Also blüht uns jetzt ein Jahr Krankenhausarbeit. Grauenhaft, sage ich Dir, wenn ich daran denke, daß sich meine Studienpläne wieder um ein halbes Jahr hinausschieben.

Um siebzehn Uhr fuhren wir wieder ab. Auf der Fahrt wurde mir so schlecht und übel, daß ich nur mit Ach und Krach unser Lager erreichte. Dort habe ich sofort geopfert. Und heute nacht nochmal. Unsere Toilette ist leider draußen auf dem Hof, so konnte ich mit Mühe und Not noch einmal zum Opfern rennen. Grauenhaft, unser ganzes Lager hat solche Anfälle, etwa die Hälfte hat ihr WHW-Opfer auf der »Wüste« vollbracht.

14 Tage sind wir nun schon bald im Lager, nein, wie die Zeit läuft. So wird im Nu das halbe Jahr herum sein. Ich wäre doch froh, wenn ich bald zum Studium kann und dies alles hinter mir hätte. Gerade gestern gefiel es mir wieder so gut im Krankenhaus, ich wollte gar nicht heraus.

Nun muß ich Dir noch ein nettes Stück berichten. Unsere Kläranlage ist verstopft. Ein Bauer sollte die Jauche abfahren. Er konnte nun die dicke Schicht nicht absaugen, so mußte diese abgeschippt, abgekippt werden (kippen, Tö-kippen, ja, das ist Geheimsprache). Unsere Eimer von der Toilette, das ist ja zu vornehm für das Kabuff, müssen morgens und abends abgekippt werden, ausgegossen werden auf den Komposthaufen. Eine vornehme Arbeit, sage ich Dir.

So wandert man dann, zum Brüllen ist das Bild, zur Klärgrube. Wer wird zur Reinigung, Entleerung bestimmt? Natürlich ich. Es ging per Los, natürlich ich und ausgerechnet ich. Eine Kameradschaftsälteste schöpfte die Sahne ab, und ich trug sie in Eimern fort. Sogar mein Kleid war nachher voll, ich war von oben bis unten eine wandelnde Pestsäule. Den ganzen Tag bekam ich trotz mehrmaliger Parfumwaschungen den Geruch nicht weg.

Eine kleine Hamburgerin sollte mir helfen. Die stellte sich aber so an, wollte die Eimer mit Papier anfassen und hatte sich so etepetete, da

schickte ich sie fort. Mich kann jetzt nichts mehr erschüttern. Meine Penibilität und sonstigen Hemmungen sind durch diese Arbeit gründlich beseitigt worden.
Aber nun muß ich schließen, es hat zum Abendbrot gegongt. Es grüßt Dich innig
Deine kleine, dicke Arbeitsmaid

Rußland, den 28.4.42

Meine liebe Wandelgard!
Erst heute komme ich dazu, Dir für Deinen lieben langen Brief vom 25.3. zu danken. Oft hab ich mir in den letzten Tagen vorgenommen, Dich nicht mehr länger auf die Antwort warten zu lassen, aber die Arbeit ist eben zu viel. Heute kann ich wenigstens die Mittagspause von 12 bis 13 Uhr dazu benützen, während sich die anderen Kameraden von der schweren Arbeit am Vormittag ausruhen, um sich für den Nachmittag wieder zu stärken. Doch für mich ist die beste Erholung, wenn ich meine Gedanken zu Dir hinlenken darf.
Beim RAD kannst Du jetzt Dein Köpfchen ausruhen lassen, dafür wird nun die Hand besser beansprucht. Glaube mir, auch dieses halbe Jahr ist bald vorüber. Sei nur froh, daß Du in der Nähe Deiner Heimatstadt bleibst. Jedenfalls ist das viel besser als in einem schmutzigen Nest irgendwo im Osten. Man soll sich nicht zu weit von zu Hause fortwünschen. Das habe ich auch einmal getan und war tief betrübt, weil ich bloß dreihundert Kilometer von Regensburg nach Stuttgart in die Garnison kam. Heute bin ich doch gescheiter geworden.
Deine Zukunftspläne habe ich mit Bewunderung gelesen. Ich weiß von Deiner Vorliebe für Biologie, deshalb kann ich mir erklären, weshalb in Dir der Wunsch zum Medizinstudium gereift ist. Da sollte halt auch ich den Arztberuf wählen, dann könnten wir uns einmal später gut ergänzen.
Dreißig Stunden später. Gestern konnte ich den Brief nicht mehr zu Ende schreiben. Dafür winkte mir heute wieder eine freudige Überraschung. Acht Briefe, vom 10.9.41 bis 12.4.42, kamen auf einmal an! Für die lieben Zeilen sowie für die Zigaretten, die Lektüre und die

Photos danke ich Dir von ganzem Herzen. Nun wird Deine Briefserie, auf die ich so lange warten mußte, wohl ziemlich geschlossen sein. In einer Mußestunde werde ich mir Deine ganzen Briefe noch einmal vornehmen und sie der Reihe nach durchlesen. Das ist für mich schöner als das Lesen eines Romans.
Ich bedaure nur, daß ich nicht oft genug Zeit zum Schreiben bekomme, sonst würde ich Dir jeden Tag ein Brieflein schicken. Doch habe ich den festen Vorsatz, Dir so oft als möglich meine unverbrüchliche Liebe zu versichern, und wenn dies auch nur in einigen kurzen Zeilen geschieht. Denn gerade jetzt beim RAD möchtest Du natürlich bei der Postverteilung nicht so dastehen. Du hast mir mit Deinen vielen Briefen so unsäglich viel Freude bereitet, daß ich mich ein wenig revanchieren muß. Doch nun, meine Liebe, muß ich allmählich Schluß machen mit der Schreiberei. Wenn ich könnte, wie ich wollte, müßten es wieder 12 Seiten werden. Doch die allmählich aufkommende Nacht verhindert das. Kerzen bekommen wir jetzt nicht mehr. Auf diese Weise sind wir gezwungen, mit den Hühnern schlafen zu gehen (wovon es allerdings in unserem Dorf kein einziges Exemplar mehr gibt). Dafür wird mir die Nacht den Genuß eines seligen Traumes bringen, deren Inhalt Du, meine Liebste, bist.
Schlafe, Liebling, recht süß und sei innigst gegrüßt und geküßt
von Deinem Willy

Dessau, den 29.4.42

Meine liebe, kleine Arbeitsmaid!
Bist Du wieder gut hergestellt? Ich sag es ja, Seefahrten bei größter Windstärke kannst Du machen ohne zu opfern. Aber bei einer Bahnfahrt, da geht es schief.
Also, für Deinen Brief herzlichen Dank. Ich hab Dir großmütig verziehen wegen dem verknickten Photo. Na, so wild war es auch wieder nicht. Wenn der gute Junge zu kraus wird, dann werd ich ihn mal überbügeln. So sieht das Bild noch ein bißchen verwittert aus. Mein neuer Korrespondent hat also Deine Zustimmung gefunden. Na, in den nächsten Tagen wird wieder ein Brief aus Berlin eintrudeln.

Weißt Du, wo ich jetzt schreib? Mal wieder im Büro. Unsere Herren sind alle zum Vortrag und wir daher allein. Die Gelegenheit ist also bestens! Abends bin ich immer damit beschäftigt, meine »Krämchen« so langsam einzupacken. Übermorgen steigt dann mein Umzug. Freitag abend hab ich Zeit einzuräumen, und Sonnabend und Sonntag kann ich dann schon richtig wohnen. Für Sonnabend hab ich eine Theaterkarte für »Paganini«.
Von Jochen hatte ich am Freitag Post. Am Ostersonntag hatte er mir geschrieben. Sag mal, geht es Dir auch so, daß Du immer so ungeduldig auf die Feldpost wartest? Mir jedenfalls.
Ja, liebe Wanda, ich weiß eigentlich gar nichts weiter zu berichten. Der nächste Brief, den Du von mir kriegst, wird schon aus meiner neuen Behausung geschrieben sein. Bis dahin sei recht herzlich gegrüßt
von Deiner Hanna
NS: Ach, das wollte ich noch schreiben, gestern hatte ich Post von Addi. U.a. schrieb sie mir: »Neulich morgen hab ich Günther in Hamburg getroffen mit einem Mädchen. Er hat mich angestarrt wie einen Geist. Ich natürlich noch einmal umgedreht und siehe da, er auch!«

Feldpostbrief aus Rußland, 1.5.42

Liebste Wandelgard!
Ein herrlicher Sonnentag eröffnet den schönsten Monat des Jahres. Für verliebte Leute ist der Mai immer ein Ereignis. Deshalb möchte auch ich die Gelegenheit wahrnehmen und Dir einen frohen Maigruss ins RAD-Lager schicken. Jetzt wirst Du Dich sicher schon eingelebt haben in Deiner neuen Umgebung.
Wenn Dir einmal etwas schwerfällt, sei es die Trennung von zu Hause oder ein anstrengender Dienst, dann denke bitte an mich. Auch mir kriecht manchmal etwas über das Leberlein, aber einen Lichtblick habe ich immer vor mir, und das bist Du, meine Liebste. Mir ist, als hätte ich in einigen Minuten ein Stelldichein mit Dir, so froh ist mir zumute!
Doch muß ich mich heute kurz fassen, da trotz Maifeier und Sonnenschein gleich Antreten ist. Innige Grüße und tausend Küsse
Dein Willy

St. Mdonn, den 2.5.42

Liebe Hanna!
Dir scheint es ja gut zu gehen: »Neue Bude, oft ins Theater, Post von Jochen, keine oder wenig Arbeit im Büro.« Dagegen wir arme Maiden! Wie habe ich gelacht über den Satz »den krausen Jungen aufbügeln«. Daß Du sehnsüchtig auf Feldpost wartest, verstehe ich gut. Es geht mir nicht anders.

Am Dienstag erhielt ich von Willy einen zwölf Seiten langen Brief, vorgestern drei Seiten, und ein dritter Brief ist angekündigt. Er erhält jetzt langsam meine Briefe vom Winter. Sogar zum Gefreiten ist er befördert worden. »Geh'n Sie weiter, geh'n Sie weiter, Sie sind ja nur Gefreiter.« Du weißt doch, daß Mutti mir zu Weihnachten erzählte, sein Vater sei gestorben. Sie wußte es von Oma aus Regensburg. Das erfuhr er erst jetzt im April und teilte es mir ganz niedergeschlagen mit. Solchen Situationen bin ich einfach nicht gewachsen. Einen Beileidsbrief zu schreiben ist mir ein Greuel.

»Die traurige Mutter verkörpere ich.«
Wanda (3.v.r.) und ihre RAD-Kameradinnen im Mai 1942

Doch nun zu meiner Arbeit: Sonntag waren wir beim Photographen in Marne, nachmittags hörten wir die Führerrede. Anschließend bekamen wir frei zum Schreiben. Seit Montag bin ich im Außendienst in Vertretung für eine Maid, die schon entlassen wurde. »Es ist eine schreckliche Stelle«, sagte sie mir. Doch ich komme dort gut zurecht. Das liegt eben ganz an einem selbst.
Es wäre dort ja prima, wenn der viele Schmutz nicht wäre. Aber bei sechs Kindern ist das wohl nicht verwunderlich. Sechs Kinder, beste Hanna, stell Dir das mal vor! Ihr und wir zusammen, das Doppelte von dem, wie wir zu Hause waren. Grauenhaft, die Vorstellung. Doch in der Praxis ist das gar nicht so schlimm, und ich bin eigentlich begeistert, nicht übertrieben. Die Kinder sind so goldig und wonnig, und ich mag sie gerne.
Als erstes wurde ich von der Frau gefragt, ob ich nähen könnte. Als ich das bejahte, bekam ich die Aufgabe, Pfingstkleider für die sechs zu nähen, was ich mit Begeisterung tue. Das erste Kleid ist schon fertig, einfacher Schnitt mit ein wenig Stickerei. Es sieht ganz wonnig aus. Dann habe ich Schlüpfer nähen müssen, das war mal etwas anderes.
Wenn ich da sitze und nähe, Kattowitzsche Schlager* tönen an mein Ohr, das Zimmer ist warm, die Kinder im Kindergarten, also Ruhe, dann kommen die Gedanken und Wünsche, die von Ort zu Ort wandern. Das ist wirklich eine Entspannung für mich, denn im Lager lebt man nur zwischen Gong und Appell. Darum war ich so froh, als ich Lore vertreten durfte und vorzeitig aus dem Innendienst kam. Habe ich das Alter der Kinder schon angegeben? 12, 9, 5, 4, 3 und 2 Jahre, und eines wird jetzt erwartet. Die Zwölfjährige ist schon ein patentes Mädchen, das mir immer hilft, besonders begeistert beim Nähen.
Gestern bekamen wir einen Generalsegen. Ein paar Maiden hatten beim Fahnenaufzug gekichert. Darum dürfen wir heute nicht ins Kino. Heute haben wir auch gearbeitet wie die Bauern. Anschließend durften wir heiß duschen, eine Wonne.
So, nun Schluß, es grüßt Dich herzlich
Deine liebe Wandelgard

* Schlager auf Radio Kattowitz

Dessau, 4. Mai 42

Meine liebe Wanda!

Als ich heute vom Werk nach Hause kam, lagen auf meinem Tisch zwei Briefe. Einer von Dir und einer von Walter. Von dem Walter Schulz, von dem ich übrigens am Freitag schon einen Brief hierher kriegte, ist das nicht nett? Von außen hättest Du ihn sehen sollen, umrahmt von lauter 1-Pfennig-Marken. Ich fand es direkt passend zu ihm. Geschrieben hat er wieder sehr nett.

Dieser Briefwechsel macht mir richtig Spaß: »Eigentlich sind Sie für meine Verhältnisse zu jung, aber das gibt sich ja. Außerdem vermisse ich ein Konterfei!« Das schreibt dieser Frechdachs wörtlich, was der sich einbildet, was? Das vermißte Konterfei hab ich ihm mit einem passenden Brief geschickt, und jetzt bin ich auf die Antwort gespannt.

Weißt Du, man ist auf einmal ein ganz anderer Mensch geworden, seitdem man privat wohnt. Und wenn es auch erst vier Tage sind. Mein Zimmer ist ziemlich groß. Es ist ein ehemaliges Eßzimmer, altmodisch, aber gediegen. Doch irgendwie persönlich gestalten kann ich es nicht, meine Sachen passen nicht hierher. Außerdem sind alle Wände belegt, alles Ölbilder mit schwerem Rahmen. Na, ich werde mich dran gewöhnen müssen, und mit Frau Crusius* werde ich auch gut auskommen.

Am Freitag bin ich mit dem Rest umgezogen und abends war ich in dem Film »Uta von Naumburg«, ganz großartig! Als ich danach nach Hause ging, war es ein ganz erhebendes Gefühl, endlich mal wieder einen eigenen Haustürschlüssel in der Tasche zu haben.

Am Freitag hab ich viermal Post von Jochen gekriegt. Drei Karten und einen Brief, am 23.4. war die letzte geschrieben. Stell Dir nur vor, bis dahin hatte er noch keine Post von mir. Na, Deinem Willy geht es ja noch viel schlechter in dieser Hinsicht.

Sag mal, schrieb ich Dir schon im letzten Brief, daß Oswald, Gesas Verlobter, gefallen ist? Und das schon am 17. März. Er war noch keine Woche an der Front! Ich kann mich nicht überwinden, es Jochen

* Hannas Zimmerwirtin

zu schreiben. Ein paar Mal hat er in Briefen angefragt, was wohl Oswald macht.
Und nun mal zu Dir. Du freust Dich also Deines Lebens als Arbeitsmaid. Und Deine jetzige Außenstelle bringt Dir viel Spaß. Dazu hast Du noch Entspannung beim Kattowitzer Sender. Ja, die Wanda macht sich beim Nähen!
So, meine liebe Wanda, jetzt wäre nichts mehr zu berichten. Sehr liebe Grüße
von Deiner möblierten Hanna

Feldpostbrief aus Rußland, den 6.5.42

Liebste Wanda!
Heute war bei uns wieder große Postverteilung. Sieben Sack Post waren für die Kompanie angekommen, doch von Dir war diesmal leider nichts dabei, so gerne ich von Deinen Eindrücken vom RAD gelesen hätte. So muß ich mich halt noch ein paar Tage gedulden, bis ich wieder ein liebes Brieflein erhalte.
Seit zwei Tagen haben wir wieder ein Hundewetter, wie es wohl zum November paßt, aber nicht für den Mai. Schneegestöber und einiger Regen gehen ineinander. Doch wir sitzen wenigstens im warmen Bunker, fünf Meter unter der Erde. Da wir in einigen Tagen in eine andere Ortschaft umziehen, fällt der Bau am Waldlager flach, ebenso jeglicher andere mögliche Dienst. Dafür kann man in diesen Stunden auch mal zu einem Buch greifen.
Doch für heute, Schatz, sei innigst gegrüßt
von Deinem Willy

St. Mdonn, 7.5.42

Meine liebe Hanna!
Heute beim Abendbrot erhielt ich Deinen Brief und einen von Walter*, genau wie Du. Nein, wie habe ich gelacht: Soldat Walter Ulm,

* Der gleichaltrige Nachbarjunge aus Flensburg

Luftgaupostamt Brüssel, L10701D. Ach, da habe ich Dir ja seine Adresse geschrieben, ohne daß ich das wollte. Na, Du kannst ihm ja mal schreiben, dann freut er sich gewiß.
Also, Du glückliche Budenbesitzerin, Dir gefällt das Leben gut, was ich gerne höre. Deine Behausung scheint ja klassisch angehaucht zu sein mit viel Geschmack. Ich möchte die Bude wirklich gerne sehen, aber das geht ja leider nicht. Kommt Zeit, kommt Rat.
Vorerst genügt es mir, daß Du es gut angetroffen hast als Zivilistin. Nun treib es nur nicht gar zu toll. Zum Glück hast Du ja keine allzu große Gelegenheit dazu. Du hättest dieses Zimmer schon zu Jochens Zeiten haben müssen. Oder darfst Du keinen Herrenbesuch empfangen? Wie ist Deine Wirtin, eine alte Jungfer? Wieviel bezahlst Du für dieses Vergnügen?
Weißt Du, wo ich jetzt gerade schmiere? In der Eisenbahn auf der Fahrt nach Heide. Den Anfang schrieb ich auf dem Bahnsteig. Ja, als Arbeitsmaid mußt du jede freie Minute ausnutzen. Das ist hier vielleicht eine Schaukelpartie im Bummelzug. Nebenan singen Matrosen, die wollten uns erst in ihr Abteil haben, aber ich zog es vor, in ein Schülerabteil zu gehen.
Was ich in Heide soll? Ich bin nicht dienstlich dort. Oder doch halb. Mit Anni*, daher »wir«, soll ich eine Kluft kaufen. Dabei erledige ich gleich Muttertagseinkäufe, das ist prima. Zum Muttertag bekommen wir vermutlich Urlaub, zu Pfingsten ist immer Urlaubssperre. Na, ist auch egal wann, die Hauptsache, daß wir mal wieder heimfahren können.
Den Sonntag verbrachten wir sehr gemütlich, morgens war Sport und Freizeit am Nachmittag. Ich arbeitete schwer. 15 Briefe und Karten waren das Ergebnis. Abends sahen wir alle den Film »Zwei in einer großen Stadt«**, prima. Du kannst es Dir gewiß gut vorstellen, daß Erinnerungen en masse aufstiegen und ich mehr in München als in Berlin war. Ja, das war alles so ähnlich wie bei mir. Zufälle gab es bei mir ja auch, wenn auch nicht so viele, so doch genug, um eine kleine Mädchenseele zu erschüttern. Wie wäre das geworden, wenn mir das heute passiert wäre? Doch Schluß von diesem Thema.

* Die älteste Tochter der Bauernfamilie, bei der Wanda arbeitet
** Musikfilm von 1942

Mir träumte neulich, daß ich Willy treffen würde. Am Morgen wußte ich nicht, wo ich war, die Wirklichkeit war eine schwere Erschütterung. Träume verwirklichen doch oft die Gedanken, mit denen man sich tagsüber beschäftigt. Ich habe ja jetzt soviel Zeit zum Spintisieren, und da male ich mir manchmal eine Begegnung mit Willy aus.
In der letzten Woche war nicht viel los. Die Rabenau fuhr Sonntag fort und kommt erst heute wieder. Es war natürlich alles viel lockerer im Lager. Im allgemeinen rast die Zeit dahin, daß man es kaum wahrnimmt. Stell Dir vor, Sonntag sind wir schon vier Wochen im RAD.
Du, ich vergaß ganz Dir mitzuteilen, wie mich die traurige Nachricht von Oswalds Heldentod erschütterte. Das ist ja ein tragisches Geschick, das ihn befiel. Was macht jetzt Gesa? Ich dachte mir, nimm es mir aber nicht übel, vielleicht bewahrt ihn dies vor einer bitteren Enttäuschung mit Gesa.
Sei herzlichst gegrüßt
von Deiner Wanda

Dessau, den 9.5.42

Meine liebe Wanda!
Als ich gestern vom Werk kam, lag Dein Brief für mich da. Weil es so schönes Wetter und so warm war, dachte ich, gehst erstmal in den Schillerpark, suchst Dir eine sonnige Ecke mit einer Bank aus und schreibst Wanda. So tat ich es auch, d.h. mit dem Schreiben kam ich nur bis zum Datum. Da kamen zwei Fahnenjunkerunteroffz. Vorher hatten sie mich schon mal überholt, gingen dann zehn Minuten an »meiner« Bank auf und ab, beratschlagten etwas, machten kurz kehrt, steuerten auf meine Bank zu, und dann fing es an. Leider konnte ich ihnen den Platz auf der Bank nicht verweigern, weil »Eigentum der Stadt Dessau« draufstand.
So mußte ich es wohl oder übel dulden, daß der eine sich so 30 cm von mir weg hinsetzte. An Schreiben war nicht mehr zu denken, und als die gar anfingen zu flachsen, da legte ich natürlich auch meine guten Platten auf und die schönste Flachserei war in Gange.

Nachher sind wir noch durch den Georgengarten bis zur Elbe und dann nach Haus spazierengegangen, das war so um 18 Uhr, und um 20 Uhr holten die beiden mich wieder ab. Dann sind wir am Gestänge und im Tiergarten rumgelaufen (das kennst Du ja auch), dann verabschiedete sich der eine, wie der Knabe heißt, weiß ich noch nicht, trotzdem wir fast vier Stunden gelaufen sind.
Der andere stellte sich auch erst gestern abend vor. Seinen Namen habe ich natürlich vergessen. Er entschuldigte sich, daß er sich erst jetzt vorstellte, und fand sein Benehmen selbst sehr flegelhaft! »Wie benimmt sich der OA* in der Öffentlichkeit!« Allmählich sollten sie es doch gelernt haben, in ihrem Anstandsunterricht. Für heute haben wir uns wieder verabredet.
Nun mal zu Deinem Brief. Du fragst, ob ich Herrenbesuch empfangen darf? Bis jetzt hat Frau Crusius noch nicht gesagt, daß es nicht erlaubt ist. Na, vorläufig wird sich dafür keine Gelegenheit bieten. Rußland ist sehr weit weg, und die Aussicht auf Urlaub auch. Frau Crusius ist keine alte Jungfer. Ihr Mann ist erst vor vier Jahren gestorben. Ich bezahle für mein Zimmer 30 RM einschließlich morgens und abends Kaffee. Licht kommt dann noch extra, aber das ist ja nicht viel.
Gestern hatte ich eine Karte und einen Brief von Jochen. Er war vom 26.4., und am Tag vorher hatte er zum ersten Mal Post von mir, aber dafür einen ganzen Haufen.
Weißt Du, Wanda, ich habe genau dasselbe gedacht, als ich von Oswalds Geschick erfuhr. Vielleicht ist das doch eine gütige Hand des Schicksals.
Nun, meine Liebe, ich muß mich langsam fertigmachen. Es grüßt Dich herzlich
Deine Hanna

Michaelisdonn, den 11.5.42

Mein liebster Willy!
Heute erhielt ich Deinen lieben Brief vom 28.4. Ich weiß gar nicht, was das ist: Ich ahne es immer, wenn ich Post von Dir erhalte. Ich ha-

* Offiziersanwärter

be mich heute so auf die Minute nach dem Abendbrot, die Postverteilung gefreut, immer mit dem festen Glauben, Du hast heute »die Post«. Was man sich so sehr wünscht, geht in Erfüllung, ein Ausspruch aus dem »Wunschkind« von Ina Seidel*. Diese Wahrheit habe ich jetzt erfahren.

Weißt Du, ich freue mich in einer Beziehung schon, daß ich nicht in den Warthegau kam. Hier habe ich evtl. die Chance, fünf Tage Sonderurlaub zu bekommen, wenn Du einmal Urlaub erhalten solltest.

Meine Zukunftspläne erfüllen Dich mit Bewunderung, mich dagegen brachte das, was Du beifügtest, fast aus dem Häuschen, um den Verstand. Es wäre einfach nicht auszudenken, dafür habe ich überhaupt kein Wort, wenn auch Du Dich zu diesem idealen Beruf entschließen könntest! Stell Dir bloß einmal vor, eine gemeinsame Studienzeit, später eine gemeinsame Praxis. Das ist nicht auszudenken! Da habe ich direkt etwas, was ich mir bei der eintönigen Arbeit illustriert ausmalen kann.

Mit dem Studium werde ich wahrscheinlich erst im Herbst anfangen können, denn z.Zt. wird der Kriegshilfsdienst nicht auf das Praktikum fürs Medizinstudium angerechnet. So muß ich ein Jahr vor dem Studium arbeiten, was auch nicht schaden kann (ein halbes Jahr KHD und ein halbes Jahr Praktikum). Hoffentlich komme ich zum Roten Kreuz anstatt zum Kriegshilfsdienst. Drei Monate dauert die Ausbildung, dann darf ich in einem Lazarett als Schwester arbeiten.

Bis dahin müssen erst noch die 143 RAD-Tage abgeschuftet werden. Wir schneiden jeden Tag von einem Zentimetermaß einen Zentimeter ab, dann wissen wir immer genau Bescheid. Mir kommt das alles gar nicht so grauenhaft vor wie den anderen, weil ich es schon seit Jahren gewohnt bin, in einer Gemeinschaft zu leben. Neun Jahre war ich Jungmädel, sechs Jahre davon Führerin, da ist man dieses Leben gewohnt.

Gestern haben wir einen so schönen Tag verlebt. Ich darf mich wohl

* Ina Seidel (1885–1974) gilt als Wegbereiterin des Nationalsozialismus. Ihr Roman von 1930 zeichnet ein pathetisches Bild der »deutschen Mutter«, die ihren Sohn im Krieg der »gute Sache« opfern muß

als die Braunste im Lager bezeichnen trotz meiner hellen Haare. Heute erfrischte ein gelinder Frühlingsregen die Natur. Als ich morgens zum Außendienst ging, war alles noch grau und braun, und vorhin auf dem Rückweg leuchtete mir schon ein frisches Grün entgegen. Das war ein spürbares Aufatmen in der Natur.

12.5., 7 Uhr früh

So weit kam ich gestern abend noch im Bett, und jetzt habe ich mich wüst beeilt, um noch ein paar Sekunden für Dich vor dem Kaffee herauszuschinden. Ich muß Dir noch etwas Witziges erzählen. Gestern abend, ein paar Minuten vor 20 Uhr, bekamen wir unsere Post. Ich hatte gerade Deinen lieben Brief geholt, da kamen die Nachrichten, die wir gemeinsam hörten. Jede von uns hatte ihre Post vor sich liegen. Da sehe ich doch zwei Plätze nach links, staune mal, eine mir bekannte Feldpostnummer: 22527. Dieses Mädel, Gertrud Balzer aus Hamburg, ist noch dazu in meinem Schlafraum, das war vielleicht nachher ein Staunen. Fritz Salewski, Du wirst ihn ja kennen, ist ihr Freund. Er sitzt in der Schreibstube Eurer Kompanie. Was es nicht alles gibt. Die Welt ist ja so klein!

Am selben Abend, 18.30 Uhr, kommt die dritte Etappe des Briefes, hoffentlich werde ich jetzt fertig. Willy, ich las heute auf dem Weg zum Außendienst, zu meinem Bauern, wohl sechsmal Deinen lieben Brief. Ich kann nicht sagen, was mich am meisten begeisterte. Wenn ich aber sage, daß mir die Möglichkeit, daß auch Du den Ärzteberuf ergreifen würdest, den ganzen Tag nicht aus dem Sinn ging, dann kannst Du Dir wohl vorstellen, wie mich dies heute bewegte.

Ich freue mich schon riesig auf Deine Revanche für meine vielen Briefe, die Du nun endlich nach vier Monaten erhieltest. Wenn ich von Dir oft, recht oft Post bekäme, wie würde dies mir das halbe RAD-Jahr verschönern!

Es grüßt und küßt Dich, liebster Willy,

Deine Wandelgard

Rußland, den 11.5.42

Liebe Wandelgard!

Heute kann ich Dir endlich mitteilen, was aus mir geworden ist, als ich zu meiner alten Kompanie zurückkehrte. Ich war knapp einen Tag da, als ich schon wieder als Funker in einen Panzer kam. Dieses, unter den jetzigen Verhältnissen, ein großes Glück, da die meisten Kameraden des Regiments als Infanteristen ihre Pflicht erfüllen müssen.

Mit unseren wenigen Panzern liegen wir jetzt in einem Wald und warten bloß darauf, daß der Russe die Dummheit begeht und angreift. Dies zu vereiteln ist unsere einzige Aufgabe. Sonst haben wir Ruhe vor dem Spieß, der ja weit zurückliegt mit dem Troß.

Das Bunkerbauen hat damit auch aufgehört, da wir in bereits fertiggestellte Fertigbunker eingezogen sind. Diese sind zwar klein, aber doch wohnlich. Vor allen Dingen haben sie Vorzüge, sie sind splittersicher und – was ich noch höher einschätze – läusefrei! Dafür müssen wir öfter am Tage Wasser ausschöpfen, da allmählich der Boden auftaut. Trotz des vielen Wassers unter dem Bodenbelag des Bunkers müssen wir zwei Kilometer laufen, um unser Trinkwasser zu bekommen. Von dort müssen wir auch täglich die Verpflegung herbeischleppen, was eine elendige Schinderei ist, dafür sind wir aber für uns allein: ein Leutnant, ein Feldwebel, drei Unteroffiziere und sieben Mannschaften. Wir können tun und lassen den lieben langen Tag, was uns gefällt.

Natürlich braucht die Post auf Grund unserer Abgeschiedenheit wieder länger, was sehr bedauerlich ist. Aber solange das Wetter nicht schlechter wird, gibt es ja nichts Schöneres, als die gesunde Waldluft einzuatmen, wenn sie auch manchmal verdammt nach Pulverqualm riecht.

Sonst wüßte ich nichts, was noch von Bedeutung wäre. Ehrlich gesagt, wir verbummeln hier die Zeit. Wir würden bestimmt nichts versäumen, wenn wir jetzt in Urlaub fahren könnten. Aber das will man uns nicht antun. Auch das kann uns nicht mehr zur Entgleisung bringen, dazu sind wir während unseres fast einjährigen Aufenthaltes in Rußland schon viel zu stur geworden. Man schimpft zwar manchmal, aber Schimpfen ist der Stuhlgang der Seele, hat einmal Dr. Goebbels gesagt.

Nun, meine liebe Wanda, sei aufs allerherzlichste gegrüßt und geküßt von Deinem Willy

NS: Eben fällt mir noch etwas Wichtiges ein. In Eurem Lager muß sich eine Arbeitsmaid befinden, die einem Kameraden von meiner jetzigen Feldpostnummer schreibt. Der richte bitte einen Gruß von Salewski, Fritz aus. Ja, wie ist die Welt so klein! Gruß und Kuß

Dein Willy

8.
»Die deutsche Staatsangehörigkeit habe ich nun auch schon verloren«

Willy hofft ungeduldig auf Fronturlaub • Wandas Arbeitsdienstlager steht unter Quarantäne wegen Fleckfieber • Hannas Bruder wird in Rußland vermißt

Frühsommer 1942. Wie schon im Herbst kommen die Kämpfe im Frühjahr zum Erliegen, weil die schlammigen Wege unbefahrbar sind. Die Soldaten der Heeresgruppe Mitte, zu der Willy gehört, sind am Ende ihrer Kraft. Nicht nur, daß sie von der Roten Armee zurückgetrieben wurden, sie werden obendrein von Partisanen bedrängt. Das sind zum Teil die Reste sowjetischer Verbände, die im vergangenen Jahr während des schnellen Vormarsches der Deutschen hinter die Front geraten waren. Zum Teil aber auch unorganisierte Kämpfer, die sich in den dichten Wäldern verborgen halten. Ihre Zahl wird 1942 weiter steigen und immer mehr deutsche Truppen in Schach halten. Sie behindern den deutschen Nachschub und legen besonders die Bahnstrecken lahm.

Adolf Hitler ignoriert den Ernst der Lage. Am 19. Dezember hat er persönlich den Oberbefehl übernommen und glaubt immer noch an die Eroberung Moskaus. Zunächst aber startet er das »Unternehmen Blau« im Süden, das die Wehrmacht auch nach Stalingrad führen wird und die Russen von ihren Erdölvorkommen abschneiden soll. Und tatsächlich gelingt der Wehrmacht dort, anders als in der Mitte, doch noch eine Offensive. Mitte Mai versucht die Rote Armee, Charkow gut 300 Kilometer östlich von Kiew zurückzugewinnen – und scheitert. Dann erobern die Deutschen die letzte russische Bastion auf der Krim. »Sewastopol!« jubelt Wanda. In der Heimat glauben viele noch an den baldigen Sieg.

Dennoch rücken die Schrecken des Krieges näher. In der Zeitung haben Hanna und Wanda schon mehrfach gelesen, daß Bekannte gefallen sind.

Und sie hören immer häufiger von Kolleginnen und ehemaligen Klassenkameradinnen, daß deren Freund an der Front starb. Das gibt zu denken. Und plötzlich trifft es Hannas Bruder Helmut. Er kam nicht zurück von einem Einsatz als Flieger, seit 10. Mai wird er vermißt in Rußland. Das kann doch nicht sein, wo er gerade vor drei Monaten geheiratet hat! Auch Wanda und Hanna beginnen langsam zu begreifen, daß der Krieg kein Kinderspiel ist. Und daß es in Rußland um Leben und Tod geht.

Rußland, den 14.5.42

Meine liebe Wandelgard!
Zunächst möchte ich Dir für Deinen lieben Brief vom 26.4. recht herzlich danken, der noch zwei Briefe vom 25.1. und 20.12. enthielt. Das ist wieder eine wertvolle geistige Nahrung für mich in der Zeit der Beschäftigungslosigkeit. Ich lese nämlich lieber einen Brief von Dir zehnmal durch als einen 20-Pfennig-Roman einmal. Vor allen Dingen regt das auch den Briefwechsel an, da ich im Falle einer geistigen Stokkung nur einige Deiner lieben Zeilen zu lesen brauche, um wieder ins richtige Fahrwasser zu kommen. Ich schreibe halt für mein Leben gern Briefe.
Nur schade, daß dabei das Briefpapier immer weniger wird. Hoffentlich kommt bald Nachschub, sonst bin ich ab Juli bloß mehr auf Feldpostkarten angewiesen, von denen ich allerdings noch genügend Reserven besitze. Das Briefpapier, das ich jetzt noch benütze, stammt aus der Nähe von Kaluga*, wo ich mich während des Rückzuges in den ersten Tagen des Januars in reichem Maße eindeckte, so daß für ein halbes Jahr mein Bedarf gedeckt war. Hätte ich damals geahnt, daß es mit unserer Ablösung im Frühjahr nichts wird, dann würde mein Vorrat nie zu Ende gehen.
Heute habe ich auch an meine Mutter einen langen Geburtstagsbrief geschrieben. Sie wird am 2.6. sechzig Jahre. Es ist schmerzlich für mich, meine Mutter an all den Festtagen allein zu wissen. Seit dem Tod meines Vaters spricht aus ihren Briefen ein unstillbares Verlangen,

* 160 Kilometer südwestlich von Moskau

mich einmal wiederzusehen. Weihnachten, Ostern, Pfingsten und nun auch noch den 60. Geburtstag muß meine Mutter in stiller Einsamkeit verbringen. Wenigstens habe ich die Gewißheit, daß sich zu Hause bekannte und befreundete Familien meiner Mutter annehmen, die ihr Ablenkung von den Grübeleien bringen.
Vom vielen Schreiben schlafen mir schon bald die Füße ein, lach bitte nicht. Es sind nämlich die Füße, die dabei am meisten beansprucht werden, und nicht die Hand. Ich sitze in unserem Bunker auf einem niedrigen Holzgestell mit einer Eierhandgranatenkiste auf den Knien, die mir in Ermangelung eines Tisches als Schreibfläche dient.
Im Freien kann man sich heute nicht aufhalten, da es wieder einmal regnet. Mir graut schon vor dem Weg ins Dorf, den ich in Kürze antreten muß, um für vier Tage Verpflegung und das heutige Mittagessen heraufzuschleppen. Lieber gar kein Wetter als so ein Wetter! Doch Hauptsache ist, daß der Humor trocken bleibt.
Nun, meine liebe kleine Wanda, muß ich mich allmählich fertigmachen zum Abmarsch ins Dorf. Dieser Brief geht mit und wird gleich aufgegeben, damit er recht bald in Deine Hände gelangt. Zum Pfingstfest wird er wohl nicht mehr rechtzeitig kommen. Trotzdem wünsche ich Dir nochmals frohe Pfingstfeiertage und grüße Dich mit den innigsten Küssen,
Dein Willy

St. Michaelisdonn, 15.5.42

Meine liebe Nüte!
Gestern dreimal Post, heute dreimal Post. Da lacht das Herz. Recht vielen Dank. Dein Brief ist wieder einmal so richtig schick. So eine Flachserei macht doch viel Spaß. Leider bin ich in dieser Beziehung ein kleiner Waisenknabe. Nur selten bin ich fähig, eine humorvolle Flachserei, die meine Partner zum Lachen bringt oder mundtot macht, zu führen.
Weißt Du, die OA in Dessau sind genauso wie die Fähnriche in Flensburg. Ich schicke Dir mal Riekes Brief mit. Toll, toll, sage ich Dir, diese fünfzehnjährigen Gören! Aber die Hauptsache ist, Du

hast Abwechslung. Meine Einstellung kennst Du ja in dieser Beziehung.
Mit meinem Urlaub wird das nichts. Wahrscheinlich ist er erst am 7.6. fällig. Naja, Prost Neujahr bis dahin. Sind noch drei Wochen und für uns dann schon sieben Wochen RAD. Die Zeit, die rast nur so. An jedem Morgen freue ich mich erst auf die Schulung und dann auf den Außendienst, das Mittagessen, den Kaffee, Vollmilch und drei Stück Zuckerbrot, und auf die Post nach dem Abendessen. Dann ist wieder ein Tag herum, im Nu ist es Mittwoch, halbe Woche um, dann freut man sich schon wieder auf den Sonnabend und auf den Sonntag. Dies Rezept ist bestimmt gut.
Letzten Sonntag fuhr eine Gruppe von uns zum Adolf-Hitler-Koog*, und die andere Gruppe wanderte nach Burg ins Maidenlager. Die Wanderung war großartig, von 11.00 bis 16.00 Uhr waren wir unterwegs in praller Sonne. Sonnabend und Sonntag habe ich mich tüchtig der Sonne ausgesetzt und bin nun wohl die Braunste im Lager, obwohl sehr viele dunklere Mädel dort sind.
Weißt Du, die Gegend nach Burg ist enorm. Da kommt man erst durch den Frenzenwald, der einen an die Heide erinnert, dann durch eine hügelige Gegend, die der Landschaft um Regensburg ähnelt. Zwei Stunden hatten wir uns in den Straßengraben geworfen, denn das war eine heiße Partie. Gestern und heute regnete es, und nun ist endlich Frühling geworden. Alles grünt und blüht plötzlich.
Hanna, ich bekam von Willy auch die letzte Post vom 26. April, und zwar erstmalig hier ins Lager. Stell Dir bitte vor, ich hatte ihm geschrieben, daß ich Ärztin werden wollte, überhaupt so meine Zukunftspläne. Und was schreibt er nun mir? »Da sollte halt auch ich den Arztberuf wählen, dann könnten wir uns einmal später gut ergänzen.«
Ist das nicht enorm, wenn es Wirklichkeit werden könnte? Stell Dir das mal illustriert vor! Eine gemeinsame Studienzeit und später eine gemeinsame Praxis! Na, soweit will ich ja gar nicht denken, das steht im Widerspruch zu meiner Einstellung. Aber noch etwas Nettes barg

* Mitte der 30er Jahre eingedeichtes Marschland in Dithmarschen, heute Teil von Friedrichskoog

dieser Brief in sich, das Revancheversprechen für meine viele Post, die er jetzt langsam vom ganzen Winter her erhält. 13 Briefe auf einmal.
Nun Schluß, es grüßt Dich herzlich
Deine Wanda

Dessau, den 16.5.42

Meine liebe Wanda!
Für Deinen Brief, den ich heute bekam, vielen Dank. Du bist ja direkt ein mit Post gesegnetes Mädchen! Nicht wahr, das ist doch herrlich! Also, über Riekes Brief hab ich richtig gelacht. Diese Gören! Wir sind ja direkt harmlos dagegen. Sogar jetzt noch. Mit 15 Jahren, da haben wir an dieses Volk der Fähnriche noch gar nicht gedacht, und ich bereue das in keinster Weise. Du doch auch nicht?
Mit dem Muttertagsurlaub war es also eine Fehlmeldung. Na, weint man nicht gleich, wenn Ihr wohl auch schon sieben Wochen von zu Hause weg seid. Nun könnt Ihr Euch sogar noch drei Wochen länger darauf freuen. Dann kommst Du gar nicht mehr aus dem Freuen heraus. Bei der Schulung fängt es an, wie Du schreibst, und bei der Postverteilung hört es auf. Aber weißt Du, Dein Rezept ist bestens. So mache ich es nämlich auch. Besonders war es so, als Jochen noch hier war. Da war die Woche auch immer im Nu herum.
Du, Wanda, die Idee, die Willy da hat, ist geradezu enorm. Wenn sie in die Tat umgesetzt wird (sein Medizinstudium), einfach nicht auszudenken! Auf ein bestimmtes Studium hatte er sich noch gar nicht festgelegt, oder?
Heute abend bleib ich sehr brav zu Haus. Bis um sechs war ich in der Stadt und hab eingekauft. Ich hab sogar das Buch »Männer« erstanden. In der Stadt treffe ich doch meine beiden OA. Wir haben uns aber nur kurz begrüßt, weil ich noch ein Brot bis 18 Uhr besorgen mußte. Nachher habe ich ausgiebig zu Hause gespeist und diesen Deinen Brief angefangen.
Gestern war ich zum ersten Mal wieder nach endloser Zeit auf dem Sportplatz. Dessau ist doch ein Drecknest. Nicht mal ein Stadion haben die hier, erbärmlicher Verein! Einen Muskelkater hat das Mäd-

chen heute. Die Treppen, vier muß ich immer hoch im Werk, kroch ich nur so. Aber man muß ja mal wieder anfangen zu sporten.
Na, Wanda, alsdann finish! Es grüßt Dich herzlichst
Deine Hanna

St. Michaelisdonn, 19.05.42

Liebe Hanna!
Gestern waren wir zum Karussellfahren auf dem »Donnermarkt«. Zwölfmal in einem Törn, das ging vielleicht schön! Auch ein kleines Flugzeug kaufte ich mir, doch das ging schwerbeschädigt aus dem Kampf heraus. Heute nehme ich es mit zu Familie Plett.
Übrigens, Liebling, ich habe jetzt immer vier von unseren Kühen gemolken. Ein Aufstieg. Mit den Kinderkleidern geht es unermüdlich weiter. Frau Plett versichert mir jeden Tag, wie schön das doch ist, daß ich nähen kann und so lange bleiben darf, acht Wochen, da sie in der zweiten Hälfte ihrer Schwangerschaft ist. Sonnabend habe ich Kuchen gebacken. Ja, alles staunt, was ich alles kann. Es ist ein enormes Gefühl, überall bewundert zu werden. Einige der Abiturientinnen müssen sich sagen lassen: »Was können Sie eigentlich?« Während ich immer zu hören bekomme: »Was, das können Sie auch!«

»In den blauen RAD-Kleidern mit Zierschürzen.«
Nora, Lilo, Wanda und Ilse (von links) 1942

Aber nun, Hanna, nun muß ich Dir etwas beichten. Der Mensch, der kann nicht aus seiner Haut! Den Charakter und das Temperament kann man einfach nicht leugnen. Dazu kommt noch eine Fügung des Schicksals, und Klein-Wanda ist wieder auf der Liste der Auffallenden. Wodurch? Durch nichtige Kleinigkeiten. Eigentlich durch nichts, aber ich falle doch auf. Es ist für mich so schrecklich, wenn ich es mir überlege, aber es läßt sich einfach nicht ändern.
Unser Schlafraum, das heißt die Mädchen, ist so enorm. Wir sind so richtig »een Pott un een Pann«. Fast alle solche Typen wie ich. Na, das kannst Du Dir sicher vorstellen. Besonders die Kielerin, Lilo (damit ich nicht immer im düsteren für Dich reden muß), und die Hamburgerin, Ursel, sind noch viel schlimmer als ich. Natürlich mußten wir uns befreunden. Lilo, Ursel und ich sitzen immer und immer zusammen. Schon dadurch erregen wir natürlich Aufsehen.
Jetzt war acht Tage unsere KÄ* auf Urlaub. Jeden Abend kam Rabenau und machte Stunk, weil wir so laut waren. Meine anderen Vorsätze sind bis jetzt noch ziemlich gut gelungen, was Kameradschaftlichkeit, Bescheidenheit bei Tisch (dünner werden!), Faulheit, Freundlichkeit, gute Laune usw. betrifft.
Aber nur das Auffallen! Natürlich ist es oft auch im Guten, z.B. bei der Schulung, aber sonst! Es ist direkt niederschmetternd für mich. Lilo hat dieselben Vorsätze, und wir staunen immer wieder, wie das nur angehen kann. Aber in unserem Naturell muß so etwas Aufreizendes liegen, das in einer Gemeinschaft nicht unterzukriegen ist. Toll! Was kann man da nur machen?
Außerdem verstehe ich es nie, verstand es auch noch nie und werde es wohl nie verstehen können, mich bei meinen Vorgesetzten so recht ins gute Licht zu rücken. Ich bin einfach viel zu ehrlich und gerade für solche Duckmäusereien. Einige Mädchen können das ja großartig.
Doch nun Schluß davon. Kommst Du zu Pfingsten auf Urlaub? Kannst Du nicht so fahren, daß Du mich armes Häschen besuchst auf dem Hin- oder Rückweg? Das wäre fein! Bei Gardels, unserem vornehmen Hotel, könntest Du schlafen.

* Kameradschaftsälteste

Letzten Sonntag hatten wir, d.h. unsere Kameradschaft, Sonntagsdienst. Das ist ein Wettstreit zwischen allen Kameradschaften. Ich machte die Tischkarten für alle, dann machten Lilo und ich das Essen für das ganze Lager. Es klappte alles gut. Letzten Sonnabend gingen Lilo und ich zum Bäcker, und dann auf eine Wiese und schrieben in aller Ruhe an »IHN«. Montag erhielt ich viermal Post. Von Dir, zweimal von Willy und von Hermann, also von allen meinen Lieben. Gestern war schon wieder Post von Willy da und Zeitungen. Es ist ja so enorm, daß Willy mir fast täglich nette kleine Grüße sendet.
Oh, jetzt habe ich gar keinen Platz mehr, Dir fröhliche Pfingsten zu wünschen. Also tu ich es hiermit. Viele liebe Grüße
von Deiner Wandelgard

Dessau, 21.5.42

Meine liebe Wanda!
Für Deinen Brief sag ich herzlichen Dank. Ich erhielt ihn heute. Bei uns kann man von einer prompten Posterledigung sprechen, was? Da könnte sich doch so mancher was abschneiden.
Ja, Wanda, daß Du mir schreiben würdest, daß Du trotz aller guten Vorsätze doch auffällst, hatte ich über kurz oder lang erwartet. Jetzt ist es soweit. Na, wenn Ihr allerdings drei Mädels mit dem gleichen Naturell seid, ist es natürlich unvermeidlich aufzufallen. Schließlich kann man seinen Charakter und sein Temperament nicht immer verbergen, auch wenn man sich noch so sehr beherrschen will. Höchstens kann man es eindämmen, aber selbst das geht auf die Dauer nicht. Irgendwann bricht es doch wieder durch. Da ist halt nichts zu machen!
Pfingsten werde ich nun hier unten verleben. Also ist es nichts mit Schlafen in Gardels vornehmem Hotel. Aber weißt Du, das Hotel werd ich mir merken. Wer weiß, wann ich Urlaub nehmen kann und ob ich da nicht einen kleinen Abstecher nach Em'donn machen kann. Alles liegt im Bereich der Möglichkeiten, denn ich glaub, mit Hermines und meiner Sommerfahrt wird es nichts werden.

Wir kommen ja nicht mal zu Pfingsten los, wir wollten nach Thale*, durchs Bodetal und so weiter. Wenn das nicht mal klappt, sehe ich dunkel für die andere Fahrt. Dann werd ich lieber an unsere schöne blaue Ostsee gondeln und mich an Flensburgs Gestaden erfreuen, denn die geplanten Segelferien mit Jochen werden ja auch ins Wasser fallen, wo er nun in Rußland steckt.
Weißt Du, am Sonntag war ich das erste Mal draußen zum Baden. Das Wasser war phantastisch warm, 19 Grad. Eine Schande, daß man nicht früher gebadet hat. Allerdings ist es nur ein See. Aber nichtsdestotrotz, prima war auch das. Sogar einen Geländersprung hab ich noch fertiggebracht, allerdings erst nach einiger Überwindung. Gestern war ich in »Eine Nacht in Venedig«** mit Heidemarie Hatheyer, ein wirklich sehr netter Film. Er machte mich richtig leicht, froh und beschwingt.
Nun, kleine Wanda, nochmal recht schöne Festtage und viele liebe Grüße
von Deiner Hanna

Rußland, den 22.5.42

Liebste Wanda!
Trotz der baldigen mitternächtlichen Stunde drängt es mich mächtig, Dir jetzt noch einen herzlichen Gruß zu senden. Um 23 Uhr wurde ich von der Wache abgelöst, und diese Stunde hat mir wieder, wie jedesmal, so viele herrliche Eindrücke verschafft, daß mein Herz übervoll ist.
Stell Dir vor, innerhalb zweier Tage hat der Wald, in dem wir liegen, seinen grünen Laubschmuck angelegt. Heute hat es nun ein wenig geregnet, so daß jetzt eine sonderbar duftige, würzige Luft um mich war. Das Schönste jedoch war das herrliche Liebeswerben der Singvögel. Sogar eine Nachtigall ist in unserer Nähe und flötet jede Nacht an ein und derselben Stelle des Waldes ihre Liebesweisen. Schade, daß nur zu oft dieser Frieden von dem Knall eines Schusses oder Granaten-

* Im Harz
** Komödie (1942) von Regisseur Paul Verhoeven mit Melodien von Johann Strauß

einschlags unterbrochen wird. Doch die Vögel lassen sich in ihrem Konzert nicht stören. Ach, könntest Du doch in so einer lauschigen Nacht bei mir sein!
Tausend Grüße und Küsse,
Dein Liebster

Michaelisdonn, 28.5.42

Mein lieber Willy!
Heute kam zum Neide meiner Kameradinnen schon wieder ein Brieflein von Dir. Es war vom 14.5., wofür ich Dir recht herzlich danke. Wie ist das nur lieb von Dir, mir so viel zu schreiben, fast jeden dritten Tag! Gerade jetzt in der Lagersperre wegen des Fleckfiebers bei den russischen Kriegsgefangenen ist das einzige, was uns aufrechterhält, unsere Post.
Na, ich kann mich nicht beklagen über Postmangel. Doch die Briefe, die ich mit der größten Freude empfange, sind die deinigen. Ja, Willy, auch ich schreibe sehr gerne, aber noch lieber lese ich Deine lieben Briefe. Leider bin ich nicht in der Lage, Dir Briefpapier zu schicken. Unser Kaufmann hat gerade jetzt neues bekommen, doch wir gefangenen Häschen können nicht hinaus und es kaufen.
Heute haben wir nun den ersten Tag dieser furchtbar langweiligen Zeit im Lager hinter uns. Unser Tagesablauf hat sich geändert: 6.30 Uhr aufstehen, 7.30 Fahne, 8.30 Uhr Arbeitsbeginn im Lager bis 12 Uhr, Mittagessen, 14.30 Uhr Arbeitsschluß. Postverteilung, waschen und umziehen, 16 Uhr Kaffeetrinken und dann verschiedene Schulungen bis zum Abendbrot. Ich bin heute in allen Räumen wie ein Installateur von Lampe zu Lampe getobt und habe alle geschrubbt, neue Birnen eingeschraubt, ein nettes Geschäft.
Sag mal, Willy, weiß Deine Mutter eigentlich von Deinem Briefwechsel mit dem »Zigeunermädchen«? Sonst könnte ich ihr auch ab und zu einmal schreiben, denn sie tut mir wirklich leid jetzt so alleine. Ich kann mir gut vorstellen, wie sie sich da in ihrer Einsamkeit seit dem Tod Deines Vaters in bangen Gedanken um Dich sorgt. Und darum

an ihrem Los noch schwerer trägt. Da ist es ja schon etwas wert, daß sie wenigstens gute Bekannte und Freunde hat.
Willy, meine Füße schlafen auch bald ein, denn ich liege hier quer in meinem Bett und schreibe vor einem Spalt in der Verdunkelung, weil unsere Führung gute Nacht sagen will. Sie verträgt nicht, daß wir mit Tinte in unserem Bett schreiben. Ich hatte auch schon einen Tintenklecks von 1,5 cm Durchmesser in meinem Bett. Gott sei Dank nahm ich es in der letzten Woche mit zu meinem Bauern und konnte den verräterischen Schandfleck beseitigen.
Weißt Du, ich finde es überhaupt enorm, was ich da fast jeden Tag zusammenschmiere. Es wundert mich, daß ich das kann, jeden Tag schreiben. Früher hab ich immer über meine Klassenkameradinnen gefeixt, die eisern jeden Tag schrieben und jeden Tag Post erhielten. Eigentlich zeugt das nur von Geist, wenn man sich das richtig überlegt. Doch den haben wir beide in großen Mengen!!!
Nun aber Schluß, Gruß und Kuß
Deine Wandelgard

Dessau, den 28.5.42

Meine liebe Wanda!
Gestern war ich von OA Malsch, so heißt er nämlich, eingeladen. Sein Freund hatte sich auch ein Mädchen eingeladen, und dann haben wir erst mal den Abschied gefeiert und zweitens die Beförderung zum Leutnant. Es war also Grund genug vorhanden. Nachher sind er, Malsch, und ich noch lange durch den Schillerpark spaziert. Es war wohl das zweite Mal, daß wir allein gingen, denn sonst war immer der Barner dabei.
Ich hatte es schon lange bemerkt, daß Malsch sich sehr um mich bemühte. Habe aber immer die Sache fein abgebogen, und zwar meistens durch Flachs. Jetzt, gestern, machte er mir die Eröffnung, daß er mich sehr liebt. Ich hatte dies eigentlich erwartet, aber ich war trotzdem bestürzt. Ja, was sollte ich ihm denn darauf sagen? Verletzen oder jedenfalls wehtun würde ich ihm, das wußte ich!

Du mußt ihn Dir als Gefühlsmenschen vorstellen. Aber trotzdem fehlt ihm das Soldatische nicht. Er ist also ein Grundanständiger, so'n netter Kerl! Ich hab ihm nun doch eine klare und eindeutige Antwort gegeben, damit er sich keine Illusionen macht, weil es eben einen gewissen Jochen gibt. Diese Antwort hatte er nun nicht erwartet. Und mich hat es auch eine große Überwindung gekostet, ihm das zu sagen. Aber ich wollte keine Unklarheiten zwischen uns.
Dann sagte er mir, und das hat mich am meisten bekümmert, wieviel Halt ein Mädel oder eine Frau einem Soldaten da draußen, der an der Front steht, geben kann. Er erzählte mir, wie er es bei Kameraden erlebt hatte, oben in Karelien. Die Tage wären dort so stumpfsinnig bis oben hin, und es stände ihnen alles zum Halse heraus. Man lebte von einer Gleichgültigkeit. Aber dann brauchte es nur einen Brief, und sie würden alle auf einmal wieder aufleben. Jetzt verstehe ich auch Oswald, diesen Halt wollte er haben, als er sich mit Gesa verlobte.
Also, der gute Junge macht mir nun richtig Sorgen. Er will jetzt gar nicht mehr in Urlaub gehen, sondern sofort rauf nach Finnland. Ich hab ihm geraten, erst mal eine Nacht darüber zu schlafen. Am Tag danach sieht alles ganz anders aus. Ja, das war meine tragische Geschichte mit Malsch. Morgen werden wir uns zum letzten Mal sehen, da wird er dann schon als Leutnant Malsch erscheinen.
Pfingstmontag war ich mit den beiden in Wörlitz. Da haben wir etliche Aufnahmen gemacht. Weißt Du, ich werde mir alle Negative rauspicken, wo ich mit drauf bin, und dann kriegst Du auch eins geschickt, wo der Karl mit drauf ist. Dann kannst Du ihn doch einmal sehen, nicht?
Sonst habe ich Pfingsten sehr ruhig verlebt. Das Wetter ließ ja zu wünschen übrig. Am Sonntag fährt Frau Crusius weg für vierzehn Tage. Dann bin ich ganz allein in der Wohnung. Also bin ich Herr im Hause!
Post habe ich heute von Walter (Schulz). Also, Wanda, an diesem Briefwechsel hättest Du auch Deinen Spaß: »Ob ich nicht einmal nach Berlin komme, dann könnten wir doch nett bummeln gehen.« Ein starkes Stück, was? Aber weißt Du, ich werd es, glaub ich, doch mal wahrmachen und nach Berlin fahren. Was meinst Du?

So, min Deern, ick weet nix mehr oder müßte etwas an den Haaren herbeiziehen. Also in alter Frische und Güte,
Deine Nüte

Rußland, den 29.5.42

Meine liebe Wandelgard!
Denke Dir nur, heute war ich das erste Mal in diesem Jahr beim Baden! Es war einfach herrlich. Da der Russe in der letzten Zeit keinerlei Anlaß zu Befürchtungen gab, machte ich mich heute morgen mit meiner Besatzung auf die Beine, um nach einer halbstündigen Wanderung nach Westen durch Sumpf und Schlamm an einen Bach zu stoßen. Schwimmen konnte man darin natürlich nicht, aber wenigstens im Wasser plantschen, da es bis zu den Knien reichte.
Da der Bach an dieser Stelle eine beachtliche Strömung hatte, war das Wasser sehr rein und sauber, wie es nach einiger Zeit, nach kräftigem Abschrubben, auch unsere Körper wurden. Was ja schließlich der Hauptzweck der ganzen Prozedur war. Mit einem anschließenden Sonnenbad war leider nichts, da die Mückenplage in unserm Abschnitt zu groß ist. Wir haben jetzt den Ärger mit den Schnaken, nachdem die Läuse nun einigermaßen verschwunden sind.
Bei Artilleriebeschuß haben wir früher die Bunker nicht aufgesucht, aber jetzt treiben uns die Mücken dazu, so daß wir den lieben langen Tag nicht herauskommen. Auch im Bunker müssen wir noch mächtig qualmen, um uns die Biester vom Leibe zu halten. Leider reichen die uns zustehenden Verpflegungszigaretten nicht aus, um den nötigen Dampf dahinterzusetzen.
Es ist nur gut, daß Du Deine Briefe immer in gefütterten Kuverten schickst, und ich bitte Dich, das auch weiterhin zu tun. Dieses Futter eignet sich nämlich ganz ausgezeichnet zum Zigarettendrehen. Tabak habe ich ja genügend. Bloß die Zigaretten sind knapp, sonst ist unsere Verpflegung geradezu als märchenhaft zu bezeichnen.
Wir empfangen sie immer für drei Tage auf einmal. Fast jedesmal ist pro Mann eine Tafel Schokolade dabei. Dazu Kunsthonig, Apfelmus und dergleichen mehr. Gestern gab es pro Mann einen halben Liter

Rotwein. Vor einigen Tagen für drei Mann zwei Flaschen Sekt, und an Pfingsten gab es sogar zu unserem Schokoladenreis noch Kuchen. Du siehst also, Ihr in der Heimat spart Euch nicht umsonst die besten Bissen vom Munde ab. Es kommt alles uns Soldaten zugute, was letzten Endes auch Euch zugute kommt. Du solltest bloß sehen, was ich jetzt wieder für dicke Backen bekommen habe, im Gegensatz zu meinem eingefallenen Gesicht während der schrecklichen Wintermonate.
Doch des Lebens ungemischte Freude wird bekanntlich keinem Irdischen zuteil. So auch mir nicht, seitdem ich Zugführerfunker geworden bin. Mein Kommandant, ein junger Leutnant, findet immer eine Beschäftigung für uns. Gerade jetzt muß er mich schnappen, um für unseren Bunker Holz zu spalten. Daher bin ich gezwungen, kurz, wenn auch nicht schmerzlos, Schluß zu machen mit dem Schreiben. Ich hätte heute noch gerne mit Dir über viel Verschiedenes geplaudert.
Na, dann eben beim nächsten Mal. Herzliche Grüße und innige Küsse.
Dein Willy

St. Mdonn, 30.5.42

Liebe Hanna!
Heute bei der Postverteilung waren wieder zwei liebe Briefe dabei für »Draglednaw Elhak«*. Ja, der eine von Ihm und der andere von Ihr. Von Ihm kam ein Frühlingsgruß aus Rußland, so richtige Frühlingsstimmung. Und von Dir das Drama Malsch. Ja, es ist Pech, wenn man vor besetzte Herzen tritt.
Du hast ganz recht gehandelt, Hanna, hoffentlich ist Jochen das alles wert. Aber das mußt Du ja wissen. Versuche doch, kameradschaftlich weiter mit ihm zu schreiben, daß er dann auch Post bekommt, der arme Kerl. Das von der Front, das kenne ich und kann es mir jetzt noch dreimal besser vorstellen, denn mir geht es ähnlich. Ja, auch Willy schrieb mir öfter ähnliches.

* Wandelgards Name rückwärts

Deine Fahrt nach Berlin muß schneidig werden. Da kann ja auch weiter nichts passieren. Er weiß Bescheid von wegen Jochen, und da würde ich auch diese Fahrt unternehmen. Oh, Hanna, wie beneide ich Dich! Berlin und dann diese Begleitung. Wir arme Maiden sitzen hier und vergammeln. Doch sieben Monate RAD und fünf Kriegshilfsdienst gehen vorüber. Es ist wüst!

Nur gut, daß wir zu dritt ein nettes Kleeblatt sind, Lilo, Ursel und ich. Jede hat ihre anderen Spezialitäten. Ursel bekommt laufend Päckchen mit dem besten Inhalt, direkt aus dem Land, wo Milch und Honig fließen, vom Herrn Papa aus Dänemark. Bei Lilo erlebe ich etwas ähnliches wie bei Dir. Ein Bekannter von ihr, der im Lazarett liegt, schwerkrank, liebt sie und will sie heiraten. Sie hat aber einen anderen und schrieb ihm dies.

Nun ist er körperlich und seelisch zusammengebrochen, und seine Schwester, die Lilo gut kennt, liebt ihren Bruder und will sein Leben erhalten. Darum fordert sie von Lilo eine klare Entscheidung und macht ihr Vorwürfe. Natürlich ist Lilo nun schwer erschüttert. Hier ist wirklich kaum zu raten. Doch ist Deine ähnliche Geschichte dagegen nur eine Bagatelle. Dies Mädel hat vielleicht bei ihrer Absage einen Mann auf dem Gewissen? Damit war ich nun gestern den ganzen Tag über beschäftigt. Einmal sie zu trösten, dann ihr beratend zur Seite zu stehen, um ihr auch wirklich etwas zu nützen.

Abends war unser lustiger Abend, der Abschiedsabend für Fräulein Schättiger, die Jungführerin aus Flensburg, die zur RAD-Schule kommt. Da spielten wir: »He trägt de Pann wech« und »Doofe Minna«. Natürlich war das für uns in unserer Stimmung sehr schwer. Ich war im ersten Stück die Frau des Pantoffelhelden und Lilo mein Verführer, davon haben wir auch Bilder gemacht. Aber mach Dich auf tolle Bilder gefaßt. Die »doofe Minna« war ich natürlich auch. Man war begeistert von unseren schauspielerischen Fähigkeiten. Meine habe ich erst hier richtig entdeckt. Vorher habe ich meist nur als Regisseur gewirkt.

Ich glaube, von unserer Lagersperre weißt Du außer der Karte nichts. Dienstag abend wurden wir alle durchlaust. Gott sei Dank ohne Erfolg. Dann wurden die Haare gewaschen, und hinein ging's in die Ge-

»Man war begeistert von unseren schauspielerischen Fähigkeiten.«
Lilo (links) und Wanda im Juni 1942

fangenschaft. In einem Zivil-Russenlager ist nämlich Flecktyphus ausgebrochen. Damit wir uns nun bei unseren Bauern nicht anstecken können, weil die alle Russen haben, müssen wir 21 Tage ab 27.5. im Lager bleiben. Furchtbar, furchtbar, sage ich Dir. Da ist das einzige, was einen aufrechterhält, die Post.
Sonnabend waren wir zum Massengroßeinsatz beim Flachsfeldjäten eines Bauern. Das ging noch. Aber wenn wir so trostlos im Lager Flick- und Gelegenheitsarbeiten verrichten, kann man fast wahnsinnig werden, steht man sich doch nur gegenseitig im Weg.
Heute hatten wir prima Mittag, was wir in den letzten Tagen vermissen mußten. Die Kartoffeln waren ausgegangen. Das Bauernessen fehlt uns eben. Nun haben wir abgewaschen und uns dann in die Sonne gehauen. Als erstes, ziehe Deine Denkerstirn ruhig in Falten, haben wir Zigaretten geraucht, Bonbons gegessen, photographiert.
Nun herzlichen Gruß an den einzigen Herrn des Hauses Crusius – nein, wie beneidenswert! –
von Deiner Wandelgard

Dessau, den 3.6.42

Meine liebe Wanda!

Wann schrieb ich das letzte Mal? Am Freitag hatte ich mich mit Malsch verabredet, um 8 Uhr. Um 1/2 8 Uhr klingelt es. Ich hatte mich noch gar nicht fertiggemacht, da kommt er schon, um mich abzuholen. Wir sind nur spazierengegangen bis 9 Uhr, denn er mußte anschließend in Roßlau* sein, der ganze Lehrgang hatte nämlich vorzuschlafen, weil sie schon in der Nacht nach Berlin sollten. Er war übrigens zum Leutnant befördert worden, sah pfundig aus! Eigentlich komisch, was ein anderes Koppel, die Kordel an der Mütze und die Schulterstücke doch ausmachen, nicht?

Wir haben dann abgemacht, daß er mich am Sonntag früh abholen sollte. Ja, er wollte doch wahrhaftig den Sonntag noch hier in Dessau verbringen. Wie kann man nur, nicht? Einen ganzen Tag des kostbaren Urlaubs für mich, denn nach der Führerrede in Berlin wurde der Lehrgang aufgelöst. Und jeder konnte von Berlin aus in den Urlaub fahren.

Den Sonntag haben wir noch recht nett verlebt, und nach dem Essen haben wir einen Gewaltmarsch in den Sieglitzer Berg gemacht. Eine phantastische Höhe von 48 m, toll was? Auf dem Heimweg haben wir uns um und dumm gelaufen. Immer wieder machte die Mulde einen Strich durch die Rechnung, so daß wir nicht auf die andere Seite kommen konnten. Ich hatte mich ganz auf das gute Orientierungsvermögen eines Pionierleutnants verlassen. Aber ohne Karte und Kompaß sind das auch nur rechte Waisenknaben. Jetzt ist es übrigens ein richtig kameradschaftliches Verhältnis zwischen Malsch und mir.

Eigentlich hätte ich Dir schon gestern antworten wollen, aber ich hab da so lange an einen Brief an zu Haus gesessen, daß ich nicht mehr dazu kam. Am Montag bekam ich die Nachricht von zu Haus, daß Helmut** seit dem 10. Mai vermißt ist. Er ist bis jetzt noch nicht von einem Einsatzflug gegen sowjetische Truppen zurückgekehrt. Oh, Wanda, ich kann und will es nicht glauben, daß ihm etwas zugestoßen ist!

* In der Offiziersanwärterschule

** Hannas Bruder

Noch kann man ja hoffen, daß er zurückkommt. Gerade bei Fliegern ist es schon öfter passiert, daß sie nach einigen Wochen erst zu ihrer Staffel zurückkehrten, und was sind schon 14 Tage in dem weiten Rußland? Ja, es ist für mich ein unfaßbarer Gedanke! Jetzt merke ich erst, wie sehr ich doch an Helmut hänge. Früher hab ich es nie so empfunden wie jetzt. Und dann seine junge Frau!
Meine liebe Wanda, es grüßt Dich recht innig für heute,
Deine Hanna

Rußland, den 5.6.42

Liebste Wanda!
Zunächst muß ich Dir für neun Briefe meinen innigsten Dank aussprechen, die ich seit meinem letzten an Dich erhalten habe. Der erste war vom 15.10.41 und der letzte, lies und staune, vom 27.5.42. Dreißig Seiten waren es, und jede war so lieb und nett geschrieben. Das Herz wurde mir schwer, als ich von Deiner Sehnsucht las, und ich Unglücklicher kann sie nicht stillen. Doch im blinden Vertrauen hoffe ich auf einen gütigen Wink des Schicksals.
Deine derzeitige unangenehme Lage bedaure ich sehr. Die Heimat ist also auch schon bedroht von den Seuchen des Ostens. Es ist ja klar, daß die vielen Gefangenen, die nach Deutschland kommen, Ungeziefer mit einschleppen müssen. Wenn auch die Russen, bevor sie ins Reich kommen, entlaust werden, so hilft das bei ihnen nicht lange, da sie an Sauberkeit und Reinlichkeit nicht gewöhnt sind. Hoffentlich geht die Fleckfiebergefahr bald wieder vorüber, ohne Unheil anzurichten.
Ich habe die Folgen der Verlausung kennengelernt. Viele deutsche Soldaten sind vom Fleckfieber befallen worden, und das ist wirklich eine schreckliche Krankheit. Die vier Wochen Quarantäne werden für Euch nicht gerade angenehm sein. Sicher bedeutet das für Euch auch Arbeitserleichterung. Was allerdings weniger unangenehm ist. Trotzdem sehe ich Dein Gesicht schon, wie es manchmal wehmütig den Horizont absucht. Ärgerlich, daß man nicht aus dem Lager heraus kann, besonders wenn es die Sonne wieder einmal besonders gut mit uns meint.

Aber vier Wochen sind bald vorbei, und außerdem gehen sie von der Dienstzeit ab. Letzteres sage ich mir auch immer vor, wenn ich an das vergangene Jahr hier in Rußland denke, bis jetzt stimmt es noch. Wie bald ist der Oktober da, wo dann die Reserve Ruhe haben könnte. Wäre jetzt Friede, könnte man schon mit dem Zentimetermaß rechnen: Es klingt wie eine Sage, nur noch soundsoviel Tage. Ich kann mir das gut vorstellen, wenn die Zivilklamotten von zu Hause kommen. Zwei Jahre vergehen eigentlich schnell. Ich bin nun neugierig, wieviele noch dazukommen.
Heute, hatte ich gedacht, wär mein freier Tag. Da wollte ich mir einmal ein paar Bücher vornehmen, die wir als Bunkerlektüre bekommen haben. Aber kaum daß ich mit diesem Brief fertig werde, muß ich schon wieder hinaus in den strömenden Regen. Unsere Telefonleitung ist gestört, und da muß natürlich wie immer ich die Störung suchen. Mein Leutnant hat nämlich einmal spitzgekriegt, daß ich bei den Fernsprechern war und dort meine Ausbildung machte, und so glaubt er, nur ich verstünde etwas von diesem Fach. Das ist der Nachteil, wenn man einen Leutnant im Panzer hat. So geht meine ganze Freizeit verloren.
Nun, Liebste, für heute muß wieder geschieden sein, da ich nun den sauren Weg antreten muß. Aber einmal hat auch das ein Ende und wir werden wieder freie Menschen sein. Ich hätte heut nicht schreiben dürfen, denn ich bin zu erbittert über mein Los. Aber da Du nicht länger auf Antwort warten sollst, werden diese weniger schönen Zeilen an Dich abgehen. Nimm sie mir bitte nicht übel.
Tausend innige Grüße und Küsse
Dein Willy

St. Mdonn, 6.6.42

Liebe Hanna!
Als ich gestern Deinen Brief erhielt, war ich so erschüttert, daß ich nicht gleich antworten konnte. Auch ich kann es mir einfach nicht vorstellen, daß Deinem Bruder Helmut etwas zugestoßen sein könnte. Warte man, er wird schon wieder zurückkommen! Der Bruder von ei-

nem Mädel, mit dem ich auf dem Feld zusammenarbeitete, war auch ein Vierteljahr in Karelien vermißt und kam dann wieder ans Tageslicht.
Vor allem tut mir aber Hedwig leid, hoffentlich ist ihr kein kurzes Glück als Ehefrau beschieden. Hanna, meine Liebe, laß den Kopf nicht hängen, solange da noch ein Hoffnungsstrahl ist. Wenn das Schicksal sein Wort gesprochen hat, dann ist nichts mehr zu ändern und man muß sich mit der schweren oder auch frohen Tatsache abfinden. Also warte, warte mit dem festen Vertrauen auf die Vorsehung, und es wird, es muß gehen und wird Dich über diese schwere Zeit jetzt hinwegtrösten. Sollte aber wirklich das Schlimmste eingetreten sein, dann mußt Du Dein Leid in stolzer Trauer tragen. Für mich ist leicht reden, wirst Du sagen. Aber Hanna, Du weißt nicht, wie mich diese Nachricht erschüttert hat. Also nochmal: Kopf hoch, noch ist ja nicht alles verloren.
Jetzt zu einem anderen Thema. Die Episode mit Malsch ist wohl abgeschlossen, und es gibt nur noch die Kameradschaft zwischen Euch. Als er Dir seinen einzigen Urlaubstag opferte, hast Du das Dir durch das plötzliche Fortkommen Jochens geraubte Vergnügen erhalten, mit einem Leutnant spazierenwandeln zu dürfen. Bitte, das war eine wahrlich schwere Geburt, dieser Satz.
Von mir kann ich nur berichten, daß ich zur Zeit brate, bereits im Garstadium bin, d.h., Arme und Gesicht brennen wie toll und haben den für mich höchstmöglichen Grad an Bräune erreicht. Das kommt von der letzten Woche, in der der Sommer ausbrach. Ja, endlich ist es soweit. Eine von uns Maiden leidet bereits nicht an erfrorenen, sondern an verbrannten Ohren. Watt dat nicht all gift!
Ich trage übrigens meine Haare hoch. Am vorigen Sonnabend errang unsere Theateraufführung wieder großen Beifall. Da hatte ich meine Haare hochgekämmt. Nun wollte das »Volk« mich ständig so sehen. Also bitte, sollen sie. In der letzten Woche haben wir wüst geschuftet. Von 8 bis 12 Uhr und 2 bis 6 Uhr haben wir auf den Knien ein riesiges Flachsfeld gejätet. Dabei entstanden fast zwei Parteien, die Fleißigen und die Faulen. Ich gehörte natürlich zu den ersteren, doch nach einer gründlichen Aussprache ist zwischen uns alles wieder okay.

»Ich trage jetzt übrigens meine Haare hoch.«
Wanda im Bühnenkostüm, Juni 1942

Vorigen Sonntag haben Lilo und ich ein wüstes Unternehmen begonnen. Wir haben der Rabenau den Pyjama zugenäht und ebenfalls Teile vom Bett. Schlafraum I hat einen Mann gemacht und ihr ins Zimmer gestellt. Rabenau wüst erschrocken, alle haben sie dann den Mann zu Grabe getragen und sind ins Bett, nur wir nicht, wir wollten Rabenau durch das Fenster weiter toben sehen. Dabei ausgeschlossen aus dem Haus.
Rabenau war noch nicht im Bett, kam heraus. Wir nun über die Dächer zum Schlafraum I, auf einer Kohlenschaufel eine Taschenlampe mit rotem Tuch, es entstand Panik. Wir wurden für die Lagerführung gehalten und bekamen Wasser aufs Haupt. Dann wurden wir erkannt, durften zum Fenster hineinklettern und kamen endlich zu Bett. Bist Du mitgekommen? Es war eine herrliche Tour.
Heute ist die Außendienstsperre aufgehoben worden, endlich. Aber nur für die, auf deren Höfen keine Russen sind. Ich gehöre zu den Glücklichen, aber nur für acht Tage. Wer weiß, wie es dann sein wird. Morgen abend kommt Mutti um 20.30 Uhr. Sie darf mit mir im Garten klönen, das kann ganz nett werden an einem solchen schönen Sommerabend. Wir dürfen hier doch außer zum Außendienst das La-

ger nicht verlassen. Deshalb erwarte ich Mutti morgen um 20.30 Uhr am Zaun des Gartens.
So, nun aber endlich Schluß. Willy soll auch noch einen Sonnabendbrief erhalten. Ich bekam leider die letzte Post vor einer Woche, sie war vom 20.5., vorher hatte ich fast jeden Tag Post. Er hat mir schon sechzehn Mal in den RAD geschrieben. Wie steht Dein Briefwechsel mit Jochen? Ist er sehr regelmäßig?
Nun, meine liebste Hanna, laß Dich vom Schicksal nicht unterkriegen, nimm den Kopf hoch und die Zähne zusammen, müssen doch so viele Frauen soviel Schweres ertragen. Eine RAD-Kameradin war verlobt und erhielt vor kurzem die Todesnachricht ihres Verlobten. Sie trägt ihr Leid aber in bewundernswerter Beherrschtheit, ein Wunder von Selbstbeherrschung.
Nun grüße ich Dich, meine allerliebste Hanna, recht innig,
Deine Wandelgard

Dessau, 9.6.42

Meine liebe Wanda!
Ich dank Dir herzlich für Deinen Brief. Ja, also die Hanna, war sie doch am Sonntag wirklich in Berlin. Berlin war prima! Die Idee, dahin zu fahren, kam sehr überraschend und plötzlich. Am Sonnabend, nach dem Mittagessen, erzählten Frl. Gelpke und Herr Jakob, daß sie sich die Kunstausstellung ansehen wollten. Aber zum Schluß zog Frl. G. es doch vor, nach Halle zum Pferderennen zu fahren, sie ist nämlich eine passionierte Reiterin.
So kam es, daß ich allein mit Herrn Jakob, einem jüngeren Ingenieur, nach Berlin fuhr. Um 1/2 6 Uhr fuhren wir ab, und um 10.40 Uhr waren wir in Charlottenburg. Ich hab erstmal tief Luft geholt, fand aber nichts Besonderes an der Berliner Luft. Wir sind dann zum Ausstellungsgelände am Funkturm gegangen. Im Turm selbst waren wir nicht, denn es stand eine endlos lange Schlange vor dem Fahrstuhl. Und unsere Zeit war uns dazu zu kostbar. Folglich sind wir weiter gepilgert, raus zum Reichssportfeld. Also, Wanda, ich sag Dir, ganz fabelhaft! Erst mal der riesige Platz vor dem Eingang, und dann das Sta-

dion selbst, das Schwimmstadion, das Märzfeld, der Glockenturm und die Dietrich-Eckhard-Bühne. Einfach enorm!
Von dort sind wir in die Stadt gefahren und sind »Unter den Linden« gebummelt, die sind ja man ein »büschen« dürftig. Dort haben wir auch Mittag gegessen. Nach dem Essen ging es zur Nationalgalerie, wo die Ausstellung war. So sind wir auch am Schloß, dem Dom, Zeughaus, Uni und Staatsoper vorbeigekommen. Das ist der Sitz Preußens vom 18. und 19. Jahrhundert. Ich konnte mir richtig das Milieu von damals vorstellen und wurde an Nasos »Preußische Legende« erinnert.
Um 5 Uhr waren wir mit dem Ansehen fertig und sind dann durch die Friedrich- und Leipziger Straße gebummelt bis zum Reichsluftfahrtmuseum. Und von dort zur Reichskanzlei, dem Kaiserhof und dem ganzen Ministerienviertel. Zum Schluß landeten wir wieder am Brandenburger Tor. Von da sind wir dann mit der U-Bahn zum Kurfürstendamm gefahren. Ich sag Dir, elegante Leute sah man dort! Zu Abend haben wir auch am Ku'damm gegessen.
Um 1/2 9 Uhr haben wir uns langsam auf den Weg zum Anhalterbahnhof gemacht, durch die Tauendzienstraße, an den großen Kinos vorbei und fabelhaften Geschäften. Übrigens, in Berlin gibt es sogar eine Flensburger Straße, toll was? Um 21.20 Uhr ging der Zug ab. Also, das war Berlin für mich für 20 RM. Ein Pfundstag war's, und hundemüde sank ich um 24 Uhr in mein Bett.
Ich sende Dir die herzlichsten Grüße,
Deine Hanna
NS: Mit Walter habe ich mich nicht getroffen, weil ich den Entschluß zur Fahrt erst einen Tag vorher faßte.

St. Mdonn, 17.6.42

Liebe Hanna!
Sag, was ist in Dich, Liebe, gefahren? Du schweigst Dich aus? Habe ich Dir etwas angetan, oder was ist los? Bist Du auch krank? Ich liege nämlich zur Stunde im Bett, d.h. sitze im Bett. Eben fuhr Dienstbesuch vor, da muß ich auf der Hut sein. Unter mir erklingt mein Lieb-

lingslied. »Es tagt, der Sonne Morgenstrahl«*. Morgen sollen wir einem Ehepaar zur goldenen Hochzeit ein Ständchen singen.
Ich fühle mich aber nicht wohl, von meiner Henkersmahlzeit bei Familie Plett habe ich entsetzliche Magenschmerzen erstmalig in meinem Leben bekommen. Die Mehlbeutel liegen wie Blei in der Tiefe meiner Eingeweide. Morgen komme ich auf eine neue Außendienststelle zu Familie Peters in Westdorf. Dort soll ich auch nähen, prima nicht? So kann ich meine Kenntnisse erheblich erweitern, denn nach neun Kleidern bei Familie Plett verfügt man über eine gewisse Übung.
Hanna, mir will Dein Schweigen nicht in den Kopf. Was ist los? Ist es Helmut? Oder habe ich Dich beleidigt? Sag doch, was los ist! Ich habe keine Ruhe. Wie ich jetzt 14 Tage auf Willys Post wartete, so warte ich nun schon auf Deine bald 14 Tage. Früher wäre das ja nicht so schlimm gewesen, aber da wir nun so schnell korrespondieren, weiß ich nicht, wie ich dran bin. Sollte ich in meinen letzten Briefen zu scharf geworden sein, dann denke bitte: Verblödung durch den RAD. Oh, Liebe, ich könnte Dir Bände erzählen, es gefällt mir mein Leben hier ja sooo gut! Nun aber Schluß. Es ist besser, wenn ich mich wieder hinlege.
Laß Dich vielmals und innig grüßen
von Deiner Wandelgard

Rußland, den 18.6.42

Liebste Wandelgard!
Nun darf ich Dich nicht mehr länger auf ein paar armselige Zeilen von mir warten lassen, denn heute kam Dein lieber Brief vom 7.6. mit dem hübschen Halstuch und dem vierblättrigen Kleeblatt. Dabei wartet schon ein Brief vom 16.5. etliche Tage auf Antwort. Für beide möchte ich Dir recht herzlich danken. Das Halstuch hat mich besonders gefreut, da es einmal für uns sehr praktisch ist und es außerdem einen so diskreten zarten Duft an sich hat.

* Religiöses Frühlingslied von Werner Gneist (geb. 1898; »Viel Glück und viel Segen«)

Allerdings soll es verboten sein, diese Tüchlein zu tragen. Der Kompaniechef einer Baukompanie hat wenigstens gestern unseren Spieß deswegen angeschnauzt und hielt ihm einen Armeebefehl diesbezüglich vor die Nase. Aber diese Herren wissen ja nicht, wie notwendig ein Halsschutz ist, wenn man mit dem Panzer größere Entfernungen zu überbrücken hat, wie es zur Zeit wieder der Fall ist.
Wie ich schon in meinem letzten Brief angekündigt habe, befinden wir uns wieder auf dem Marsch. Es ist zwar noch kein Einsatz mit Feindberührung, aber unsere Aufgabe bereitet darauf vor. Wir kurven seit dem 15.6. kreuz und quer herum, mal direkt an der Front, mal tief in der Etappe. Trotz der Anstrengungen durch das viele Fahren macht die Sache doch Spaß.
Heute wurde es zum ersten Mal ungemütlich. Ein Dauerregen, der prompt zu unserer Abfahrt um 7.30 Uhr einsetzte, begleitete uns bis zur Erreichung unseres Zieles um 15 Uhr. Im Panzer stand das Wasser beinahe knöcheltief, da die Luken während der Fahrt offenstanden. Wir selbst waren bis auf die Haut durchnäßt. Als wir dann endlich in die Quartiere einrücken konnten, strahlte herrlichster Sonnenschein. Wenn nur heute nacht das Wetter aushält! Heute abend um 20 Uhr geht es nämlich wieder weiter.
Also Du siehst, Liebling, die Zeit für private Angelegenheiten ist knapp und wird noch immer knapper. Dafür werde ich für die nächste Zukunft wohl gezwungen sein, meine Lebenszeichen in Form von Feldpostkarten abzusenden. Der Hauptgrund ist allerdings der, daß mir nurmehr zwei Briefbögen und ebensoviele Kuverts zur Verfügung stehen. Falls mein Notschrei, den ich nach allen Seiten ausgestoßen habe, in den nächsten Tagen nicht Wirkung zeigt, bin ich ausschließlich auf die lumpigen Feldpostkarten angewiesen. Diese erlauben aber nur eine allgemeine Berichterstattung. Da ich jedoch gerne ein wenig mehr schreibe, als gestattet ist, sind jene bei mir verpönt.
Von einer ernsten Feierstunde, die wir gestern während des Marsches erlebten, möchte ich Dir gerne noch erzählen. Wir kamen nach A., wo im Dezember vorigen Jahres unser Kompaniechef, Ritterkreuzträger

* Helmut von Harnack, Kompaniechef im 21. Regiment der 20. Panzerdivision

Oberleutnant von Harnack*, fiel. Vor dem schlichten Grabe, in dem ein anderer Kompanieangehöriger ruht, der mit mir im Oktober 1940 eingezogen wurde, trat die ganze 10. Kompanie an.
Unser jetziger Chef gedachte in markanten Sätzen unseres unvergeßlichen Chefs, der die 10. Kompanie im Geiste Oberleutnant Buckers, der auch im Oktober gefallen ist, weitergeführt hat, bis ihn eine feindliche Kugel vier Stunden, nachdem er von der Verleihung des Ritterkreuzes erfahren hatte, für immer von uns genommen hatte. Männer wie Bucker und Harnack werden für immer unserer Kompanie ein leuchtendes Vorbild sein.
Nun, mein Schätzchen, für heute umarmt Dich mit innigsten Küssen
Dein Willy

Dessau, den 19.6.42

Meine liebe Wanda!
Da muß ein Brief verlorengegangen sein, ich konnte es mir auch gar nicht vorstellen, daß Du zuletzt am 2. Juni geschrieben haben solltest. Weißt Du, im geheimen hab ich schon mit Dir geschimpft, weil Du nicht schriebst. Und mir wollte es auch nicht in den Kopf, daß Du Dich nicht zu meinem Berliner Törn äußerst. Aber das hast Du ja bestimmt in dem Brief getan, der sich vorläufig in seine Atome aufgelöst hat, nicht?
Mein Lieb', mach Dir keine Gedanken, ich bin noch immer die Alte. Also nix »beleidigt«, nix »zu scharf geworden«! Alles wieder o.k., hast Du nun Deine liebe Ruh wieder? Der Hauptschuldige ist doch die Deutsche Reichspost. So'n blöder Verein! Übrigens, Hermine beherzigt schon Deine Mahnung, in puncto männliche Wesen auf mich aufzupassen. Am Sonntag hat sie mir einen Rat gegeben. Eile war geboten, wenn ich alles erst Dir geschrieben hätte, hätte es viel zu lange gedauert. Es war nämlich so:
Eines Morgens, auf dem Weg ins Werk, spricht mich ein Herr an, stellt sich vor, »Fritz Reuter«. Erstmal der äußere Rahmen. Ich schätze ihn Anfang 30, ob er sehr groß ist, weiß ich nicht, weil wir uns immer nur auf dem Fahrrad gesehen haben, angenehmes Gesicht, Brille, Betriebsingenieur in einer unserer Flugzeughallen, mit einem

Wort: ein seriöser Herr. Sehr taktvoll und einfühlend. Hast Du eine ungefähre Vorstellung von ihm?
Also, er erzählte mir, daß er mich schon lange jeden Morgen sehen würde und an diesem Tag endlich die Kühnheit besessen hätte, mich anzureden. Dann wollte er sich unbedingt irgendwann und irgendwo mit mir treffen. Immer hab ich eine Ausrede gehabt oder »vielleicht« gesagt. Ach Wanda, glaub mir, es war mir so schrecklich peinlich. Ich hab richtig Angst gehabt, ich wollte ihn dabei nicht verletzen. Kannst Du Dich in meine schwierige Lage versetzen? Gott sei Dank waren es immer nur fünf Minuten, die wir zusammen fuhren.
Am Donnerstag früh gab er mir dann einen Brief, der mich ziemlich aus meiner Fassung brachte. Lies ihn Dir bitte durch und schicke ihn mir dann zurück. Ich glaub, Dir wäre auch nichts eingefallen. Am Montag hab ich dann auf diesen Brief geantwortet und seitdem nichts mehr von Herrn Reuter gehört und gesehen. Ach, Wanda, glaub mir, ich bin ja so froh! Ein Ehrenmann! Er steht ja so hoch in meiner Achtung. Aber sicher hat es ihn schwer getroffen.
Am Sonntag war ich nachmittags bei Hermine, und abends haben wir bei mir gegessen. Dann haben wir wieder geklönt, und auf einmal war es 22 Uhr, und Hermine hatte keine Lust mehr nach Hause. Da hat sie bei mir geschlafen. Wir zwei Dicken in einem Bett! Frau Crusius war noch nicht da, so ging es also bestens.
Ja, mein Lieb, sonst weiß ich eigentlich nichts mehr zu schreiben. Ist ja auch genug, nicht? Es grüße Dich sehr lieb und vielmals,
Deine Hanna und ganz die Alte

St. Mdonn, 21.6.42

Meine liebe Hanna!
Ja, das war ein Pech mit unseren Briefen. Habe ich an den Brief, der verlorenging, doch einen ganzen kostbaren Freizeitnachmittag gesessen. Der Brief war am 6.6., Sonnabend, geschrieben, aber nun ist ja alles wieder okay.
Mensch, Hanna, ausgerechnet gestern bekam ich meine Bilder: Klein-Wanda beim Kuhmelken und so fort. Was sind das doch für zwei Wel-

ten, Deine und meine! So wohl, wie ich mich hier fühle, so sehr gern bin ich doch auch in der Stadt im »großen« Leben.
Wenn ich von Neid spreche, dann ist das vielleicht noch viel zu milde ausgedrückt. Berlin, Berlin, Kunstausstellung, viele Menschen, schöne Menschen in schönen Kleidern, Kultur und Leben, es ist zum Wahnsinnigwerden! Aber Du, meine Liebe, hast es verdient. Ich freue mich mit Dir über all das Schöne, was Du erlebtest.
Allein warst Du ja auch nicht, sogar ein Herr Ingenieur begleitete Dich. Und dann die Geschichte mit Herrn Fritz Reuter, ja, Du hast Chancen. Aber all das kann ja Deine Liebe zu Jochen nicht aufwiegen. Das verstehe ich. Ich hätte auch nicht anders gehandelt. Deine Antwort war sehr gut, ebenfalls Dein Brief. Das Benehmen von Herrn Reuter war sehr taktvoll.
Ach, Hanna, ich bin so aufgelegt, daß ich Dir Bände schreiben könnte, Gefühle, Stimmungen usw. Ich möchte Dich hier bei mir haben und mit Dir sprechen können am laufenden Band. Wir zwei sind doch wirklich noch enger verbunden als Schwestern. Was ist doch so eine Freundschaft fabelhaft!
Mir geht es gut. Ich bin auf einem sehr schönen, großen, alten Hof, einem ehemaligen Großgrundbesitz mit schönem Herrenhaus. Hier herrscht Kultur und Reichtum. Das ist ein ganz anderes Milieu als bei Pletts in der Marsch. Doch von meiner Arbeit bin ich bis jetzt nicht befriedigt. Dienstmädchen der Dienstmädchen zu sein ist nicht mein Idealzustand. Kartoffeln schälen, nachher abwaschen, Küche feudeln und all solchen Kram, das finde ich einfach doof.
So, nun sitze ich im Brunsbüttelkoog am Strand, und aalen kann ich das nicht nennen. Aber es ist so etwas Ähnliches. Wir sind mit dem Rad hierhergefahren, und ich Unglückspilz habe dabei meinen Füller verloren. »Was nun?« spricht Zeus. Hast Du keine Beziehungen zu Füllern? Es ist entsetzlich.
Fortsetzung. Jetzt sitze ich wieder im Bett. Es ist ein Sonntag, und 10 Wochen RAD liegen hinter mir. Manchmal kommt man in eine Verbitterung, aber dann wird wieder alles gut. Von Willy bekam ich gestern erstmalig einen etwas verbitterten Brief. Er dachte daran, im Oktober wäre er in normalen Zeiten wieder Zivilist. Er dachte in die-

ser Richtung, und dabei hat er so einen furchtbaren Leutnant im Panzer und stöhnt ein wenig.
Weißt Du was, Lilo, Ursel und ich haben an drei unbekannte Offiziere in einer Kampfliegerstaffel geschrieben. So ein Blödsinn! Nichts wie Blödsinn haben die beiden bei diesem »Stumpfsinn« im Sinn!
Am 5.7. ist Besuchssonntag. Kannst Du nicht mit einer JU 52 kommen? Du hast ja so gute Beziehungen zu den Ingenieuren. Rieke kommt auch zu Besuch. Das ist vielleicht eine tolle Fähnrichstante geworden. Oh jemine, oh jemine!
So, nun grüß ich Dich mit dem Wunsch, daß es Dir sehr gut gehen möge in dieser schönen Sommerzeit,
Deine Wandelgard

Dessau, den 25.6.42

Meine liebe Wanda!
Du hast jetzt also Deine Außendienststelle gewechselt. Na, das kann ich mir gut vorstellen, daß das jetzt ein vollkommen anderes Milieu ist. Aber Du als Dienstmädchens Mädchen! Wie hat sich Eure Maidenkorrespondenz mit den Fliegern entpuppt? Darauf bin ich richtig gespannt. Weißt Du, es macht viel Spaß, an ganz unbekannte Leute zu schreiben, so wie ich mit Walter Schulz in Berlin.
Am nächsten Sonntag wirst Du also von Deiner großen, kleinen Schwester besucht. Auf die JU 52 aus Dessau brauchst nicht zu warten. Vielleicht mal in fünf Wochen auf die Eisenbahn! Das ist schon ein bißchen wahrscheinlicher. Hab es man recht nett mit Rieke. Ich kann es mir eigentlich gar nicht vorstellen, daß sie so ein tolles Fähnrichmädchen geworden ist. Ihre schönen Augen besitzen wahrscheinlich magische Kräfte. 15 Jahre!
Ich muß mal überlegen, was über meinen trüben Schatten noch zu berichten wäre. Morgens treffe ich fast jeden Tag Herrn Reuter. Zu allem Übel wohnt er auch hier in meiner Gegend. Also, der Mann ist direkt närrisch! Er wäre schon sehr froh, wenn er mit mir längs fahren dürfte. Ja, meine Güte, soll er es doch tun. »Mich is eins!« Wenn's ihm

Spaß macht. Ich bin nur gespannt, wie lange es dauert und wann es ihm zu langweilig wird.
Weißt Du, der Herr Reuter ist so sehr gesetzt und viel zu vernünftig, na ja, er ist ja auch schon 35. Er könnte doch beinahe mein Vater sein, nicht? Manchmal ärgert mich das alles richtig, und dann versuch ich immer, ihm eins auszuwischen, irgendwie ironisch zu sticheln oder so ähnlich. Ich glaube, Dir würde es auch nicht anders gehen!
Sonnabend denk mal an mich und bedaure mich kräftig. Da muß ich mich doch der Tortur einer neuen Dauerwelle hingeben. O je, da graut mir schon förmlich.
Und nun: Laß Dich nicht verdrießen, einmal muß ich schließen,
Deine Hanna

St. Mdonn, 27.6.42

Liebe Hanna!
Eben habe ich Deinen lieben Brief erhalten, und nun kommt gleich die Antwort. Ach Hanna, Deine Briefe sind ja so prima und für mich ein Stück Heimat, meine Freude und Wonne. In Dir habe ich den Menschen, dem ich alles erzählen kann, und oft denke ich, wir beide sollten verheiratet sein. Das wäre doch ideal!
Ehe ich es vergesse: Du mußt nicht immer »Fräulein« schreiben, jetzt heißt es bei uns »Arbeitsmaid«. Man veräppelt mich ständig mit dem »Fräulein« bei der Postausteilung. Eben fand ich beim Aufräumen meinen Brief vom 6.6., na, da wirst Du fluchen, aber ich schicke ihn Dir trotzdem mit. Er enthielt die Antwort auf die Mitteilung, daß Helmut vermißt sei.
In meiner Familie Peters gefällt es mir jetzt besser. Ich habe den Spieß ein wenig umgedreht und kommandiere die jungen Mädchen, die eine ein Jahr, die andere zwei Jahre jünger als ich, und lasse mir von ihnen nichts mehr sagen. Sie haben inzwischen auch schon festgestellt, daß ich allerhand kann, und fragen mich nach diesem und jenem.
Meine Tätigkeit besteht jetzt aus Kartoffelpellen und -schälen, je einen Eimer voll. Das muß gemacht werden für die vielen Leute, und ich finde mich damit ab. Dann helfe ich beim Essenkochen. Nach dem

Mittag mache ich mit einer der beiden die Küche sauber, und anschließend nähe ich. Ich mache für die beiden Mädchen Hängerchen mit Schmuckfalten aus einem weißen Stoff mit kleinen blauen Blümchen. Sie sehen ganz entzückend aus, und man ist restlos begeistert. Die letzten Tage arbeitete ich mit einer Schneiderin zusammen, deren Herz ich gleich erobert hätte, wie Frau Peters mir sagte.
Frau Peters und ihre Schwägerin, die auf dem Hof vis-à-vis wohnt, eine ganz verrufene Person, können mich angeblich gut leiden. Ich finde überhaupt, daß ich, wenn ich etwas will, es auch durchführen kann. Das macht mir viel Spaß und gibt mir eine gewisse Selbstbefriedigung. Gerade das gute Auskommen mit den Bauern und mit meinen Kameradinnen bestärkt mich in der Anschauung, daß ich mich später auch mit meinen Patienten gut verstehen werde. Zumal ich ganz deutlich spüre, daß ich eine Kraft in mir habe, die Leute zu beeinflussen. Das mag ja günstig sein. So hat auch das Temperament etwas Gutes an sich. Am 18. gibt es die drei Tage Urlaub. Ich darf aber warten auf die fünf Wochen, in denen Du einmal angebraust kommst, da freue ich mich unbändig. Von unseren Fliegern haben wir noch keine Antwort erhalten, wer weiß, ob die überhaupt jemals eintrifft. Unbekannt zu schreiben finde ich langsam auch interessant. Onkel Willi, ein Bruder von Frau Peters, besuchte jetzt in seinem Urlaub seine unbekannte Schreiberin.
Letzten Sonntag waren wir in Brunsbüttelkoog, das war sehr nett, wir sahen doch »dunkelblaue Leute mit Goldstreifen«*. Mittwoch nachmittag hatten wir frei, und da fuhren Lilo und ich wieder mit dem Rad nach Brunsbüttel. In demselben Café wie am Sonntag haben wir sogar Zigaretten geraucht, und das in blauen RAD-Kleidern mit Zierschürzen, und dabei hatten wir Anschluß von zwei Fliegern. Es war zum Wimmern! Heute nachmittag fahren die anderen nach Meldorf, ich aber gehe zu Pletts zum Nähen. Solch ein Idealist bin ich.
So, nun aber Schluß, good bye my Johnny, es grüßt Dich
Wanda

* Marineoffiziere

Rußland, 27.6.42

Liebste Wanda!

Ich schäme mich fast über das Datum, das ich diesem Brief voransetzen mußte. Mir dünkt, es ist schon eine Ewigkeit her, seit ich Dir das letzte Mal schrieb. Dafür geht es dieses Mal besonders schnell mit Luftfeldpost, Rückporto leg ich bei. Anlaß dazu, daß ich Dir heute schreibe bzw. daß ich Dich so lange warten ließ, war, daß seit einigen Tagen schon sechs Sack Post für unsere Kompanie angekündigt waren, die heute mittag prompt eintrafen.

Zeit zum Schreiben habe ich keine, aber ich nehme sie mir! Ich muß Dir unbedingt für Deine so lieben vier Briefe vom 9., 11., 13. und 14.6. mit Briefpapier und den reizenden Photos danken. Mädel, ich kann Dir nur sagen, gut siehst Du aus auf den Bildern!

Die deutsche Staatsangehörigkeit habe ich nun auch verloren, da ich bereits länger als ein Jahr nicht in Germansky war. Da verlernt man natürlich auch vieles andere. Dafür werde ich aber bald perfekt russisch können. Wenn es hier noch lange dauert, siedle ich mich noch hier an (nicht für bare Münze nehmen, sind nur Anzeichen von Wutausbruch).

Also, Liebling, jetzt möchtest Du gerne wissen, was mich so sehr in Anspruch nimmt. Unsere Aufgabe hat uns in eine Ortschaft geführt, in der wir schon etwa acht Tage liegen. In »Ruhe«! Ruhe heißt nämlich bei uns immer: Dienst bis zur Vergasung. Diesmal war es allerdings notwendig, denn unsere Fahrzeuge waren wirklich unter aller Kanone. Heute vormittag ist Fahrzeugappell als Abschluß des technischen Dienstes. Danach sollen wir tatsächlich Ruhe haben.

Plötzlich kommt der Abmarschbefehl für morgen mittag. Nun sitze ich inmitten des Wirrwarrs meiner Funkgeräte, um unsern Panzer fahrbereit zu machen. Der kann aber warten, Hauptsache, mein »lubimaja dewuschka«* bekommt die wohlverdienten Zeilen. Was Vernünftiges ist es allerdings nicht geworden, da ich mit einem Auge immer aufpassen muß, daß mich mein Kommandant und Zugführer

* Liebes Mädchen, liebste Freundin (russisch)

nicht bei der Schreibarbeit erwischt. Doch ich nehme mir fest vor, das Versäumte in Form eines langen Briefes bald nachzuholen.
Nun, mein Schatz, sei gegrüßt und geküßt
von Deinem Willy

Dessau, den 29.6.42

Meine liebe Wanda!
Mensch, hatte der heutige Brief gewaltige Ausmaße. Aber für mich gilt, je länger, desto besser. Also hatte das gute Mädchen den Brief vom 6.6., der mir so fehlte, selbst versust. Für den möchte ich mich noch ganz besonders bedanken. Ich weiß, Wanda, Du verstehst mich, ohne daß ich viele Worte sage, nicht wahr? Noch hat man ja auch immer die Hoffnung! Armer Helmut.
Na weißt Du, 16 Briefe von Willy in der bisherigen RAD-Zeit! Das ist wirklich eine recht stattliche Zahl, aber wenn man so verwöhnt wird mit Post, dann ist man um so enttäuschter und ungeduldiger, wenn sie einmal ausbleibt. Ich erhalte durchschnittlich einmal in der Woche Post. Aber dann sind es manchmal zwei Briefe zugleich.
Nun zu Deinem abendlichen Brief in der unmöglichen Stellung. Du wirst sicher unter demselben Motto schreiben wie Jochen: »Wenn jemand schon Briefe von mir kriegt, dann soll er sich ruhig die Mühe machen, sie zu entziffern, wenn er überhaupt Wert darauf legt, Briefe von mir zu erhalten!« Na, mit gutem Willen und ein bißchen Phantasie kann ich Deine Briefe noch lesen. Ach, und das »Fräulein« mußt Du mir verzeihen. Es ist so ungewohnt: »Arbeitsmaid«. Aber ich will mich bessern. Sonst würdest Du noch meine Briefe verwünschen, wenn man Dich immer deswegen hochnimmt.
So, am 18. fahrt Ihr in Urlaub, drei Tage! Das ist ja geradezu gewaltig, mit Euren drei Tagen. Samstag, Sonntag und Montag! Wat'n Schau wart dat warn! Wenn es mit meinen Zügen so passen würde, daß ich um 23.40 Uhr in Flensburg bin, dann wäre es ja bestens! Mensch, Wanda, ich freue mich schon bannig aufs Wiedersehen!
Ja, und was wäre nun von mir zu berichten? Am Sonnabend abend zum Frisör. So annähernd seh ich jetzt aus wie ein Kopf mit Schafwolle. Es

ist ’ne wahre Pracht und Wonne. Gestern war der Sonntag zum Sterben zu langweilig, so ein blödes Wetter! Abends haben Frau Crusius und ich bei Kuchen und Bohnenkaffee ein bißchen geklönt. Die Folge davon war, daß ich heute Nacht immerzu aufgewacht bin. Richtig herrlich fand ich das, mal so aufgeputscht zu werden durch Coffein!
Ja, meine liebe Wanda, jetzt muß ein Stop gesetzt werden. Es grüßt Dich aufs herzlichste
Deine Hanna

St. Msdonn, 2.7.42

Liebe Hanna!
Singschulung. Ich sitze gemütlich in meiner Ecke und schreibe in guter Deckung. Auch die Führung hat sich damit abgefunden, daß ich mich selbst beschäftige. Doch ich will sie ja nicht reizen, drum verstecke ich mich. Habe ich Dir geschrieben, daß ich mit Mutti zwei Stunden zusammengewesen war? Sie kam um halb neun und ging um halb elf. Da das Wetter schlecht war, durfte ich Mutti im Tagesraum empfangen, bewirtete sie mit Kuchen und Zitronensaft, den ich mir in der Küche machen durfte. Das alles war nur zu kurz für uns.
Mit meiner Post bin ich verwöhnt. Sonntag stellte ich die Statistik auf: in 74 Tagen 109mal Post. Die meisten Briefe waren von zu Haus, Willy und Dir, Schulte und Hermann. Das sind meine fünf besten Korrespondenten. Von Willy habe ich inzwischen weitere Briefe erhalten, so daß sich seine Zahl auf 18 erhöht hat. Alle vier Tage ungefähr ein Brief von ihm. Nun hat er aber kein Briefpapier mehr und bittet mich, ihm etwas zu schicken, bis er neues ergattern kann.
Wieder liegt ein arbeitsreicher Tag hinter mir. Morgens habe ich im Garten Unkraut gekratzt. Und nach dem Mittagessen, echt Dithmarscher Mehlbeutel, auf dem Feld Rüben verzogen, allerdings nicht mit der Hacke, sondern auf den Knien liegend. Danach ging’s zum Melken. Also, Arbeit war reichlich vorhanden und die Müdigkeit jetzt auch. Es ist entsetzlich, an keinem Abend schlafe ich vor 23 Uhr, und um 5.40 Uhr werden wir geweckt.

Auf Urlaub fahre ich am 18.7. nicht. Ich warte doch auf Willys Urlaub, hoffentlich nicht vergeblich.
Neulich bekamen wir sogar ein Zuckerei. Ein Schlafraum feierte Geburtstag, und wir schliefen fast schon. Da kam Bode herein: Antreten in Luftschutzzeug im Schlafraum I! Wir meckerten wüst, aber infolge des Pflichtbewußtseins unserer mordsdoofen KÄ standen wir auf. Im Schlafraum I bekamen wir einen Becher und Löffel in die Hand gedrückt, dazu ein Ei und ein Löffel Zucker. Schlafraum II stand nicht auf, und der ging leer aus.
Vorgestern abend wurden wir wieder geweckt: Sondermeldung! Sewastopol*! Gestern schlief ich nun ganz früh ein. Aber da mein Luftschutzbock nicht gut gepackt war, weckte Rabenau mich wieder. Schlaf ist also gering. So, nun schließe ich endlich diesen Quatsch ab. Laß Dich, mein lieber Wuschelkopf, ganz herzlich grüßen
von Deiner Wandelgard

Rußland, 4.7.42

Liebstes Mädel!
So eindringlich hast Du mir in drei Briefen, die soeben ein Panzer nach vorne brachte, zu meinem Herzen geredet, daß ich unverzüglich meinen drei Zentimeter langen Bleistiftstummel und den zweitletzten Briefbogen herauskramte, um Dir für Deine lieben Zeilen zu danken. Ob ich Zeit dazu habe, wirst Du wohl am besten beurteilen können, wenn ich Dir erzähle, was wir gerade treiben.
Vor kurzer Zeit haben wir ein Dorf gestürmt, an dessen Eingang wir uns zum Feuerschutz aufgebaut haben. Einige Panzer sind durch das Dorf hindurch und halten einen Waldrand in Schach. Ich selbst hokke auf meinem engen Funkersitz und muß das Gequassel von Funksprüchen mit anhören und auch noch quittieren. Seit heute früh habe ich dauernd das Mikrofon um den Hals und den Hörer an den Ohren. Da könnte man beinahe wahnsinnig werden.

* Die Deutschen hatten die letzte russische Bastion auf der Krim erobert

Ab und zu mal mache ich einen Blick durch die Optik meines MGs, ob der Russe sich irgendwo blicken läßt. Bis jetzt scheint er sein Heil in der Flucht versuchen zu wollen. Aber auch darin wird er Pech haben, da er schon eingekesselt ist. Falsch, noch nicht ganz. Einen Panzergraben müssen wir noch überwinden, um der anderen Division, die von Norden kommt, die Hand zu reichen. Das gibt noch viel Arbeit, besonders weil das Gelände hier ein einziger Sumpf ist nach dem anhaltenden Regen der letzten Tage.

Eine halbe Stunde später. Wieder ist es ein schönes Stück vorangegangen, bis auf das Arifeuer* ist es noch ein ruhiger Krieg. Panzer haben wir nicht viele als Gegner. Zwei schwere Russenpanzer haben wir schon erledigt.

Liebste, nun möchte ich etwas auf Deine Briefe eingehen, da Du es ja so wünscht. Ich habe zwar bisher immer Deine Briefe als Unterlagen für meine benutzt. Aber ich fand, daß in jeder Zeile so viel steht, daß ich so unheimlich viel Schreibmaterial und vor allen Dingen die Zeit dafür haben müßte, um all Deine Sätze erschöpfend zu behandeln. Du darfst also wirklich nicht glauben, es würde mich wenig oder überhaupt nicht interessieren, was Du schreibst. Ganz im Gegenteil. Dafür beschäftigt es meine Phantasie oder, noch besser gesprochen, meine Seele. Besonders danken möchte ich Dir für die neuen Photos, auf denen Du mir, wie immer, sehr gut gefällst. Auch die vielen Zigaretten und das Papier zum Selbstdrehen sind mir eine hochwillkommene Liebesgabe.

»Fertigmachen« kommt es aus den Muscheln des Hörers. Kurzer Schluß, Gruß und Kuß

Dein Willy

* Artilleriefeuer

9.
»Lieber im gottverlassensten Nest in Deutschland als in der schönsten Stadt Rußlands«

Willy bekommt immer noch keinen Urlaub • Wanda feiert Bergfest beim Arbeitsdienst • Hannas Freund Jochen stirbt in Rußland

Sommer 1942. Am 28. Juni starten die Deutschen das »Unternehmen Blau«. Diese Sommeroffensive konzentriert sich ganz auf den Süden, in der Mitte und dem Norden kann man froh sein, wenn man die Stellung hält nach dramatischen Verlusten. Inzwischen richtet sich Hitler auf einen langen Krieg ein. Sein Ziel: Grosny und die kaukasischen Ölfelder zu besetzen. So könnte er einerseits die deutsche Versorgung garantieren, andererseits die der Russen unterbinden. Im Juli erobert die Wehrmacht Rostow an der Mündung des Don zurück, Ende August hißt sie die deutsche Flagge auf dem Elbrus, dem höchsten Berg des Kaukasus, und erreicht die Wolga bei Stalingrad. Doch das ist kein Grund zur Siegeslaune.

Mit Hochdruck arbeitet die sowjetische Rüstungsindustrie daran, die gegnerische Überlegenheit auszugleichen. Während des Vormarschs der Deutschen in der zweiten Jahreshälfte 1941 waren knapp 6000 Betriebe blitzschnell abmontiert und in den Ural und nach Westsibirien verlegt worden. Und rund 25 Millionen Arbeiter zogen samt ihren Familien ostwärts, um die Produktion wieder aufzunehmen. So können die Russen im zweiten Halbjahr 1942 rund 13 000 neue Panzer und 15 000 Flugzeuge in Betrieb nehmen – weit mehr als die Deutschen.

Willys Einheit ist inzwischen nach Orel, rund 400 Kilometer südlich von Moskau, verlegt. Angriffe und kleinere Kesselschlachten bestimmen seinen Sommer. Daheim in Regensburg verfolgt Willys Mutter verzweifelt die Nachrichten von der Front. Die 60-Jährige hat schon den Ersten Weltkrieg miterlebt. Sie weiß, was ein solcher Feldzug bedeutet. Und hat große Angst um ihren Sohn. »Wenn er nur glücklich und gesund heimkäme, das gebe Gott!« schreibt sie an Wanda. »Jetzt wären die zwei Jahre Militärdienst bald herum, aber der Krieg nimmt ja kein Ende.«

Wanda hingegen teilt die Sorge nicht, sie ist einfach auf ihren Helden stolz. Was Willy in Rußland erlebt, übersteigt immer noch ihre Vorstellungskraft. Sicher, es starben bereits Jugendfreunde an der Front. Und auch Hannas Bruder Helmut kehrte nicht zurück. Trotzdem hat der Tod etwas Abstraktes, nicht Faßbares für die nun 18-Jährige.

Genauso ergeht es Hanna, auch sie macht sich kaum Sorgen um ihren Freund. Bis plötzlich der Brief mit der roten Tinte daliegt. Wie ist das nur möglich? »Ach, Wandel, ich hab eigentlich nie oder nur ganz wenig daran gedacht, daß es vielleicht einmal mit Jochen und mir so enden könnte. Wie schön hatten wir uns so manches Mal unser Leben ausgemalt.« Es war alles Illusion.

Dessau, 5.7.42

Meine liebe Wanda!
Ein Brief, geschrieben an den Ufern der Elbe, und vielleicht sitzt Du auch gerade heute an der Elbe, nur bei Brunsbüttelkoog? Ich laß also meine Gedanken mit dem Strom abwärts gehen, und so müßten sie Dich doch dort treffen, nicht?
Also, jetzt mal einen kleinen Stimmungsbericht. Heute morgen bin ich mit dem Rad zur Elbe gefahren, da war es noch sehr schön hier. Ich hab mir ein richtig nettes Plätzchen ausgesucht, wo keine Leute waren. Doch diese Freude dauerte nicht lange. Nach vielleicht einer Dreiviertelstunde rückten die Dessauer an mit Kind und Kegel, mit Kartoffelsalat. Ich sag Dir, 'ne wahre Wonne.
Links von mir liegt eine waschechte Dessauer Familie. Ich kenne sie alle schon ganz genau. Vati hat überhaupt nichts zu melden. Also, ich finde es furchtbar, wenn der Mann so'n Pantoffelheld ist. Jeden Augenblick kommandiert die Mutti etwas runter zum Wasser. Es folgen die ganzen schönen Dessauer Stilblüten, ne wahre Pracht: »Geh nich so nah bis Wasser«, »Du darfs nich beis Boot gehen«, »mache hin«.

Und die unvermeidlichen Bemmeln (Brote) werden angeboten. Also, hab ich doch manchmal gedacht, es gibt nichts Schlimmeres als so ein richtiges Flensburger »Deutsch«. Aber gegen dieses hier ist es direkt nett.
Fünf Meter rechts von mir ein Junge und ein Mädel, aber die beiden stören mich nicht. Die lassen kaum was von sich verlauten, sie haben wohl anderes zu tun. Hinter mir ein unvermeidliches Grammophon. Anscheinend haben die eine ziemliche Auswahl an Platten, denn bis jetzt hat sich noch keine wiederholt. Alles ist da vorhanden. Zarah Leander, Ilse Werner, Marika Röck mit ihrer »Nacht voller Seligkeit«. Auch Johannes Heesters »Man müßte Klavier spielen können« u.s.f. Für den Strand ist das wohl die richtige Unterhaltungsmusik.
Als ich hier so lag mit geschlossenen Augen, da hab ich mir eingebildet, daß ich zu Haus am Strand bin. Man hörte von den vorbeifahrenden Schleppern kleine Wellen ans Ufer schlagen und in weiter Ferne eine Schiffssirene. Und außerdem den Motor des ständig hin und her pendelnden Motorbootes.
Weißt Du, was mir eben gerade einfällt? Daß ich heute genau in vier Wochen bei Dir in St. Michaelisdonn bin, prima, was? Hoffentlich darf ich Dich dann etwas mehr als nur am Zaun sprechen.
Du willst also mit Deinem Urlaub warten, bis Willy auch welchen kriegt. Rechnet er denn damit, daß er Aussicht hat? Also, Wanda, ich würde mich sehr freuen, wenn's mit Deinem Urlaub klappt, mit Euch beiden, richtig freuen. Mir selbst wünsche ich auch nichts mehr als ein Wiedersehen mit Jochen.
Nun, meine Liebe, schließe ich mit vielen Grüßen an Dich,
Deine Hanna

St. Msdonn, 8.7.42

Liebe Hanna!
Singschulung, und wieder sitze ich beim Schreiben, ich böses Mädchen. Man holt mich schon oft während dieser Zeit zu anderen Arbeiten, hoffentlich nicht heute. Ja, meine Liebe, gestern bestand meine Post aus zwei Briefen aus Dessau, Hanna und Hermine, beide dachten

sie an mich, das war doch sehr nett. Noch viel schöner war, die eine kündigte mir ihren Besuch an. Also, Hanna, ich werde Dir »Trampeltier« Sonntag früh, den 2.8., am Bahnhof erwarten.
Rieke war von Sonnabend mittag bis Montag mittag hier, Sonnabend waren wir nachmittags mit Lilo und ihrer Freundin bei Gardels (Riekes Gasthof) in Riekes Zimmer zusammen. Haben uns Liköre und Brausen mit hinaufgenommen, die Kuchen hatten unsere Gäste mitgebracht. Für Zigaretten hatte Rieke auch gesorgt. Also ein echtes Schlemmerleben!
Sonntag vormittag kamen wir bei Peters Hof vorbei, und ich sagte schnell »Guten Morgen«. Ein paar Blumen hatte ich beim Gärtner besorgt. Wir waren nämlich am Nachmittag dort eingeladen. Da haben wir dann ganz groß unter den Säulen vor dem Haus Kaffee getrunken mit Buttercremetorte und Streuselkuchen. Auch Abendbrot gab es: Eier, Schinken, Käse, Gurken, Wurst, Rettich, Butter und Brot. Was will das Herz mehr? Doch um 8.40 Uhr mußte ich wieder im Lager sein, schade. Abends hatte die Führung einen kleinen Stich und spielte verrückt und wir mit.
Dein Sonntagsbericht gefiel mir gut. Oh, wenn ich das auch bald tun könnte! Na, am 22.7. ist Bergfest, dann geht es rapide abwärts. Oh, wie ich mich freue!
So, nun Schluß, es grüßt, Liebes, recht herzlich und schön
Deine Wandelgard

Rußland, 9.7.42

Meine liebe Wandelgard!
Heute kann ich Dir nur einen kurzen Kartengruß senden, weil ich mir das letzte Briefpapier aufheben will, bis ich einmal wieder mehr Zeit zum Schreiben habe. Deine beiden Briefe vom 18.6. und 27.6. habe ich vorgestern erhalten, wofür ich Dir recht herzlich danke.
Hast Du eigentlich meiner Mutter schon geschrieben? In ihrem letzten Brief hat sie ihrer Freude über unseren gemeinsamen Wunsch Ausdruck gegeben. Nun, Liebste, herzliche Grüße und Küsse
von Deinem Willy

Dessau am 9.7.42

My dear!
Heute warteten zwei Briefe auf mich, einer von »Ihr« und einer von »Ihm«. Also bestens! Eigentlich wartete ich schon sehr auf Post von zu Haus, denn seit dem Luftangriff auf Flensburg haben meine Leutchen noch nichts von sich hören lassen. Na, in den nächsten Tagen wird wohl was eintrudeln.
Dein Wochenende mit Rieke war sicher sehr nett. Kann mir alles sehr gut vorstellen. Eure Schlemmereien habe ich noch im Nachhinein sehr genossen. Besonders als ich das Wort »Buttercremetorte« las – hmmm. Also, Klein-Wanda ist hocherfreut, daß ich komme. Hör ich gern! Im übrigen freue auch ich mich natürlich wild.
Am Dienstag war ich im Theater: »Der Vetter aus Dingsda«*, war sehr nett gespielt, und vor allen Dingen all die vielen bekannten Melodien. Ich war eingeladen von Herrn Reuter, ja, ja, auch so'n Kapitel für sich. Aber trotzdem, es war sehr nett, und ich hab ihm 'ne Freude gemacht, als ich mitging. Nett'n Mensch bin ich, nicht?
So, mein Lieb, einen frohen Sonntag, viele liebe Grüße,
Deine Hanna

St. Msdonn, 13.7.42

Liebe Hanna!
Recht herzlichen Dank für Deinen lieben Sonntagsgruß, den wieder ein paar Zeilen von Hermine begleiteten. Die schrieb mir, Du kämst bald, in dieser Woche würdest Du schon fahren. Mir würde es auch diesen Sonntag passen, denn die anderen fahren in Urlaub. Hoffentlich schaffst Du es.
Ja, mein Liebes, am 22.7. ist Bergfest. Da ist schon die erste Hälfte hinter uns, was will ich mehr? Gestern waren wir in Itzehoe und haben so allerlei unternommen, z.B. alle Eisdielen ausprobiert. 2,30 M Eis. Dann in ein Café gepilgert und ein Stück Kuchen gegessen. Anschließend ging's ins Kino. Ein Kintopp, enorm, mit zehn kleinen Logen.

* Operette von Eduard Künneke (1885–1953), uraufgeführt 1921

Wir saßen in der mittelsten zu dritt für eine Mark. Der Film: »Hochzeit auf Bärenhof«*, sehr nett, aber nichts Ausgefallenes. Dann waren wir im Bahnhof und wollten etwas essen. Aber uns fehlten 10 g Fettmarken, die schenkte uns dann ein Soldat, niedlich nicht?

»Ich schreibend an Dich.«
Wanda (links) mit Ursel an einem RAD-freien Nachmittag

Im Zug fuhren wir zweiter Klasse, um zu stehen. Es waren lettische Arbeitsmänner, FreiWillyge, im Abteil. Prima Kerle, nordische Typen. Deutsch, Russisch, Englisch, Französisch, Latein und Lettisch konnten sie. Dieser Sprachreichtum – für mich bewunderswert! Wir haben uns angeregt unterhalten, denn die konnten alles sagen, was sie wollten. Erst rätselten sie an unserer Uniform herum, dann erkannten sie an unseren Ärmelabzeichen, daß wir der weibliche Teil zu ihnen sind. Übrigens, den Letten haben wir geschrieben, die sind in Westerland.
Heute geht es endlich ans Schneidern der wonnigen Schmuckfaltenkleider. Nun aber Schluß, Singschulung ist vorbei, grüße bitte Hermine, alles Gute, herzliche Grüße,
Deine Wandelgard
NS: Du bist mit Herrn Reuter im Theater gewesen. Prima, aber ich glaube, ich hätte es nicht getan. Alles weitere dann bald mündlich.

* Liebesfilm mit Ilse Werner und Heinrich George. Regisseur Carl Froelich (1875-1953) war Leiter des Gesamtverbandes der Filmherstellung und Filmverwertung

Dessau, den 14.7.42

Liebe Wanda!
Recht herzlichen Dank für Deinen Brief. Gestern hast Du geschrieben, und schon heute kann ich darauf antworten. Schneller kann es wirklich nicht mehr gehen, zumal es doch ca. 400 km sind, die uns trennen. Jetzt Sonntag komm ich noch nicht, das hat Hermine falsch verstanden. Ich bin erst Sonntag, den 2. August, bei Dir. Du mußt Dich also noch zwei Sonntage gedulden.
Auf Euerem Itzehoer Sonntag habt Ihr ja allerlei unternommen. »Wir«, das sind doch Lilo und Du? Bei Euch hat es am Sonntag anscheinend nicht geregnet, bei uns dagegen mit einer Ausdauer zum Auswachsen!
Du wärst also nicht mit ins Theater gegangen? Ach, weißt Du, ich fand das gar nicht so schlimm, und außerdem hab ich es nur getan, weil ich den »Vetter von Dingsda« noch nicht gesehen habe. Es war also sehr egoistisch und materialistisch von mir gedacht. Und ich glaub, Herr Reuter hat jetzt auch gemerkt, daß jede Bemühung um mich weiterhin zwecklos bleiben wird.
Nun aber Schluß. Es grüßt Dich sehr herzlich,
Deine Hanna

Rußland, den ... (19.7.42)

Mein liebstes Mädel!
Ja, Liebes, welches Datum wir heute haben, weiß ich nicht. Sicher ist bloß, daß der 15.7. schon gewesen ist und der 19.7. noch nicht da war. Vor mir liegt Dein Brief vom 6.7. mit Briefpapier, wofür ich Dir recht herzlich danke. Er hat mich sehr gefreut, obwohl er, nimm es mir bitte nicht übel, wirklich verrückt ausgefallen ist. Mich würde bloß interessieren, was zu diesem Zeitpunkt Eure Stimmung so gehoben hatte.
Bei uns kommt so etwas ja auch des öfteren vor unter Alkohol. So z.B. gestern, da gab es wieder französischen Sekt und Cognac. Es kam sogar so weit, daß einer von uns fest davon überzeugt war, drei russische T 34-Panzer, eine sehr gefürchtete Waffe, im Luftkampf abgeschos-

sen zu haben. Heute morgen machte er ein recht böses Gesicht, als wir ihm das erzählten.
Es ist heute doch schon der 19.7. und noch dazu ein Sonntag, wie ich eben erfuhr. Da muß ich unwillkürlich daran denken, was ich jetzt wohl zu Hause täte. Es ist abends um 20 Uhr. Jedenfalls wäre ich sauber gewaschen, was momentan nicht der Fall ist, da ich erst vor kurzem Feierabend gemacht habe.

Seit heute früh mühe ich mich schon ab, den Motorraum meines Panzers sauber zu machen. Ich habe etwa einen halben Zentner Schmutz herausgeschafft. Mit mehreren Kanistern Sprit mußte ich dabei nachhelfen. Zu Hause braucht man eine besondere Genehmigung, um überhaupt Treibstoff zu bekommen, und hier ist er ein Reinigungsmittel für alle Zwecke, wobei durchaus nicht mit ihm gespart wird. Selbst zum Händewaschen ist er gut, wenn mal kein Wasser da ist.
Zur Zeit haben wir wieder einmal eine Ruhestellung bezogen an der Rollbahn Smolensk/Wjasma bei Dorogobusch, also weitab von der Front. Ursprünglich sollten wir gleich nach unserer Rückkehr aus dem erledigten Kessel in den Süden verladen werden, was nun vorläufig hinfällig ist.

Nun, liebste Wandelgard, verzeih mir, wenn ich schon so bald Schluß mache, aber die erbärmlichen Mücken machen mich richtig zur Sau, wie der Landser sagt, der den letzten Funken Kultur in Rußland eingebüßt hat. Eine treffende Ausdrucksweise. Seit Stunden geht meine Tabakspfeife nicht mehr aus, aber auch dieser Rauch vertreibt die Biester nicht mehr.
Also sei nun, mein Schätzelein, herzinnigst gegrüßt und viel tausendmal geküßt
von Deinem Willy

Regensburg, 19.7.42

Liebes Fräulein Wanda!
Für Ihr liebes Brieflein vom 8.7. besten Dank. Ich wollte erst von Willy Post abwarten, denn ich bin schon seit vierzehn Tagen ohne jede Nachricht. Bin natürlich sehr in Sorge! Heute fährt sein Kamerad Hirlmeier wieder ab, der war fast drei Wochen in Urlaub. Wenigstens jetzt hab ich eine Ahnung, wie es da draußen so ungefähr zugeht.
Ich habe ein großes Paket für Willy mitgegeben und hoffe, daß Willy noch auf seinem alten Platz ist, denn mit der Post hatte er bisher immer Pech. Es wäre halt Zeit, daß er auch einmal Urlaub bekommt. Sie haben heuer wahrscheinlich auch Ihren Urlaub herschenken müssen, wie so viele. Daß Sie sich in Ihrem neuen Wirkungskreis so gut eingearbeitet haben, freut mich. Das ist wirklich nicht leicht, von der Schulbank weg diese Arbeiten auf dem Lande zu verrichten.
Auch Willy mußte schon so schwere Arbeiten machen, aber sicher ist der Arbeitsdienst nicht hergeschenkt. Wenn er nur glücklich und gesund heimkäme, das gebe Gott! Jetzt wären die zwei Jahre Militärdienst bald herum, aber der Krieg nimmt ja kein Ende. Vielleicht bekommt er doch noch Studienurlaub.
Von Eurer Freundschaft wußte ich gleich von Anfang an, aber ich dachte nicht, daß sich das so in die Länge zieht. Hatte ich seinerzeit Willy schon getadelt, denn er war doch noch sehr jung. Und eine Mutter sieht da halt immer schwarz. Wenn Sie einmal wieder nach Regensburg kommen sollten, so besuchen Sie mich bitte ja. Das »Zigeu-

nermädchen« ist natürlich jetzt hinfällig, aber Sie werden es sicher nicht so tragisch genommen haben.
Daß mein Mann so plötzlich gestorben ist, ist natürlich sehr hart. Aber ich habe mich jetzt damit abgefunden und hoffe, daß mir mein Willy noch bleibt. Nun, liebes Fräulein Wanda, verzeihen Sie mir meine Schrift und die Fehler, ich bin aber schon sechzig Jahre, und da geht nicht mehr alles so genau.
Seien Sie recht herzlich gegrüßt
von Ihrer Margareta S.*

Rußland, 25.7.42

Meine liebe Wanda!
In vier Tagen können wir beide unser zweijähriges Jubiläum feiern, oder sind es schon drei Jahre oder gar schon eine Ewigkeit? Trotzdem, die Erinnerung daran ist frisch und jung geblieben. Allerdings hätte ich das Datum vergessen, wenn Du mich nicht in Deinem Brief am 12.7. daran erinnert hättest. Ich danke Dir dafür von Herzen, ebenso für Deinen lieben Brief vom 15.7. sowie für die Filmsendung vom 3.7. Dies alles erhielt ich gestern.
Ich werde verrückt, fängt da eben unsere »Regimentskapelle« vor meinem Panzer zu spielen an mit einem flotten Marsch. Da muß ich natürlich meine unbequeme Schreiblage aufgeben. In einer Stunde geht es schon weiter. Bis dahin mögen Deine Ohren erfüllt sein von Sphärenmusik.
Aus der einen Stunde sind nun doch fast sechs geworden. Hoffentlich haben Dir die Ohren nicht zu lange geklungen. Nach dem Standkonzert war gleich antreten. Anschließend war ich beim Sanitäter zum Verbinden meines rechten Daumens. Vor einigen Tagen fiel mir der schwere Turmdeckel darauf, daß ich schon glaubte, der Knochen wäre ab. Glücklicherweise ist der bei mir hart wie Kruppstahl, so daß es bei einer Wunde rund um den Daumen mit Quetschungen blieb. Du kannst Dir vorstellen, daß mir das Schreiben nicht leicht fällt dadurch.

* Der erste von vier Briefen von Willys Mutter

Nun, Liebling, möchte ich auf Deine lieben Briefe eingehen. Daß Du bald russisch kannst, lubimaja dewuschka, ist charoscho*. Unter diesen Umständen ist mir schon heimatlicher zumute, wenn ich Dich einmal besuche. Natürlich darfst Du dann auch das Kopftuch nicht vergessen, die Schuhe kannst Du ruhig zu Hause lassen, ponimajesch**? Deiner Freundin danke ich für ihre Zeilen. Es ist nett von ihr, daß sie so hilfsbereit ist, aber ich hoffe stark, daß Du es auch verstehst, mich wieder mit der Behandlung der Frauen vertraut zu machen. Also, mein Schätzchen, rede Dir ja nicht ein, wie kühl Du in dieser Beziehung bist. Wie sollte es denn da möglich sein, daß mein Herz Feuer gefangen hat und heiß lodert in Liebe zu Dir? Also bitte keine Geständnisse, die am Ende doch nur scheinbar richtig waren. Mädel, so wie ich Dich sehe, wird es wohl seine Richtigkeit haben.

Eben lese ich wieder etwas vom Wurzelschlagen in Rußland. Für den Fall, daß Du Dich im Ernst mit solchen Plänen beschäftigst: Kinderkrankheiten! Lieber im gottverlassensten Nest Deutschlands, sogar Norddeutschlands, als in der schönsten Stadt Rußlands, das lasse Dir nur ja gesagt sein von einem, der Rußland nicht bloß aus dem Geographieunterricht kennt.

Nun die Sache mit Salewski, Fritz. Tatsache ist, daß nicht jeder Brief an Dich durch die Schreibstube meiner Kompanie geht, wie Du anhand des Briefstempels sicher feststellen kannst. Wenn wir nämlich auf dem Vormarsch sind, gebe ich meine Briefe dort ab, wo gerade Gelegenheit dazu ist. Im übrigen schätze ich den Fritz sehr, wonach Deine Antipathie unbegründet ist.

Zum Thema Urlaub kann ich Dir keine Ratschläge geben. Jedenfalls schätze ich Deine Opferbereitschaft sehr und gebe einer begründeten Hoffnung Ausdruck, daß ich bis Oktober bestimmt für Urlaub in Frage komme. Da die Leute der Kompanie, somit auch ich, mit dem Urlaub dann durch sind.

Mit den Päckchenmarken ist es eine rare Angelegenheit. Die Marke für Juli habe ich schon meiner Mutter geschickt. Doch wenn Dir daraus keine Unannehmlichkeiten erwachsen, werde ich die nächste Mar-

* Gut (russisch)

** Verstehst du? (russisch)

ke Dir schicken. Der Film, den Du mir sandtest, paßt leider nicht ganz, da ich für meinen Apparat Metallspulen benötige. Doch ich werde versuchen, mit Bohrer, Raspel und Messer ihn passend zu machen. Sobald der Film verknipst ist, werde ich ihn Dir schicken.
Unbeschriebenes Briefpapier brauchst Du mir vorläufig nicht mehr zu schicken, da ich nun genügend Vorrat habe. Gestern kam nämlich ein Kompanieangehöriger aus meiner Heimatstadt vom Urlaub zurück, dem meine Mutter ein Riesenpaket mitgegeben hatte, das neben vielen Leckereien auch praktische Dinge enthielt. Zu meiner Schande muß ich gestehen, daß sich die Leckereien nicht lange halten bei mir in unserm verfressenen Panzer.
Nun, Liebling, sei innigst gegrüßt und geküßt
von Deinem Willy

Msdonn, 28.07.42

Liebe Hanna!
Ich muß Dir schnell noch ein paar Zeilen wegen Sonntag senden. Hanna, ich kann es nicht zulassen, daß Du, wenn Du abends fährst, zwei Stunden in Elmshorn und später in Flensburg soundsoviele im Bahnhof im Luftschutzkeller hockst. Drum antworte mir bitte sofort, dann bestelle ich bei Gardels ein Zimmer für Dich. 2 Mark die Übernachtung. Sag, kannst Du nicht Sonnabend pimmeln und bist schon Sonnabend bei mir? Es fährt auch mittags um 12.00 Uhr ein Zug hierher, Mensch, das wäre doch eine Idee. Weißt Du, in Flensburg ist nämlich ewig schwerer und langer Alarm.
Gib mir bitte umgehend, so schnell wie möglich, Antwort, evtl. telefonisch.
So, nun Grüße und Küsse
von Deiner Wandelgard

Dessau, den 29.7.42

Meine liebe Wanda!
Nun schnell die Antwort auf Deine Karte. Du meinst also, es wäre ratsamer, die Nacht in Michaelisdonn zu verbringen anstatt in einem

Bahnhofsluftschutzkeller. Das leuchtet mir durchaus ein. Also, dann bestell bitte bei Gardels, in Euerm hochfeudalen Gasthaus, ein Zimmer, ja? Es ist wohl auch ziemlich egal, ob ich um 24 Uhr nachts oder vormittags in Flensburg lande. Denn Montag früh hätte ich sowieso ausgiebig geschlafen.
So, mein Deern, dann bis Sonntag. Viele liebe Grüße,
Deine Hanna

St. M., 30.7.42

Liebste Hanna!
Du, sieh doch bitte zu, daß Du schon Sonnabendabend kommst, denn ich habe dann frei. Zufällig ist heute bei Peters ein großes Fest. Der Kartenclub. Und da muß ich länger bleiben zum Garnieren und Herrichten des Abendbrotes usw. Darum habe ich Sonnabend frei, nur von halb zehn bis halb zwei Außendienst.
Weiter, Willy kommt auf Urlaub! Trudels Mann schrieb, daß er im August käme: Sein Kamerad sei schon in den nächsten Tagen dran. Er ist nun allerdings Schreibstubenhengst, und da weiß er es eher. Einen Tag später, 19.7., schrieb Willy nichts davon. Na, das wird eine Überraschung werden, und welche! So könntest Du ihn vielleicht noch kennenlernen.
Hanna, Sonntag abend laß ich Dich nicht weg, seit Sonnabend haben wir in Flensburg täglich mehrstündigen Alarm, Du bleibst hier in Donn, verstanden, ich bestelle Dir ein Zimmer.
Nun bis Samstag, herzliche Grüße,
Deine Wandelgard

Kiel, 7.8.42

Liebe Hanna!
Aus der Klinik in Kiel sende ich Dir herzliche Grüße. Ich sollte zum Facharzt, wohlgemerkt sollte, denn als ich ankam, hatte sich bereits wieder das Leiden* eingestellt, und darum wurde ich nicht untersucht.

* Menstruation

Muß deshalb nochmal wiederkommen. Jetzt mache ich mir mit einem anderen Mädel einen gemütlichen Tag, z.Z. sitze ich in der Hautklinik und warte noch auf sie.
Ich freue mich schon auf Donnerstag, sage bitte nichts davon, denn Mutti sieht es nicht recht ein. Dienstag war sie schon richtig böse mit mir, weil ich alles hinter Fräulein Rabenaus Rücken gemacht habe. Liebe, Du kommst bestimmt auf der Rückfahrt von Flensburg! Ich habe ja einen Pfand, Deine »Armschelle« hast Du bei mir vergessen. Die mußt Du Dir selbst abholen, schicken tu ich sie nicht, nein, nein, nein!
Wie ging's in Kiel weiter? Die Trudel mußte bleiben, und ich zog mit einer anderen ab nach Kiel-Wyk, mit der Bahn zurück, Kinokarten geholt für den »Rembrandt«-Film*, bei Muus gegessen, Fliegeralarm eine halbe Stunde. Du, der Rembrandt-Film war enorm, einfach enorm, mußt Du Dir angucken.
Nun Schluß + Gruß + Kuß bis Donnerstag,
Deine Wandel

Rußland, den 8.8.42

Liebste Wanda!
Wenn ein Hund etwas ausgefressen hat, dann zieht er seinen Schwanz ein und umschmeichelt sein Herrchen bzw. Frauchen. Mir ist heute auch so zumute. Wie lange habe ich Dir schon nicht mehr geschrieben? Ich schätze, es sind so an die 10 Tage und mehr. Heute erhielt ich eine moralische Ohrfeige von Dir in der Form, daß von Dir gleich vier Briefe ankamen vom 17., 20., 23. und 25.7. Meinen heißen Dank!
Zunächst möchte ich Dir meine Erlebnisse erzählen, und dann urteile bitte darüber, ob es möglich war, Briefe zu verfassen. Bis 4.8. lagen wir in Dorogobusch, 90 Kilometer östlich von Smolensk, zur Auffrischung. Einige Tage vor dem Abrücken mußten wir mit unserem Panzer in die Werkstatt, da ein neues Getriebe eingebaut werden sollte. Tagesarbeit, abends Kino, »Heimat ade« und »Der Herr im Hause«.

* Historienfilm mit Elisabeth Flickenschild und Gisela Uhlen von Hans Steinhoff (1882–1945), dem neben Veit Harlan prominentesten Regisseur der Nazizeit, der auch »Hitlerjunge Quex« und »Ohm Krüger« gedreht hatte

Vorigen Sonntag war, ich fühle, wie Du staunst, Tanz! Ich muß schon sagen, tanzen können die russischen Mädchen! Aber wegen der Mädchen bin ich nicht zum Tanzen gegangen, sondern ich wollte doch probieren, ob meine Knochen da noch mitmachen.
Am 5.8. wurden wir nach Orel* verladen. Du hast also richtig vermutet, als Du schriebst, daß wir wohl nördlich von Orel eingesetzt sind. Bis jetzt sind wir allerdings auf dem Weg zum Einsatz. In der Nacht vom 6. auf 7. wurden wir in Orel ausgeladen. Leider stand uns nur ein Tag Aufenthalt in dieser schönen Stadt zur Verfügung. Vormittags war ich auch noch im Kino, »Kleine Mädchen – große Sorgen«, ein großer Blödsinn. Nachmittags war ich in einem russischen Varieté, wo erstklassige Leistungen auf dem Gebiet der Musik und des Tanzes gezeigt wurden.
Anschließend stattete ich dem Soldatenheim einen Besuch ab, wo es Bier und ein fabelhaftes Abendessen gab, u.a. Makkaroni mit Zimt und Zucker. Um 20.30 Uhr war leider schon Abmarsch. Das Wetter ist in diesen etwas südlichen Zonen ausgezeichnet. Die Hitze nimmt man gerne in Kauf. Nur der Staub ist hier halt unangenehm, besonders bei Nacht, da sieht man nämlich überhaupt nichts mehr.
So, allmählich muß ich mich nun zu einem »Saufgelage« fertigmachen. Heute gibt es nämlich: 1 Liter Bier, 1 Liter Wein, 1/2 Liter Sekt und 1 l Schnaps pro Mann. Ich sehe da nur schwarz für meinen Fahrer, denn schon heute nacht geht es wieder weiter. Tagsüber haben wir Ruhe. Lange dauert es ja nicht mehr, bis wir am Feind sind. Ist dann dieser Einsatz vorüber, wird es bestimmt mit meinem Urlaub klappen. Nun, Liebling, ich fasse mich kurz, wenn ich von Liebe spreche. Sei herzlichst gegrüßt und geküßt
von Deinem Willy

Flensburg, 11.8.42

Meine liebe Wanda!
Ach nein, »Wanda« magst Du ja nicht mehr hören, nicht? Muß ich denn wahrhaftig noch auf meine alten Tage umlernen, Wandelgard

* Etwa 400 Kilometer südlich von Moskau

oder Wandel sagen? Alsdann, lieber »Wandel«. Das Taufwasser fällt aber diesmal weg, aus kriegsbedingten Gründen.
Am Sonnabend … Ach nein, ich will von Montag anfangen. Zu Hause angekommen natürlich große Freude, denn die hatten mich noch gar nicht mit diesem Zug erwartet. Außerdem hatte ich noch zwei Briefe von Jochen bei der Ankunft, und im übrigen war ich reichlich müde für den Rest des Tages.
Dienstag, Donnerstag und Freitag, jeden Tag zum Baden! Feine Sache, und abends immer den Bauch voll Stachelbeeren geschlagen. Heute sah ich mir den Rembrandt-Film an, und das wäre somit alles, was über mein Dasein zu berichten wäre. Ansonsten haben wir jeden Tag und in der Nacht den Tommi* zu Besuch. Fliegeralarm ist für mich direkt mal wieder etwas Neues. In Dessau hatten wir wer weiß wie lange keinen Alarm mehr, unberufen! Toi, toi, toi.
Ja, meine Liebe, und nun muß ich Dir etwas schreiben, und das wird Dir sicher gar nicht gefallen. Ich werde am Donnerstag nicht den Abstecher nach M'donn machen können, sondern gleich durchfahren nach Hamburg, aber gelt, Wandel, Du darfst mir darum nicht böse sein, es ist günstiger so.
Ich will nun für heute schließen. Es grüßt Dich von Herzen,
Deine Hanna

St. Mdonn, 14.8.42

Mein liebes Hanna-Mädchen!
Heute will ich Dir nun für Deinen lieben enttäuschenden Brief danken. Schade, daß Du nicht gekommen bist, ich durfte Dich sogar abholen, extra prima Mittag gab es, Kuchen waren gebacken, und alles nur für Dich, Nüte. Kirschsuppe (sprich: Kirschen mit Flüssigkeit) mit Grießpudding, an dem Eier und Fett en masse waren. Nachher Kartoffeln mit jungen Bohnen und Schinken. Aber Du wolltest ja nicht kommen, des Menschen Wille ist sein Himmelreich!

* Die britische Luftwaffe

Am Dienstag wurde Rabenaus Geburtstag gefeiert, Thema »Ball der Nation«, dementsprechend war die Kostümierung. Ich ging als Inderin, Frau aus dem Harem von Lilo. Mein Bettlaken drappierte ich um meinen Körper, über das Gesicht fiel mir Frau Pletts Brautschleier, und darüber verdeckte ein dunkles Tuch, das mit Gold- und Silberfäden verziert war, meinen bloßen Nacken. Wir hatten uns ganz braun angepudert, Haare straff zurückgekämmt, Mittelscheitel, und über der Stirn hing ein »Diamant«. Viel Schmuck blinkte an Arm und Bein. Prima war es! Jede hatte sich phantastisch hergerichtet, es gab Neger, Japanerinnen, Toreros, Cowboys, Chileninnen, Mrs. England, Eskimos und eine Bulgarin, Kosaken und Holländer. Alle waren sie vertreten. Es gab prima Kaffee und Kuchen. Da läuft mir noch das Wasser im Mund zusammen.

»Ich ging als Inderin.« Wanda verkleidet für den Ball der Nationen, August 1942

Von Willy erhielt ich gestern Post. Er ist jetzt nördlich vom Orel eingesetzt, ist dieser Einsatz beendet, fährt er auf Urlaub. Na, das wird ja spannend! Sonst gibt es nicht viel Neues. Oh ja, von Heinz* erhielt ich Post. Ich war völlig platt.

* Der Flieger, der Wanda im Juni 1941 einen Fahrradschlauch besorgt hatte

Wie geht es Dir nun? Schmeckt die Arbeit? Was gab es in Flensburg Neues? Grüße bitte Hermine, so nun Schluß, herzliche Grüße,
Deine Wandelgard

St. M, 17.8.42

Meine liebe Hanna!
Seit zwei Tagen steckt Dein lieber Brief nun schon unbeantwortet in meiner Manteltasche. Toll! Jetzt soll er aber beantwortet werden. Es ist Sonnabend abend, 21 Uhr. Die eine Hälfte des Lagers ist planmäßig auf Urlaub und die andere im Kino. Ich sitze angeblich wegen Leibschmerzen wieder im Bett. Willy hat schon einen Brief bekommen, nun bist Du dran. Es ist zu herrlich hier, diese Ruhe. Ich sitze schön warm in meinem Bett, während es draußen Bindfäden herniederprasselt. Ein Wetter, das läßt sich halbieren, so toll ist es.
Stell Dir vor, Hanna, ich soll schon wieder zum Facharzt. Du weißt vielleicht von der RAD-Krankheit. Viele der Mädels bekommen ihre Tage nicht. Ich armes Huhn bin natürlich eine Ausnahme und quäle mich mit dieser Schweinerei fast alle vierzehn Tage ab. Das wurde mir nun aber zu toll, und so kann ich mal wieder auf Reisen gehen. Vielleicht kommt Erholungsurlaub dabei heraus, womit ich spekuliere. Aber dann wird es meistens gerade nichts.
Morgen, Sonntag, gehe ich zu Pletts zum Nähen. Anni bekommt ein Regencape. Es gibt mir zu Ehren Gänsebraten und Schlagsahne. Lilo muß auch zum Bauern, das Haus hüten. Ich gehe dann später zu ihr, und wir machen es uns gemütlich.
Du, solche Briefe bekommt sonst immer Willy, nun kriegst Du auch mal einen, ganz neckisch, nicht? Diese fliegenden Blätter! Ja, Hanna, bei mir gibt es auch nichts Neues mehr. Oh, Hanna, es fällt mir ja so schwer, nicht mit Dir nach Flensburg abzudampfen. Aber ich bleibe eisern, obwohl der Garten zu Hause mit seinem Segen lockt. Stell Dir vor, ich habe noch keine einzige Erdbeere gegessen, doof nicht?
Du, wenn der Regen so weitergeht, müssen wir morgen zum Außendienst schwimmen. Toll, das Wetter. Und nun wird es auch schon so

dunkel, verflucht noch mal. Da muß ich erst aufstehen und verdunkeln, um Licht anzumachen, sonst kann ich nicht weiterschreiben.
Nun aber Tschüßing, Schluß, Gruß und Kuß,
Wanda

Rußland, 17.8.42

Mein liebes, kleines Mädel!
Anstelle eines feinen diskreten Briefbogens muß heute leider dieses nüchterne kalte Papier genügen, um Dir meinen Dank für Deinen lieben langen Brief vom 1. bis 3. auszudrücken. Am 13.8.* habe ich dieses liebe Geburtstagsgeschenk erhalten. Pünktlicher geht es also nicht mehr. Immerhin war es in den harten Tagen, die ich erleben mußte, eine überaus erfreuliche Angelegenheit.
Am 12.8. griff unsere Division an, schon Tage zuvor belegten unsere Stukas im ununterbrochenen Einsatz den Feind mit ihrem Segen. Trotzdem kamen wir nur langsam vorwärts. Als wir nach dreistündigem Gefecht ein Dorf erreicht hatten, bedachte uns der Russe besonders stark mit seiner Artillerie, Stalinorgel** und Pak***.
Bei dieser Gelegenheit ist es passiert, daß uns eine 3,7-Pak ins Visier bekam. Der erste Treffer riß vorne den Abschlepphaken weg. Der zweite saß tiefer und haute unten an der Wanne, wo die Panzerung sehr schwach ist, ein Loch. Verletzt war zum guten Glück niemand. Der Fahrer schaltete zurück, doch die Kupplung ließ sich nicht mehr durchtreten.
Da gab es für uns nichts mehr als nur noch raus aus der Kiste. Mit Ausnützung der geringsten Unebenheit des Bodens arbeiteten wir vier Mann uns bis zum nächsten Panzer zurück. In seinem Draufgängertum hatte sich nämlich mein Kommodore zu weit über die eigene Linie hinausgewagt. Nun waren wir wenigstens wieder einigermaßen in Sicherheit. Allerdings: Unser ganzes Hab und Gut bestand nur noch

* Willys 21. Geburtstag
** Raketenwerfer, der elektronisch gezündete Granaten-Salven verschoß und dabei ein jaulendes Geräusch machte
*** Panzerabwehrkanone

aus unserer Hose und Hemd, und die Pistole hatten wir in der Hand. Aber wenig später stießen unsere Panzer noch einige hundert Meter weiter vor, so daß wir wieder Herren über unser Eigentum waren. Unser schöner Panzer sah aber aus! Die Kanone war kaputtgeschossen, die Spiegel zerbrochen, sein Antriebsrad und seine Laufrolle unbrauchbar. Sogar mein schwarzer Rock, den ich im Kampfraum aufgehängt hatte, steckte voller Splitter. Das war also die Vorfeier zu meinem Geburtstag.

Beinahe noch toller verlief der 13. selbst. Nur die Tage vom 23.2.42 bis 26.2.42 waren ähnlich schwer. Die russische Ari zeigte ihre ganze Kunst. Erst als gegen Mittag unsere Stukas eine kurze Feuerpause erzwangen, konnten wir unseren etwas in Unordnung geratenen Schlitten abschleppen lassen. Hinten beim Troß konnten wir dann ungestört die Schäden beheben. Heute ist nun endlich unser Panzer wieder einsatzbereit. Allerdings ziert ihn ein klaffendes Loch und zeugt von den Spuren des letzten Kampfes. Doch bei nächster Gelegenheit wird eine neue Platte aufgeschweißt.

Liebling, glaube mir, jedes Mal fällt es mir schwer, den Brief zu schließen ohne Dir Bestimmtes über den so ersehnten Urlaub kundzutun. Aber ich bitte Dich, laß Deine Hoffnung keiner Enttäuschung weichen. Mein liebes, kleines Mädel, laß Dich nochmals grüßen
von Deinem Willy

Dessau, den 17.8.42

Meine liebe Wandelgard!

Hab vielen Dank für Deinen Brief. Ein lieber Sonntagsbrief war es. Daß Rabenaus Geburtstag nett war, kann ich mir gut vorstellen. Überhaupt geht das Vorstellen jetzt viel besser, wo ich nun alles kenne.

Ja, Wanda, für mich war es kein schönes Heimkommen nach Dessau. Die Fahrt verlief recht gut. Um 4.45 Uhr war ich hier und hab mit Ach und Krach meinen Koffer nach Hause geschleift und bin für eine Stunde todmüde ins Bett gesunken. Um 6.30 Uhr stand ich auf und habe noch meinen Koffer ausgepackt, denn es war mir egal, mit wieviel Verspätung ich morgens ins Büro kommen würde.

Als ich endlich aus meinem Zimmer gehen wollte, fiel mein Blick auf einen Brief, der auf meiner Kredenz lag. Ich hocherfreut, als ich den Feldpoststempel sah und die rote Tinte. Jochen hatte mir nämlich die Briefe immer mit roter Tinte geschrieben. Als ich aber Jochens Nummer und einen fremden Namen las, da stieg eine böse Ahnung auf. Ich konnte den Brief nicht aufreißen, ich konnte es einfach nicht. So hab ich ihn dann ungeöffnet mit ins Werk genommen und erst dort gelesen.
Oh, Wanda, es war wohl die traurigste und bitterste Nachricht, die ich jemals in meinem Leben bekommen habe. Ich habe meinen liebsten Menschen verloren! Jochen ist am 29. Juli beim Minensuchen schwer verwundet worden und dann an den Folgen im Feldlazarett gestorben. Zuerst hab ich nur dieser Nachricht fassungslos gegenübergestanden. Ich konnte nicht einmal weinen, es war mir zu unbegreiflich. Mein Gruppenführer im Werk ließ mich sofort nach Hause gehen, und ich habe erst heute wieder mit der Arbeit angefangen.
Ich mußte einfach allein sein, um mich ausweinen zu können. Vielleicht, daß es mir durch die Tränen leichter werden würde. Niemand war da, der mich trösten konnte. Aber wer könnte mich denn auch schon in meinem Schmerz trösten? Ich habe dann einen Brief an Jochens Mutter geschrieben und einen an den Kameraden, von dem die Nachricht kam.
Abends holten Hermine und Gisela mich zu einem kleinen Spaziergang ab, anschließend war Hermine bei mir. Ach, sie versteht einen so gut, so ganz ohne Worte, und sie hat mir wieder Mut gemacht für das Leben. Es ist sicher besser so, wie es gekommen ist, als wenn Jochen Zeit seines Lebens ein Krüppel geblieben wäre. Man muß vielleicht dem Schicksal sogar dankbar sein, wenn es auch jetzt so bitter, bitter weh tut.
Ich hab ihn ja noch nicht ganz verloren, solange ich die vielen schönen Erinnerungen mit ihm habe und ihn in Dessau in mir trage. Aber alles ist doch so leer, wie ausgebrannt in mir! Und ich komme mir jetzt so schutzlos vor. Bisher war Jochen doch immer der Schild, der mich vor anderen Männern geschützt hat. Aber nun?
Ach, Wandel, ich hab eigentlich nie oder nur ganz wenig daran gedacht, daß es vielleicht einmal mit Jochen und mir so enden könnte.

Wie schön hatten wir uns so manches Mal unser Leben ausgemalt. Was haben wir beide noch alles in M'donn erzählt und wieviel hab ich dort an ihn gedacht und wie oft schrieb ich ihm noch während meines Urlaubs. Es ist so furchtbar, wenn ich daran denk, daß er schon die ganze Zeit nicht mehr gelebt hat, dieser frohe, lebensbejahende, unbekümmerte und immer optimistische Mensch!
Ja, ich glaub seinen Kameraden gern, er war ein guter Offizier und Kamerad. Der Gefreite schrieb mir wirklich sehr nett, und in seinem bevorstehenden Urlaub will er mich auch besuchen. Ich freue mich, einen Menschen zu sehen und zu sprechen, der bis zuletzt mit Jochen zusammengewesen ist. Der letzte Brief war vom 27.7., also zwei Tage vorher. Ich glaube, auch Jochen hat niemals daran gedacht, daß das Ende so schnell kommen würde.
Ich würde mich so gerne gegen das Schicksal aufbäumen, aber es drückt mich doch immer nieder. Wie jeden anderen auch. Warum muß es mich aber gleich zweimal so hart treffen? Jedoch der zweite Verlust schmerzt mich noch viel tiefer als der von Helmut. Wanda, ich wünsche Dir von ganzem Herzen, daß Du dies nicht erleben brauchst.
Leb wohl. Immer Deine Hanna*

Rußland, 20.8.42

Mein liebes Schätzchen!
Vorausschicken möchte ich, daß ich momentan nicht mehr ganz nüchtern bin. Wir haben nämlich eben eine Flasche Münsterländer geleert aus einem besonderen Anlaß. Erstens habe ich heute erfahren, daß in diesem Monat nunmehr drei Mann unserer Kompanie auf Urlaub fahren, und ich bin nicht dabei! Außerdem kam heute unser Zugführer wieder in unser Fahrzeug, da er während der Zeit, in der wir unseren Panzer wieder einsatzbereit machten, in ein anderes Fahrzeug umgestiegen war.
Übrigens, die Flasche Münsterländer war für den Urlaub bestimmt, aber bis zum September kann ich sie nicht aufheben, denn wie leicht

* Wandas Antwort ist nicht erhalten

kann unser Fahrzeug in einem der kommenden Gefechte abgeschossen werden, so daß die Pulle mit ihrem köstlichen Inhalt flötengeht. Das alles will ich unbedingt vermeiden.
Eigentlich wollte ich Dir, mein Liebling, als erstes für Deinen Brief vom 7.8. danken, den ich gestern erhielt. Aber wenn man, verzeih mir, besoffen ist, fällt einem ein vernünftiger, angemessener Aufsatz schwer. Trotzdem bin ich in einer fabelhaften Stimmung, in der mir das Leben gefällt. Das ist nun einmal so bei der Panzertruppe. Auf der einen Seite verachtet man das Leben. Vor jedem Angriff fühlt man schon so etwas wie Todesbereitschaft in sich. Auf der anderen Seite könnte man wieder die ganze Welt umarmen, so lebenslustig ist man dann.
Nun wird auch dieser Kessel bald vollendet sein, dann wird unsere Division wieder für einige Tage Ruhe haben, und das wird für die Urlaubsfrage von Bedeutung sein. Schatz, tue es mir nach und verliere die Geduld nicht, dann wird schon alles gut werden. Drei Wochen Urlaub sind kurz, aber die Vorfreude, die bekanntlich neben der Schadenfreude die beste Freude ist, dauert länger an.

21.8.42

Nun muß ich doch noch ein paar Zeilen in wieder vernünftigem Zustand hinzufügen. Gestern abend wurde ich noch unterbrochen durch einen plötzlichen Abmarschbefehl. Bis um 2 Uhr nachts dauerte der Anmarsch. Unsere Aufgabe ist, einen Brückenkopf zu sichern. Bis jetzt haben wir allerdings nichts getan als nur geschlafen und gegessen.
Wir liegen in einer Ortschaft, wo es noch Hühner und Kartoffeln in Hülle und Fülle gibt, auch Gurken und Zwiebeln. Sogar ein Spanferkel haben wir heute schon geschlachtet. Die Kompanie, die wir abgelöst haben, wollte gar nicht wieder weg, so gut hat es ihr hier gefallen. Der Russe ist kaum achthundert Meter weg, und das Dorf ist schön einzusehen, trotzdem schießt die Artillerie nur selten zu uns herein. Bloß nachts wird es ungemütlich. Wenn der »sture UvD«, d.h. eine unglaublich langsame und lächerliche Flugzeugtype der Russen, seine Splitterbomben wirft.
Liebling, für heute muß ich aufhören, da es schon wieder dunkel ist. Vielleicht muß ich diesen Brief noch einige Tage mit mir herumtragen, bis ich die Gelegenheit habe, ihn aufzugeben. Heute ist noch

nicht einmal das Mittagessen zu uns vorgekommen. Ein Glück, daß wir Selbstversorger sind.
Liebste Wanda, sei nun innigst gegrüßt und geküßt
von Deinem Willy

Dessau, den 25.8.42

Meine liebe, liebe Wandelgard!
Ich danke Dir von ganzem Herzen für Deinen lieben, lieben Brief. Wie gut Du mich verstehst. Aber wir stehen uns ja auch so nahe wie zwei Kameradinnen es überhaupt nur können, nicht wahr? Und das gibt mir gerade jetzt soviel Halt. Ich danke Dir, daß Du mir bei all meinem Leid mithilfst, es zu tragen.
Ja, Wanda, die ersten Tage nach dieser Nachricht konnte ich das alles gar nicht fassen. Doch nun hab ich mich schon wieder selbst gefunden. Ich habe meinen liebsten Menschen ja auch nicht verloren, wo er doch noch so nah in all den vielen schönen Erinnerungen weiterlebt. Wenn ich an all die gemeinsamen Stunden denke, dann kann ich gar nicht mehr so traurig sein. Und in einer schöneren Gewißheit konnte mich Jochen nicht zurücklassen, als daß er mich bis zu seinem Ende so tief und wahr geliebt hat.
Wanda, ich leg Dir einen Brief mit bei, den ich in der vorigen Woche von Jochens Mutter bekam. Es muß eine großartige Frau und Mutter sein. Mit diesem Brief hat sie mir von ihrer Kraft und ihrem Stolz abgegeben. Als ich ihn las, hab ich meinen Tränen hemmungslos ihren Lauf gelassen. Ich konnte nicht anders. Als Geburtstagsgeschenk und letztes Vermächtnis Jochens schickte sie mir ein wunderhübsches Armband.
Gell, Wanda, Du schickst mir den Brief gleich wieder zurück? Ich mag ihn nämlich so gar nicht missen. An ihm finde ich immer wieder Trost. Wie sehr hatte ich mich schon auf einen lieben Geburtstagsgruß von Jochen gefreut. Das Schicksal hat es eben anders gewollt, und ich muß mich beugen.
Um nicht soviel zu grübeln und um etwas abgelenkt zu werden, bin ich nun am Sonnabend mit den anderen in den Harz gefahren. Bis um 10

Uhr war ich mir noch nicht schlüssig, aber dann ging alles sehr schnell und heftig. Für eine gute Stunde war ich im Büro nicht zu finden, sondern fuhr nach Haus, um mich umzuziehen und meine Aktentasche zu packen, denn wir mußten gleich vom Werk zur Bahn fahren. Wir, das heißt Herr Schatton und Herr Jakob und ich, beides junge Ingenieure aus unserer Abteilung. Mit Herrn Jakob war ich damals in Berlin, ist Rheinländer, verlobt, aber sehr nett.

Bis Aschersleben ging's per Bahn, dann Cycle bis Thale. Um 19.30 Uhr waren wir da. Unterwegs haben wir noch Äpfel geklaut. In Thale waren alle Hotels besetzt. Mit Hängen und Würgen haben wir noch ein Privatquartier gekriegt. Abends ging's mit beiden zum Essen und dann in ein Café, nettes Musikcafé. Am anderen Tag, morgens um 9 Uhr, ging's per Pedes zum Hexentanzplatz und von da nach Freseburg. Eine wunderbare Wanderung.

Dort haben wir Mittag gegessen und dann einen verkehrten Weg eingeschlagen. Wir mußten die Bode durchwaten, damit wir auf den rechten Weg kamen und das Bodetal zurück nach Thale gehen konnten. Ganz wild romantisch waren diese schroffen, steilen Felswände. Wir waren restlos begeistert. Um 23.50 Uhr waren wir zu Haus in Dessau. Alles in allem ein sehr schönes Wochenende. Ich bin sogar ganz fröhlich.

Nun Wandel, einen Gruß und Kuß,

Deine Hanna

10.
»Wenn der Krieg vorbei ist und wir Ostarmeen zurückkommen, dann lassen wir uns nicht mehr alles gefallen«

Willy darf Wanda im Fronturlaub nicht besuchen • Wanda zweifelt an Willys Liebe • Hanna trauert um Jochen

Herbst 1942. Der Feldzug im Süden ist längst nicht so erfolgreich wie es anfangs schien. Eigentlich sollte die eine Hälfte der Armee zum Kaspischen Meer vorstoßen und so die Sowjets von den Erdölvorkommen abschneiden. Doch sie bleibt im Vormarsch stecken, ihr General wird abgelöst. Die andere Hälfte soll die Industriestadt Stalingrad erobern. Was sich ebenfalls als mühsam entpuppt. Ende Oktober sind erst zwei Drittel der Stadt besetzt.

Bereits am 19. August waren Briten und Kanadier mit 28 Panzern in Dieppe gelandet – in der nordfranzösischen Stadt, die Hitler einst als Ausgangspunkt für seinen Überfall auf England vorgesehen hatte. Am gleichen Tag sind sie wieder zurückgeschlagen. Das findet Hanna bravourös, die Bilder sieht sie gern bei der Wochenschau im Kino. Was niemand in Deutschland wahrhaben will: Die britische Operation »Jubilee« bringt den Gegnern wichtige Erkenntnisse. Sie ist ein Probelauf für die Landung in der Normandie, die zwei Jahre später im Juni 1944 stattfinden soll.

Unterdessen sinkt Willys Stimmung auf den Nullpunkt. Seit fast zwei Jahren ist er nun Soldat, fünfzehn Monate davon schon in Rußland und häufig an vorderster Front. Die ganze Zeit über hat er auf Urlaub gehofft. Und immer wieder wurde die Hoffnung enttäuscht. Er will doch so gern Wanda wiedersehen, um sie kreisen sein ganzes Denken, sein Fühlen.

Dann plötzlich ist es so weit. Am nächsten Tag schon geht es von Orel aus nach Westen. Nur: Die Erlaubnis, nach Schleswig-Holstein zu Wanda zu fahren, erhält er nicht. Typisch! Das bestätigt ihn in dem, was er längst ahnt. Die Frontsoldaten, die täglich in Rußland ihr Leben riskieren, sind nur die Dummen. Verraten von der deutschen Obrigkeit, in einen mörderischen Krieg gejagt. Und dann im Stich gelassen von den Bonzen daheim.

Er sieht »gewisse Kreise, in denen ein Frontsoldat nichts gilt«. Das ist vor allem der Fall in »den Dienststellen der Partei, wo soundsoviele »Unabkömmliche« herumtrödeln. Die glauben, wenn sie an ihrer Uniform am Kragenspiegel ein paar Winkel und eine Schnur an der Schirmmütze haben, dann müßte sie ein Soldat grüßen. So weit erniedrigen wir uns aber nicht!«

Noch nicht einmal ein Foto kann Willy im Urlaub machen lassen, der Fotograf hat so schnell keinen Termin frei. »Wenn aber irgend so ein Parteigewaltiger kommt, für den ist immer Zeit da.« Die Nazis? Für Willy inzwischen das Letzte, ein rotes Tuch.

Ganz anders empfindet Wanda. »Heute abend soll der Führer sprechen, darauf bin ich schon gespannt«, schreibt sie. »Es wird gewiß eine große Rede werden.« Nicht der Hauch von Distanz ist da zu spüren, nichts kann ihren Glauben erschüttern, mit dem sie von Kindheit an aufwuchs.

St. M, 27.08.42

Meine liebe, liebe Hanna!
Diese feierliche Aufmachung zeigt schon, was der Brief will und soll, nämlich Dir zu Deinem Wiegenfeste* gratulieren. Meine liebe Hanna, für das neue Lebensjahr wünsche ich Dir alles Gute. Besonders aber, daß Du mehr Freude erlebst als im vergangenen und daß Dir allzu viel Leid erspart bleibe. Möge meine kleine Freundin in heiterem Sonnenschein wandeln und alle Regenwolken vor ihr das Weite suchen. Mut, Tapferkeit und Kraft mögen Dich auf Deinem Weg ins 20. Lebensjahr begleiten, damit die Vergangenheit bald überwunden wird und die Zukunft Dich beglücken kann mit dem guten Schicksal, das für Dich bestimmt ist. Also, Hanna, in einem Wort gesagt: alles, alles Gute zu Deinem Geburtstag.
Zuerst zu Deinem Brief. Die Zeilen von Jochens Mutter haben durch ihre schlichte, warme Art und die Erhabenheit, mit der diese Frau ihr

* Hannas 19. Geburtstag

Schicksal trägt, auch bei mir die Tränen hervorgeholt. Du sollst diesen Kraftspender sofort wieder zurückbekommen.
Daß Du Dich trotz allem aufraffen konntest, mit den anderen in den Harz zu fahren, finde ich prima. Nur durch Abwechslung kann es Dir etwas leichter werden. Gerade eine schöne Umgebung und die Naturstimmung können einen leicht und beschwingt machen, wenn man sie aufzunehmen versteht und nicht verbohrt seinem Kummer nachhängt. Mach nur weiter so, Hanna, dann wird alles wieder gut werden.
Stell Dir vor, Wilhelm Breßler von 08 hat an Rabenau geschrieben und mich für den Fünf-Städte-Kampf angefordert. Höchstwahrscheinlich komme ich los. Zwei Tage Sonderurlaub! Wie findest Du das? Im vorigen Jahr im September waren wir doch in Lübeck. Das war so prima. Wenn ich dann heimkomme, brauche ich meinen rechtmäßigen Urlaub von drei Tagen und einen Reisetag nicht so schnell und kann ruhig weiter warten, bis Willy kommt. Ich bin jetzt die einzige Maid im Lager, die die Urlaubstage noch vor sich hat. Wenn Willy nur bald käme! Ich habe jetzt schon 12 Tage keine Post von ihm.
Morgen kommt Rieke. Ich habe für sie noch ein Zimmer bei Gardels bekommen. Ich war natürlich früh mit meiner Anmeldung, jetzt gibt es keine Zimmer mehr, da der KdF* alle anderen belegt hat. Nun will Werner seine Lilo besuchen, und sie steht da wie Piefke. Ganz verdattert, alles auf mich setzend, stürzte sie mir gestern abend entgegen. Da wurde das Köpfchen angestrengt, und Wandel mußte wie üblich das Ding drehen.
Wir beide fuhren zu Peters, Rieke darf dort die drei Tagen wohnen, und Werner bekommt ihr Zimmer bei Gardels. So haben wir zwei Fliegen mit einer Klappe geschlagen, denn Rieke hat keine Marken mehr. Wir wollten zu Hause davon nichts sagen, und bei Peters bekommt sie ja auch so ihr Essen.
Freitag früh, min Deern: Heute soll endlich der Brief fertigwerden, damit er Dich bis Sonntag erreicht. Liebste Hanna, es tut mir ja so leid, daß Du kein Geburtstagspäckchen von mir erhältst. Ich habe es genau

* Nationalsozialistische Gemeinschaft »Kraft durch Freude«. Die Organisation veranstaltete Urlaubsreisen für Arbeiter. Trägerin war die Deutsche Arbeitsfront, die 1933 an die Stelle der aufgelösten Gewerkschaften getreten war

wie Jochen gemacht, doch leider war meine Mutter zur Schulung unterwegs, und so kommt es nun halt später. Schadet nichts, oder?
So, nun grüßt Dich nochmals mit den herzlichsten Geburtstagswünschen und einem riesigen Geburtstagskuß
Deine Wandelgard

Rußland, den 28.8.42

Meine liebe Kleine!
Eben erhielt ich Deinen lieben Brief vom 18.8. aus Kiel. Da ich momentan viel Zeit habe, kann ich mich sofort dafür bedanken. Wir haben ja zur Zeit keine andere Aufgabe als zu warten, bis der Russe angreift. Das macht er zwar im Moment, aber unsere braven, tapferen Infanteristen werden ohne unsere Unterstützung mit ihm fertig. Erst wenn sie allein den Feind nicht mehr aufhalten können, treten wir in Aktion.

»Meine Besatzung südwestlich von Kaluga, der vorne mit der Zeitung bin ich.« Willy an Wanda im August 1942

Auf diese Weise haben wir es trotz Arifeuer immer noch besser als unsere armen Schützen, die Tag und Nacht die verzweifelten Durchbruchswünsche der Russen abwehren müssen. Wir können uns wenigstens ab und zu waschen, wenn es auch nur mit Kaffee geschieht. Wasser müßte aus einem zwei Kilometer entfernten Bach geholt werden, wozu wir aber zu faul sind. Mit Kaffee geht nämlich der Bart auch ab, und die Hände werden ebenfalls sauber.
Heute hat man uns ganz groß überrascht. Mit dem Essen und der Post ist auch ein Fäßchen mit 50 Liter Bier zu uns nach vorn gekommen. Das kann heute einen ganz gemütlichen Abend für uns paar Männeken von der Kampfstaffel geben, vorausgesetzt natürlich, daß der Russe bald vernünftig wird und mit seiner elendigen Knallerei aufhört. Man kann sowieso den Panzer den ganzen Tag über kaum mehr verlassen, ohne sich der Gefahr auszusetzen, Splitter oder einen verirrten Gewehrschuß abzubekommen. Ist nur gut, daß die Lektüre von 20-Pfennig-Romanen nicht ausgeht. Was sollte man denn sonst machen außer schreiben und lesen! Schlafen und essen kann man auch nicht den lieben, langen Tag.
Den Auftrag von Trudel werde ich ausrichten, sobald ich Fritz wieder zu Gesicht bekomme. Vermutlich wird er morgen mit der Feldküche nach vorne kommen. Von wegen amüsieren in Dorogobusch und Orel kannst Du Trudel getrost beruhigen. In Dorogobusch hatte er bestimmt keine Zeit dazu, und in Orel waren wir nur einen Tag. Schließlich muß ich doch unser Geschlecht verteidigen. Jedenfalls muß ich ihm einen Stüber versetzen und ihn an seine Pflichten erinnern.
Für den Auszug aus dem Fahrplan recht herzlichen Dank. Werde mich bestimmt danach richten. Fragt sich nur, wer holt mich nachts um 0.30 Uhr vom Bahnhof ab? Doch das macht mir nicht den größten Kummer. Vielleicht ist es mehr das plötzliche Entgleiten des so fest in Händen geglaubten Urlaubsscheins. Den September warte ich noch ab. Falls dann meine Hoffnung wieder ins Wasser fallen sollte, stelle ich einen Antrag auf Anerkennung als russischer Staatsbürger.
Tausendmal sei nun gegrüßt und geküßt
Dein Willy

Dessau, den 1. September 42

Meine liebe Wandelgard!
Für Deinen lieben Geburtstagsbrief sag ich Dir ganz herzlichen Dank. Ja, Wandel, Du wünschst mir für das nächste Jahr mehr Freude. Wenn ich über den letzten Monat meines letzten Lebensjahres nachdenke, dann könnte ich wohl sagen, daß es nicht das schönste und freudvollste gewesen sein wird.
Anfangs habe ich gedacht, daß ich meinen Geburtstag ohne Tränen verbringen würde, aber das ging doch nicht. Als abends meine Gäste fort waren, da fühlte ich mich auf einmal so ganz allein, und dann brach der ganze Schmerz, der in den letzten Tagen so zugedeckt war, wieder auf. Ich hab mich ans Fenster gesetzt und den dunklen, sternenübersähten Nachthimmel angesehen. Ich sah da so viele Sternschnuppen fallen und wußte nicht, was ich mir wünschen sollte. Aber vor dieser Größe und Erhabenheit der Natur wird das Herz wieder ruhiger.
Sonst verlief der Tag sehr nett. Hermine, Gisela und Rita waren meine Gäste. Für Dich war der Sonntag sicher auch sehr nett, überhaupt die Tage, wo Rieke bei Dir war. Du hast die Sache mal wieder bestens gedreht! Daß Du von Herrn Bressler für den Fünf-Städte-Wettkampf angefordert worden bist, finde ich ganz enorm. Zwei Tage Sonderurlaub! Hoffentlich dauert es dann nicht mehr allzu lange, bis Du endlich Deine drei Tage mit Willy verleben kannst. Hast Du nun inzwischen Post von ihm erhalten?
Denk Dir, welche große Überraschung mich jetzt am Wochenende erwartet! Lieschen* wird mich zum ersten Mal besuchen. Im Geburtstagsbrief schrieb sie es mir. Ist das nicht pfundig?! Ich freu mich ja schon so. Gestern war ich seit langer Zeit mal wieder im Kino, »Anna Tavetti«. Der Film gefiel mir gut, hauptsächlich wegen der Wochenschau, den Aufnahmen von dem Invasionsversuch bei Dieppe, ging ich hin.
So, meine liebe, gute, alte Wandel, sei recht von Herzen gegrüßt
von Deiner Hanna

* Hannas Schwester Lisa

Rußland, den 2.9.42

Liebste Wandelgard!
Anstatt mit einem Juhu-Schrei den Brief zu eröffnen, fällt es mir fast schwer, den Bleistift zu führen. Am 10.9. fahre ich von Orel aus in Urlaub. Anstatt nun über Berlin zu fahren und von dort aus zu Dir, muß ich über Wien fahren, da mein Zielbahnhof südlich einer bestimmten Linie liegt. Sollte ich doch versuchen, über Berlin zu kommen, so müßte ich mich darauf gefaßt machen, von einer kontrollierenden Streife ohne Urlaub an die Front zurückgeschickt zu werden. Das hatte man mir gestern auf der Schreibstube erzählt, als mein Urlaubsschein ausgestellt wurde.
Jedenfalls rufe ich Dich an, sobald ich in Regensburg bin, und dann werden wir schon sehen, was sich machen läßt.
Bis dahin sei herzlich gegrüßt und geküßt
von Deinem Willy

St. M, 4.9.42

Meine liebste Hanna!
Heute ist mir mal wieder hundeelend. Mein Magen ist ein bißchen doof und mein Körper so abgespannt. Viel Arbeit und wenig Schlaf. Ich habe mich einmal wieder richtig ausschlafen müssen. So richtig bis 12 Uhr mittags gepennt. Nun ist mir wieder wohler. Man leidet hier im Lager unter einer Schlaffheit, die sich körperlich, geistig und seelisch auswirkt.
Früher war ich immer in einer gewissen Spannung, die mir jetzt fehlt. Spannung ist wohl nicht das richtige Wort, eine Elastizität, vielleicht ist das passender. Diese ist nun aber einer riesengroßen Gleichgültigkeit und Wurstigkeit gewichen. Oft kenne ich mich selbst nicht mehr. Doch habe ich das feste Vertrauen und die Hoffnung, daß mit der privaten Schale auch der private Kern wieder zum Vorschein kommt. Jetzt bist du doch nur mechanisiert wie ein Schaf in der Herde. Doch nun Schluß damit.
Hanna, erst mal herzlichen Dank für Deinen lieben Brief. Er kam gestern mit einem zweiten von Willy, vorgestern hatte ich auch schon

einen, und dazu kam ein Feldpostpäckchen von Walter* aus Frankreich an. Ist das nicht eine phantastische Post? Walter schickte mir Fettcreme, Zahnpaste, viermal Shampoo, Parfume, Kekse und Schreibpapier. Er ist doch ein goldiger Bengel! Ich habe ihn eigentlich recht gern. Doch das Schönste war, dieses Päckchen begleitete keine einzige Zeile. Willy schrieb mir sehr nett. Er hatte meinen Geburtstagsbrief tatsächlich an seinem Geburtstag erhalten. Ist das nicht eine prompte Belieferung? Mitte August hatte er die schwersten Kämpfe, die nur mit den schweren Tagen im Februar, wo von dreißig vier Mann übrig waren, konkurrierten. Auf Urlaub hofft er im September. Es wird also der Tag immer näher rücken, der uns für den Urlaub bestimmt ist.
A propros Urlaub: Am Sonntag, der Fünf-Städte-Kampf, aus dem wird nichts. Der RAD-Bezirk hat das Gesuch abgelehnt. Ist ja auch egal. In 57 Tagen, 8 Wochen, ist alles vorbei, und wir sind wieder frei. Frei mit Einschränkung, aber das macht ja nichts.
Hanna, eben fällt es mir bleischwer auf die Seele, ich habe Deinen Geburtstagsbrief ohne Marke eingesteckt, weil ich ihn auf Willys Sonntagspapier geschrieben hatte und deshalb an Feldpost dachte. Entschuldige also bitte diese Entgleisung! Kam er jedenfalls pünktlich an? Daß Du Deinen Geburtstag im allgemeinen so nett verlebt hast, freut mich sehr, ebenfalls die Mitteilung, daß Lieschen Dich besuchen will. Es ist zu schön, wenn die Schwester kommt, ich kenne das von Rieke. Wir hatten Freitag abend Krach mit zu Hause deshalb. Mutti knallte den Hörer hin. Sonntag rief sie noch mal an, aber sehr nett. Rieke wohnte ja bei Peters, weil Lilos Freund ihr Zimmer bekam. Da mußte das Fräulein auch bei der Ernte helfen. Freitag nachmittag half sie mir beim Bohnenschnippeln.
Ich kam nämlich Freitag zu Frau Peters Schwägerin auf den Hof nebenan in den Außendienst, weil dort in diesen Tagen auch ein Baby erwartet wird.
Sonnabend fuhr Rieke, wie Du damals, mit uns zum Barlter Deich. Sonntag morgen gingen wir noch spazieren, und mittags fuhr Rieke ab. Doch des öfteren schweiften meine Gedanken in südliche Zonen

* Der Nachbarjunge, mit dem Wanda früher Skat spielte

zu Dir, mein Liebes. Ich dachte an Dich und wünschte von Herzen, daß Du gerade an diesem Tag abgelenkt werden möchtest. So, nun sei für heute recht innig gegrüßt
von Deiner schwerkranken Wanda

Dessau, den 6.9.42

Meine liebe Wanda!
Heute am Sonntag war ich wirklich gesegnet mit Post. Dein lieber Brief, von Walter Schulz aus Berlin und von Heinz, der mir damals die Todesnachricht von Jochen schrieb, und nun einen Geburtsglückwunsch durch Luftpost. Ich fand das so nett.
Lieschen ist an diesem Sonntag noch nicht gekommen. Na, dann wollen wir eben den nächsten abwarten. Da hab ich halt auf alle Fälle die Vorfreude. Heute, an diesem Sonntag, bin ich so ganz von allen verlassen. Hermine ist fort, 14 Tage Riesengebirge von der Firma aus. Gisela ist gestern für acht Wochen nach Haus gefahren, sie muß sich auskurieren lassen. Sie wird nämlich immer von einer Nerven- und Hautkrankheit heimgesucht. Also war nichts zu machen!
Aber ich habe einen guten Tröster, denn Gisela hat mir für diese Zeit ihren Radioapparat überlassen. Den haben wir, Herr Scheffler und ich (ganz günstig, daß man zwei Zimmertüren weiter einen Dipl.-Ing. zur Hand hat), auf Touren gebracht. Nun erfreut er mich schon den ganzen Nachmittag, der Apparat! Es ist so schön, einmal wieder ganz für sich allein Musik zu hören. Leider ist es bei mir jetzt immer so ein kurzer Weg bis zu den Tränen!
Ja, Wandel, ich hab mich in mein Schicksal gefunden, weil ich weiß, daß es so viele andere ebenfalls müssen. Ich kann nur zu gut Fiesel verstehen, genau am selben Tag wie ich erhielt sie diese traurige Nachricht vom Tod ihres geliebten Freundes. Siehst Du, auch sie sah nur eine endlos große Leere, und auch sie fragt sich, ob so eine Wunde jemals im Leben ausheilen kann.
Aber nun zu Dir! Du armes Krankes! Eigenartig, bis jetzt hat Dir doch nie etwas gefehlt und nun bist Du so'n rechter Lazarus! Ja, Wan-

da, ich glaube, diese große Gleichgültigkeit wird bestimmt verschwinden, sobald Du wieder »privat« sein wirst. Ich glaube, von solchen Stimmungen ist jeder einmal befallen. Daß Walter Dir ein Päkchen aus Frankreich schickte, das finde ich wirklich nett, wirklich nett, unser »großer Skatbruder«. Fein, daß Du von Willy endlich Post hast. Also, der Tag welcher rückt immer näher. Ach, ich freu mich ja so mit Dir.
So mein Lieb, ich denk an Dich und grüß Dich von Herzen,
Deine Hanna

Regensburg, 8.9.42

Liebes Fräulein Wandelgard!
Für Ihr liebes Brieflein vom 16.8. meinen besten Dank. Es freut mich, daß Ihnen der Arbeitsdienst so gut gefällt, aber ich glaube sicher, daß Sie auch froh sein werden, wenn die Zeit wieder rum ist. Denn sieben Kinder zu betreuen ist wirklich keine Kleinigkeit.
Sie haben sich Ihre drei Tage Urlaub aufgespart, und unser lieber Willy kommt nicht. Ich bin schon sehr verstimmt. Er hat jetzt viel durchzumachen. Wenn er nur immer Glück hat! Aber in diesem schrecklichen Feuer, da müssen ja die Nerven kaputtgehen. Also hoffen wir, daß er bis Mitte September kommt. Ich hätte wirklich nichts dagegen, wenn er Sie besuchte, aber es ist ja ein großer Umweg, und die paar Urlaubstage werden schnell wieder rum sein. Gebe Gott, daß er glücklich heimkommt.
Bei uns wird jetzt die Zeit auch immer schwerer. Die Flieger machen jetzt auch uns viel Kummer. Regensburg blieb bis jetzt hübsch verschont, aber wie lange noch? In Nürnberg haben's ganz schön gehaust. Aber der Krieg wird auch wieder aus werden. Doch diese Wunden, die er bringt!
Ich will sehen, wo Sie im Oktober hinkommen. Es gehört schon viel Freude dazu, nach der Schulbank diese ungewohnte Beschäftigung zu machen. Wie freute sich Willy, als er die Schule hinter sich hatte! Was hat er in diesen zwei Jahren alles durchmachen müssen! Aber noch ein

Winter in Rußland, wie wird das werden? Heute bin ich wirklich in einer Stimmung, nur zu klagen.
Es grüßt Sie für heute recht herzlich
Ihre Margareta S.

St. M, 9.9.42

Liebe Hanna!
Recht herzlichen Dank für Deinen lieben Brief. Dir geht es ja mit Deinem Radio gut. Eine feine Ablenkung. Schade, daß ich kaum Zeit zum Radiohören habe. Sonst geht bei Dir scheinbar alles seinen gewohnten Gang. Auch bei mir ist das der Fall. Immer im gleichen Trott.
Seit 14 Tagen quält sich meine Frau Peters nun schon mit Wehen. Und das Kind will nicht kommen. Wenn es kommt, dann soll ich bei den Kindern schlafen und das ganze Haus verwalten. Außer mir nur zwei Polen und eine Polin, das heißt, wenn der Mann unserer Tagelöhnerin auf Urlaub kommt. Das zeigt, wie die Frau mir vertraut.
Jetzt Montag sollte ich eigentlich in den Innendienst, aber ich bleibe so lange bei Käthe Peters, bis das Kind da ist und sie wieder vom Krankenhaus zurück ist. Und dann, dann ist der letzte Abschnitt, der Montag beginnt, auch bald vorbei, und ich kann in vier Wochen über die RAD-Zeit hinwegblicken.
Was haben wir am letzten Sonntag getrieben? Nach dem Essen sind wir zu fünft zu unserem Freizeitplatz gegangen, Lilo, Nora, Ilse, Renate und ich. Nora hat Quetsche gespielt, wir haben geklaute Äpfel gefuttert und dann geschmökt. Dabei kam uns ein guter Gedanke. Nora hat am 24.10. Geburtstag. Wir feiern unseren Geburtstag zusammen, und zwar in einer gewissen Clique von 12 Personen im Gasthof Lof mit allen Schikanen. Das soll gleich unser Abschiedsfest sein, wohlgemerkt unser Abschiedsfest! Das haben wir uns prima ausgemalt, und das wird auch so werden.
Wir haben jetzt immer morgens Sport, denn Sonntag steigt unser RAD-Sportfest in Burg. Schlag- und Völkerball, Hindernisstaffel und Ballgymnastik bieten wir an. Drück uns den Daumen, daß wir gewinnen. Ja, da weißt Du, was ich so tue und treibe.

Was mich aber bewegt, ist das leider noch immer ungelöste Urlaubsproblem. Ja, ja, das Schicksal. Hanna, wie kann ich Willy lieben, wenn ich ihn doch eigentlich gar nicht kenne? Da sind diese blassen Erinnerungen an Regensburg vor zwei Jahren und dann nur die Briefe, das ist schwer. Warum sollte der erste Freund gleich der Richtige sein? Weißt Du, wenn solche Zweifel aufkommen, dann ist es schon mau. Ich werde ja wohl noch mehr Männer kennenlernen, und dann kann ich mich, wie ich glaube, erst entscheiden und besser urteilen. Hanna, jetzt geht unsere Korrespondenz ins dritte Jahr, und das weiß ich: Er und ich machen uns gegenseitig immer größere Ideale, bauen uns Luftschlösser zurecht, die der rauhen Wirklichkeit niemals entsprechen können.
Hanna, in diesem ganzen Verhältnis liegt doch eine gewisse Tragik und ein Widerspruch, denn trotz allem habe ich manchmal solche Sehnsucht nach ihm. Ich bilde mir zwar ein nach ihm, vielleicht aber auch nur nach Liebe. Das mag wohl der äußere Zwang mit sich bringen und diese ganze RAD-Atmosphäre. Ach, Hanna, da grübelt man nun herum und macht sich Sorgen. Ich wüßte schon des großen Rätsels Lösung: Ein Wiedersehen mit Willy würde alles klären.
Gestern erhielt ich auch wieder von Fiesel Post. Sie stürzt sich jetzt auf die Arbeit und versucht so, ihren Schmerz zu bewältigen. Sie klagt darüber, daß Boischie sie nicht versteht und daß die Freundschaft sich darum auseinanderlebt. Da mußte ich immer an uns denken. Mag kommen, was da will, uns können keine Lebensstürme trennen.
So, meine liebe Nüte, nun muß ich schließen, es ist spät, und unser Plauderstündchen ist vorüber. Laß Dich, my dear, recht lieb und innig grüßen
von Deiner Wandelgard

Dessau, den 14.9.42

Meine liebe Wanda!
Hab herzlichen Dank für Deinen Brief. Nun bist Du Hausverwalterin bei Peters, oder ist es noch nicht so weit? Ich kann mir vorstellen, daß Du Dich über das Vertrauen, das Dir Frau Peters entgegen-

bringt, freust. So etwas stärkt ungemein das Selbstbewußtsein, nicht wahr?
Ja, Wanda, daß Dir solche Zweifel aufkommen wegen Willys Besuch in seinem Urlaub, kann ich sehr wohl verstehen. Besonders deshalb, weil Ihr durch Euren so langen Briefwechsel, zwei Jahre, Eure Gefühle zu sehr idealisiert habt. Aber ich weiß, man tut das in Briefen gar zu leicht. Ich habe auch mal einen Brief an Jochen geschrieben, worin ich diese Befürchtung zum Ausdruck brachte, daß man, wenn man lange Zeit von einem Menschen getrennt ist, ihn als gut und schön und ganz ohne Fehler sieht, eben als wahres Ideal!
Daß ich ihn bei einem Wiedersehen enttäuschen würde, hab ich damals auch gedacht. Denn ich glaube, gerade die Männer an der Front, die täglich von so vielen schweren und grausamen Eindrücken bewegt werden, sehen alles, was mit der Heimat zusammenhängt, ganz besonders idealisiert. Jochen hat mir diese Befürchtung natürlich sogleich verworfen. Ich war danach sehr glücklich darüber. Aber unsere Trennung war nicht mal ein halbes Jahr.
So war unsere Trennungszeit durch die Kürze mit der Euren nicht vergleichbar. In Eurem Fall kann nur ein Wiedersehen eine Klärung bringen, die dann eine Entscheidung für die Zukunft birgt. Natürlich braucht nicht der erste Mensch, den man liebt, gleich der Mann für's Leben sein. Aber machmal ist es doch so!
Nun kurz, was gibt's von mir Berichtenswertes? Eigentlich nichts Besonderes, nur daß ich gestern zur Eröffnung der diesjährigen Winterspielzeit des Dessauer Theaters war. Zur Aufführung gelangte der »Tannhäuser« von Wagner. Oh, Wandel, es war wunderbar! Ein richtig großes Erlebnis für mich. Ich kam ganz aufgewühlt nach Hause.
So, meine Liebe, sei recht lieb gegrüßt
von Deiner Hanna

St. M, 16.9.42

Meine liebe Hanna!
Wie freue ich mich stets über Deine lieben Zeilen! Du gehst so lieb auf meinen Brief ein, das ist so schön. Ja, mit Peters wurde das leider

nichts. Seit Montag bin ich im Innendienst, da meine Vorgängerin dort wieder gesund ist und ich doch für Rabenau nähen soll. Ihr Mantel ist bereits zertrennt und eine Bluse für sie zugeschnitten. Das wird ein gemütliches Leben hier im Lager werden. Morgens soll ich einkaufen gehen und nachmittags nähen.
Liebe, weißt Du noch nicht, daß wir bis Ende Oktober hierbleiben? In der letzten Oktoberwoche können wir damit rechnen, daß wir abkommandiert werden, bis zum 31.10. haben wir nur noch 46 Tage, wie schick.
Unser Sportfest in Burg fiel ins Wasser, weil Freitag davor ein Mädel ins Krankenhaus kam mit einer Angina, einer starken Halsentzündung, und wir erst ihren Abstrich abwarten mußten, der gestern mittag als Diphterie negativ bekannt wurde. Nun ist gestern abend die zweite aus dem schon isolierten Schlafraum mit derselben Geschichte ins Krankenhaus gekommen. Und jetzt müssen wir wieder einige Tage auf ihren Abstrich warten. Der Schlafraum III führt jetzt ein Leben wie Gott in Frankreich.
So, und wenn jetzt wirklich Lagersperre kommt, dann sitze ich da, ich oller Pechvogel, denn Willy ist am 10.9. von Orel aus in Urlaub gefahren. Leider mußte er über Wien seinen Weg nehmen, und somit ist unser Plan ins Wasser gefallen: Von Berlin hätte er nach Flensburg kommen können. Ich hoffe nun, daß er von Regensburg in Zivil heraufkommt nach Schleswig-Holstein. Hanna, jetzt muß die Entscheidung fallen. Kommt er, so ist es gut. Kommt er nicht, dann auch. Denn dann weiß ich, wie ich dran bin.
Weißt Du, wenn er nicht die Mittel und Wege findet heraufzukommen, so passen wir nicht zusammen. Ich könnte das schon drehen! Ich könnte ja hinunterfahren mit 5 Tagen Urlaub, und am Abend vorher dürfte ich schon abfahren, und am Mittag danach bräuchte ich erst wiederkommen. Dazu kommt eine fabelhafte Verbindung. Mir wäre es also durchaus möglich, ein Treffen zu organisieren. Aber ich will es ihm nicht zu leicht machen und ihm nachlaufen. Laß ihn sich selbst ein wenig anstrengen!
Es heißt ja, Liebe versetzt Berge. Da soll sich dann seine Liebe beweisen. Wenn nun alles negativ ausläuft, dann wäre es eben aus. Und dies

wäre die Krone auf die vier Dramen, die ich nun hier miterlebte. Hier tröstet man sich, daß es einfach nicht angehen könne, denn dann müßte man ja den Glauben an alles, vor allem an das gute Schicksal, verlieren.
Ich bin gespannt wie ein Flitzebogen, wie sich die Dinge entwickeln. Er will mich von Regensburg anrufen. Ende dieser Woche, Anfang der nächsten rechne ich damit. Anbei der letzte Brief von ihm, er ist allerdings älteren Datums.
Wie beneide ich Dich, daß Du den »Tannhäuser« sehen konntest! So, nun laß Dich innig grüßen und viel Liebes und Schönes wünscht Dir
Deine Wandelgard

Dessau, den 18.9.42

Meine liebe Wanda!
Ich glaub, es ist schon besser, wenn ich sofort auf Deinen Brief antworte, auch wenn er auf das Konto der JMF Dessau geht. Aber sonst werde ich in diesen Tagen nicht mehr dazu kommen. Heute um 17.30 Uhr hole ich nun endlich Lieschen von der Bahn ab. Also soll Junkers mal meine Arbeitszeit blechen!
Für Deinen Brief hab recht herzlichen Dank. Nein, das wußte ich noch nicht, daß Ihr bis zum letzten Ende des Oktobers beim RAD bleiben müßt. Na, so schlimm wird's ja auch nicht mehr sein, zumal Du diesen letzten Abschnitt ziemlich geruhsam verbringen wirst mit Nähen und Einkaufen fürs Lager.
Daß Willy schon in Urlaub gefahren ist, ist direkt pfundig, daß er aber über Wien muß, viel schlechter. Aber er müßte die Sache doch so drehen können, daß er noch zu Dir raufkommt. Also, Wandel, ich drück Dir die Daumen, daß ein Wiedersehen mit Euch beiden herbeigeführt wird. Und es muß unbedingt ein positives Erlebnis werden.
Du, die vier Dramen krieg ich nicht ganz zusammen. Wer ist denn das alles? Schulkameraden und Arbeitsmaiden, und alle haben auch gefallene Freunde oder einer der beiden war bei der erneuten Begegnung enttäuscht?

Der Brief von Willy, den Du mir geschickt hast, hat mir sehr imponiert. Die Ehrlichkeit und Offenheit, mit der er schreibt, gefällt mir gut. Jochen hat mir eigentlich nie von diesen täglichen, stündlichen, oft grausamen Fronteinsätzen geschrieben. Ich glaube, das wird wohl daran liegen, daß er schon älter war als Willy. Vielleicht kann man da so etwas eher allein tragen. Es gehört bestimmt eine ungeheure Nervenstärke dazu, dies alles im Krieg erleben zu müssen.
Freitag abend ist Lisa gekommen und heute nacht 0.09 Uhr, Du kennst den Zug ja, fährt sie wieder zurück. Am liebsten würde ich mit einsteigen!
Es grüßt Dich recht herzlich
Deine Hanna

St. M, 22.9.42

Meine liebe Hanna!
Jetzt hast Du einige schöne Tage mit Lisa hinter Dir. Endlich einmal lernte jemand von Deinen Lieben Deine nun schon 1 1/2jährige Umgebung kennen. Es ist doch himmlisch schön, wenn man so lieben Besuch bekommt. Ja, ich habe es des öfteren selbst erfahren.
Leider wird aus dem für mich wohl schönsten Besuch nichts. Willy ist seit dem 14.9. in Regensburg und kann, wie er mir schreibt, nach vielen vergeblichen Versuchen mich nicht besuchen. Das war ein Schlag ins Kontor! Ich dürfte und könnte, wenn ich wollte, hinunterfahren. Doch irgendwie berührt mich die Reise unangenehm. Ich soll ihm nachlaufen? Nein, Hanna, das kann ich nicht!
Er weiß von alldem nichts. Ich habe ihm von vornherein gesagt, daß es mir gänzlich unmöglich wäre, ihn zu besuchen. Als einen Wink des Schicksals nehme ich noch dazu unsere Lagersperre. Bis zum 27.9. bleibt dieser Zustand, wie er ist. Schlafraum III ist isoliert, der Außendienst besteht noch, aber auch die Urlaubssperre. Also, auch deshalb würde es nicht gehen.
Als ich meinen Eltern in der ersten Aufregung das Ansinnen stellte, ich möchte nach Regensburg in meinem Urlaub, was sie dazu sagen wür-

den, haben sie mir vollkommen freie Hand gegeben. Ich müßte selbst wissen, was ich für richtig hielte. Dies hat mich ungemein gefreut, daß sie das Vertrauen zu mir haben und keine Egoisten sind, die auf ihre Anrechte auf meinem Urlaub pochen. Darum werde ich so großzügig sein und diese für mich bestimmt schicke Reise ins Wasser fallen lassen und meine Urlaubstage zu Hause verbringen. Ein Dienst bringt den anderen, eine Höflichkeit die andere.

18 Uhr

Frisch gebügelt und gewaschen sitze ich jetzt in der Küche und schreibe an Dich weiter. Ja, Liebe, für mich hat sich manches geändert. Sonnabend, Sonntag und Montag bis Mittag saß ich in großem Zweifel, auf der einen Seite die Liebe, und auf der anderen die Vernunft und das Elternhaus. Aber weißt Du, vielleicht kannst Du Dich an früher erinnern, ich war mir oft nicht schlüssig und wußte nicht, wie ich mich ihm gegenüber verhalten sollte. Irgend etwas sträubte sich in mir, und so ist es auch jetzt.

Auf der einen Seite liebe ich diesen Menschen, auf der anderen jedoch, und das ist die Seite, wo meine Vernunft und nicht das Gefühl vorherrscht, finde ich diese Freundschaft nicht richtig. Ich weiß selbst nicht, was ich zu mir sagen soll und woran das alles liegt. Fünf Monate sind vergangen im RAD. Gute Urlaubsgelegenheiten ließ ich dahinfahren, weil ich eisern, wie ich bin, mir in den Kopf gesetzt hatte, auf ihn zu warten. Und nun kommt er nicht mal. Und das Schönste: Jetzt erschüttert es mich gar nicht so recht.

Mutti ist in Berlin, und nächste Woche kommt sie zurück. Dann will sie mich besuchen und nimmt mich gleich mit nach Hause. Dann habe ich die schönste Freude, nämlich fünf Monate lang die Vorfreude auf diesen Urlaub, gehabt. Wie schön habe ich ihn mir immer ausgemalt, und das hat mir die öden Stunden hier verkürzt. Im nächsten Brief schicke ich Dir Willys Zeilen von Regensburg mit. Dann äußere Dich, mein Liebling, zu diesem Problem. Schwierig, nicht?

Mit den vier Dramen kommst Du nicht zurecht? Glaube ich Dir. Doch das ist einfach. Sie werden erzählt der Reihe nach, wie sie an mich herantraten. Sie haben sich bereits auf sieben erhöht. Fall 1, Hanna, das bist Du, my dear. Ist Deine Leidensgeschichte mit Jochen. Fall 2 ist Il-

se, wo er sie nicht mehr mochte. Fall 3 ist Ursel, wo sie ihn nicht mehr mochte. Drama 4 ist Fiesel und folgt Dir (Fall 1). Drama 5 ist Lotti, Ursels Freundin, die mit uns zusammen war. Ist wie Fall 1 und 4. Hanna, also wieder eine Leidensgenossin von Dir. Wieviele dieser armen Menschen gibt es nur? Drama 6 ist Ruth, meine KÄ, es paßt zu Fall 2. Und schließlich throne ich auf Drama 7, entspricht Fall 3 oder 2.
Das sind Tragiken, die ich in meiner momentanen Stimmung mit Galgenhumor aufgeführt habe. Bitte nimm die vorige Seite nicht ernst. Ich pflege nicht mit dem Leid meiner Bekannten zu scherzen. Da kennst Du mich ja. Ich habe doch mitgelitten. Ach, alles geht immer wieder vorüber.
So, nun möchte ich schließen und Dir mein Konterfei als Inderin mit den besten Grüßen und alles Gute wünschend übersenden. Es grüßt Doch noch mal herzlichst
Deine Wandelgard

Regensburg, 24.9.42

Meine liebe Wandelgard!
Sehr schwer fällt mir heute die Antwort auf Deine beiden letzten Briefe und Dein Telegramm. Seit Dienstag versuche ich schon, auf Grund des Telegramms, eine Fahrkarte zu bekommen zu Dir. Dabei wurde ich von A bis Z geschickt. Doch heute habe ich es aufgegeben, weil man von mir eine schriftliche Bestätigung verlangte, daß Du meine Braut bist. In diesem Fall hätte man mir aufgrund bevölkerungspolitischer Erwartungen die Genehmigung erteilt. Merkwürdig, was man einem Fronturlauber alles zumutet!
Heute kam ein Brief von meinem Bruder, der in Oberschlesien ist. Nachdem man mir die Fahrt nach Flensburg verweigert hatte, versuchte ich die Genehmigung zu bekommen, auf der Rückfahrt meinen Bruder besuchen zu dürfen. Da ich nur 12 Kilometer von seinem Wohnort vorbeifahre. Aber selbst das hat man mir aus fadenscheinigen Gründen abgeschlagen. Doch dieses letzte Vorhaben führe ich aus, koste es, was es wolle!

Mein Urlaub ist sowieso schon versaut. Bis jetzt war ich in diesen 14 Tagen nur ein einziges Mal im Kino und sonst nirgends. Was will ich denn schon so allein Großes anfangen? Kein einziger von den alten Freunden oder Schulkameraden ist zu Hause in Regensburg. Das einzige, was den Urlaub noch wertvoll erscheinen läßt, ist das gute Essen, ein angenehmes Schlafen ohne Aridonner und eine regelmäßige gute Waschgelegenheit.
Vergnügen und amüsieren gibt es für Rußlandurlauber nicht. Brauchen wir auch nicht, wir sind 15 Monate ohne derartiges ausgekommen, da kommt es auf die 20 Tage Urlaub auch nicht mehr an. Hauptsache, daß die Heimat das Meckern nicht vergißt, über die durch den Krieg auferlegten Verpflichtungen und über die schlechten Zustände. Den Krieg gewinnt ja doch einmal die Heimat, nach uns wird niemand mehr fragen. Das ist der vielversprochene Dank des Vaterlandes, der uns nachschleichen wird, aber uns nie erreicht.
Siehst Du, liebste Wandel, so sehr ich mich auf den Urlaub gefreut hatte, so wenig habe ich jetzt davon. Das ist das Verdienst der Dienst- und Geschäftsstellen, mit denen ich in den vergangenen 10 Tagen zu tun hatte. Ich habe schon bald den Eindruck, als wollte man uns den Vorwurf machen, warum ist der Krieg noch nicht aus! Aber alles Ärgern hat ja keinen Zweck, wir sind einmal die Dummen und bleiben es auch.
Deinen Vorschlag, Dir jetzt öfter zu schreiben, finde ich ganz nett. Bloß befürchte ich, daß der Grundton jedes Briefes Unzufriedenheit und vor allen Dingen Wut sehr stark zum Ausdruck bringt. Bei Dir ist es der Schmerz, doch in einigen Wochen ist das alles vorbei. Auf jeden Dezember folgt wieder ein Mai! Mein Mai ist draußen bei meinen Kameraden an der Front. Dort gibt es wenigstens Humor und gute Kameradschaft.
Photographien kann ich Dir leider auch noch nicht beilegen. Die Aufnahmen, die ich im vorigen Jahr gemacht habe, werden erst in etwa 3 Wochen fertig sein. Der eine Film, den ich heuer im Sommer verknipst habe, ist bereits entwickelt. Morgen abend werde ich selbst die Abzüge machen, so daß bis übermorgen die Bilder fertig sein können. Den letzten Film bearbeitete ich nämlich selbst, da es auf diese Weise

schneller geht. Während meines Urlaubes hätte ich mir gerne wieder welche machen lassen, aber kein Photograph nahm mich vor 6 Wochen Wartezeit! Wenn aber irgend so ein Parteigewaltiger kommt, für den ist immer Zeit da.
Ach, Wandelgard, wie schön habe ich mir Deutschland vorgestellt und meinen Urlaub, und was ist daraus geworden! Warte nur, wenn der Krieg aus sein wird und die Ostarmeen wieder zurückkommen, dann lassen wir uns auch nicht mehr alles gefallen, was sich der Einzelne bisher gefallen lassen mußte.
Am schönsten ist doch noch der Schlaf, der mir nach dieser Briefseite winkt. Im Traum wirst Du dann wieder bei mir sein, wie Du es warst, als ich mich draußen im Panzer oder im Zelt ausstreckte. Im Traum nimmt Dein Bild Gestalt und Form an, und Du gehörst mir bis morgen früh.
Nun gute Nacht, mein Liebling, und viele herzliche Grüße und heißeste Küsse
Dein Willy

St. M, 28.9.42

Meine liebe Hanna!
Wir sitzen hier noch um 22.30 Uhr im Wohnraum und warten darauf, hinaufgerufen zu werden zu einem eingehenden Spindappell auf abhanden gekommene Sachen. Dabei fehlt nichts als nur ein Paar Strümpfe von Isabella von R., die sie bestimmt selbst vermöhlt hat.
Dienstag früh: Es ist gestern abend bei der ganzen Durchwühlung unserer Spinde nichts herausgekommen, nur sind wir um unseren Schlaf gebracht worden. 23.30 Uhr waren wir als letzter Schlafsaal fertig. Ein Wahnsinn! Na, vier Wochen noch, und dann ist alles vorbei. Gott sei Dank.
Ja, Hanna, das Thema Willy ist ganz vertrackt. Er schrieb mir zum Sonntag sehr lieb und beteuerte noch einmal, alles getan zu haben, um mich zu besuchen, aber es wäre ihm versagt geblieben. Mir auch! Denn die Lagersperre gilt noch immer, da ein ganz gesundes Mädel

plötzlich positive Diphtherie-Abstriche hatte. Also fängt die ganze Abstricherei wieder von vorne an, und ich komme immer noch nicht zu meinem verdienten Urlaub.
Ja, Hanna, ich muß mir wohl eingestehen, daß ich Willy Unrecht getan habe. Lilo hat mich wegen meiner pessimistischen Einstellung ausgelacht und für verrückt erklärt. Nun triumphiert sie, das kannst Du glauben. Was soll's? Jetzt geht eben die Schreiberei weiter wie bisher. Für mich etwas kühler, nicht mehr so ideal wie früher bin ich bei der ganzen Sache.
Gestern war wieder einmal ein herrlicher Herbsttag. Wir saßen alle vor dem Haus. Ich durfte mir sogar die Nähmaschine hinausstellen, um draußen zu arbeiten. Ich bin immer noch die Hausschneiderin für die Lagerführung. Rabenau ist immer sehr nett und lieb zu mir. Aber hinter meinem Rücken hat sie mir eine Charakteristik gegeben, die sich gewaschen hat.
Natürlich habe ich die Akte im Büro aufgespürt und sie mir angesehen. Ich habe mir aus diesen zwei Seiten die negativen Sachen herausgeschrieben. Kommt die Charakteristik jemals auf die Uni? Oh, weh mir! Aber die Penne hat uns ja sicher auch eine gegeben, und die ist bestimmt viel besser. Ich bin doch nicht so ein mieser Charakter, oder hoffe es wenigstens nicht zu sein.
So, jetzt ist es glücklich Mittwoch abend. Immer noch liegt der angefangene Brief vor mir. Endlich muß er abgeschickt werden. Ich weiß auch nichts Neues mehr zu berichten, mein Liebes. Ein Tag gleicht dem anderen.
Heute abend soll der Führer sprechen, darauf bin ich schon gespannt. Es wird gewiß eine große Rede werden. So, meine liebe Hanna, ich bitte Dich, mir diese Schulungsschmiere zu verzeihen, aber Du weißt ja, warum.
Es grüßt Dich herzlich
Deine Wandelgard

Rußland, den 6.10.42

Meine liebe Wandelgard!
Zu Deinem 19. Geburtstag wünsche ich Dir recht viel Glück und Segen. Mein bescheidenes Geschenk soll sein: meine unverbrüchliche Liebe und Treue. Der 15. Oktober wird auch für mich ein Festtag sein, und ich werde ihn würdig in Gedenken an Dich feiern.

Mein liebes Geburtstagskind, vor zwei Stunden bin ich über die russische Grenze von 1939 bis 1941 gerollt. Ich sitze in Brest-Litovsk* und warte auf meinen Zug, der mich wieder zur Front bringt. Zwei Tage habe ich den Urlaub überschritten. Am 4.10. hätte ich schon hier sein sollen. Bis jetzt ist es noch immer gut gegangen, natürlich unberufen! Ich bin zwar am 2.10., wie ich sollte, in Regensburg weggefahren. Aber ich habe meinen Bruder noch besucht, der – wie ich schrieb – in Oberschlesien ist zur Zeit, da dies an meiner Strecke lag.

Als ich am Wohnsitz meines Bruders ankam, waren nur meine Schwägerin und meine beiden Neffen zu Hause. Mein Bruder mußte tags zuvor dienstlich in einen Kurort hundert Kilometer von seinem Wohnort entfernt. Am 4.10., also an dem Tag, an dem ich bereits in Brest sein sollte, fuhr ich noch nach Weichsel** in den Beskiden zu meinem Bruder.

Wandelgard, dort habe ich so oft an Dich denken müssen, es ist hier wunderschön! Der Kurort liegt mitten in den Bergen. Er war zwar vor 39 polnisches Gebiet, aber trotzdem ist es dort sehr elegant und doch auch gemütlich. Zur Zeit treibt da allerdings eine Räuberbande ihr Unwesen. Weswegen auch mein Bruder hier zu tun hat. Aber ich habe mir vorgenommen, wenn wir beide wieder einmal freie Menschen sind, mußt Du mit mir hierherfahren.

Liebling, Deine beiden letzten Briefe vom 27. und 29.9. habe ich auch noch nicht beantwortet. Ich danke Dir für Deine Zeilen recht herzlich. In Deinem Brief vom 27.9. hast Du meine Heimatehre angegriffen. Trotz der vielen unliebsamen Vorfälle ist mir mein Regensburg heilig, und ich bin auch mit Leib und Seele ein Bürger dieser Stadt.

* Brest in Weißrußland, rund 150 Kilometer östlich von Warschau

** Wisla, Ferienort an der polnischen Grenze zur Slowakei

Ich bin nämlich nicht besser als meine Mitbürger. Ich meckere auch gerne, wenn mir etwas nicht paßt. Ob ich wirklich ein Recht dazu habe, frage ich nicht lange. Jedenfalls ist mir meine schöne Heimat lieb und teuer, und ich lasse auf ihr nichts sitzen. Bayern hat nämlich auch seine Vorteile. Ich möchte stark bezweifeln, ob ich bei Euch oben ab und zu 1/2 Pfund Butter u.ä. »hintenrum« bekommen würde.
Übrigens, die letzten Tage meines Urlaubes hatte ich noch das Glück, einige Schulkameraden auf Heimaturlaub begrüßen zu können. Dann wurden allerdings die Stunden zu kurz, und ich hatte nichts zu tun als nur herumzurennen. So hat doch wenigstens mein Urlaub einen schönen Abschluß gehabt.

»Zwei Tage habe ich den Urlaub überschritten.«
Willy im Oktober 1942

Nun, Liebste, sei herzlich gegrüßt und geküßt von
Deinem Willy

St. M., 9.10.42

Meine liebe Hanna!

Am Freitag abend ist die kleine Wanda nach einem halben Jahr RAD endlich nordwärts in die Heimat gefahren. Ja, die kleine Arbeitsmaid war daheim, als Dein lieber Brief an meine Mutter eintraf.

Doch nun der Reihe nach. Freitag morgen war die Lagersperre endlich vorbei. Ich hatte ja noch meinen freien Nachmittag gut, also habe ich mittags Schluß gemacht, eingekauft und abends bin ich abgedampft, trotz Verbot meines Vaters habe ich den Nachtzug benutzt. Ich sitze kaum fünf Minuten im Zug, da fängt ein Mann an: »Gestern abend haben sie Flensburg bombardiert!« Meinen Schrecken kannst Du Dir vielleicht vorstellen, als dieses Individuum noch sagte, in Ostseebad wären 33 Bomben gefallen, einige Häuser wären kaputt und acht Flugzeuge seien abgeschossen worden.

Das Haus von den alten Jepsens ist dem Erdboden gleichgemacht, und beide sind ein Opfer des Angriffs geworden. Die drei Häuser von den Dänen bis Carstensen sind abbruchreif. Viele Häuser haben große Löcher im Dach. Das Kinderheim ist auch hinüber. Wir hatten ein Loch im Waschküchendach. Da haben wir noch Glück gehabt.

Um 24 Uhr kam ich in Flensburg an. Zu Fuß ging's nach Hause. Um 1.40 Uhr war mein überraschender Überfall. Die Eltern konnten es kaum glauben, daß ich da war. Sonnabend bis 10 Uhr geschlafen, in Zivil geschmissen und meine lieben Geschwister von der Schulbank abgeholt. Es gab mal wieder Ferien, Herbstferien, und da hat Rieke zur Abschlußfeier einen Aufsatz von sich vorgelesen, den ich mir in der hintersten Reihe der Aula anhörte. Nachmittags stöberte ich alle meine Kleider durch, zum Glück paßt alles. Um 17 Uhr Rieke vom Dienst abgeholt, dann haben wir gebummelt, waren im Stadtcafé, und abends haben wir zu Hause meinen Urlaub gefeiert.

Sonntag morgen war ich bei Heyden, meiner alten Klassenlehrerin, eingeladen. Es war ganz enorm. Eineinhalb Stunden war ich bei ihr. Wir haben meine Bilder vom RAD betrachtet, über die sie sehr entzückt war. Mittags war dann zwei Stunden Alarm. Dann spazierengegangen, abends Theater, »Uta von Naumburg«*, ein sehr feines Stück,

* Schauspiel (1941) von Felix Dünen

das aber vorwiegend gefühlsmäßig aufzunehmen ist. Anschließend im Café Delfs gewesen.
Montag morgen war ich in der Stadt zum Einkaufen. Ich suchte einen Stoff zum Ändern des weinroten Kleides und für meinen Wintermantel, der mir in Flensburg genäht wird. Den Nachmittag habe ich zu Hause vertrödelt und um 5 Uhr noch schnell einige Besorgungen gemacht und dann zu Deinen Eltern. Dort habe ich Abendbrot gegessen.
Wen traf ich wohl Sonnabend morgen am Holm? Leutnant Günther T.* auf Urlaub von der Ostfront, Mittelabschnitt. Es wurde lange geklönt. Wer saß am Sonntagabend im Theater und war nachher auch im Café Delfs? Nun stehe und staune! Günther mit Henny. Ja, ja, alte Liebe rostet nicht, und fängt sie neunmal wieder an. Wer stand in Husum am Bahnhof? Günther T. Wo du gehst, wo du stehst, immer Günther. Zufällig traf ich auch noch Jutta. Sie hatte Sonderurlaub. Ihr gefällt es gar nicht gut im RAD. Tula und Margot wollen RAD-Führerinnen werden. Verrückt, was sagst Du dazu? Ingrid ist nach dem Abi nach Hamburg auf eine Handelsschule gegangen, und nun hat sie sich verlobt. Ist die Schule beendet, heiratet sie gewiß. So kann man sich um den RAD drücken. Auch Inge ist schon im gesegneten Ehestand und Baby unterwegs. Karin hat das Medizinstudium aufgegeben, sie verlobt sich auch bald. Ursel will ganz unpassenderweise jetzt plötzlich Medizin studieren, ja, was es nich all' givt.
Dienstag früh eingepackt, denn ich habe meine ganzen Privatsachen mitgenommen. Um 2 Uhr bin ich abgedampft. Oh weh, welch Pech, hatte ich auf dieser Reise doch meine Brosche verloren, und nun stand ich da als degradierte Arbeitsmaid! Zur Zeit liege ich im Bett: versauter Magen durch Pilze. Geopfert und Durchmarsch. Ist ja äußerst lieblich! Gestern war ich bei Frau Peters im Außendienst. Dort soll ich bis zum Schluß bleiben. Ja, Hanna, in vierzehn Tagen ist das alles vorbei. Und uns scheint wieder ein Mai!
Jetzt bin ich müde, im Bett zu schreiben strengt doch sehr an. Es grüßt Dich herzlichst
Deine Wandelgard

** Hannas Ex-Freund

4 Rußland, den 20.10.42

Liebste Wandelgard!
Zu einem kurzen Gruß habe ich gerade noch Zeit. Vom 15. bis 18.10. waren wir auf dem Transport in unser neues Einsatzgebiet. Vorläufig besteht der Einsatz allerdings nur aus dem Bau von Winterstellungen, was bei dem derzeitigen Hundewetter ein zweifelhaftes Vergnügen ist. Die Kälte tut dazu ihr übriges, um uns die Schnauze mal wieder tüchtig vollzustreichen.
Hoffentlich, meine Liebe, erreichen Dich diese Zeilen schon zu Hause in Deinem RAD-Urlaub, was ich Dir von Herzen gönnen würde.
Für heute grüßt und küßt Dich
Dein Willy

5 Rußland, den 22.10.42

Mein liebes, kleines Mädel!
Beim trüben Licht einer Stallaterne muß ich Dir für Deinen lieben Brief Nr. 4 danken. Eine umgestülpte Kiste ist der Tisch, meine

»Tabakqualm und Benzindunst schwängern die Luft.«
Bauernkate, umstellt von Panzern, in der Willy einquartiert war

Schlafdecke der Sitz. Zwanzig Kameraden sitzen um mich herum. Die einen spielen Skat, achtzehn, zwanzig, zwei, drei, vier usw. sind die wenigen Worte, die aus ihrem Munde kommen. Andere schreiben bei selbstgemachten, kümmerlichen Lampen oder lesen, wieder andere betrachten Photos ihrer Lieben zu Hause. Ein dicker Tabakqualm und Benzindunst schwängern die Luft. In einem Winkel des Raumes macht die Matka* unsere Kochgeschirre sauber. Dies ist ein Stimmungsbild, das sich unvergeßlich in mein Gedächtnis einprägt.
Bis jetzt bin ich Deinen Anforderungen im Briefwechsel wohl gerecht geworden. Allerdings ist mein guter Wille, an einer statistischen Erfassung unseres Briefwechsels mitzumachen, zu Schaden gekommen durch den Verlust meines Notizbuches. Aber letztlich ist es ja auch egal, ob die Briefe eine Nummer haben oder nicht. Die Liebe ist ja schließlich kein Geschäft, das sich katalogisieren läßt.
Etwas liegt mir noch am Herzen. Liebling, ich hab Dir doch Ende Juli eine Kilomarke für ein Paket geschickt, und ich weiß noch immer nicht, ob Du sie erhalten hast. Für den Fall, daß ich für Weihnachten eine größere Anzahl Päckchenmarken bekomme, erlaube ich mir, Dir eine davon zu schicken.
Sehr begierig bin ich auf Deine neue Tätigkeit im Kriegshilfsdienst. Schließlich dauert der nur fünf Monate, und dann kannst Du Glückliche an Dein Studium denken. Ich muß bestimmt noch ein Jahr warten, bis ich Studienurlaub einreichen kann. Wenn nichts dazwischen kommt, bin ich im Wintersemester 43/44 dran.
Ich bin mir leider noch immer nicht einig über die Fakultät, entweder Jura oder Volkswirtschaft evtl. TH** als Ingenieur. Volkswirtschaft ist mir zur Zeit am sympathischsten. Doch das Lernen ist vorläufig nebensächlich. Hauptsache ist, daß ich für ein halbes Jahr vom Kommiß wegkomme. Als Universitätsstadt wären mir München oder Wien am liebsten. Vielleicht könnten wir dann einmal ein halbes Jahr zusammensein.
Doch dazwischen kommt für mich wohl noch einmal ein Urlaub. Bei dem jetzigen günstigen Urlaubsverkehr, in diesem Monat sind wieder

* Mutter (ukrainisch)
** Technische Hochschule

dreißig Mann gefahren, sind die Aussichten für Mai 43 denkbar günstig.
Ein schönes Buch lese ich zur Zeit, »Das Erbe der Uraniden«*, ein Zukunftsroman von Hans Dominik. Schade, daß wir so wenig Gelegenheit zum Lesen haben. Es ist unmöglich, sich einmal mehrere Stunden ununterbrochen diesem Genuß hinzugeben. Noch dazu wird es jetzt schon so früh dunkel. Doch auch auf Stottern bringt man ein Buch zu Ende.
Liebling, ich bin am Ende meiner Weisheit. Recht herzliche Grüße und Küsse von
Deinem Willy

St. M, 23.10.42

Meine geliebte Hanna!
Endlich, heute nacht um 1.30 Uhr, bekamen wir die Nachricht, wo wir zum Kriegshilfsdienst hinkommen. Marinelazarett Marne. Mit Nora, Leni, Atalanta, und ich als Kameradschaftsführerin. Wohnung: mit Nora privat. Einsatz: Krankenpflege, unsere betreuende Führerin ist Ilsabe von Rabenau. Watt willste mehr?
Lange habe ich heute nacht noch gegrübelt über die Vor- und Nachteile dieser Entscheidung, denn meine Kameradinnen kommen zur Hoch- und Straßenbahn, dem hanseatischen Kettenwerk und zum NSV**-Einsatz nach Hamburg. Wir, die wir uns zum Lazaretteinsatz gemeldet haben, sind auch tatsächlich dazu gekommen.
Hanna, jetzt kannst Du auch Feldpost an mich schreiben. Toll, nicht? Ach Du, zu diesem Thema ist ja so viel zu sagen. Stell Dir vor, drei von uns fünfzig Maiden sind KF*** geworden. Renate, Eta und ich. Ich fin-

* Science-Fiction-Roman von 1928. Autor Hans Dominik (1872–1945) gilt als Pionier des deutschen »Zukunftsromans«. In seinen spannend geschriebenen Büchern siegt das Gute stets gegen das Böse. Insbesondere seine frühen Romane waren rassistisch geprägt

** Nationalsozialistische Volkswohlfahrt, eine Massenorganisation mit sozialen Aufgaben

*** Kameradschaftsführerinnen

de das irgendwie für mich anerkennend, trotz der vielen »Sünden«, die ich immer begangen habe. Rabenau ist doch prima!!!
Und der RAD ist rückblickend annehmbar gewesen, trotz des vielen Meckerns. Aber oft stand es einem doch bis zum Hals. Wenn auch viele Mädchen mit Haß scheiden, so muß ich sagen, daß ich an ein Gemeinschaftsleben gewöhnt war und darum wohl in tiefster Seele verstand, was Rabenau machte oder machen mußte.
Leider bin ich von Lilo so negativ beeinflußt worden, und durch diesen Einfluß bin ich zur Ausschweifung gelangt. Betrachtet man diese jetzt, waren es an und für sich unerhörte Sachen, die ich mir als Führerin nicht gefallen lassen würde. So muß ich Dir sagen, so gerne ich Lilo mag, bin ich jetzt doch froh, daß wir getrennt wurden. Hanna, so einen Menschen wie Dich, der mich so versteht, werde ich niemals mehr kennenlernen. Das ist unser großes Geschenk des Schicksals, daß wir innerlich so harmonieren, obwohl wir temperamentsmäßig Gegensätze sind. Ach, wäre ich nur wie Du zurückhaltender.
Die alten Vorsätze vom RAD müssen unbedingt erneuert werden, sonst gibt es im Lazarett ein Chaos. Das sehe ich vollkommen ein. Ich muß mich eben beherrschen und mein Temperament zügeln und versuchen, vornehm im Hintergrund zu stehen. Also, es muß so werden!
Die nächste Post, Hanna, schicke mir noch ins Lager, denn wir werden erst am 31.10.42 entlassen. Nun möchte ich Dir noch für Dein liebes Buch danken. Du weißt, ich war ja schon immer von den Brüdern Kinau* begeistert, und gerade Tagebuchblätter können mir sehr viel geben. Auch von Rabenau bekam ich ein feines Buch von Anton Holzner, »Zwinge das Leben«**, in der Art von »Kamerad und Kameradin«.
Dazu passen der liebe Birkengruß und die Herbstblätter, alles so typisch Hanna, mein Liebes. Ich habe mich sehr gefreut darüber. Von Lieschen bekam ich Dein Bild in groß und einen netten Brief sowie

* Rudolf Kinau, Autor von »Kamerad und Kameradin«, und sein Bruder Johann alias Gorch Fock, der 1916 fiel

** Der nationalsozialistische Ideologe Anton Holzner appellierte in dem Buch von 1942 an die Tugenden des »nordischen Menschen« und erklärte Adolf Hitler zum »größten Deutschen aller Zeiten«

ein Birnenpaket. Wie war ich begeistert! Mein Geburtstag wurde bei Peters und im Lager sowie im Schlafraum und am Sonntag im erlauchten Kreis gefeiert.
Ja, Hanna, nun möchte ich schließen, Dir nochmals danke sagen und Dich herzlich grüßen
von Deiner alten, neuen Wanda

6 Rußland, den 23.10.42

Mein liebstes Mädel!
Wundervolle Schlager tönen aus unserem Wehrmachtsempfänger. Ganz weich wird mir ums Herz, wenn Will Glahé Melodien von Franz Grothe spielt*. Da kann niemand ruhig sitzen bleiben. Jeder hopst herum, schlägt mit den Händen den Takt dazu und begleitet mit merkwürdigen Jazztönen die Melodie. Doch trotzdem das Radio mit voller Lautstärke arbeitet, dringen unliebsame Außengeräusche in unsere Bude.
Da heute den ganzen Tag klarer Himmel war, hat sich die feindliche Fliegertätigkeit erheblich erhöht. Heute abend können wir die Ergebnisse der feindlichen Luftaufklärung während des Tages erleben. Alle paar Minuten kracht es um uns herum. Einmal ist es unsere Flak, das andere Mal sind es russische Bomben. Hoffentlich halten unsere Fensterscheiben der Stärke des Luftdrucks stand, sonst wird es uns beim Schlafen doch zu kalt.
Heute erhielten wir die Zulassungsmarken für die Weihnachtspäckchen. Ich erlaube mir, Dir eine Marke davon zu schicken, und freue mich schon auf Dein Weihnachtsgeschenk.
Jedes Mal, wenn ich Dir schreibe, denke ich daran, wie viele Bilder ich schon von Dir habe und wie wenige Du von mir besitzt. Das liegt in der Hauptsache daran, daß, wenn man selbst photographiert, man auf

* Der Akkordeonist Glahé (1902–1989) spielte deutsche Stimmungsmusik und hatte nach dem Krieg u.a. mit der englischen Version von »Rosamunde« Erfolg in den USA. Franz Grothe (1908–1982) komponierte Lieder wie »In der Nacht ist der Mensch nicht gern alleine« und die Musik zu insgesamt 170 Filmen, darunter »Das Wirtshaus im Spessart« und »Ich denke gern an Piroschka«

»Der Arbeitsdienst ist rückblickend annehmbar gewesen.« Wanda mit frischer Dauerwelle im Oktober 1942

den Bildern selten drauf ist. Heute will ich Dir wenigstens meinen guten Willen zeigen. Diese drei Photos stammen von einem Film, den Du mir einmal geschickt hast. Da dieser Film statt einer Metallspule eine Holzspule hatte, mußte ich ihn erst für meinen Apparat zurechtmachen. Dabei hat der Film derart Schaden gelitten, daß kein Photogeschäft ihn mehr entwickeln wollte.

So habe ich mich während meines Urlaubs selbst, im Verein mit Erichs Vater, an die Arbeit gemacht und holte noch das Menschenmöglichste aus dem Film heraus. Für mich wurden es jedenfalls wertvolle Bilder, da mit jedem einzelnen eine Erinnerung verknüpft ist. Hoffentlich kann ich Dir im Laufe der Zeit noch bessere Bilder zukommen lassen.

Liebling, eine ganz verrückte Musik kommt eben aus dem Radio. Ein Foxtrott jagt den anderen. Die niedrige, muffige Russenbude wird zur feinsten Tanzdiele mit Barbetrieb. Ich finde mich mit Dir in einer intimen Nische, die Wände mit rotem Plüsch ausgeschlagen (in unse-

rem Quartier sind es alte Ausgaben der Prawda oder der Krasnocarmee, dazwischen auch schon der Völkische Beobachter oder eine Illustrierte, mit denen die Wand doppelt und dreifach tapeziert ist, wobei es hinter den Zeitungen manchmal verdächtig knistert). Doch meiner Phantasie sind Gott sei Dank noch keine Grenzen gesetzt.
Meine liebste Wandelgard, jetzt wird es allmählich Zeit, daß ich Schluß mache. Bei dieser tollen Musik ertappe ich mich oft, daß ich minutenlang die Wirklichkeit vergesse und so auch dieser Brief zu phantastisch werden könnte. Diesem grausamen Spiel bereite ich ein plötzliches Ende, indem ich Dir nun eine gute Nacht wünsche und Dich aus heißem Herzen grüße und küsse,
Dein Willy

7 Rußland, den 27.10.42

Meine liebe Wandelgard!
Heute kann ich Dir für Deinen lieben Brief vom 6.10. danken. Eine Lücke von 14 Tagen besteht allerdings doch. Jetzt erfuhr ich auch so ungefähr, wie Du Deinen Urlaub verbrachtest.
Die Tatsache, daß es in den Geschäften nichts mehr zu kaufen gibt, habe ich während meines Urlaubs gar nicht so stark empfunden. Als Fronturlauber bekommt man doch so manches hintenherum. Deshalb habe ich zu Hause immer die Einkäufe für meine Mutter besorgt. Auf diese Weise konnte ich es mir erlauben, daß ich an jedem Tag meine Lieblingsspeisen vorgesetzt bekam. Trotzdem kann ich mir vorstellen, daß heute eine einigermaßen vernünftige Wirtschaftsführung für jede Hausfrau ein Problem ist. Es sind ihr halt doch zu viele Einschränkungen auferlegt.
Ein großes Rätsel ist für mich, wieso Du Dir gerade Graz als Universitätsstadt auserwählt hast. Würde es Dir denn nicht in München gefallen? Du könntest auch dann und wann Deine Großmutter in Regensburg besuchen.
Zur Zeit feiere ich wieder krank. Eine Zahnwurzelentzündung belästigt mich sehr. Heute war ich beim Zahnarzt, der meinen Schmerzen durch Entfernung des Nerves ein Ende bereitet hat. Die Entzündung

ist noch nicht ganz zurückgegangen. Das alles sind die Folgen des Soldatenlebens. Von derartigen Gebrechen habe ich früher nichts gewußt. Einen Denkzettel bekommt ja schließlich jeder mit, der beim Kommiß dient.

Heute sind wir noch jung, da geht man leichter darüber hinweg. Im Alter dürfte man dann allerdings gebrochen sein. Das sind sehr pessimistische Gedanken, die aber leider unserer Wirklichkeit entsprechen, wie es auch die Erfahrungen des Ersten Weltkrieges gezeigt haben.

Heute ist wieder ein fabelhafter Tag. Man könnte direkt meinen, der Frühling stehe vor der Tür, so herrlich warm strahlt die Sonne vom klaren Himmel. Im vorigen Jahr um diese Zeit war es schon bedeutend kälter. Vielleicht können wir in diesem Jahr mit einem milden Winter rechnen. Unserm Herrgott würde es keiner besser zu danken wissen als der deutsche Soldat.

Mein liebes, kleines Mädel, abschließend grüße ich Dich wie immer mit innigsten Küssen und von ganzem Herzen

Dein Willy

11.
»Es erscheint mir als eine Selbstverständlichkeit, Dich einmal als meine Frau heimzuführen«

Willy macht Wanda einen Heiratsantrag • Wanda wird zum Kriegshilfsdienst eingezogen • Hanna ist überzeugt, daß Jochen ihre große Liebe war

Spätherbst 1942. Erst im Juni hatte »Wüstenfuchs« Erwin Rommel die libysche Küstenstadt Tobruk erobert, die seit anderthalb Jahren immer wieder schwer umkämpft war. Das hatte ihm die Beförderung zum Generalfeldmarschall eingebracht, denn Tobruk besaß Symbolkraft. Jetzt, im November 1942, sind dort britische und amerikanische Einheiten unter General Dwight D. Eisenhower gelandet. Und Wanda ist entsetzt.

Doch die eigentliche Tragödie spielt sich in Rußland ab. Südlich von Stalingrad marschiert die Rote Armee auf. Am 19. November gelingt es ihr, die Stadt in die Zange zu nehmen. 250 000 deutsche Soldaten sind eingeschlossen. Beginn einer Katastrophe, die zum Mythos werden soll. Die Menschen in Deutschland ahnen noch nichts von dem Grauen, das Stalingrad ergreift.

Zweitausend Kilometer lang ist die Front in Rußland inzwischen und entsprechend unübersichtlich. Willys Panzerdivision kämpft immer noch rund 800 Kilometer nordwestlich von Stalingrad, in Orel. Wieder einmal macht das Fleckfieber der Einheit zu schaffen, das durch Läuse übertragen wird. Es ist eine äußerst ansteckende Krankheit mit hohem Fieber, an der mehr als die Hälfte der Betroffenen stirbt.

Eine Prophylaxe sei so teuer, daß nicht einmal das Lazarettpersonal geimpft ist, schreibt Willy. Und fügt erschreckend lakonisch an: »Der Impfstoff für eine einzige Spritze wird aus den Mägen von 500 Läusen gewonnen, die am polnischen Juden gezüchtet werden.« Eine Ungeheuerlichkeit, wie selbstverständlich vorgetragen – und das, obwohl sich Willy längst innerlich distanziert hat von den Nationalsozialisten, ihrer Ideologie und ihren Protagonisten. Was er sich bei solchen Sätzen denkt? Anscheinend gar nichts, so erschreckend das ist.

Das Grauen des Krieges ließ Willy Halt suchen im Katholizismus, wie er Wanda jetzt gesteht. Und sie, wie hält sie es mit der Religion? Sie habe eine »gottgläubige Weltanschauung«, schreibt die Freundin. Das ist seit 1936 die offizielle Religionsbezeichnung für Personen, die an Gott glauben, aber keiner üblichen Religionsgemeinschaft angehören. Die, wie Wandas Eltern, aus der Kirche ausgetreten sind – weil die Nationalsozialisten es so wollten. Wird Willy Wandas Einstellung akzeptieren? Können Wanda und er tatsächlich eines Tages heiraten, trotz der unterschiedlichen Haltung zur Kirche?

Auf der Fahrt Flensburg–Marne, 1.11.42

Liebe Hanna!
Ja, ich sitze hier in Husum und schreibe Dir. Viel, sehr viel ist wieder zu berichten. Ein ganzer Dutten, doch erst einmal das Wichtigste: Marinelazarett Marne ist die Wirkungsstätte dieses Winters bis zum 31.3.43.

Doch nun schön der Reihe nach. Vorigen Sonntag feierten wir im erlauchten Kreise Noras Geburtstag mit Bowle, vier Flaschen Wein, Erdbeeren und Rum. Dazu Likör, Sekt, Naschereien, Kaffee und Kuchen, Musik und Tanz. Dies sind, in Schlagworten ausgedrückt, die »verhängnisvollen Subjekte«, die uns fast um unser Amt und Würden gebracht hätten. Anschließend an unsere Feierei haben wir nämlich Rabenau vom Bahnhof abgeholt, wir Doofen! Sie hat natürlich unsere Fahne gerochen, und es kam zu großen Auseinandersetzungen mit ihr. Du mußt wissen, Renate, Eta und ich werden ja Kameradschaftsführerinnen im KHD. Durch unsere gute Redekunst kam aber alles wieder in Ordnung.

Abends wollten wir die Kostümierung unseres Abschiedsfestes besprechen. Doch leider wurde dies vereitelt, denn viele wollten nicht mitmachen. Es gab wüste Heulereien und Auseinandersetzungen.

Dann kam Rabenau und machte uns Vorwürfe, die Kameradschaft zerstört zu haben. Alle persönlichen Händel der Mädel wurden ausgehechelt, und wüste Schimpfereien fanden statt. Rabenau sagte das Abschiedsfest ab. Langsam legten sich die Kämpfe, die Gemüter beruhigten sich, und wir vertrugen uns wieder. Nachdem Rabenau zur Verständigung zugeschlagen hatte, versuchte am anderen Morgen eine Abordnung der Braven, mit ihr eine Verständigung herbeizuführen. Ihr Unternehmen gelang.

Nun blieb nur noch die Absetzung der KÄ und der KF*. Alle sechs Mädel, die Rabenau als KF und KÄ vorgeschlagen hatte, waren dabei. Doch eine erneute Unterredung mit Rabenau brachte diesen letzten Punkt in Ordnung. Am Dienstag waren wir drei, Renate, Eta und ich, in Heide zur KF-Tagung, und dort sprachen wir noch einmal mit Fräulein Richters, der Lagergruppenführerin, darüber. Das ist vielleicht eine phantastische Frau!

Donnerstag erfolgte dann ein ernster Abschiedsabend. Nora spielte die A-Dur-Sonate von Mozart, und Rabenau las aus dem »Kornett« von Rilke vor. Das war wirklich eine sehr gelungene Feier. Freitag abend lasen wir, weil aller Ärger wieder hundertprozentig in Ordnung gekommen war, unsere pfundige Abschiedszeitung vor, dann folgte der Abschiedsgesang.

2.11.

Gestern abend fuhren Nora und ich mit 1 1/2 Stunden Verspätung »vom Donn no Marn«. Um 22.30 Uhr waren wir hier. Doch am Bahnhof standen wir doof wie Piefke und thronten über unserem Gepäck, das wir mit Leiterwagen vom Lager zum Bahnhof im Donn befördert hatten. Ich allein war der Herr von zwei Koffern, einem Karton, einer Tasche, zwei Mänteln und zwei Hüten. Auch Nora hatte zwei Riesenkoffer. So schleppten wir mit zwei Koffern (zwei Koffer und den Karton gaben wir in der Gepäckannahme ab) und all dem anderen Müll durch das Gäßchengewirr des nächtlichen Marne.

Mit viel Fragen gelangten wir endlich in unserem Quartier an, wo wir sehr lieb empfangen wurden. Ein weiches, weiches Bett nahm unsere

* Kameradschaftsältesten und Kameradschaftsführerinnen

vom Strohsack gestählten Athletenkörper freundlich auf. Die Wohnung hat zweimal zwei Zimmer. Nora und ich wohnen zusammen in einem Wohn- und Schlafzimmer bei einer sehr freundlichen Witwe. Und wir dürfen ihre fabelhafte Wohnung auch mitbenutzen. Sogar ein Sofa für Besuch steht in unserem Wohnzimmer. Also, es steht da und wartet nur auf Dich, meine Liebe.

Das Lazarett ist fünf Minuten von uns entfernt. Von 7 Uhr bis 19.30 Uhr ist Dienst mit zwei Stunden Mittagspause. Ich werde in der Krankenpflege eingesetzt. Heute morgen erschienen wir pünktlich um 7 Uhr zum Kaffeetrinken im Lazarett. Es gab zwei Semmel, einen Butterkloß und Marmelade. Wie waren wir begeistert! Dann haben wir bis 9 Uhr auf die verschiedenen Herren gewartet, die unsere Personalien aufnahmen. Alle waren äußerst liebenswürdig und freundlich.

Ich kam anschließend mit Leni auf die chirurgische Station zu Schwester Else. Hier haben wir jede zwei Krankenzimmer zu betreuen. Morgens Zimmer saubermachen, Betten machen, Patienten waschen, Essen bringen und mit zur Visite gehen, das sind unsere Aufgaben.

Es stürmt sehr viel auf uns herein, und nur langsam wird sich dieses liebe Wirrwarr lösen. Doch dazu tragen die Schwestern und die Patienten in gleicher freundlicher Weise ihren Teil bei. Es herrscht im Lazarett wirklich ein sehr netter Ton, und wir drei waren angenehm überrascht. Sogar für Abwechslung wird gesorgt. Jede Woche gibt es in der Mittagsstunde für uns einen Film, und alle vierzehn Tage kommt eine Betreuungsgruppe mit ernsten oder heiteren Programmen zu den Patienten.

Ja, ich muß sagen, alle Beteiligten bemühen sich, uns das Einleben zu erleichtern, und mir gefällt es bis jetzt auch ausgezeichnet. Hoffentlich bleibt uns der Himmel weiterhin voller Geigen. Ich möchte mich jetzt kurz fassen, da ich zu Bett muß, ich bin reichlich müde.

Im nächsten Brief kommt mehr über meinen neuen Wirkungskreis. Jetzt schreibe bitte Feldpost an Fräulein Wandelgard Kahle, Marne in Holstein, Marinelazarett. Es grüßt Dich herzlich und innig

Deine Wandelgard

Rußland, den 4.11.42

Mein liebstes Mädchen!

Für zwei Briefe und eine Schachtel Zigaretten kann ich Dir heute herzlichst danken, die ich beide gestern abend erhielt. Nun bist Du wieder auf dem Weg in die goldene Freiheit. Meine besten Wünsche begleiten Dich für die nächsten fünf Monate. Mögen sie Dir in reichstem Maße Erfüllung Deiner Wünsche bringen. Ich bin ja so gespannt, was Du mir alles über Deine jetzige Tätigkeit im Marinelazarett berichten wirst. Außerdem bietet Dir Marne mehr als Michaelisdonn.

5.11.

Gestern abend, meine Liebste, wurde ich mit dem Brief nicht mehr fertig, da es Wein gab, der bei uns ein feuchtfröhliches Gelage hervorrief. So bleibt mir jetzt nichts anderes übrig, als die kurze Mittagspause auszunützen. Es ist seit langer, langer Zeit der erste Brief, den ich bei Tageslicht schreibe. So sehe ich auch erst jetzt, daß ich meinen Drehbleistift statt mit einer schwarzen mit einer blauen Mine gefüllt hatte. Dabei schreibe ich schon etliche Tage mit diesem Stift, aber abends bei unserem matten Kerzenlicht kann man zwischen blau und schwarz nicht unterscheiden.

Heute vormittag war in unserer Kompanie Waffenrevision. Tage zuvor arbeiteten wir schon darauf hin. Unsere MGs und Pistolen wurden auf Hochglanz gebracht. Jetzt sind wir etwa 20 Kilometer hinter der Front als Armeereserve. Alle Augenblicke können wir nach vorne gerufen werden. Trotzdem finden Appelle und sogar Revisionen statt, genauso schlimm wie in Friedenszeit in der Kaserne. Da kann man wirklich nur sagen: sturer Kommiß!

Am Montag nachmittag waren wir mal wieder im Kino. Diesmal sahen wir den »Gasmann«* mit Anni Ondra und Heinz Rühmann. Gesehen haben wir zwar nicht viel, da das Licht zu schwach war, gehört noch viel weniger, weil die Lautsprecherapparatur nicht in Ordnung war. Aber gelacht haben wir trotzdem, da unsere Phantasie die fehlenden Stellen ergänzte.

* Komödie mit Anni Ondra und Heinz Rühmann von Carl Froelich, Drehbuch Heinrich Spoerl (»Die Feuerzangenbowle«). Der unterhaltsame Film spielt mit kleinen Andeutungen von zivilem Ungehorsam, ist also ansatzweise nazikritisch

Ja, was könnte ich Dir, mein Liebes, noch schreiben? Vielleicht interessiert Dich, was es bei uns heute zum Mittagessen gab. Was hältst Du von Salzkartoffeln und Sauerkraut mit »Gesölchtem« oder »Rauchfleisch«, wie Ihr im Norden wohl sagt? So was kann man schon mit gutem Appetit essen.
Liebling, wie steht es überhaupt mit Deinem Briefwechsel mit meiner Mutter? Ich weiß nicht, ob meine Mutter infolge meines Urlaubes die Antwort auf Deinen letzten Brief schuldig geblieben ist. Wenn dies der Fall ist, nimm es ihr bitte nicht übel, sondern greife zur Feder, auf daß der Briefwechsel nicht einschläft.
Eben wurde Antreten gepfiffen, deshalb recht herzliche Grüße und Küsse
Dein Willy

Marne, 8.11.42

Liebe Hanna!
Eigentlich habe ich keinen Funken Lust zum Schreiben, dafür möchte ich mit Dir auf unserem Sofa sitzen und nur einfach klönen. Ach Hanna, ich bin so unsagbar glücklich! Mir gefällt es hier von Tag zu Tag besser, ich bin wirklich vollauf befriedigt. Eben kam Frau Petersen und brachte uns eine Tasse Kaffee und einen Teller mit leckerem Kuchen. Wo soll ich nur anfangen und wo aufhören? Es sind ja nur Kleinigkeiten, die ich erlebe und die man sich am besten mündlich mitteilen kann. Vor allem weiß ich nichts Besseres zu sagen, als daß ich meinen Beruf bestimmt richtig gewählt habe.
Nun zu meiner Arbeit. Seit einer Woche durfte ich täglich mit zur Visite gehen. Dabei kann man viel lernen. Auch beim Verbinden durfte ich dabeisein. Ja, ich habe schon selbständig Verbände anlegen dürfen, Beinstümpfe und Armstümpfe verbunden, Umschläge gemacht, Inhalieren und Medizin verteilen. Das sind alles nur Kleinigkeiten, die wir mit Stolz verrichten dürfen. Ach, noch ist man um jeden Handgriff verlegen und sei es, dem Herrn Stabsarzt Tupfer reichen, Pinzetten usw.

Auch mein Verhältnis zu den Patienten ist prima, ich glaube, sie mögen mich gerne, das macht viel aus. Überhaupt ist es mit Männern viel besser zusammenzuarbeiten als mit Frauen, wenn man auch über manchen derben Witz oder manche Anspielung großzügig hinwegsehen muß. Man tut am besten, als hätte man es nicht gehört. Trotzdem, der Umgang mit den vielen Männern muß gelernt sein. Aber ich komme schon zurecht.
Ein alter Schäfer liegt auf meiner Station, der gibt mir jedes Mal Bonbons noch und noch: »Ich habe ja keine Kinderchen, und weil Sie immer so nett zu uns sind, sollen Sie diese Tüte haben.« Solche Kleinigkeiten würzen einem das tägliche Einerlei. Aber im Krankenzustand sind viele Menschen ganz anders und besonders für Freundlichkeiten zugänglich. Das ist zu fein. Ach, überhaupt helfen und heilen zu dürfen, das ist eine sehr gute Aufgabe.
Ich habe schon allerlei an Wunden und Verwundungen gesehen und verbunden. Es ist doch zu traurig. Man kann dann an unserer Weltanschauung und dem Krieg richtig verzweifeln.
Von Willy bekam ich ganz, ganz süße Briefe. Er will jetzt Technik, Recht oder Volkswirtschaft studieren, wahrscheinlich letzteres. Im nächsten Winter erhält er Studienurlaub, Universität München oder Berlin. Das wäre ja grandios, wenn wir ein halbes Jahr zusammensein könnten – sein heißester Wunsch. Für Mai 43 rechnet er mit dem nächsten Urlaub.
So, nun wünsche ich Dir viel Glück und grüße Dich herzlich,
Deine Wanda

Rußland, den 8.11.42

Meine liebste Wandelgard!
Wieder geht ein Sonntag zur Neige. In Deutschland würde ich das noch nicht sagen, dort ginge er erst an. Es ist nämlich nachmittags um 16 Uhr, aber schon stockdunkel draußen und bitter eisigkalt. Minus 18 Grad wurden heute früh gemessen. Da ist man schon sehr froh, wenn man in einer warmen Bude sitzen darf. Immerhin kann diese Herr-

lichkeit ihr Ende finden, da wir zur Zeit in einer ständigen Alarmbereitschaft leben.
Gestern feierte der Russe den Tag der Oktoberrevolution, was laut Gefangenen- und Überläuferaussagen der Anlaß zu einem Großangriff werden soll. Nun, wir sind bereit, den Feind recht feierlich zu empfangen. Möge er kommen, wenn er sich blutige Köpfe holen will!
Die kleinen Feldpostbriefe erlauben nicht, daß man sich gemütlich ausplaudert. So muß ich wegen Raummangel schließen, ohne Dir meine Sonntagsgedanken zu offenbaren. Doch Du weißt ja auch so genau, was ich meine.
Herzlichen Gruß und Kuß,
Dein Willy

Marne, den 14.11.42

Meine innigst geliebte Hanna!
Heute ist Sonnabend abend. Wir sitzen (als solide Mädchen, die alle Ausgehangebote in den Wind schlagen und Körbe en gros verteilen) in unserem gemütlichen Heim bei schöner Radiomusik und schreiben. Ich bin tief in einem Berg von Briefschulden, da ich die Freizeit der letzten Tage dazu ausnutzte, das Geburtstagsbuch meiner Eltern, »Moorsonne« von Margarete Weinhandl*, zu lesen. Hanna, mich hat selten ein Werk so erschüttert und ist mir so ans Herz gegangen wie dieser Roman. Immer wieder spürte ich, daß die Handlung auch auf mich, auf uns passen würde und daß wir darin angesprochen sind.
Ja, ich muß Dir sagen, ich bin wieder ganz in Willys Bann gerissen worden, so viele und liebe Briefe erhalte ich von ihm. Da fiel es mir schon schwer, die gewollte Realität zu bewahren. Hanna, ich habe ihm noch eine Bewährungsfrist bis zum nächsten Urlaub gegeben. Ich bin wieder zu der Überzeugung gekommen, daß es reine Ungeschicklich-

* Autorin Margarete Weinhandl war Kulturreferentin der NS-Frauenschaft in Schleswig-Holstein. In naturverbunden-mystischen Texten beschrieb die Österreicherin die Landschaft der Steiermark und Norddeutschlands. Ihr Buch »Moorsonne« erschien 1940

keit von ihm oder wirklich Pech war, daß wir uns nicht trafen und nicht, wie ich es im geheimen oft auslegte, Uninteressiertheit oder gar ein anderes Mädel.
Jeder macht einmal Fehler (ich bin ja darin besonders groß). Und so sei ihm der seinige von meinem großzügigen Herzen verziehen. Ich hätte ein so großes, starkes Herz, wurde bei der gestrigen Durchleuchtung meines olympisch gestählten Körpers festgestellt. Was wird das starke Herz noch alles durchmachen müssen?! Oh Graus! Oh Graus! Jetzt im Moment ist es ins Wanken geraten durch die Meldung von der Preisgabe Tobruks*. Was sagst Du nur dazu? Ist das nicht toll! Ich bin tief erschüttert.
Hanna, Du hast eine falsche Vorstellung von unserem Lazarett, da sind nur bitterwenige Verwundete, nur die, deren Heimatlazarett Marne ist. Die meisten, 90 Prozent, sind Revierkranke der Marineartillerie in der Umgebung mit Beinbrüchen, gezogenen Weißheitszähnen, Blinddarmoperationen, Leistenbrüchen usw.
Und nun, Hanna, zu der seelischen Medizin, die ich Dir geben darf. Ja, meen Deern, ich kann mir Deine Lage gut vorstellen und auch Dein trauriges Innenleben. Ich weiß ja, wie lange Dir der Bruch der Freundschaft mit Günther nachging. Gut über ein Jahr dauerte es, bis Du diese Geschichte vergessen konntest, bis eine neue Dein Leben verschönte, viel schöner noch als die alte.
Ja, und meinst Du nicht, daß Dir nochmal das Geschenk einer großen Liebe zuteil wird? Ich glaube das felsenfest! Weißt Du, was mir immer hilft, das ist ein gewisser Fatalismus: »Wer weiß, warum das so sein muß, wozu das alles gut ist!« Hanna, gehst Du nicht öfters ins Theater oder Kino? Das gibt doch auch Zerstreuung. Oder hockst Du immer allein in Deiner Bude? Ach, wenn ich nur bei Dir sein könnte, Dir helfen könnte, die Zeit zu vertreiben, ich würde Dich schon auf andere Gedanken bringen. Drum ist mein Weihnachtswunsch, mit Dir diese Tage der Festlichkeiten zu begehen.
So, meine liebe, liebe Hanna, laß Dir eine gehörige Westwindbrise um die Ohren wehen und ein wenig grauen Nebel vor den Augen flim-

* Küstenstadt in Libyen

mern, dann suche mich in ihm und denke, Du seist in der Marsch bei mir in Marne.
Laß Dich innigst grüßen, ein lieber Kuß,
Deine Wandelgard

Rußland, den 15.11.1942

Meine liebste Wandelgard!
Lange habe ich Dich diesmal auf Nachricht warten lassen, deshalb wird dieser Brief auch per Flugzeug befördert. Aber aufgefallen ist mir, daß es mit der Briefpost in der letzten Zeit nicht ganz in Ordnung war. Meine Heimatzeitung kommt laufend, und Dein letzter Brief ist vom 23.10. Ich mache mich schon darauf gefaßt, daß ich in den nächsten Tagen gleich einen Stoß von Briefen beantworten darf.
Doch wenn ich ehrlich bin, muß ich zugeben, daß ich in der vergangenen Woche überhaupt nicht geschrieben habe. Obwohl ich mehr Zeit dazu gehabt hätte als meine Kameraden. Seit Montag feiere ich schon krank, und heute ist wieder Sonntag. An meinen beiden Kniescheiben habe ich nämlich äußerst schmerzhafte Furunkel, und die beiden Füße sind an den Knöcheln aufgebrochen. Das erste kommt, bei meiner Größe, vom Einengen im Panzer. Und das letztere sind wahrscheinlich Folgen des vorigen Winters*.
Du kannst Dir sicher vorstellen, daß mir das Gehen, Stehen und auch Sitzen zur Qual wird. Jede geistige Betätigung empfinde ich als Last, und ich bin froh, wenn ich mich niederlegen kann. Trotzdem beteiligte ich mich letzten Dienstag und Mittwoch an der Partisanenjagd. Mit vier Panzern räumten wir in der Nähe unserer Ortschaft mit diesem Gesindel ein wenig auf.
Nun, mein Liebling, was sagt Du zu dem erneuten Fall von Tobruk? Bei uns ist das momentan der akuteste Gesprächsstoff. Eine große Schlappe ist es bestimmt, größer als die bei uns im vorigen Winter**. In wenigen Tagen wurde fast der gesamte in diesem Sommer erober-

* Erfrierungen
** Der gescheiterte Sturm auf Moskau

te Raum aufgegeben. Dazu kommt noch die amerikanische Gefahr, die Rommel in den Rücken fallen könnte. Eine Gefahr für Europa besteht zwar dadurch nicht unmittelbar. Trotzdem wäre es schade, wenn uns die strategisch wichtige Nordküste Afrikas verlorenginge.
Auf unsere Front im Osten hat dieses zum Glück keinen Einfluß. Wir sind nicht gesonnen, uns in diesem Winter auch nur einen Schritt zurückdrängen zu lassen. In vorzüglicher Weise wurde die Front ausgerüstet. Die stärksten panzerbrechenden Waffen wurden nach vorne gebracht. Wir Soldaten sind gegen die stärksten Unbilden des Winters geschützt. Dicke Watteanzüge und Filzstiefel haben wir noch in dieser Woche empfangen.
Dieser Winter wird uns nicht viel Sorge machen. Es wird Dir sicher auffallen, daß ich diese Tatsache in meinen Briefen immer wieder betone. Aber für mich ist das so wichtig und so grundlegend anders als im vorigen Jahr. Unsere Fahrzeuge sind alle unter die Erde gebracht worden. In tiefen Bunkergaragen sind sie vor Wind und Kälte geschützt. Die Motorisierung wird also diesen Winter wenig eingeschränkt werden.
Nun, Liebste, ein anderes spannendes Ereignis steht uns bevor. In wenigen Minuten wird die zweite Halbzeit aus dem Pokalendspiel Schalke 04 gegen 1860 München übertragen. Die heftigen Debatten über den Ausgang des Spiels werden damit ihr Ende finden.
Damit, mein liebes Mädel, mache ich für heute Schluß. Es grüßt und küßt Dich mit liebendem Herzen
Dein Willy

Rußland, 17.11.42

Meine heißgeliebte Wandelgard!
Vorgestern noch schrieb ich, wie sehr ich Deine Briefe erwarte, und schon gestern abend hätte ich Dir für Nr. 8, 9 und 10 danken können. Deine Berichte und ersten Eindrücke aus dem Lazarett habe ich mit sehr großem Interesse aufgenommen. Die letzten Tage habe ich mich sehr oft dabei ertappt, wie meine Gedanken zu Dir nach Marne eilten. Vielleicht ist meine Krankheit schuld daran, die Arbeit fehlt mir. Lesen oder sonst eine andere geistige Beschäftigung sind mir durch die

andauernden Schmerzen verleidet. Da ist es am besten, man bleibt ruhig liegen und baut sich seine Luftschlösser. Sobald ich nämlich aufstehe, brechen meine Wunden wieder auf. Auch dieser Brief muß in der sehr unbequemen Lage des Liegens geschrieben werden. Das einzig Angenehme dabei ist, daß sich bei den Gedanken an Dich die Schmerzen lindern.

Wie hast Du das so treffend in Deinem letzten Brief geschrieben, wie gerne Du mich in Behandlung haben möchtest. Bis zum März würde ich gerne bei Dir im Lazarett sein, anschließend könnten wir den Genesungsurlaub zusammen verbringen. Es ist doch etwas Herrliches, den Gedanken freien Lauf zu lassen. Du machst es ja genauso wie ich, bloß mit dem Unterschied, daß Du abschließend feststellst: Es ist ja doch nicht möglich, und vielleicht ist alles Täumen nur ein armseliges Schauspiel (4.11., Seite 4, Zeile 8). Bleib doch auch illusorisch, und Du hast viel mehr von mir! Ich stehe jedenfalls auf dem Standpunkt: Eine Verbindung zwischen uns zweien wird möglich sein, und sollten auch tausend Vernunftsgründe dagegen sprechen.

18.11.

Nach 20stündiger Unterbrechung beginne ich heute mit der ersten Fortsetzung. Als Einleitung darf ich Dir gleich für Deinen lieben Brief Nr. 11 danken, der mir gestern abend als nette Überraschung gebracht worden war. Gerne hätte ich diesen Brief noch fertiggemacht, aber schon um 15 Uhr war es ganz dunkel.

Ich wollte nun aufstehen und mich an den Tisch setzen, aber da brachen meine Wunden schon wieder auf. Ich schickte sofort zum Sanitäter, damit er den Verband, der bereits drei Tage angelegt war, erneuern sollte. Die Unterhose und Uniformhose waren schon fest mit dem Verband verklebt. Aber unser Sanitätsoffizier ließ sich nicht blicken.

Um 18 Uhr schickte ich nochmal nach ihm. Erst eine Stunde später kam er endlich. Ich muß Dir gestehen, mir ist beinahe schlecht geworden, als ich die offenen Wunden sah. Es hätte nicht viel gefehlt, dann wären schon Würmer herausgekrochen. Mindestens 1/8 Liter Eiter hatten die beiden Knie und der rechte Knöchel geliefert. Recht appetitlich ist der obige Absatz gerade nicht. Doch für Dich wird dies schon etwas Gewohntes sein.

Da nun die Mittagspause dazwischen lag, geht es mit einem anderen Thema weiter. Außerdem habe ich mich dazu aufgerafft, meine Liegestatt zu verlassen, um mich an den Tisch zu setzen. Der Grund, warum ich vorhin wieder unterbrochen wurde im Schreiben, war ein recht erfreulicher. Ein Kamerad, der gerade aus dem Urlaub zurückkam, brachte ein Paket von meiner Mutter mit. Eine Torte, ein Obstkuchen, frische Birnen, Puddingpulver usw. waren der Inhalt. Auch die Photographien von einem Film aus dem Jahr 41 waren dabei, doch leider war ich nur auf zweien selber drauf.
Mein Liebling, ich wollte zwar heute Deinem Wunsch gemäß mit einer problematischen Frage beginnen, die ich aber nun doch bis zum nächsten Brief aufspare. Ich möchte nämlich vermeiden, daß Dir am Schlusse des Briefes die Augen vor Müdigkeit zufallen. Es grüßt und küßt Dich
Dein Willy

Marne, 21.11.42

Meine süße, liebe Hanna!
Elfmal Post in zwei Tagen. Gestern achtmal, heute dreimal. Was sagst Du dazu? Ich war platt, das war der Erfolg von zehn Briefen des Sonnabends und Sonntags. Nun, als erstes schreibe ich Dir. Wem auch sonst, wem auch anders sonst?
Willy, der sich mit zwei Briefen an dieser Sendung beteiligte, muß bis heute abend warten. Er schrieb mir mit so tadelloser Haltung vom kommenden Winter. Wenn das die Einstellung aller Frontsoldaten ist, dann sehe ich wieder heller. Die militärische Schlappe von Nordafrika konnte einem schon Angst und Bange machen und trägt bestimmt nicht zur guten Stimmung bei.
Ja, Hanna, wir sind stets müde. Einmal will der ganze Schlaf, der im RAD versäumt wurde, nachgeholt werden. Dazu kommt die ständige Rennerei des ganzen Tages, treppauf und -ab.
In dieser Woche war große Besichtigung durch einen Admiralarzt. Da wurde vielleicht geschrubbt und gescheuert! Du kannst Dir keine Vorstellung machen. Für mich war dies das erste persönliche Erlebnis des

Kommiß! Der UvD jagte die Gaste* durch das Haus, man war sprachlos. Alles, was wir morgens im Schweiße unseres Angesichts gereinigt hatten, wurde am Nachmittag noch einmal geputzt. Jede Abteilung, jedes Zimmer, war Spielplatz des »Reinschiffmachens« der Gaste.
Ins Schreibzimmer kam der UvD Mittwoch abend um 20.00 Uhr und leuchtete mit der Taschenlampe in die hintersten Heizungsröhren, und tatsächlich mußte ein armer Gast noch ran und noch einmal alles auf Hochglanz bringen. Alle schweren Aktenschränke rückte das Männlein von UvD weg, und in die unmöglichsten Ritzen steckte er seine Finger. Ich war alleiniger Zeuge dieses Schauspiels und dachte nur »sturer Kommißhengst«, »sturer Kommiß«, wie er leibt und lebt und verschrien ist. Die Besichtigung verlief zur Zufriedenheit aller, auch mit uns kleinen Maiden sprach der hohe Herr sehr nett. Sonst ist von der letzten Woche nicht viel Nennenswertes zu berichten.

22.11.

Gestern wurde ich nicht mehr fertig mit dem Brief, da Nora mich mit ins Stadtcafé schleppte, und abends waren wir im Kino, »Fronttheater«**, ganz nett.
Weihnachten möchte ich gerne zu Hause feiern, und ich würde mich sehr freuen, wenn es klappte. Weihnachten im Lazarett soll auch immer sehr schön sein. Aber wenn ich irgendwie nach Hause kann, werde ich dies gerne tun. Erstens Weihnachten zu Hause, zweitens Dich sehen, drittens Klassentreffen am 27.12. – drei Gründe zum Nachhausefahren.
So, mein liebes Mädchen, laß uns der kommenden Dinge harren und uns auf einen gemeinsamen Urlaub freuen.
Herzlichst grüßt Dich
Deine alte Freundin

* Sanitätspersonal

** Propagandafilm mit Heinz Rühmann. Regisseur Arthur Maria Rabenalt (»… reitet für Deutschland«) drehte später erfolgreiche Heimatfilme wie »Die Försterchristl«

Rußland, 21.11.42

Meine liebste Wanda!
Wie rasch doch die Zeit vergeht. Am 30.11. ist es schon ein Jahr her, daß mein Vater gestorben ist. Eine sonderbare Einleitung, wirst Du wohl denken. Für mich kommen aber manchmal jetzt besinnliche Stunden, in denen ich mir Gedanken über überirdische Dinge mache. Wie denkst Du eigentlich über den Glauben und speziell über die Religion? Du weißt, daß ich katholisch erzogen wurde. Heute bin ich überzeugt von meiner Religion. Vielleicht ist der Krieg schuld daran. Bekanntlich ist ja Gott dann am nächsten, wenn die Not am größten! Es liegt mir sehr am Herzen, daß Du Dich einmal in dieser Angelegenheit äußerst.

Meine Liebe, ich habe tatsächlich die Absicht, später, wenn sich die Zukunft vor meinen Augen etwas aufgetan hat, Dich zu fragen, ob Du meine Frau werden willst. In Hinblick auf die Kindererziehung interessieren mich natürlich Deine Ansichten über die Religion. Ich fühle direkt, mein Liebling, wie diese Worte ein Lächeln hervorrufen. Aber mir ist es dabei vollkommen ernst.

Schau, wir beide sind jetzt in dem Alter, wo man allmählich daran denkt, sich eine Zukunft zu bauen. Du bist mir nun in den zwei Jahren, seitdem wir uns kennen, so lieb und teuer geworden, daß es mir als eine Selbstverständlichkeit erscheint, Dich einmal als meine Frau heimzuführen. Auf meiner Seite sind keinerlei Bedenken vorhanden. Es kommt also nur auf Dich an, liebste Wanda.

Außerdem muß ich mir immer vor Augen halten, daß meine Mutter schon über 60 Jahre alt ist. Sie selbst hat mich während meines Urlaubs darauf aufmerksam gemacht, daß einmal ein trauriger Fall eintreten und ich bei meiner Rückkehr aus dem Krieg keine Heimat mehr vorfinden könnte. Gott bewahre mich hoffentlich vor einem solchen Unglück. Immerhin löst es bei mir eine gewisse Beruhigung aus, wenn ich weiß, daß Du einmal auf mich warten wirst.

Während der letzten Woche erhielt ich Deinen lieben Brief Nr. 12, für den ich Dir bestens danken möchte. Ich sehe, Du bist jetzt im Begriffe, im Lazarett die Männer richtig kennenzulernen. Allerdings darfst Du nicht in den Irrtum verfallen und alle durch die gleiche Brille an-

sehen. Es gibt nicht nur beim männlichen Geschlecht welche, die aus der Rolle fallen, sondern auch beim weiblichen. Doch das kann uns egal bleiben, wir zwei wissen, was wir zu tun und zu lassen haben.
Gegen Dein Studium in Graz habe ich nichts einzuwenden. Ich werde mein Möglichstes versuchen, um Deinen Wünschen nachzukommen. Dazwischen liegt ja hoffentlich noch ein Urlaub, in dem wir uns einmal gründlich aussprechen können. Du darfst bloß nicht den Kopf hängenlassen. Es wird sich schon noch alles zum Guten wenden. Du darfst versichert sein, ich halte Dir die Treue, und sollte uns das Schicksal weiterhin ungünstig gesinnt sein. Vielleicht soll dieses eine Bewährungsprobe sein, eine Bewährung der Herzen.
Mit Deinem Brief kamen auch endlich wieder Marketenderwaren und somit der langentbehrte Schnaps. Die Stimmung bei uns hat bald den Höhepunkt erreicht. Der Quetschenspieler ist heute ganz groß in Form infolge des Genusses von Jamaica-Rum. Ich selbst bin nach wenigen Zügen schon so weit, daß ich trotz meiner Fußverletzung am liebsten durch die Stube wirbeln würde. Ein wenig Alkohol ist ja imstande, uns der rauhen Wirklichkeit zu entrücken und uns in das Reich der Phantasie zu entführen.
Sonst hätte ich noch zu berichten, daß ich heute Kartoffelpuffer gemacht habe. Die Arbeit des Kartoffelschälens und -reibens hat sich sehr gelohnt. Es ist wirklich eine Delikatesse geworden.
Schade, daß nun unsere letzte Kerze herabgebrannt ist. Beim Verlöschen derselben sind wir auf die Hindenburglichter* angewiesen, die nur mattes Licht verbreiten. Sei also für heute herzlich gegrüßt und geküßt von
Deinem Willy

Rußland, den 25.11.42

Liebste Wandelgard!
Mächtig habe ich gestern abend gestaunt, als mir ein 1-Kilo-Paket gebracht wurde. Absender: Wandelgard Kahle. Ich danke Dir also recht

* Teelichter. Die Minikerzen im Aluminiumgefäß wurden schon im Ersten Weltkrieg als Bunkerbeleuchtung benutzt

herzlich für das liebe Geschenk zum kommenden Adventssonntag. Auf diese Weise merkt unsereiner auch etwas von den Sonn- und Feiertagen. Sonst entspricht ja sowieso ein Tag dem anderen. Das einzige, was uns unser Elend vergessen läßt, ist ein Radio, das wir jetzt auf der Stube haben. So richtig schätzen kann es nur ein Frontsoldat, der tausende Kilometer von der Heimat entfernt ist. Oft möchte mir allerdings das Herz zerspringen vor Heimweh beim Klang unserer schönen Volkslieder.
Am besten sind für uns noch die Schlager und derben Witze, wie sie uns die Soldatensender Smolensk oder Belgrad bringen. Für die langen dunklen Abende gibt es leider keinen besseren Zeitvertreib. Da liest sich ein schönes Buch noch einmal so gut, wenn gedämpfte Musik ans Ohr klingt. Infolge meiner derzeitigen Dienstunfähigkeit bin ich ja imstande, mindestens ein Buch am Tage durchzulesen. Unsere Kompaniebücherei birgt einen großen Schatz an wirklich guten Romanen und Erzählungen bedeutender Schriftsteller. So kann bei mir wenigstens keine Langeweile aufkommen.
Manchmal sehne ich mich zwar nach der wohltuenden frischen Luft, um so mehr, als ich seit meinem Kranksein unter Appetitlosigkeit leide. Soviel Verpflegung, wie ich jetzt im Überfluß habe, habe ich seit Beginn des Feldzuges noch nicht gesehen. Doch vom Mittagessen genügen mir ein paar Löffel, das übrige bekommen unsere Russen. Früher hatte ich selbst nach dem Nachfassen noch nicht genug. Dafür koche ich mir jetzt jeden Tag selbst ein Kochgeschirr voll Pudding, das schmeckt mir immer noch.
Ja, meine Wandelgard, so vergeht ein Tag nach dem anderen. In wenigen Wochen geht auch dieses Jahr zu Ende. Was wird uns das neue wohl alles bringen? Hoffentlich fängt es besser an als dieses letzte. Wenn ich an die zweite Februarhälfte 42 zurückdenke, kommt mir noch nachträglich das Grausen. Es ist doch tatsächlich gut, daß man nicht weiß, was einem noch bevorsteht!
Nun, meine Liebste, sei innigst gegrüßt
von Deinem Willy

Rußland, den 29.11.42

Liebste Wandelgard!

Heute, am 1. Adventssonntag, erhielt ich Deinen lieben Brief Nr. 13, wofür ich Dir recht herzlich danke. Ich selbst habe das Numerieren schon längst aufgegeben, da alle Augenblicke mein Kontobuch verlorenging. Doch bei mir geht es auch ohne. Von Dir habe ich nun die Briefe 1 bis 13 seit meinem Urlaub lückenlos in meiner Hand.

Gleichzeitig mit diesem Brief geht ein Päckchen mit einem Rollfilm an Dich ab. Bitte lasse ihn entwickeln und schicke mir dann die Negative und Abzüge zurück. Es sind acht Aufnahmen drauf. Bitte lasse von jedem Bild fünf Abzüge machen. Einen wirst Du doch sicher behalten wollen. Wenn ich den Film an meine Mutter schicke, hat sie zu viele Laufereien, die ich ihr gern ersparen möchte.

Außerdem hast Du einmal den Wunsch geäußert, ich soll Dir einen exponierten Film schicken, was Dir hiermit erfüllt sei. Ich schätze, daß die Rechnung etwa 5 RM beträgt, die ich beilege. Ich weiß, Du wirst darüber entrüstet sein. Aber schau bitte, für mich hat das Geld doch jetzt keinen Wert, während Du es umsetzen kannst.

Mit meinen Füßen bin ich immer noch nicht in Ordnung. Trotzdem mache ich mich morgen auf den Weg in die Werkstatt, um dort einen neuen Panzer abzuholen. Es ist ein bedeutend stärkerer als diejenigen, die wir hier haben. Wir sind jetzt so weit, daß wir nicht einmal mehr genügend Leute im leichten Zug haben. Deshalb müssen schon die Kranken herangezogen werden.

Außer den vielen Urlaubern, die uns jetzt fehlen, sind in den letzten Tagen verhältnismäßig viele wegen Fleckfieber ins Lazarett abgewandert. Letztere sind merkwürdigerweise alle für kurze Zeit einmal in der Werkstattkompanie gewesen. Da muß ich mich morgen schon sehr in acht nehmen.

Man will jetzt neuerdings die ganze Werkstattkompanie gegen Fleckfieber impfen, was aber ungemein teuer ist, eine einzige Spritze kostet 3000 RM. Da kannst Du Dir ungefähr vorstellen, wie teuer es dann bei 250 Mann wird. Nicht einmal alle Ärzte, die solche Fälle behandeln, sind dagegen geimpft. Der Impfstoff für eine einzige Spritze wird aus den Mägen von 500 Läusen gewonnen, die am polnischen Juden ge-

züchtet werden. Etwa 70 Prozent der vom Fleckfieber Befallenen sind dem Tode geweiht. Und nur die verdammten Läuse sind die Träger der Krankheitserreger. In Rußland gibt es viele und grausame Feinde.
Nun, meine Liebste, abschließend grüßt und küßt Dich ganz innig
Dein Willy

Marne, 3.12.42

Meine vielgeliebte Hanna!
Wieder ist ein Dezember herangekommen, wir sind älter geworden und stehen vor neuen Problemen. Als ich vom Wochenendurlaub zurückkam, lag Dein lieber Brief für mich bereit und einer von Willy. Letzterer gab mir eine schwere Nuß zu knacken*. Ich kann ihn wohl als *den* Brief während unserer Korrespondenz über zwei Jahre bezeichnen. Ich habe gestern den ganzen Abend an der Antwort gebrütet. Ich schicke Dir die Kladde mit, bitte Dich aber, selbige sofort zurückzuschicken, da ich den Brief noch nicht abgeschrieben habe und erst mal Abstand gewinnen will sowie auf Deine Meinung warten möchte.
Oh, Hanna, es ist ja so schwer, solche wichtigen Fragen zu entscheiden. Ich wage es jedenfalls noch nicht, mich ganz auf Willy zu konzentrieren. Noch weiß ich nicht, ob mir noch andere Männer in den Weg kommen. Ja, ich liebe Willy jetzt, kann aber nicht beurteilen, ob diese Liebe wirklich so groß ist oder ob ich sie mir nicht nur einrede. Oh, Hanna, ich könnte verrückt werden, seit Tagen quält mich nun schon dieser Brief, dessen Eintreffen ich ja erwartet hatte, und nun? Nun weiß ich nicht, wie ich mich verhalten soll. Das ganze ist mir zu wenig realistisch.
Nächsten Sonnabend, 12.12., kommt meine Mutter. Bis dahin möchte ich Klarheit haben. Am liebsten möchte ich ihr das ganze verschweigen, doch ich kann das nicht. Sie ist ja auch fähig, mir als Mutter zu raten. Ich bin richtig seelisch darnieder. Dazu kommt, daß Nora gestern die Nachricht vom Tode ihres elf Monate alten Neffen bekam, den sie unbändig liebte, und fünf Tage nach Hause fahren durfte. So bin ich nun in der Wohnung allein.

* Willys Heiratsantrag im Brief vom 21.11.42

Und als drittes kommen zwei strahlend blaue Augen eines dunkelbraunen Gesichtes, umrahmt von schönem dunklen Haar, die mich stets und ständig verfolgen, wenn ich das Zimmer 10 betrete. Keine Worte, nur Blicke, Blicke von solcher Tiefe, daß ich nicht fähig bin, meine beiseite zu wenden, sondern immer wieder diese Augen suche. Wie ein Magnet wirkt auf mich dieses Augenspiel, dem sich ab und zu ein Lächeln zugesellt, und führt mich immer wieder in das Zimmer. Was das alles zu bedeuten hat, ob Ironie oder andere Gründe, das weiß ich nicht. Ich habe nur Angst, die anderen Patienten und auch die Schwestern könnten das merken. Es ist entsetzlich und doch schön. Wie Du siehst, ist mein Leben jetzt wieder sehr bewegt. Wir beide wechseln uns stets und ständig ab. Einmal hast Du viel Neues, einmal ich.

Du willst einen Weihnachtswunsch von mir wissen? Ach Hanna, es gibt ja fast nichts. Doch, vielleicht kannst Du eine nette Puderdose auftreiben, evtl. ein Zigarettenetui, sonst wäre ich wunschlos glücklich. Mädchen, nun äußere aber auch endlich einen Wunsch, sonst werde ich böse. Zwar sind meine Möglichkeiten begrenzter. Es gibt hier aber eine enorme Drogerie, die sehr viel hat, von Schlankheitsdragees bis Lippenstift, und zwei Kunstgewerbegeschäfte, leider sehr teuer.

Ach Hanna, auch andere Dinge erschüttern mein Seelenleben. Ich habe am Freitag meine erste Operation mitangesehen, und das gleich bei einer Magenoperation über zwei Stunden. Eine aufregende Angelegenheit, und tagelang war mein Denken davon ausgefüllt. Dienstag sah ich bei einer Nervennaht im Oberschenkel zu, noch spannender. Diese Wunder der Chirurgie sind für mich nicht leicht zu verdauen, aber sie befriedigen meine Wißbegierde. Ich bleibe bei der Medizin, immer wieder neu stelle ich das fest!

Stundenlang könnte ich mit Dir klönen, aber meine Zeit erlaubt das nicht. Also bleibt viel bis Weihnachten aufgespart für uns. Meine liebe Hanna, schreibe mir sofort, hoffentlich bekomme ich am Sonntag Deine Antwort.

Herzlichen Gruß,

Deine Wanda

Dessau, den 4.12.42

Meine liebe Wanda!

Schon an der Aufmachung des Schriebs siehst Du sofort: »Büro«. Aber, ich sag Dir, ein Pfundsbüro! Seit dem 1.12. bin ich in eine andere Abteilung versetzt worden, ins Kobü (Konstruktionsbüro). Jetzt fängt meine Tätigkeit an, abwechslungsreich zu werden. Ich bin hier in der Abteilung »Schwingungen«. Die ersten beiden Tage hab ich gezeichnet. Gestern war ich fast den ganzen Tag in einem Schwingungslabor, habe gefilmt und entwickelt. Nachher soll ich anfangen, die Schriebe, auf die die Schwingungen draufphotographiert sind, auszuwerten. Aber das alles wird mir erst noch gezeigt.

So, nun muß ich Dir erst mal meinen neuen Arbeitsplatz beschreiben: ein Fensterplatz mit Blick auf's Rollfeld, ist das nicht prima? Ich kann jede Maschine sehen, die landet oder startet. Bisher sah ich noch keine Bauchlandung. Na, zu wünschen ist so was auch nicht. Aber sehen möchte ich es doch mal!

Den ersten Advent hast Du wohl sehr schön zu Haus verlebt, ja? Bei mir war es aber auch sehr nett. Maria und Rita waren da. Wir haben dann um meinen Kachelofen gesessen und uns eingebildet, wir säßen an einem Kamin, und haben geklönt und gesungen. Richtig heimelig war es. Alte Erinnerungen wurden herausgekramt, und ich dachte an die Zeiten, wo wir jeden Tag zusammenwaren, genäht, gestickt, geschnipselt, geklebt, geflötet und geplaudert haben in unserer Kindheit und Jugend. Schön war's, gelt? So, mein Liebes, erstmal Schluß. Zu Hause dann weiter.

5.12.

Als ich gestern heimkam, war doch noch kein Brief von Dir da, so hab ich noch einen Tag gewartet und siehe: Heute mittag erwartete er mich! Hab vielen Dank dafür. Und weil Du gern schnell eine Antwort haben willst, setze ich mich noch heute abend hin und geb sie Dir.

Ich bin gerade mit meinem Abendbrot fertig. Es wurde allerdings ziemlich spät. Ich war nämlich von 16 bis 20 Uhr im Werk, mit drei Versuchsingenieuren und noch einer Zeichnerin haben wir Schwingungsversuche an einer stehenden JU 252 gemacht. Morgen wird wahrscheinlich noch der Sonntag draufgehen. Aber wenn man Lust zu

der Sache hat, dann nimmt man das gerne in Kauf. Das war richtig interessant heute abend. Die große Halle mit den im Bau befindlichen Maschinen, und alles in nächster Nähe besehen zu können.
Und nun Themawechsel und Bezug auf Deinen Brief an Willy. Gewiß, Wandel, es ist ziemlich scharf, was Du da schreibst! Und ich kann mir denken, daß Willy durchaus eine positivere Antwort von Dir erhofft. Aber weil Ihr gegenseitig Ehrlichkeit von Euch verlangt, muß Willy auch mit diesem Brief und dieser Antwort fertig werden.
Oh, Wanda, Ihr beide seid ja so verschieden. Ich habe beinahe den Eindruck, als wenn Du viel fester auf der Erde stehst als Willy. Die Realität, mit der Du alles betrachtest, wirkt manchmal wie eine kalte Dusche. Weißt Du, manchmal denke ich, Willy ist eigentlich für einen Mann ein zu großer Illusionist und Phantast. Ich weiß aber nicht, ob ich da recht habe.
Wanda, ich achte Willy sehr, weil er überzeugter Katholik ist. Aber ich werde wohl nie verstehen können, wie man von dem Glauben überzeugt sein kann, und das besonders als junger Mensch. Was Du ihm über den Glauben und Deine Weltanschauung schreibst, so denke und fühle ich auch, und ich bin immer von meiner Anschauung überzeugt gewesen. Ja, das ist ein Punkt, wo Ihr beide wohl aufeinanderprallen werdet, weil jeder von seinem Glauben ganz fest überzeugt ist. Die Kontraste sind eben sehr groß und vielleicht nicht zu überbrücken. Es interessiert mich sehr, wie Willy auf dieses Thema antwortet!
Ja, Wanda, Du hast recht, wenn Du sagst, Du fühlst Dich noch zu jung, um auf Willy zu warten. Es werden noch viele Jahre sein, die Du warten müßtest, bis er soweit wäre, daß eine Heirat möglich wäre. Ja, und ob nicht in dieser Zeit ein Mann Dein Leben durchkreuzen würde, den Du noch viel mehr lieben könntest als Willy?
Sag mal, Wanda, Du glaubst doch auch an die große Liebe?! Das Wort klingt so furchtbar banal. Große, tiefe Liebe zweier Menschen ist wohl besser ausgedrückt. Es gibt so viele Menschen, die sagen, die gibt es nicht! Ich bin aber fest überzeugt, daß es die große Liebe doch gibt! Bestimmt war sie zwischen Jochen und mir. Ja, Wanda, vor einem Jahr wurde ich auch vor diese Frage gestellt, vor der Du nun stehst. Ich habe damals ohne Zögern gesagt, daß ich auf Jochen warten würde, ob-

wohl er damals erst kurz vor seiner Beförderung zum Leutnant stand. Ich hab damals, glaub ich, nur mein Herz und nicht den Verstand sprechen lassen. Aber ich wußte, daß es absolut richtig war.
Ja, mein Liebes, dies ist nun eine Entscheidung, zu der Du Dich selbst durchringen mußt. Ich möchte Dir so gerne helfen, aber ich kann es nicht!
Immer Deine Hanna

Rußland, den 9.12.42

Mein liebes Mädel!
Angefangen hatte ich mit Tinte, doch leider hat sie nur zum Briefumschlag gereicht. Mehr leistet mein Füllfederhalter beim besten Willen nicht mehr. Er ist halt doch schon zwei Jahre alt, besonders die anderthalb Jahre Rußland haben ihm den Rest gegeben. So mag er nun in Frieden ruhen.
Nach dieser Grabrede möchte ich mich für Deine beiden Briefe bedanken. Den Luftpostbrief erhielt ich bereits am 5.12., kurz bevor ich mit meinem Wagen zur Werkstatt fuhr. Am nächsten Tag, am 2. Advent, hätte ich Dir gerne gleich geantwortet. Aber wenn man in der Werkstatt ist, wird eben gearbeitet ohne Rücksicht auf Feiertage. Nicht einmal gewaschen habe ich mich an diesem Tag. Als wir nachmittags mit der Reparatur fertig waren, packten wir unsere Siebensachen und fuhren gleich wieder nach vorn.
Am Montag stieg von unserer Seite aus ein Großangriff, der mit sehr starken Kräften geführt wurde. Und bei dem schon am ersten Tag das Angriffsziel des zweiten Tages erreicht wurde. Für mich selbst war es ein recht eigenartiger Angriff, so wie ich im ganzen Rußlandfeldzug noch keinen mitgemacht habe. In meinem Wagen waren nämlich Mittelwellenfunkgeräte eingebaut. Mit diesen Apparaten konnten wir jeden Radiosender hören. Da wir nur etwa alle zwei Stunden Funkbetrieb hatten, hörten wir bis nachts um drei Uhr Musik.
Sehr ergötzt haben wir uns an den Frontberichten, als uns der Sprecher vor Augen führen wollte, wie es an der Front zugehe. Toll war die bekannte Montagabendsendung. Aus dem Kopfhörer tönte die Stimme des Sängers: »Es schlägt mein Herz …« Das dazugehörige »Bum, Bum, Bum« machte die feindliche Ari.

Gestern früh war unsere Mission vorne erledigt. Wir wurden zum Troß zurückgeschickt mit drei LKWs im Schlepptau, die in den hohen Schneeverwehungen steckengeblieben waren. So konnten wir gestern nacht wenigstens einen ruhigen Schlaf finden.
Als wir heute früh geweckt wurden, lag Dein zweiter Brief mit den 14 Seiten Umfang neben mir auf der Lagerstatt. Das Frühstück hätte ich beinahe vergessen vor lauter Lesen. Als ich von der Magenoperation las, fiel mir ein, daß ich bereits vor zwei Tagen meine Füße wieder verbinden lassen sollte. Die kleinen Pflasterverbände an beiden Knien hatten sich tags zuvor von den Wunden gelöst, und seitdem lief ich mit den Furunkeln ohne Verband rum. Ab und zu löste sich die Kruste, und eine Portion Eiter rann über meinen Fuß herab.
Als ich mich heute morgen beim Sani-Feldwebel vorstellte, stauchte er mich über meine Nachlässigkeit in allen Tonarten zusammen. Sogar als Selbstverstümmelung bezeichnete er mein Verhalten! Komische Ansichten hat dieser Mann. Er glaubt wohl, im Einsatz vorne geht das Leben genauso regelmäßig weiter wie hinten in Ruhe. Wenn dann etwas vermurkst ist, ist der Patient der Schuldige. So können nur solche denken, die den Krieg bis jetzt nur hinten beim Troß erlebt haben.
Auf Grund Deines Besuches des Films »Fronttheater« fragst Du mich, ob ich schon einmal Derartiges erlebt habe. Den Film habe ich zwar nicht gesehen, aber ich kann mir gut denken, wovon er handelt. Der Besuch des Varietés in Orel war für mich ein unvergeßliches Erlebnis, worüber ich Dir schon geschrieben habe. Dort gastierten Künstler von Format, die tagsüber ihren Soldatenrock tragen, abends aber in Kostüm und Frack auftreten.
Das weibliche Personal, welches das Ballett bildete, bestand ausschließlich aus hübschen Russinnen. Aber die Geschwister Höpfner* u.dgl. gibt es bei uns nicht. Die treten höchstens in Frankreich auf. Zu uns in den Osten trauen sie sich noch nicht. Derartige Veranstaltungen, wo Landser für die Unterhaltung und Abwechslung der Kameraden sorgen, gibt es jedoch viele. In Gshatsk** habe ich ebenfalls schon so ein Varieté gesehen.

* Prominente Stepptänzer, die auch in Kinofilmen auftraten
** In der Region Smolensk

Rieke möchte wieder einem Soldaten schreiben. Das verstehe ich sehr wohl, aber glaube mir, Wanda, so sehr ich mein Gedächtnis anstrenge, in unserer Stabskompanie wüßte ich keinen, dem ich Deine Schwester auch nur im Briefverkehr anvertrauen möchte. Diejenigen, mit denen ich mich sehr gut verstehe, sind verlobt oder haben zumindest schon ihr festes Mädel.
Die übrigen, es sind leider die meisten, möchten zwar gerne die Gelegenheit nutzen, aber es sind solche, die an 20 und mehr Mädchenadressen schreiben. Hauptsache ist bei denen, daß sie immer viele Päckchen bekommen. Wieder andere sind charakterlich nicht einwandfrei. Sie rühmen sich, recht vielen Mädchen den Kopf verdreht zu haben, um sie später dann doch sitzenzulassen.
Ein kameradschaftliches Verhältnis zwischen den beiden Geschlechtern gibt es nämlich nicht, und wenn, dann ist es nur langweilig oder einseitig. Wie war es denn bei uns? Es ist möglich, daß Du von Deiner Seite ein solches Verhältnis angestrebt und gewünscht hattest. Ich war jedoch vom ersten Augenblick an davon überzeugt, daß früher oder später meine Liebe doch siegen wird.
Wärst Du mir damals in München nicht schon mehr als bloß ein Kamerad gewesen, hätte ich mit ruhigem Gewissen mit Erich zum Starnberger See weiterfahren können. So aber ist unsere Freundschaft auf eine harte Probe gestellt worden. Ich habe es trotzdem riskiert, nur um meiner Liebe willen.
Doch um nun auf Erikas Wunsch zurückzukommen: Ich würde ihr den Rat geben, sie soll an einen unbekannten Soldaten der FPN 22527 schreiben. Bei meiner alten Kompanie sind nämlich die Aussichten günstiger. Doch ich werde mich auch noch umsehen bei meiner Kompanie, vielleicht finde ich noch einen geeigneten Partner für Erika.
Nun, meine Liebste, wird es Zeit, daß ich aufhöre. Meine Kameraden wollen schlafen, und ich will rücksichtsvoll sein und den Tisch abräumen. Also, bis zum nächsten Mal, viele Grüße und Küsse
Dein Willy

Marne, den 9.12.42

Mein lieber, lieber Willy!
Freizeitgestaltung der Kriegshilfsdienstmaiden vom Marinelazarett in Marne: 21.30 Uhr, wir kommen gerade vom Lazarett und sind in wüstschicker Laune, haben Durst. Her mit der Rotweinflasche, die wir neulich ausgeliefert bekommen haben, heißes Wasser ist in der Küche, Zucker hab ich auch und Gewürze, also gibt es Glühwein. Dazu essen wir die Leberwurst, die ich gestern bei einem Besuch im Donn von meinem Bauern erbte, auf Noras Knäckebrot. Zigaretten fand Nora auch, Tannengrün und Kerzen haben wir ebenfalls. Also prost, Willy! Ich bin so gut gelaunt. Ein Hot wird im Radio gespielt! Das ist mir einfach zu viel. Jetzt fehlt nur einer, und das bist Du! Mit Dir möchte ich jetzt einen todschicken Hot tanzen, mit allen Schikanen, den phantastischsten Figuren. Dies ist die Antwort auf Deinen lieben Brief vom 25.11. Wieder ein neuer Schlager im Radio. Welch Rhythmus!
Jetzt schreibe ich im Jazzrhythmus, daher diese tolle Schrift! Ach, wie kann das nur angehen, daß man so sein kann! Doch schließlich sind wir noch jung, da ist man für alles begeistert. Eben tönt es: »Du, Du, Du bist so zauberhaft ...« Ja, man könnte jetzt verrückt werden! Verrükkt! Verrückt! Jetzt nur nicht denken. Nichts als fühlen, sich der Stimmung hingeben, ich muß einfach meinen Verstand ausschalten.
Willy, hast Du während Deiner Soldatenzeit den Swing gelernt? Gewiß! Ich kann es mir nicht anders denken, wo Du doch so gerne tanztest. Weißt Du noch damals, im »Von der Tann« in Regensburg? »Meine allergrößte Liebe gehört nur Dir ...« Ein schmissiger Schlager löst den anderen ab, vielleicht hörst Du ja auch gerade dieselben Melodien und denkst wie ich jetzt, man könnte einfach blöde werden, wäre man nicht so in Stimmung! Aber wir haben uns ja schon lange mit der rauhen Wirklichkeit abgefunden.
Eben frug ich Dich, ob Du schon Swing tanzen kannst. Nichts kann ich mir besser vorstellen, als wenn bei Euch die ganze Bude hottet, das tun wir Mädchen ja auch hin und wieder.
Willy, aus, aus ist alles, ich bin dun. Ich kann mich nicht mehr meinen Gefühlen hingeben. Ich muß wieder den Verstand sprechen lassen. Meine Gedanken gehören mir nicht mehr, sie sind nur noch im Laza-

rett und bei den Kranken. Der OP füllt mich heute ganz aus. Der OP ist mein Wunsch. Ja, das bin ich, auf der einen Seite so gerne einmal Gefühlsmensch, ich möchte einmal so richtig glücklich sein, glücklich in welcher Beziehung? Na, Du verstehst mich schon! Dann auf der anderen Seite geht bei mir nur der nüchterne Verstandesmensch, der glücklich in einem ausgefüllten Tagewerk ist. Doch eigentlich braucht der Verstandesmensch dann und wann einen Ausgleich zum Kraftschöpfen durch einen Gefühlsausbruch. Doch nun Schluß damit.
Der OP füllt mich aus, sagte ich Dir, denn mir ward die Ehre zuteil, für zwei Tage die Vertretung einer DRK-Schwester zu übernehmen. Was habe ich gemacht? Lächerliche Kleinigkeiten, und doch war ich selig an der Quelle der großen Medizin, im OP, sein zu dürfen. Ich werde dafür kämpfen, ob ich nicht, wenn diese Schwester, die ich vertrat, an die Front kommt – und das ist schon in den nächsten Tagen – ihre Aufgaben im unsterilen Bereich im OP übernehmen darf. Ich bin ja nur Arbeitsmaid, aber mein Interesse macht mich doch zu mehr.
Heute sah ich meine erste Blinddarmoperation und eine Fingeramputation. Gestern schaute ich mir einen Leistenbruch und eine Krampfaderverödung an. Nur im OP sein, hören und sehen dürfen, mehr will ich nicht, kann ich ja auch nicht, und dann will ich nur lernen. All die unsterilen Handreichungen muß ich jetzt machen, doch da bleibt neben der Operation noch viel Zeit zum Sehen und Lernen. Heute sprach sogar der Stabsarzt sehr nett und menschlich mit mir, obwohl er sonst ein so großer, wunderbarer Mann ist. Ich wäre sehr glücklich, wenn ich in den OP kommen würde.

10.12.

Gestern abend wurde ich nicht fertig, war sooo müde! Heute war ich abermals im Donn, im RAD-Lager, bei unserer alten Lagerführerin zu einer kleinen Adventsfeier eingeladen, im engsten Kreise, nur die drei KÄ der früheren Maiden waren anwesend. Man hatte für uns extra Kuchen gebacken, und Maiden der jetzigen Belegschaft bedienten uns – ein mitleidiges Lächeln! Nein, wie waren wir alle glücklich, daß wir das hinter uns haben. Niemals mehr Maid! Nein, nein, nein!
Heute bekam ich Deinen lieben Brief vom 29.11. Wie bist Du nur lieb zu mir! Wie Du mich in bezug auf Post verwöhnst! Das ist wirklich

ganz phantastisch von Dir. Dabei dachte ich heute morgen schon die ganze Zeit, ob ich wohl Post habe, und tatsächlich war sie da. Ja, mein Lieber, ich bin schon auf die Bilder gespannt. Dann kann ich hoffentlich einen neuen Film mitschicken.
Deine Fleckfieberangelegenheit ist ja äußerst unangenehm. Hoffentlich geht es Dir noch gut und Du hast Dich nicht angesteckt! Arbeitet die Werkstattkompanie mit Russen? Oder ist diese Gegend so lausig verseucht? Woher kommt die Übertragung? Fleckfieber ist wohl zur Zeit die schlimmste und gefährlichste Infektionskrankheit, aber auch dagegen werden sicher neue Mittel erfunden, deren Herstellung dann billiger ist.
Froh bin ich, daß es Deinen Beinen und Füßen wieder besser geht. Das muß ja eine böse Angelegenheit gewesen sein. Die Antwort auf Deinen Brief vom 21.11. werde ich Dir später, wahrscheinlich am Sonntag geben, also hab noch ein klein wenig Geduld.
Für heut einen lieben Kuß und innigste Grüße
von Deiner Wandelgard*

Marne, 11.12.42

Meine liebe Hanna!
Weißt, ich habe keine Lust mehr zum Schreiben. Überhaupt zu nichts mehr habe ich Lust als nur zu meiner Arbeit im Lazarett. Dort fühle ich mich am wohlsten und bin restlos glücklich. Wenn ich dann Zeit habe, dann möchte ich pennen oder klönen mit Nora übers Lazarett, oder ich döse bei schöner Musik von den Patienten und ihren Leiden. Also, auf deutsch gesagt, ich bin ganz von der Atmosphäre eingefangen. Nachts träume ich von aufregenden Operationen und finde mich nach einer durchwühlten Nacht naß von Schweiß und todmüde im Bett, aber ich bin glücklich.
An Willy denke ich nicht viel, kommt aber bestimmt wieder, wenn die »blauen Augen« fort sind. Mittwoch wird er entlassen, Gott sei Dank! An Romantik haben die »blauen Augen« leider verloren, seitdem wir

* Diesen Brief wie auch die fünf nächsten an Willy erhielt Wanda knapp zwei Monate später ungeöffnet zurück

miteinander sprachen und er aufstehen darf. Trotzdem, Hanna, habe ich selten einen so hübschen Mann mit so enormen Augen gesehen. Die Antwort auf Willys Bitte um ein Heiratsversprechen habe ich noch nicht geschrieben. Am Sonntag habe ich frei, dann steigt das dramatische Schreiben. Nora fand den Entwurf zu diesem Brief auch gut. Ich habe mir gesagt, daß ich ihn nie ändern könnte, und wenn er das nicht versteht, gut, dann auf Nimmerwiedersehen. Ich zweifle ja noch immer, ob ich jemals mit Willy eine gemeinsame Zukunft haben werde, obwohl ich ihn doch irgendwie sehr liebe. Genauso, wie ich überhaupt an dem Wort »Ehe« für meine Zukunft zweifle.
Eben fällt mir ein, Du könntest den Anfang des Briefes mißverstanden haben. Glücklich bin ich nicht der »blauen Augen« wegen, die sind nur ein kleiner Lichtblick im täglichen Dienst. Glücklich bin ich von und durch die Medizin. Ich weiß, ich werde meinen Beruf mit großer Begeisterung ausüben und darin aufgehen.
Mittwoch hatte ich die große Ehre, eine OP-Schwester zu vertreten. Ich mußte die unsterilen Handreichungen bei einer Blinddarmoperation und einer Fingeramputation machen, nachher den OP scheuern, alles abseifen und aufräumen. Eine wüst schicke Angelegenheit. Dabei bat ich die Oberschwester, mich für diese Schwester in den OP zu nehmen, denn selbige soll an die Front. Vielleicht klappt es ja. Es wäre herrlich! Was könnte ich da alles lernen!
Zu Deiner neuen Arbeit: Ich freue mich ungemein für Dich! Sie befriedigt Dich mehr, sie ist interessanter, füllt Dich mehr aus, Du kommst auf andere Gedanken. Und Du lernst auch wieder andere Menschen kennen. Ich wünsche Dir alles Gute, mein Hanna-Mädchen, und viel Freude bei der neuen Arbeit.
Dies alles Dir
von Deiner alten Wanda

Marne, den 13.12.42

Mein geliebter Willy!
Heute, am dritten Adventssonntag, meinem dritten freien Sonntag im KHD, möchte ich Dir Antwort geben auf Deine Frage: Wie denkst Du über Glauben und Religion? 14 Tage lang habe ich mich mit die-

sem Problem auseinandergesetzt. Gleich am Tag nach Erhalt Deines lieben Briefes habe ich die Antwort geschrieben. Die ganze Zeit über habe ich daran herumgearbeitet, denn mir schien, ich bin ganz ehrlich zu Dir, die Antwort war scharf. Aber, Willy, ich kann sie trotzdem nicht viel ändern. Ich muß Dir also schreiben, wie ich denke. Es hat ja keinen Zweck, daß wir schauspielern.

Willy, der Glaube ist ein Problem, bei dem wir, fürchte ich, auf große Schwierigkeiten stoßen werden. Du weißt vielleicht, daß ich streng katholisch erzogen wurde, fünf Jahre lang in einer Privatschule der evangelischen Diakonissenanstalt gewesen bin, und dadurch auch den Protestantismus kennengelernt habe, und nun zu einer gottgläubigen Weltanschauung stehe.

Meine Eltern, mein Vater war evangelisch und meine Mutter katholisch, haben als alte, überzeugte Nationalsozialisten lange Jahre ernsthaft mit der alten und der neuen Weltanschauung gerungen. Besonders meine Mutter hat schwere seelische Kämpfe durchgemacht, einmal, als sie 1922 meinen andersgläubigen Vater heiratete, und dann, bevor sie vor zwei Jahren der katholischen Konfession den Rükken kehrte. Seit gut sechs Jahren nahmen meine Mutter und wir Kinder nicht mehr am kirchlichen Leben teil. Doch wir Kinder dürfen vor unserem 21. Lebensjahr nicht aus der Kirche austreten. Folglich bin ich noch Katholikin. Doch innerlich nicht, will es und kann es nicht mehr werden.

Ich brauche, um mit unserem Herrgott zu reden, das kirchliche Zeremoniell und die Priester nicht. Ich sehe das Göttliche in allem Schönen, im Großen, in der Natur, auch im Menschen und in den Schöpfungen der Menschen. Spürst Du nicht den Hauch des Göttlichen, wenn Du eine Plastik, ein Gemälde oder sonst ein Kunstwerk andächtig betrachtest? Nicht die göttliche Kraft und Gabe in dem Künstler, solche Werke für uns zu schaffen?

Wenn Du Goethes Werke liest oder andere, »Iphigenie« oder »Parsival«, fühlst Du dann nicht jedesmal ein leises Erschauern und Demut vor der Größe der Menschen, die solches gottbegnadet der Menschheit schenkten, um uns das Göttliche zu offenbaren in der Güte, Reinheit, Größe der von ihnen dargestellten Personen, Handlungen?

Kommen uns nicht ehrfürchtige Gedanken und empfinden wir nicht unsere erbärmliche Kleinheit, wenn wir dem gewaltigen Naturschauspiel eines Sonnenauf- oder -unterganges zusehen, wenn der Tag mit der Nacht und umgekehrt kämpft? Oder wenn wir z.B. die Brandung der Nordsee oder einen Besuch im Hochgebirge erleben? Siehst Du, in all dem sehe und verehre ich Gottes Größe, Kraft und Allmacht. Dieser göttlichen Allmacht und Vorsehung vertraue ich mich an. Wenn sie fähig ist, solche Wunderdinge von gigantischen Naturgewalten und Elementen in ihren Rahmen zu leiten, dann wird auch mir die Kraft gegeben werden, mein kleines Lebensschifflein ins rechte Fahrwasser zu lenken. Sollte es einmal festgefahren sein, dann bitte ich um neue Kraft, es weiter vorantreiben zu können.

Dieser Glaube und diese Weltanschauung sind in keiner bestimmten Religion verankert, sondern haben sich im Laufe der letzten Jahre gebildet durch meine Erziehung im Elternhaus, meine Tätigkeit als Jungmädelführerin und letztendlich auch durch meinen Schulunterricht. Die katholische Kirche mit ihren Dogmen ist mir darum vollkommen fremd geworden. Schon als kleines Mädchen sind mir im Religionsunterricht manche Zweifel aufgetreten. Und ich konnte vieles nicht glauben, obwohl ich doch wußte, daß diese Ungläubigkeit eine große Sünde ist.

Jetzt sehe ich alles in einem anderen Licht, und der Katholizismus verträgt sich nicht mehr mit meiner Weltanschauung. Viele erniedrigende Dinge könnte ich Dir da nennen, die mich einfach abstoßen. Letzten Endes sind die Dogmen doch zum größten Teil auf Selbstsuggestion aufgebaut. Und ich frage mich immer wieder, wie man diese und andere märchenhafte Dinge, wie z.B. das Fegefeuer und die unbefleckte Empfängnis Marias, ernsthaft mit einem gesunden Menschenverstand glauben kann.

Ich weiß, hier werden sicher unsere Meinungen aufeinanderprallen infolge unserer unterschiedlichen Erziehung. So bin ich sehr gespannt auf Deine Antwort und Stellungnahme zu diesem Problem.

Willy, glaube mir, es fällt mir sehr schwer, dies alles in Worte zu fassen. Ich weiß doch, Du wirst und kannst mich nicht ganz verstehen auf Grund Deiner katholischen Erziehung. Auch löst man solche Fragen

besser in mündlichen Gesprächen als schriftlich. Bedenke doch bitte, bei der schriftlichen Darstellung von all diesem, daß jedes Wort auf dem Papier weit schwerer wiegt als in der mündlichen Rede.
So, nun antworte mir bitte mit Deiner Einstellung. Wenn ich ganz ehrlich bin, dachte ich eigentlich, daß Du freiere Ansichten durch den Rußlandfeldzug in bezug auf die katholische Religion hättest. Das Gegenteil hatte ich nicht erwartet, und darum bin ich auf Deinen nächsten Brief noch stärker gespannt.
In alter Liebe
Deine Wandelgard

13.12.42, 3 Stunden später

Mein lieber, lieber Willy!
So, jetzt wirst Du staunen, wenn Du diesen Brief öffnest. Am selben Tag ein zweiter Brief! Ja, so ist es, an einem Tag zwei Briefe an Dich, mein Lieber. Ich hätte beide zusammen in ein Kuvert stecken können, das wollte ich jedoch nicht. Der erste Brief kann Dich vielleicht enttäuschen, und dieser soll und darf das nicht, denn ich möchte ihn als Weihnachtsgruß an Dich senden. Bei der zur Zeit sehr günstigen Postverbindung hoffe ich, daß meine Zeilen Dich zum Fest der Liebe erreichen.
Wieder naht ein Weihnachtsfest, wieder bist Du an der Front und erlebst dort das wohl schönste aller Feste, und wieder wirst Du in Gedanken in der Heimat sein bei Deinen Angehörigen, vielleicht auch bei mir. Du sollst wissen, daß auch ich an Dich denke, daß ich mir ausmale, wie Du die Heilige Nacht in der Stube eines Russenhauses mit Deinen Kameraden festlich begehst. Ein kleiner Tannenbaum, ein Berg von Päckchen, Alkohol, erst Weihnachtslieder, dann andere Melodien singend, Briefe lesend, Päckchen auspackend, rauchend und still, dann wieder heiter lachend.
Vielleicht hast Du auch einige Stunden Wache, und dann stehst Du in sternenklarer Nacht, dieselbe Himmelswölbung über Dir wie bei uns zu Haus. Dieselben Sternenbilder, zu denen Du Deine Grüße und Wünsche hinaufsendest. Das wird Deine Weihnacht sein! Du bist da

draußen, damit wir durch Euch geschützt im Frieden der Heimat diesen Tag begehen können. Wir danken Euch dafür, das kannst Du mir glauben, und schicken unsere Bitten und Wünsche ebenfalls hinauf zu dem Lenker aller Dinge, damit wir bald einmal dieses Fest gemeinsam verleben dürfen, also im Frieden, den ihr für uns errungen habt, in der Heimat.

Ob ich mein Weihnachtsfest bei unseren kranken Soldaten im Lazarett feiern werde oder im trauten Familienkreis, das ist noch nicht entschieden. Gerne möchte ich daheim sein. Doch wenn es nicht geht, finde ich mich darein, denn ein Teil der Schwestern muß ja im Dienst sein. Ob nun in Marne oder Flensburg, auf jeden Fall werde ich in Gedanken bei Dir sein, und wir beide werden diesen Abend gemeinsam im Land der unbegrenzten Illusion verleben.

Noch zweieinhalb Wochen, und dann liegt auch dieses Jahr 1942 hinter uns. Wir stehen an der Wende, bereit, den Kampf mit allen Schwierigkeiten aufzunehmen, die uns das neue Jahr bringt, sie zu überwinden. Und in den Wünschen für die großen Angelegenheiten Deutschlands liegen ja auch diejenigen unseres kleinen persönlichen Lebens.

Ich wünsche mir vom neuen Jahr 1943 ein Wiedersehen mit Dir, das die Entscheidung für unsere Zukunft bringen kann, das ist doch nicht zu viel verlangt? Von diesem Wiedersehen mache ich auch meine Pläne abhängig. Für Dich möge das neue Jahr Gesundheit, Kraft und Idealismus bringen, damit Du nicht wankst in Deinem Dienst fürs Vaterland und den Glauben an eine bessere Zukunft behältst. Vor allem möge der Herrgott Dich beschützen, damit Du gesund an Körper und Seele aus diesem Ringen im Osten zurückkehrst.

So, nun möchte ich schließen. Mit den besten, herzlichsten und innigsten Wünschen zum Weihnachtsfest und zum neuen Jahr immer
Deine Wandelgard

Auf dieser Seite soll nichts stehen als nur ein lieber, lieber Festtagskuß, und das andere denke Dir dazu.

12.
»Wenn alles gutgeht, ist unser Auftrag bis Mittag erfüllt«

Willy antwortet nicht auf Wandas Briefe • Wanda hat Angst, daß er nichts mehr von ihr wissen will

Winter 1942/43. Seit Ende November sind 250 000 deutsche Soldaten in Stalingrad eingeschlossen. Und diejenigen, die sie befreien wollten, geben am 24. Dezember auf. Die Menschen daheim wissen nichts von dem Drama. Erst am 16. Januar erfahren sie, daß »unsere Truppen« gegen einen »von allen Seiten angreifenden Feind« kämpfen. Sie beginnen zu ahnen, daß eine Niederlage droht. Und Hitler erkennt nun eine »stark beeinträchtigte Siegeszuversicht«, gar eine »Angstpsychose in der Bevölkerung« – Goebbels Aufgabe sei es, das zu ändern. »Wollt ihr den totalen Krieg?« wird der Propagandaminister im Februar mit beschwörender Stimme fragen. Und ein ganzes Stadion voller Menschen wird antworten: »Ja!«

Unterdessen hat die Wehrmacht nicht nur in Stalingrad, sondern auch an den nördlicheren Frontabschnitten zusehends Probleme. Sie weicht immer weiter zurück. Und wieder ist es bitter kalt, viele Soldaten erleiden Erfrierungen. Besonders schwere Panzerschlachten finden im Dezember 1942 bei Toropez statt, am Südrand der Waldaihöhen, wo Willy schon im Herbst 1941 kämpfte. Dort, etwa 400 Kilometer westlich von Moskau, ist er jetzt wieder eingesetzt.

Zum dritten Mal wird er Weihnachten nicht zu Hause bei seiner Mutter sein. Trotzdem, was bleibt ihm übrig: Er freut sich auf das Fest. Wie immer wird es reichlich Alkohol geben, daran fehlt es nicht an der Front. Einerseits ekelt ihn längst das Trinken, andererseits hebt es doch die Stimmung. Ein Angriff noch am Vormittag, dann wird er den Heiligabend begießen mit den Kameraden.

Obwohl sie zum Kriegshilfsdienst eingezogen ist, bleibt für Wanda das Geschehen an der Front immer noch abstrakt. Zwar schreibt sie jetzt davon, daß Willy in einem »unmenschlichen, grausamen Krieg« kämpfe. Doch das klingt ein wenig wie auswendig gelernt. Das Lazarett, in dem sie in Marne arbeitet, behandelt kaum Schwerverletzte, sondern vor allem die üblichen Krankheiten derjenigen, die noch zu Hause stationiert sind. So erlebt sie dort nach Wochen erstmals »ein richtiges Ringen um das Leben eines Menschen«. Beeindruckend für die Gymnasiastin, die unbedingt Medizin studieren will.

Begeistert schreibt sie über die Operation – an Willy in leicht abgeschwächten Worten, an Hanna entlarvend klar: »Ein Russe, Kriegsgefangener, das war das Erschütternde an der Sache, war das Objekt einer enormen, siegreichen Bemühung unseres Stabsarztes.« Erschütternd? Die Proganda hat häßliche Spuren hinterlassen. Russen – das sind keine Menschen für die jungen Deutschen. Deren Leben zu retten, ist kaum der Mühe wert.

Natürlich denkt Wanda Weihnachten an Willy, und auch Silvester trinkt sie ein Glas Sekt auf ihn. Merkwürdig nur, daß keine Zeile mehr kommt von der Front. Ist der Feldpostverkehr ins Stocken geraten? Sechs Briefe schreibt sie nach und nach, ohne eine Antwort zu erhalten. Ist er etwa beleidigt, weil sie seinem Heiratsantrag noch nicht vorbehaltlos zustimmte? Oder hat womöglich »das Unternehmen vom 24. nicht geklappt, und sie sind eingeschlossen«?

Rußland, den 15.12.42

Mein liebstes Mädel!
Dieser Brief steht wieder unter dem Einfluß von Jamaika-Rum und leichter Schlagermusik. Nach vier harten Tagen sehen wir nun einer sorglosen Zeit beim Troß entgegen. Als wir heute mittag von vorne zurückkamen, war das erste, daß wir Marketenderwaren empfingen. Alkohol und Zigaretten waren die Hauptsache. Die haben wir uns allerdings schwer verdient.
Vier Tage und drei Nächte saßen wir ununterbrochen im Panzer, um den eingekesselten Feind zu vernichten. Die Tage lassen sich noch ertragen, aber die Nächte, die sechzehn Stunden dauern, sind schon sehr

unangenehm. Weniger der Kälte wegen als der Langweiligkeit. Der Angriff dauert ja nur wenige Stunden. Die übrige Zeit müssen wir in Sicherung stehen. Aus dem Panzer können wir nicht heraus, da die Artillerie und einzelne feindliche Schützen uns sonst aufs Korn nehmen würden.

Na, dann wird Dich sicher auch noch interessieren, was überhaupt bei uns gespielt wird. Im Raum Kalinin/Toropez wurde der Feind eingekesselt. Dieser große Kessel, in dem ca. 80 000 Mann stecken, wurde von uns geteilt. Der kleinere Kessel ist heute endgültig erledigt worden. Sechs Brigaden hat der Russe dadurch eingebüßt sowie eine Unmenge an Lastkraftwagen. Bis Dich dieser Brief erreicht, wird dieser Fall schon im Wehrmachtsbericht erwähnt worden sein.

Doch vor lauter Erlebnisberichten vergesse ich ganz und gar, daß neben mir Dein lieber Brief vom 6.12. liegt, für den ich Dir herzlich danke. Aber so ist es eben einmal bei mir: Zuerst häufen sich die Eindrücke von dem Kampfgeschehen dermaßen, daß man Bände darüber schreiben möchte. Ein paar Tage darauf ist dies alles nicht mehr der Rede wert.

Mit großer Spannung erwarte ich Deinen nächsten Brief mit Deiner Ansicht über den Glauben und unsere Zukunft. Ich mache mich schon auf das Schlimmste gefaßt, da Du so nebenbei geschrieben hast, daß uns Welten trennen. So schlimm wird es wohl auch wieder nicht sein. Doch ich will zunächst Deine Antwort abwarten.

Ich weiß nicht, so eine Unlust zum Schreiben wie heute habe ich selten gehabt. Ich bin unheimlich müde, teils von der Überanstrengung der letzten Tage, teils vom Alkohol heute abend. Dabei kreisen doch dauernd meine Gedanken um Dich, und mir ist zumute, als ob ich Dir schon einen ganzen Roman erzählt hätte. Doch es sind nicht einmal die als Mindestmaß vorgeschriebenen vier Seiten. Was ich mir da alles zusammengefaselt habe, weiß ich nicht mehr. Der Anfang des Briefes liegt schon einige Stunden zurück, und ich bin nicht mehr dazu fähig, ihn noch einmal mit Verstand durchzulesen.

Mein süßes, kleines Mädel! Recht herzliche Grüße und einen innigen Gutenachtkuß

Dein Willy

Marne, 17.12.42

Liebste Hanna!

My dear, ich komme Weihnachten nach Hause! Was sagst Du, ist das nicht enorm? Das weitere Drum und Dran dann mündlich. Die Schwestern verzichten unseretwegen auf Urlaub, und deshalb bekommen wir vier Maiden sechs Tage Urlaub vom 25.12. bis 30.12., am 31. morgens ist Dienstbeginn.

Der Heilige Abend gehört den Patienten. Ich werde nach der Feierei am 24. mit dem Rad eine nächtliche Tour in den Donn unternehmen, dort im Gasthof Gardel übernachten und um 4.45 Uhr die Dir bekannte Tour über Elmshorn nach Hause machen, so daß ich um 11.00 Uhr in Flensburg bin.

Ach, meine liebe Nüte, ich freue mich schon soooo auf ein Wiedersehen mit Dir! Hoffentlich kommt nun nichts mehr dazwischen, denn bis zum Wiedersehen hörst Du nichts mehr von mir. Also sei bis Freitag herzlichst gegrüßt

von Deiner alten Wanda

Marne, den 20.12.42

Mein allerliebster Willy!

Wieder ein Sonntag, wieder sitze ich in der Mittagsfreizeit in meinem gemütlichen Wohnzimmer und schreibe an Dich, mein Lieber. Heute möchte ich Dir für Deinen lieben Weihnachtsbrief danken. Wenn Du diese meine Zeilen erhältst, wirst Du gewiß schon im neuen Jahr gelandet sein und auf die Festtage zurückblicken.

Was mögen sie Dir an der vordersten Linie für schwere Aufgaben gestellt haben, während wir schon murrten, weil wir am Heiligen Abend nicht nach Hause dürfen? Doch es ist ganz klar, daß an diesem Tag das Pflegepersonal den Patienten gehört. Vom 25. bis 30.12.42 haben wir vier Arbeitsmaiden Urlaub erhalten, da die Schwestern unseretwegen verzichteten. Das war uns sehr unsympatisch. Doch da wir sonst immer eine Ausnahme zur negativen Seite hin machen, haben wir diesmal die positive Ausnahme verdient.

Ich freue mich jedenfalls riesig auf zu Hause. Außerdem treffe ich

Hanna dort und auch all meine Klassenkameradinnen. Das wird herrlich! Vielleicht fahre ich die Heilige Nacht hindurch, um dann 2 Uhr nachts zu Hause zu sein. Dabei werde ich an Dich denken!!!
Willy, mein Lieber, nun möchte ich endlich zu den von Dir öfters angeschnittenen Zukunftsproblemen Stellung nehmen. Mein liebster Willy, kann unser lieber Freundeston, der wirklich mehr als das und schon zum innerlichen Bedürfnis geworden ist, nicht der tragende Boden für unsere Zukunft der nächsten Jahre sein? Stets soll dann, im Hintergrund unserer innigen Freundschaft, nach Bewährung und Erkenntnis unserer Zusammengehörigkeit ein gemeinsamer Lebensweg offenstehen.
Schau, mein Lieber, Du bekommst von mir immer wieder Beweise von meiner Zuneigung zu Dir, zumindest dadurch, daß ich Dir nun schon weit über zwei Jahre getreu zur Seite stehe. Obwohl ich ja eher Gelegenheit dazu hätte, andere Männer näher kennenzulernen als Du andere Mädels, ist unser Verhältnis unverändert. Schau, da Du nun schon seit anderthalb Jahren an der Front bist und es Dir einfach an Mädchenbekanntschaften mangelt, versteifst Du Dich in Deinen Plänen ganz allein auf mich. Aber wer weiß, ob Du nicht, wieder in der Heimat, während eines Studienaufenthalts, jemanden entdeckst, den Du noch viel, viel lieber hast als mich?
Wir beide sind ja noch so jung und haben das richtige Leben noch vor uns. Und darum bitte ich Dich herzinniglich, laß uns den jetzigen Zustand unserer Liebe beibehalten, wie er ist, aber mit dem lichten, sonnigen Fenster zu einer gemeinsamen Zukunft. Wenn wir dann beide mit unseren Lehr- und Studienjahren fertig sind, können wir uns freudig und freiwillig zu einem weiteren gemeinsamen Lebensweg zusammenschließen. Bis es aber soweit ist, heißt es eben Geduld haben, abwarten und gläubig vertrauen. Walter Flex'* Ausspruch »Rein bleiben, reif werden!« mag uns für diese Zeit der Bewährung Leitmotiv sein.
Sollte Dir durch den Tod Deiner lieben Mutter Deine Heimat genommen werden, was Gott gnädig verhüten möge, so wirst Du im Haus am Ostseestrand freudige Aufnahme finden, und meine Eltern

* Deutscher Schriftsteller (1887–1917)

werden Dich zu jeder Zeit herzlich willkommen heißen. Also, mein lieber Willy, wollen wir unserer Liebe zueinander nachleben und die Zukunftsfrage warten lassen, bis wir beide fähig sind, sie zu entscheiden? Dazu mußt Du vor allem gesund und heil aus diesem unmenschlichen, grausamen Krieg herauskommen. Hierzu möge Dir die göttliche Vorsehung verhelfen.
So, nun muß ich diesen Brief beenden, denn Frau Petersen wartet schon mit dem Sonntagskaffee auf mich, und ich möchte die Gute nicht länger warten lassen. Übrigens, Dein Film ist vorigen Montag nach Flensburg abgegangen. Hoffentlich werden die Bilder klar und deutlich.
Es grüßt Dich mit vielen heißen Küssen
Deine Wandelgard

Rußland, den 22.12.42

Meine innigst geliebte Wandelgard!
Geraume Zeit saß ich jetzt da und überlegte, was heute wohl für ein Datum sei. Erst als mir einfiel, daß ich gestern abend die Montagssendung »Für jeden etwas« hörte, kam mir zum Bewußtsein, daß heute wohl Dienstag, der 22., sein müßte. Wenn das so weitergeht, sehe ich es schon kommen, daß wir sogar den Heiligen Abend vergessen. Wir sind nämlich wieder voll im Einsatz.
Seit gestern greifen wir wieder an, da die milde Witterung es erlaubt. Gestern hatten wir schon ganz schöne Erfolge zu verzeichnen. Momentan haben wir in einem Bunker, der vor kurzer Zeit noch im Besitz der Russen war, unseren Unterschlupf gefunden. Hier ist es immer noch angenehmer als im Panzer, wo dauernd Schmelzwasser durch die Luken tropft. In unserem Bunker ist das Getropfe wenigstens nicht so stark.
Zwei Mann haben sich schon zur Ruhe begeben, da in der vergangenen Nacht wenig Gelegenheit dazu war. Einer unterhält das Feuer, so daß eine angenehme Temperatur herrscht. Ich habe mich für produktive Arbeit entschieden, da ich sowieso schon lange nicht mehr meine Post erledigt habe. Gerade in der jetzigen Zeit hat man doch das Bedürfnis, seinen Lieben in der Heimat besonders nahezukommen.

Dreimal habe ich nun das Weihnachtsfest fern von zu Hause verlebt. Aber jedesmal freue ich mich, wenn mir die Erinnerung kommt von den vergangenen seligen Zeiten der Kindheit. Du hast sie ja auch erlebt und weißt genau wie ich, daß diese Eindrücke unvergeßlich bleiben. Und dies, mein liebes Mädel, ist es, was uns zum eigentlichen Fest wird, wenn auch der äußere Rahmen nicht gerade dazu paßt.
Liebste, aus Sparsamkeitsgründen bin ich gezwungen, mich heute mit nur zwei Seiten zu begnügen. Wovon ich nicht geschrieben habe, das steht zwischen den Zeilen, nämlich meine sehnsuchtsvolle Liebe nach Dir. In diesem Sinne übermittele ich Dir die innigsten Grüße und Küsse
Dein Willy

Rußland, den 23.12.42

Liebste Wandelgard!
Als ich gestern mittag im Bunker einen Brief an Dich schrieb, konnte ich nicht ahnen, welche Überraschungen mir am selben Abend noch bevorstanden. Infolge eines Federbruchs wurden wir zum Troß zurückgeschickt, wo man mir gleich nach meiner Ankunft Dein liebes Weihnachtspaket in die Hand drückte. Von Herzen danke ich Dir dafür. Ich nehme stark an, daß Deine lieben Eltern das Paket in Deinem Auftrag geschickt haben. Leider fehlen irgendwelche schriftlichen Zeichen, sonst hätte ich mich auch bei Deinen Eltern bedankt. Richte ihnen bitte aus, daß mir die vielen schönen Sachen große Freude bereitet haben. Leider ist unsere Freude auf das Weihnachtsfest getrübt. Noch ist uns nicht vergönnt, in Ruhe Vorbereitungen auf das Fest zu treffen. In drei Stunden, um 22.45 Uhr, rücken wir von hier ab nach vorne. Morgen früh um 5 Uhr steigt der Angriff auf eine Ortschaft, die von uns beim letzten Einsatz schon mehrmals ohne Erfolg angegriffen wurde. Morgen versuchen wir es dann mit aller Gewalt. Unter Aufwand des größtmöglichen Artilleriefeuers muß uns der Einbruch in die feindlichen Stellungen gelingen.
Wenn alles gutgeht, ist unser Auftrag bis Mittag erfüllt. Dann kommen wir noch rechtzeitig zur Kompaniefeier, was unser größter

Wunsch ist. Stehen uns doch allerlei Überraschungen bevor, vor allen Dingen an Weihnachtszuwendungen wie Schokolade, Alkohol, Zigaretten usw. Geht es schief, dann müssen wir uns darauf gefaßt machen, daß wir in diesem Jahr kein Waschwasser und keinen Rasierapparat mehr sehen, was uns gar nicht gefallen würde.
Nun, sobald auch dieser Einsatz zu Ende ist, wirst Du mehr von mir hören. Bis dahin sei von ganzem Herzen gegrüßt und geküßt
von Deinem Willy*

Regensburg, den 29.12.42

Liebes Fräulein Wandelgard!
Für Ihren lieben Brief und die guten Wünsche meinen herzlichsten Dank. Auch ich wünsche Ihnen zum neuen Jahr alles Gute, recht viel Glück und Segen und Gesundheit.
Daß Sie in Ihrem neuen Wirkungskreis so zufrieden sind, ist ja sehr erfreulich. Von der Schulbank weg ist das alles, was Sie bis jetzt unternehmen mußten, wirklich nicht so leicht. Es gehört doch schon eine große Freude und Geschicklichkeit dazu. Aber Sie finden sich anscheinend in allen Lebenslagen leicht zurecht. Wenn unsere armen Verwundeten mit so viel Liebe und Güte gepflegt werden, ertragen auch sie ihr Los leichter.
Ich hätte nicht geglaubt, daß Willy in diesem Winter wieder zum Einsatz kommt. Ja, wenn er nur immer Glück hat, der Arme! Heute habe ich einen Brief erhalten, er kam wieder auf ein paar Tage vom Einsatz zurück. Aber mit der Beförderung, da geht es nicht so schnell, er ist immer noch Gefreiter. Drei Jahre müssen sie jetzt Dienstzeit machen, bevor sie Studienurlaub bekommen. Wenn er nur bis dahin immer Glück hat, denn der Krieg nimmt anscheinend im neuen Jahr auch noch kein Ende! Ob dann das Lernen noch so gut geht wie früher?
Aber ich muß schon sagen, gut hat er ausgesehen, als er im Urlaub hier war. Er hat sich gar nicht verändert. Aber das Rauchen hat er richtig gelernt. Daran hatte ich natürlich keine Freude.

* Willys letzter Brief. Er starb bei dem angekündigten Angriff am 24.12.1942 im Alter von 21 Jahren

Sie sind allerdings richtig enttäuscht worden, weil er nicht kommen konnte. Aber soviel ich von Frau Künzel erfahren habe, gibt es keinen zweiten Urlaubsschein. Heinz Künzel ist seit dem 19. Dezember Leutnant, da kam eben die Sprache auf den Urlaubsschein. Erich Künzel, den Sie ja auch kennen, ist immer noch in Belgien, bei den Nachtjägern. Der hatte mehr Glück als Willy. Aber warum mußte ausgerechnet Willy freiwillig zu den Panzern gehen?
Am 25. Oktober hatte ich ein großes Paket über 30 Mark aufgegeben. Am 16. Dezember hatte er es noch nicht erhalten. Da wird natürlich das meiste kaputt sein, ist klar. Dabei muß man sich alles vom Mund absparen, weil man doch deshalb keine Marken mehr bekommt.
Und nun wünsche ich Ihnen nochmals das Allerbeste und seien Sie recht herzlich gegrüßt
von Ihrer Margareta S.

Marne, den 2.1.43

Min innigstgeliebter Jung!
Der erste Brief im neuen Jahr, im dritten Jahr unserer Freundschaft, soll Dir sagen, wie lieb ich Dich hab. Ja, so beginnt meine Briefreihe im Jahre des Herrn 1943. Für vier Briefe auf einmal konnte ich Dir noch nicht meinen innigsten Dank aussprechen. Innerhalb von vier Tagen kamen die Briefe vom 9., 15., 22. und 23.12.42 an. Das ist einzig dastehend. Am Neujahrsmorgen erhielt ich mit Deinem Brief auch einen sehr lieben von Deiner Mutter. Das freute mich ungemein.
Aus Deinen Briefen ersah ich, daß ich richtig gedacht hatte, als ich meine Gedanken während der Weihnachtstage an die vordersten Frontlinien sandte, um Dir meine Wünsche und Grüße zum Fest zu senden. Auch in den Tagen um die Jahreswende stellte ich mir Deine Silvesterfeier an der Front vor. Hoffentlich hat Euer Einsatz am 24.12. geklappt und Ihr habt ein einigermaßen anständiges Weihnachtsfest begehen können.
Auf meiner Heimfahrt nach Flensburg habe ich im Geiste mit Dir den Heiligabend begangen, aber leider waren mir wie immer nur Illusionen beschieden. Phantasien, Illusionen, aus ihnen ist auch das neue

Jahr für uns aufgebaut. Aber die Illusionen müssen für uns zur Wirklichkeit werden, das ist mein großer Wunsch ans neue Jahr! Möge es Dir, mein Liebster, Gesundheit und Glück bringen und uns froh und munter zusammenführen.
Wie wirst Du Silvester verbracht haben, im kalten Panzer oder am warmen Bunkerfeuer? Ich weiß, Du wirst mir, wenn es Dir möglich war, genau wie ich Dir im Geiste ein Prosit zugeworfen haben. Wir haben uns im kleinen Kreis sehr nett im neuen Jahr zu Haus zugetrunken. Ganz war ich an dem Abend nicht bei der Sache, denn immer wieder zog es meine Gedanken magnetisch zu Dir.
Nun zu Deinen Briefen. Deine Geschwüre an den Knien machen mir richtig Sorge. Wir hatten vor kurzem einen Patienten, der kam mit Sumpfgeschwüren tollster Art vom Ilmensee. Nach vierzehn Tagen anständiger Behandlung mit Naphtalansalbe war die Geschichte auskuriert. Daß dies bei Dir nicht möglich ist, sehe ich ein. Ich bitte Dich nur, laß wenigstens Deine Verbände, wenn es irgend geht, zur rechten Zeit erneuern.
Ansonsten muß ich von Operationen berichten. Der Stabsarzt hat meine Aufnahme in den OP bewilligt, trotz meines Maidenstatus. Jetzt muß nur noch die Abkommandierung dieser Schwester erfolgen, und mein Einzug in diese geheiligten Räume ist perfekt. Erstmalig ist der Fall eingetreten, daß eine Arbeitsmaid diese Arbeit verrichten darf. Wie ich mich fühle!
Willy, über Riekes Wünsche mach Dir keine großen Gedanken. Das Fräulein hat so manchen Wunsch, und wenn es nicht paßt, dann laß Dein Gedächtnis ruhen. Was Du über kameradschaftliche Verhältnisse schreibst, stimmt nicht mit meiner Überzeugung überein. Es gibt bestimmt kameradschaftliche Verhältnisse zwischen Mann und Frau, daß sie aber selten sind, will ich eingestehen. Was Du über Deinen Entschluß schriebst, mich damals in München zu begleiten, war mir eigentlich nicht ganz neu. Jetzt kann ich es Dir ja sagen.
Gefühlsmäßig wußte ich, wie es um Dich stand, daß Du Dich verliebt hattest. Weil es mir ähnlich erging, ich aber meine Gefühle unterdrückte, spürtest Du vielleicht nichts davon. Ich weiß heute nicht, warum ich mich damals so zäh gegen die Liebe sträubte. Doch es war be-

stimmt besser so. Jetzt haben wir noch das Schönste vor uns, dadurch daß es bei uns umgekehrt gegangen ist wie bei vielen anderen.
Wir kommen uns trotz unserer langen Trennung immer näher, und unsere Korrespondenz wurde immer mehr der Liebe geöffnet, während doch viele Freundschaften eine Trennung nicht überstehen. Eigentlich ist dies die beste Bewährungsprobe für eine gemeinsame Zukunft. Du mußt noch eine zweite durchmachen, wenn Du wieder in der Heimat bist und die Mädels um Dich hast. Aber Du weißt ja, wie ich darüber denke.
Das Weihnachtspäckchen ist, wie Du richtig vermutest, von meinen Eltern abgeschickt. Durch ein Versehen erreichte leider mein Weihnachtsgruß, der es begleiten sollte, nicht rechtzeitig mein Elternhaus. Folglich mußte es im Eifer des Gefechts ohne Gruß abgesandt werden. Es freut mich sehr, daß Dir der Inhalt, über den ich nicht einmal orientiert bin, gelegen kam und Deinen Beifall fand.
Gespannt bin ich auf Deinen nächsten Brief, der entweder von Deinem Weihnachtsfest berichtet oder die Antwort auf meine Einstellung zur Glaubensfrage bringt. Jeder von uns ist aufs Ärgste gefaßt. Hoffentlich werden wir angenehm voneinander überrascht. Meist zeigt sich eine Sache, vor der man sich riesig bangt, als nur halb so schlimm, wie wenn man felsenfest an einen guten Ausgang denkt. Willy, findest Du nicht auch, daß die Glaubensfrage am besten in einem Urlaub geregelt wird? Trotzdem leisten wir eine briefliche Vorarbeit, nicht wahr?
Mein Allerliebster, laß uns nun im neuen Jahr genauso zusammenstehen wie im vergangenen, und laß uns gegenseitig vom Glauben an eine gemeinsame Zukunft zehren.
Es umarmt und küßt Dich herzlichst mit vielen Grüßen und Wünschen
Deine Wandelgard

Dessau, den 6.1.42

Meine liebe Wanda!
Ja, nun bin ich wieder wohlbehalten und gutgenährt hier angekommen. Also hatte ich mich schon in der Bahn mit Briefpapier und Fül-

ler bewappnet. Aber da war eine so tranpüsterliche Beleuchtung, nur eine blaue Lampe, und außerdem hatte ich ja Reisebegleitung! Ja, wahrhaftig, Walter* und ich trafen uns am Bahnhof, w.h., er war schon da mit seinem Vater und meiner auch. Ich kam natürlich erst wieder 10 Minuten vor Abfahrt. Und als ich dann meinen Vater suchte, fand ich gleichzeitig die Ulms.
Na, die Zeit bis Hamburg haben wir uns nicht lang werden lassen, und in Altona haben wir dann gemeinsam auf den Leipziger Zug gewartet. Er mußte aber leider in seinen Wehrmachtswagen einsteigen. D.h., er hätte, glaub ich, auch im Zivilwagen fahren können, denn in meinem Abteil saßen eine ganze Menge Landser.
Weißt Du, gestern hab ich viel an den Tag nach meinem Weihnachtsurlaub im vorigen Jahr gedacht, als wir beide hier durch Dessau getost sind, das war doch nett, gelt? Von Deiner Silvesterfeierei hörte ich schon von Rieke. Ich traf sie neulich in der Bahn. Du bist also gut hineingerutscht ins Jahr 1943. Ich auch. Hab ich Dir eigentlich schon ein gutes, frohes Neues Jahr gewünscht? Wenn nicht, dann tue ich es hiermit. Und ich wünsche Dir vor allem, daß all das, was Du von diesem neuen, angefangenen Jahr erhoffst, in Erfüllung gehen möge.
Für heute laß es gut sein. Es grüßt Dich herzlich
Deine Hanna

Marne, 9.1.43

Meine liebe Nüte!
Als ich Deinen Brief las, lachte ich, lachte, weil ich mir wirklich alles vorstellte, was so typisch für meine Hanna war, besonders die Bahnhofsszene. Hanna, eine Minute vor der Abfahrt kamst Du an! Mit Klein-Walter bist Du gefahren, das war ja pfundig. Schade, daß Ihr Euch schon in Hamburg trennen mußtet.
Silvester feierte ich mit Nora und fünf Gasten, drei älteren und zwei schicken jungen. Ich ging mit großen Vorurteilen an den Abend heran und war dann restlos begeistert, zumal ich diese fünf jetzt erst rich-

* Wandas Nachbarjunge

tig kennen- und schätzenlernte. Um 1.15 Uhr waren wir wieder zu Hause, weil wir ja am nächsten Morgen Dienst hatten.
Sonst geht es mir prächtig! Hanna-Mädchen! Ich kann am 29.4. nach Graz zum Studium! Das Praktikum ist auf vier Monate reduziert worden und braucht nicht mehr vor dem Studium gemacht werden, sondern in den Semesterferien. Ich bin so glücklich darüber, das kannst Du Dir sicher vorstellen.

10.1., 0.05 Uhr

Mittwoch hatte ich Narkosenwache, drei Stunden, und Donnerstag mußte ich in der Offiziersmesse servieren. Watt man nich all muß! Freitag haben wir schon Bergfest, und dann kommt Latein, nichts wie Latein, der Cäsar muß gelesen werden bis zum Latinum. Das wird noch eine große Arbeit, sag ich Dir.
Heute abend trank ich Sekt, denn die Patienten bekamen welchen und luden uns dazu ein. Außerdem spiele ich Abend für Abend Schach, mein neuer, großer Sport. So, nun weiß ich aber bald nichts mehr zu schreiben, eigentlich passiert ja so wenig, nur viel zu tun gibt es bei 10 bis 15 Patienten pro Tag, mehr als gewöhnlich. Jeden Tag hatten wir mindestens drei Operationen in dieser Woche. Auf der Station lagen lauter Schwerkranke, da kannst Du Dir vorstellen, wo mir der Kopf steht.
Es grüßt Dich ganz herzlich
Deine Wandelgard

Marne, 9.1.43

Mein geliebter Willy!
Heute steht mein Brief unter Sekteinwirkung. Die Patienten bekamen welchen, und man lud uns dazu ein. Mir machen einige Gläser Sekt eigentlich nichts aus. Also wird mein Brief nicht so toll. Außerdem habe ich neben dem Genuß von diesem köstlichen Naß meinen Geist bei einer abendlichen Schachpartie stark angestrengt. Ich spiele nämlich für mein Leben gern Schach. Und mein Gegner ist genauso stark wie ich. Da ist es stets ein entscheidender Kampf. Zwei zu zwei stand es heute abend.
So gerne ich meine Patienten habe, aber über allen stehst Du, mein Liebster. Willy, was magst Du wohl gedacht haben, als Du erfuhrst,

daß ich in ein Lazarett komme? Ich schreibe Dir davon, weil ich mich heute mit einigen Patienten über das Thema »Treue« eingehend unterhalten habe. Für mich bedarf es keiner Worte darüber. Sobald einer das Wort Treue immer im Mund hat, ist es schon flau damit.
Wenn ich mich auch noch nicht felsenfest an Dich binden möchte, so bist Du doch für mich »der Mann«, und wenn ich Dich nicht hätte, was dann? Das weiß ich nicht, will es mir auch gar nicht ausmalen. Auf jeden Fall bist Du der Halt für mich, den ich im Lazarett all den Männern und Männleins gegenüber besitze. Ich hoffe, daß Dir das genügt!
Ja, und bald bist Du auch dieser Sorge enthoben. Mitte nächster Woche haben wir Bergfest, und im Nu ist es mit dem KHD vorbei. Das Glück hat sich mir wieder günstig erwiesen. Das vormedizinische Praktikum der Krankenpflege ist jetzt auf vier Monate reduziert worden und braucht nicht mehr vor dem Studium abgeleistet werden. Folglich beginne ich am 29.4. in Graz mit meiner Berufsausbildung, darüber bin ich natürlich restlos glücklich. Ich spare ja wieder ein halbes Jahr.
Sonst gehen die Tage dahin, rasen dahin, so daß man es kaum merkt, wie die Woche verfliegt. Wir hatten jetzt auch rasend viel zu tun, jeden Tag drei bis vier Operationen und zehn Patienten mehr als gewöhnlich. Das bringt natürlich viel Arbeit. Neulich hatte ich das erste Mal Narkosenwache bei einem Magenopererierten. So bringt jeder Tag etwas Neues, und Abwechslung in Form von Arbeit gibt es genügend.
Nur die Abwechslung Deiner lieben Briefe wurde mir in dieser Woche nicht beschieden. Ich bin sehr gespannt auf Deinen kommenden Brief. Willy, ich habe solche Angst, Du könntest meine Ausführungen über die Probleme der letzten Zeit falsch auslegen. Ich habe es so dahingeschrieben, und an einem geschriebenen Wort kann man ja herumdeuteln. Und, wenn man pessimistisch veranlagt ist, alles mögliche herauslesen.
Ich bitte Dich flehentlich, nicht an jedem Satz zu lange herumzustudieren. So, wie ich es meine, schrieb ich es Dir. Es ist aufzufassen ohne irgendwelche Hintergedanken. Ich wollte Dich nie und auf keinen Fall verletzen. Oh, ich mache mir ja solche Vorwürfe, daß ich so richtig drauflosgeschrieben habe!

Aber Du solltest mich ja langsam kennen und weißt, ich stehe zu Dir, komme, was kommen mag. Willy, wenn Du mir nur einmal persönlich gegenüberstehen könntest, aber das geht ja leider nicht! Doch einmal wird und muß der Tag kommen, an dem das der Fall sein wird. Wie freue ich mich darauf!!! Du glaubst es gar nicht, wie oft ich mich im Geist damit beschäftige.
Du siehst, vom Sekt ist wenig vorhanden, dafür aber viel Realität. Der Sekt machte lediglich das dringende Bedürfnis zu sprechen und Dir mein Herz auszuschütten, dem ich hemmungslos nachgegeben habe.
Nun laß Dich für heute innig umarmen und Dir einen lieben, lieben Kuß zur guten Nacht geben
von Deiner Dich heiß liebenden Wandel

Marne, den 11.1.43

Mein lieber »Großer«!
Draußen fegt ein eisiger Ostwind den Schnee in der sternenklaren Nacht über die Felder. Ich sitze, gerade vom Dienst kommend, in meinem gemütlich warmen Wohnzimmer bei leiser Radiomusik, fast träumend, und schreibe Dir, mein Lieber. Wie mag es Dir in dieser Kälte mit Deinen Wunden ergehen?
Oft denke ich an Dich, zumal ich bald 14 Tage keine Post von Dir habe und Du im Brief vom 23.12. vom bevorstehenden schweren Einsatz schriebst. Ja, ja, wenn man sonst nicht viel zu denken hat, dann macht man sich eben Gedanken um die Zukunft und Vergangenheit.
Heute habe ich aber mit meinem neuen Dienst im OP begonnen. Eine Operation hatten wir nur. Ein Infanteriesteckschuß im Kniegelenk. Alles ging glatt vonstatten. Morgen gibt es wieder viel zu tun, vier OPs. Ich bin sehr zufrieden mit meinem neuen Dienst, denn zehn Wochen Stationsarbeit liegen hinter, 11 Wochen OP-Arbeit vor mir. Auch die eilen dahin.
Willy, was ich im letzten Brief schrieb, ist seit vorgestern hinfällig. Jetzt arbeite ich mit zwei Schwestern, Diakonissinnen, zusammen und muß die Stationsarbeit am wachen Patienten aufgeben, dafür kommt nun die Arbeit am schlafenden. Na, für mich gibt es nur Handgriffe,

doch im Hinblick auf später ist alles von Wichtigkeit. Auf der Station hätte ich nicht mehr viel gelernt, dafür kann ich jetzt wieder von dem Neuen sehr viel profitieren, so hat alles seine Vor- und Nachteile. Ich wählte den OP-Dienst, wenn es auch weniger Freizeit mittags gibt und man sich so manches an den Kopf werfen lassen muß.
Ich bin entschlossen, alles in Kauf zu nehmen, weil ich doch so eine ganz große Ahnung von allem Drumherum im OP bekomme und nachher als Studentin nicht mehr so dumm dastehe. Es gibt hier auch viele besinnliche Stunden beim Verbandstoffherrichten. Da kann man den Wünschen und Träumen freien Lauf lassen, und dann bin ich bei Dir. Das ist mein schönster Zeitvertreib.
Stell Dir vor, da sitze ich auf meinem Hocker am Henkerstische und drehe Tupfer. Neben mir sitzt die OP-Schwester und eine andere von dieser Rasse, keiner sagt einen Ton, und da ist es doch selbstverständlich, daß ich Luftschlösser baue. Ich male mir aus, mit Dir gemeinsam das Studentenleben zu genießen.
Wenn Du soweit bist, bin ich schon im zweiten Semester. Hoffentlich kann ich mir etwas leisten an Abwechslung. So muß der nächste Winter phantastisch werden, wenn Du Studienurlaub erhältst. Träume, Träume, wie ist doch so eine Phantasterei schön! Es ist schon etwas Großes um unsere Illusionen.
Nun, mein liebster Willy, grüßt Dich Dein kleines Mädel aus dem Norden, dem Dithmarscher Land, recht herzlich. Viele liebe Küsse
Deine Wandelgard

Dessau, den 15.1.43

Meine liebe Wanda!
Ich danke Dir recht herzlich für Deinen lieben Brief. Nun wird es aber Zeit, daß ich wieder schreibe, damit Du meine Nachricht als Sonntagsbrief erhältst.
Bei Euch geht es ja jetzt mit ordentlichem Betrieb im neuen Jahr los. 10 bis 15 Patienten mehr, da gibt es schon mächtig viel zu tun. Vor allen Dingen freue ich mich mit Dir, daß Du am 29. April nach Graz zum Studium kannst. Wirklich pfundig!

Was tat ich nun in der letzten Zeit? Es verlief alles ziemlich ruhig. Gestern war ich im Kino, »Der große Schatten«*. Also, Wanda, ich sag Dir, so im Bann eines Films bin ich wohl selten gewesen. Den mußt Du Dir unbedingt ansehen! Am Freitag war ich auch im Kino. Das war mehr eine Notlösung, denn meine Bude war nicht geheizt. Es gab »Meine Freundin Josephine« mit Hilde Krahl. Ein leichter Unterhaltungsfilm. Es war etwas für das Auge, denn zum größten Teil kamen sehr schöne, elegante Kleider in den Scheinwerfer, vor allen Dingen solche, die man auch tragen könnte.
Du, ich habe jetzt gerade ein ganz fabelhaftes Buch gelesen: »Baltische Tragödie«. Eine Romantrilogie von Vegesack**. Es wird darin das Leben und der Kampf der Baltendeutschen vom Ende des 19. Jahrhunderts bis nach dem Ersten Weltkrieg 1920 geschildert. Ich möchte es Dir empfehlen.
So, meine Liebe, es grüßt Dich recht von Herzen,
Deine Hanna

Marne, 17.1.43

Meine geliebte Hanna!
Sonntag nachmittag, 16.00 Uhr, Radiomusik, sonntägliche Stille. »Heimat, deine Sterne«, das sehnsuchtsvolle schwermütige Lied, erfüllt jetzt den Raum. Ich bin zur Stunde ganz sentimental angehaucht, aber das ist wohl eine ganz natürliche Reaktion auf die Angespanntheit der letzten Woche. Frau Petersen ist ausgegangen, ich sitze an ihrem Schreibtisch und schaue auf die Straße, wo sonntägliche Spaziergänger »vorüberwaten«. Nebenan in unserem Wohnzimmer sitzt Nora, sie hat »lieben Besuch« und genießt diesen Nachmittag. Wir haben zusammen Kaffee getrunken, und dann zog ich mich diskret zurück.
Ein Brief an Willy ist fertig. Nun kommst Du, mein liebes Mädel. Ja,

* Drama von 1942 mit Heinrich George und Will Quadflieg, Regie Paul Verhoeven

** Der baltendeutsche Schriftsteller Siegfried von Vegesack (1888–1974) wurde 1933 vorübergehend in »Schutzhaft« genommen, weil er sich schon in den 20er Jahren gegen den Antisemitismus gewandt hatte. Er emigrierte daraufhin nach Schweden und Südamerika, kehrte aber 1938 zurück

ich bin zur Zeit sehr deprimiert, weil ich schon 14 Tage und etwas darüber keine Post von Willy bekommen habe. Ich kann natürlich für sein Schweigen die verschiedensten Gründe angeben, und das alles finde ich so entsetzlich. Vielleicht ist er eingeschnappt, vielleicht hat das Unternehmen vom 24.12. nicht geklappt und sie sind eingeschlossen. Na, ich hoffe das Allerbeste.
Jetzt will ich Dir erzählen, daß ich meine erste Woche im OP hinter mir habe und natürlich restlos begeistert bin. 16 Operationen habe ich in diesen Tagen mitgemacht, allein drei Magen-OPs, das waren aufregende Stunden, die mich restlos befriedigten. Einmal haben wir um 21.30 Uhr noch eine Blinddarm-OP gehabt. Der Dienst im OP ist sehr unregelmäßig, die Mittagsstunde kurz und selten, dafür sehe und lerne ich so viel. Jetzt muß ich auch schon Spritzen geben, später sogar Narkosen. Das alles ist so richtig etwas für mich. Nur das ständige Zusammensein mit zwei Diakonissinnen und der fehlende Kontakt zu den Patienten gefällt mir nicht so gut. Doch das nehme ich gerne in Kauf, der Wissenschaft wegen. Dauernd denke ich dann an später, und das hilft mir weiter.
Gestern erlebte ich das erste Mal ein richtiges Ringen um das Leben eines Menschen. Ein Russe, Kriegsgefangener, das war das Erschütternde an der Sache, war das Objekt einer enormen, siegreichen Bemühung unseres Stabsarztes. In Anbetracht des interessanten Falles war alles sehr verständlich.
Gestern abend feierten wir Bergfest bei uns. Frau Petersen war so rührend. Sie hat uns eine enorme Torte gebacken, dazu gab es Bohnenkaffee, von uns allen gespendet, nachher von mir selbstgemixten Likör und Punsch, mein Fabrikat, anschließend Sekt und Zitronencreme. Geraucht und getanzt haben wir auch, es war richtig prima. Von drei Uhr bis zwölf Uhr schliefen wir, und dann haben wir im Hotel Hasenbraten ohne Marken gespeist. Phantastisch. Und den Rest des Sonntags verbringe ich schreibenderweise wie immer.
Hanna, stell Dir vor, vielleicht will man uns alle einziehen zum 1.4.! »Der Jahrgang 23 gehört dem Führer«! Das wäre doch furchtbar, hoffentlich klappt mein Studium trotzdem. Nun grüßt Dich herzlichst
Deine Wandel

Marne, den 17.1.43

Mein geliebter Willy!
Ich lebe zur Zeit mal wieder in einem entsetzlichen Zustand der Unruhe und des inneren Aufruhrs. Seit über 14 Tagen habe ich kein Lebenszeichen von Dir. Tage ohne Post von Dir machen sich in meinem Gemütsleben direkt bemerkbar.
Gestern abend feierten wir vier Maiden unser Bergfest bei Frau Petersen in unserer Wohnung. Es war wirklich sehr lieb von ihr, und sie hat ihre Rolle als unsere Vize-Mutter entzückend gespielt. Doch mich traf man immer wieder mit den Gedanken in der Ferne an, denn ich konnte mich nicht von dem Traum trennen: Anstatt Leni würdest Du neben mir auf dem Sofa sitzen. »Wandel träumt schon wieder!« rief man mir öfters zu. Und das war auch gut so, denn es stört in einer angeregten Unterhaltung die geistige Abwesenheit eines Menschen.
Zum Glück hatte ich in dieser Woche nicht allzuviel Zeit zum Grübeln. Im OP hatte ich nämlich reichlich Abwechslung. Was mußte ich in dieser ersten Woche nicht alles lernen, vor allem die Sterilität. 16 Operationen hab ich schon mitgemacht in diesen sechs Tagen.
Gestern erlebte ich das erste Mal das Ringen der Ärzte um das Leben eines Menschen. Durch die Injektion von verschiedenen Medikamenten und durch künstliche Beatmung gelang es, diesen Menschen am Leben zu erhalten, und der Stabsarzt mußte sogar eine dringend notwendige Magenoperation wagen. Diese schaffte er in einer Rekordzeit, wie er sagte. Das Besondere an der Sache war, daß dieser Mann ein Russe war, um den man sich solch große Mühe machte. Vom ärztlichen Standpunkt aus gesehen waren die Bemühungen selbstverständlich. Außerdem war es ein wirklich interessanter Fall.
So gab es jeden Tag etwas Neues, was meinen Geist in Anspruch nahm. Ich bin so glücklich, wenn das der richtige Ausdruck dafür ist, weil ich so viel sehe, höre und auch selbst machen darf. Aber es gibt ja auch ruhige Minuten und Stunden, in denen ich neben den Diakonissinnen sitze, Tupfer drehe, Handschuhe flicke und andere Vorbereitungen treffe. Hierzu habe ich in letzter Zeit mein Lateinbuch als Begleiter liegen. Denn meine knappen Freistunden verbringe ich bei einer Frau, die mir hilft, meine Lateinkenntnisse aufzufrischen, und mit mir den Cäsar liest für das Latinum.

Willy, welch eine Musik! Es ist kurz vor 16 Uhr, es werden Stücke von im Felde stehenden Komponisten gebracht. So etwas Wuchtiges, Schwermütiges und Sehnsüchtiges in der Musik, da wird mir noch weicher ums Herz, und ich könnte weinen vor – ja, wovor? Ich sag mal, vor Sehnsucht nach Deiner Liebe.

Einen Sonntag, an dem man frei von allen Pflichten ist, möchte man doch so gern mit »lieben Menschen« verbringen, um neue Kräfte zu schöpfen für die kommenden 14 Arbeitstage. Wenn man so allein diese freien Stunden verbringt, dann kann eher das Gegenteil geschehen. Ein Brief von Dir ist für mich der beste und schönste Sonntag.

Gestern abend war es sehr nett. Bis drei Uhr früh haben wir gefeiert und dann bis heute mittag geschlafen. Anschließend sind Nora und ich zum Essen gegangen, nicht ins Lazarett, wir gingen in ein prima Hotel. Dort haben wir uns an Hasenbraten gütlich getan. Es ist so ein angenehmes Gefühl, als gepflegter Mensch mit anderen kultivierten Menschen in einem schönen Raum gut zu speisen.

Welch Unsinn, Dir so etwas zu schreiben, entschuldige! Aber weißt Du, ich denke immer daran, so etwas einmal mit Dir zu genießen, und dieser Gedanke soll auch Dich erfreuen. Hoffentlich!

Während ich schreibe, hat Nora »lieben Besuch«. Sie sitzt nebenan im Wohnzimmer und genießt die kurzen Stunden des Glücks. Ich aber hocke an Frau Petersens Schreibtisch und plaudere mit Dir. Es ist richtig sonntägliche Stimmung. Nur in meinem Herzen noch nicht. Ich warte auf Deinen nächsten Brief!

Wieder komme ich auf das Thema, unser Thema. Das macht es wohl auch, daß mich Dein langes Schweigen so drückt, weil ich dafür die verschiedensten Gründe anführen kann. Haben Dich meine sehr offenen Briefe verletzt, oder hat Euer Unternehmen vom 24.12. nicht geklappt? Dann kann man Komplikationen genug anführen, die einen beunruhigen können.

Doch ich bin zuversichtlich, warte, hoffe und harre der Dinge. Und bitte unseren Herrgott, Dich auf Deinem schweren Weg zu beschützen. In diesem Sinne grüße ich Dich mit vielen lieben Küssen,

Deine Wandelgard

Marne, den 23.1.43

Mein innigst geliebter Willy!
Wieder liegt eine arbeitsreiche Woche hinter mir und viele Stunden, in denen ich nur von der Hoffnung auf einen Brief von Dir zehrte. Und dafür bekam ich jeden Tag aufs neue eine kalte Dusche ins Gesicht geschleudert, in Form des Satzes: »Keine Post für Sie, Wandelgard!« Während der Operation sehnte ich schon die Minute herbei, wenn alles beendet ist und die Oberschwester mich in die Registratur zum Postholen schickt. Und dann jeden, jeden Tag wieder derselbe Schlag: keine Zeile von dem liebsten Menschen. 22 Tage lang, das ist eine riesige Zeit für mich, da ich es doch seit Jahren gewohnt war, alle paar Tage ein gelbes Kuvert in Händen zu halten.
Oh, Willy, wenn ich nur wüßte, woran ich bin, was los ist, womit ich Dein Schweigen erklären kann! In dieser Zeit jetzt merke ich so richtig, wie sehr ich Dich liebe und was Du mir bedeutest. Schweigst Du wegen meiner Antworten auf Deine Fragen? Ich wußte und fühlte es, daß ich mich schlecht ausgedrückt habe. Aber ich glaube, auf dem Papier sieht alles viel, viel schlimmer aus als in der Wirklichkeit. Über all solche Dinge der Zukunft kann man am besten auf Spaziergängen oder in einer stillen Stunde sprechen. Ich wünschte, Du wärest damals, als ich das alles schrieb, bei mir gewesen!
Ach, Du glaubst gar nicht, wie ich darauf brenne, Dich einmal wiederzusehen. Das alles haben wir uns schon so oft geschrieben, und da ist nichts »nachkommen«, wie der Dithmarscher zu sagen pflegt. Dafür hoffe ich auf dieses Jahr!!! Du weißt ja, ich schrieb es Dir bereits, daß ich für mein Studium jetzt alles in Ordnung habe und Mitte April nach dem Latinum nach Graz fahre. Dann ist ein Wiedersehen auf alle Fälle möglich, wenn Du mal wieder über Wien in Urlaub fährst.
Auf der Hinfahrt werde ich Regensburg, München und Wien anlaufen. In Regensburg werde ich meine Oma und auf alle Fälle Deine Mutter besuchen. In München werde ich von schönen und schönsten Erinnerungen beseelt sein. Und in Wien, beim Besuch meiner Tante, werde ich mir Luftschlösser bauen noch und noch. Ich lebe jetzt nur von Illusionen und male mir die Zeit in 65 Tagen aufs rosigste aus. Heute weiß man ja nie, evtl. können wir noch zur Nachrichten-

helferin verdammt werden. Ich aber hoffe und harre auf das Studium.
Wenn ich jetzt nicht im OP und von lauter neuen interessanten Dingen beseelt wäre, würde mir die Zeit bis dahin sehr lang werden. All die vielen Operationen, in 5 Tagen waren es 22, da rast die Zeit. In den kurzen Freistunden sitze ich noch immer bei meinen Lateinbüchern und dem Cäsar und freue mich schon auf jede Unterrichtsstunde.
Doch bei allem denke ich immer wieder an Dich und kann es einfach nicht fassen, daß Du mich anscheinend vergessen hast. Vorgestern sah ich in der Wochenschau im Kino von den Kämpfen bei Toropez. Da war es mir, als wenn ich Dich in einem der Panzer sehen müßte. Jedoch nur die großen Nummernschilder 325, 302, 419 usw. kamen voll in Sicht.
So, nun grüßt Dich vielmals in der Hoffnung auf ein baldiges Briefchen mit einem Kuß
Deine Wandelgard*

Marne, 27.01.43

Meine liebe Hanna!
Hab vielen Dank für Deinen lieben Brief, er kam zum Sonntag, stell Dir vor, ich hatte solch ein Pech, ich verlor diesen Brief. Mutti kam Sonnabend auf Besuch, und Sonntag morgen gingen wir ins Lazarett. Im OP las ich den Brief, na und dann – ich weiß nicht mehr, wo er hinkam.
Montag hatte ich einen schweren Tag, ohne Unterbrechung bis 21.15 Uhr gearbeitet, gestern das gleiche. 51 Operationen habe ich in 15 Tagen mitgemacht. Und heute, ja, meine liebe Hanna, heute haben wir wieder schwer gearbeitet, wir kamen sehr spät zum Essen, die anderen Schwestern waren schon alle fertig. Nur Leni trieb sich immer noch in der Schwesternmesse herum. Auf meine Frage, was sie will, gibt sie

* Der Brief war noch nicht abgeschickt, als Wanda ihre vorigen sechs an Willy zurück bekam

mir zur Antwort: »Dich sprechen!« Na, denke ich, wieder ihre Liebesgeschichte Helmrich.
Sie geht mit mir in den OP, schließt alle Türen, geht mit mir zum Fenster, wo sie mir schon vor einigen Tagen von ihrer großen Liebe zu Noras »Schauspieler« berichtete. Sie umarmt mich und sagt: »Wandel, wir alle können dich begreifen, verstehen.« Und drückt mir ein Bündel in die Hand. Sechs gelbe Briefe von mir an Willy mit der auch Dir so bekannten Aufschrift: »Zurück. Gefallen für Großdeutschland!«

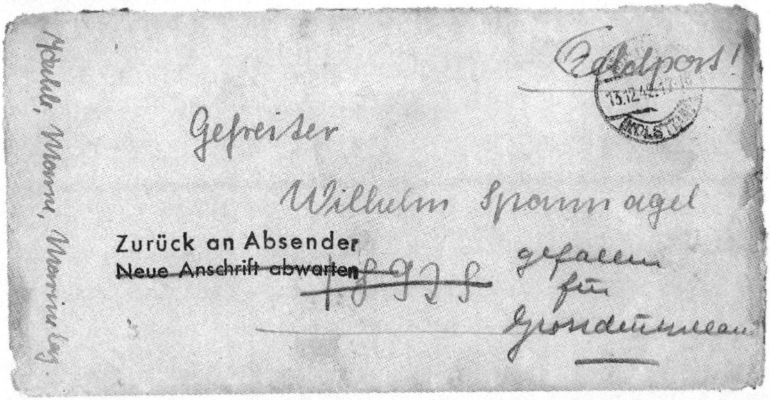

Ja, Hanna, so hat auch mich das Schicksal zu seinen Opfern ausgesucht, und ich habe erlebt und erlebe all das, was Du nun schon größtenteils hinter Dir hast. In all diesen Dingen komme ich Dir ein halbes Jahr später nach. Immer wieder muß ich an Dich denken, an die Zeit im letzten Sommer. Damals habe ich die Trauer zum ersten Mal mit Dir durchgemacht und versuchte, Dich zu trösten. Und nun tue ich es selbst. Weil ich mich damals schon so intensiv mit Deinem Schicksal und allem auseinandergesetzt habe, kann ich jetzt wohl mein hartes Los leichter ertragen.
Doch eines konnte ich damals noch nicht ganz nachfühlen, und das war die Leere, von der Du mir immer schriebst. Jetzt aber geht es mir genauso, ein Gefühl, mein zweites Ich ist vernichtet. Es ist nicht faßbar für mich, nach so langer Zeit nicht mehr in guter Stimmung, nach

freudigen oder traurigen Ereignissen, zur Feder greifen zu können und mich schriftlich auseinanderzusetzen in einem Brief an ihn.
Jeder Halt ist mir genommen. Gerade jetzt bräuchte ich so nötig einen Menschen, an den ich fest glauben kann, um nicht an der ganzen Männerbagage zu verzweifeln. Aber das alles ist jetzt vorbei. Das einzige, was mir bleibt, ist die Haltung, mit der Willy sein letztes Unternehmen begonnen hat. Er schrieb mir ja in der Nacht zum 24.12. Ich nehme an, daß er am 24.12. ins Jenseits hinübergegangen ist.
Seine Zeilen wörtlich vom 23.12., einzig in ihrer Art: »Leider ist unsere Freude auf das Weihnachtsfest noch getrübt. Noch ist uns nicht vergönnt, in Ruhe Vorbereitungen für das Fest zu treffen. In drei Stunden, um 22.45 Uhr, rücken wir von hier ab nach vorne. Morgen früh um 5.00 Uhr steigt der Angriff auf eine Ortschaft, die von uns bei den letzten Einsätzen schon mehrmals vergeblich angegriffen wurde. Morgen versuchen wir es mit aller Kraft und Gewalt, unter Aufwand des größtmöglichen Artilleriefeuers muß der Einbruch in die feindlichen Linien gelingen. Wenn alles gutgeht, ist unser Auftrag bis mittags erfüllt, dann kommen wir noch rechtzeitig zur Kompaniefeier, was unser größter Wunsch ist. Geht es schief, dann müssen wir darauf gefaßt sein, daß wir in diesem Jahr kein Waschwasser und keinen Rasierapparat mehr sehen, was uns gar nicht gefallen würde. Nun, sobald auch dieser Einsatz vorbei ist, wirst du mehr von mir hören.« Ja, meine Hanna, und ich hörte nichts mehr. Hörte und sah nach vier Wochen ohne Post die drei harten, grausamen Worte: »Gefallen für Großdeutschland«.
Für mich gibt es jetzt nur noch die Arbeit, Arbeit und nochmal Arbeit. Ich war, nachdem ich eine Stunde in meinem Zimmer gesessen hatte, wie durchgedreht und ging wieder zurück ins Lazarett, um weiter meinen OP zu scheuern, und machte alles, wie sonst mein täglicher Trott war.
Ich mußte auch abends in die KdF-Veranstaltung: »Unsterblicher Walzer« mit Tanzdarbietung für unsere Patienten. Alles verlief wie sonst auch, und ich war ganz die Gleiche wie immer. Doch sobald ich wieder mein Zimmer betrat, war es aus mit meiner Fassung. Jetzt fahre ich Sonntag nach Hause, was mir bestimmt sehr guttun wird, zumal

auch die arbeitsreichsten Tage dann mit der Versetzung des Stabsarztes vorbei sein dürften.
Aber ich glaube, eines weiß ich jetzt, Hanna: Willy wäre für mich der Mann meines Lebens gewesen. Wie sehr ich ihn liebe, das hat der heutige Tag mir klar gezeigt. Schließlich gab es für mich ja schon seit Jahren nur Willy und keinen anderen. Am schmerzlichsten ist es aber doch für seine Mutter, die arme alte Frau! Heute kann ich ihr noch nicht schreiben, wer weiß, ob sie schon die Nachricht hat. Aber in den nächsten Tagen werde ich versuchen, ihr einen kleinen Trost zu geben.
So, meine liebe Hanna, genug für heute, laß Dich vielmals grüßen von
Deiner Wandelgard

13.
»Ich könnte manchmal bersten vor Schmerz«

Wanda trauert um Willy • Hanna weiß aus eigener Erfahrung, was ihre Freundin fühlt

Frühjahr 1943. Am 2. Februar haben die Deutschen in Stalingrad kapituliert. Die Rückeroberung der Stadt kostete die Rote Armee eine halbe Million Soldatenleben. Und auch die deutschen Verluste sind katastrophal: 147 000 Tote, zudem 91 000 Gefangene, die meisten werden nicht überleben. »Sie starben, damit Deutschland lebe«, behauptet dreist die Schlagzeile des ›Völkischen Beobachters‹.

Hanna ist von alldem erschüttert. Genau wie Wanda weiß sie jetzt, daß hinter all den abstrakten Zahlen konkrete Menschen stehen. Daß jeder einzelne von ihnen irgendwo schmerzlich vermißt wird. Die beiden Freundinnen sind jetzt 19 Jahre alt. Und haben bereits persönliche Erfahrungen gemacht mit dem Verlust geliebter Menschen, wie nahezu jeder ihrer Generation. Trost finden sie in den schwülstigen Platituden der Nazis. »Die besten, tapfersten, pflichttreuesten Männer werden ihr Leben hingeben müssen. Es ist eine so große Ungerechtigkeit, aber wohl notwendig zum Bestand eines großen Volkes«, schreibt Hanna. Der Tod, unfaßbar besonders in ihrem Alter, ist so wohl leichter zu akzeptieren.

Die Erkenntnis, daß Willy und Jochen sinnlos starben oder gar im Dienst einer verbrecherischen Sache – vor dieser Erkenntnis verschließen selbst Erwachsene die Augen. Und ohnehin sind die beiden Mädchen, anders als es Willy war, noch weit entfernt von jedem kritischen Blick auf Hitler und die Nazis.

Am 13. Januar hatte ein geheimer »Führererlaß« die vollständige Mobilisierung »aller Menschenreserven in der Heimat« befohlen. Vier Tage später schrieb Wanda verzweifelt: »Hanna, stell Dir vor, vielleicht will man uns alle einziehen zum 1.4.! ›Der Jahrgang 23 gehört dem Führer‹! Das wäre doch furchtbar, hoffentlich klappt mein Studium trotzdem.« Inzwischen rückt der April näher, und sie weiß immer noch nicht, ob sie den Studienplatz in Graz annehmen darf. Statt dessen irgendwo in der Rüstungsindustrie stupide Arbeit leisten – das wäre schrecklich! Nicht nur, weil sie lieber heute als morgen die Ausbildung zur Ärztin beginnen möchte. Sondern auch, weil ihr das Studium helfen soll, die Trauer um Willy zu vergessen. Was also werden die nächsten Monate bringen? Nach dem Arbeitsdienst und dem Kriegshilfsdienst tatsächlich noch der Kriegseinsatz? Oder doch das Studium in Graz?

Dessau, den 3.2.43

Meine allerliebste Wanda!
Der heutige Tag wird wohl als Mahnmal für uns bleiben! Trotzdem man doch damit gerechnet hatte, traf einen der Schlag sehr hart, als heute bekanntgegeben wurde: Stalingrad gefallen! Es ist grauenhaft, wenn man bedenkt, was wir für diese Stadt geopfert haben. Und wenn auch der Kampf unserer Soldaten um Stalingrad das hohe Lied der Tapferkeit und des Todesmutes ist, so ist es trotz allem furchtbar, daß Tausende und Abertausende erst ihr Leben lassen mußten, um die Stadt nachher doch dem Feind zu überlassen. Oh, man darf nicht denken!
Glaub mir, Wanda. ich kann wieder weinen. Diese Nachricht heute hat die alte Wunde wieder aufgerissen. Aber ich will fest bleiben, ich will Dir einen Trost geben. Denn Du hast ihn viel nötiger, weil Dein Schmerz frischer ist.
Wanda, ich bin so froh, daß wir uns jetzt in Flensburg gesprochen haben. Ich weiß nicht, ob ich Dir einen Trost hab geben können. Aber Du weißt, daß ich mit Dir tief empfinde und fühle. Und ich möchte Dir bei der Last, die Du jetzt trägst, ebenso helfen, wie Du mir geholfen hast. Das ist ja auch das Schöne an unserer Freundschaft, daß die eine für die andere so bedingungslos da ist!
Meine liebste Wanda, ich schick Dir hier einen Ausschnitt aus dem »Wanderer zwischen zwei Welten« mit. Ein Wort von Walter Flex*

* Walter Flex starb – genau wie der Freund, dem das Gedicht gewidmet war – im Ersten Weltkrieg

zum Tode seines Freundes Hans Wurche. Ich versuche jetzt, danach zu tun und zu handeln. Ja, mit diesem Wort spricht er für alle Toten. Glaubst Du nicht auch?

> Totenklage ist ein arger Totendienst, Gesell!
> Wollt Ihr Eure Toten zu Gespenstern machen oder wollt Ihr uns Heimrecht geben? Es gibt kein Drittes für Herzen, in die Gottes Hand geschlagen!
> Macht uns nicht zu Gespenstern, gebt uns Heimrecht! Wir möchten gern zu jeder Stunde in Euren Kreis treten, ohne Euer Lachen zu stören!
> Macht uns nicht ganz zu greisenhaften, ernsten Schatten, laßt uns den frischen Duft der Heiterkeit, der als Glanz und Schimmer über unsrer Jugend lag!
> Gebt Euren Toten Heimrecht, ihr Lebendigen, daß wir unter Euch wohnen und weilen dürfen in dunklen und hellen Stunden.
> Weint uns nicht nach, daß jeder Freund sich scheuen muß, von uns zu reden. Macht, daß die Freunde sich ein Herz fassen, von uns zu plaudern und zu lachen.
> Gebt uns Heimrecht, wie wir es im Leben genossen haben.

Oh, Wanda, ich weiß, wie leer es nun in Dir ist! Aber ein Toter kann diese Leere nie ausfüllen. Und wenn da auch viele schöne Erinnerungen sind, er bleibt ein Phantom. Aber, Wanda, wir werden beide unsere liebsten Menschen tief in uns bewahren. Und niemand wird ihn uns nehmen können.
Ich küsse Dich,
immer Deine Hanna

Regensburg, den 7.2.43

Mein liebes Fräulein Wandelgard!
Habe Ihre lieben, mir sehr zu Herzen gehenden Zeilen erhalten, besten Dank dafür. Ich hatte es schon am 11.1. erfahren, aber ich war nicht fähig, Ihnen zu schreiben. Mein Willy war mein Stolz und meine ganze Freude, und nun ist er fort. Auch ich habe einen Brief vom

23.12.42, wo er mir vom Einsatz mitteilte. Aber geborgen worden ist er, scheint mir, noch nicht, weil ich keine Nachricht erhalten habe.
Mein guter Willy hatte sich so auf Weihnachten gefreut, aber diese kleine Freude war ihm nicht mehr vergönnt. Mein Schmerz ist unsagbar. Ich wußte von Eurer treuen Freundschaft und leide auch mit Ihnen. Wenn Sie mich im April besuchen, werden wir noch vieles Verschiedenes besprechen. Willy hatte mir geschrieben, beim nächsten Urlaub werde er sicher eine Zusammenkunft mit Ihnen herbeiführen. Und nun ist alles so anders gekommen.
Ihr liebes Weihnachtspäckchen und mein Paket, über die er so große Freude hatte, sind sicher mit ihm im Panzer zerschmettert worden. Auch sein Photo. Ja, das Leben ist hart und rauh. Mein Sohn Albert ist mit seiner Familie hier. Aber Albert kam erst am Dienstag abend, und Montag war bereits der Trauergottesdienst. Eher hatte er nicht Urlaub bekommen. Von Ihrer lieben Mutter habe ich ein Brieflein bekommen, auch sie trauert mit uns um unseren lieben, braven Willy. Der erste Schmerz, den er mir gemacht hat, war sein Sterben.
Besten Dank für die Übersendung der Bilder, wenn Sie mich besuchen, werde ich alles begleichen. Zu Neujahr hatte ich Ihnen geschrieben, haben Sie den Brief erhalten? Ich lege Ihnen auch ein paar Bilder bei, die mein Sohn Albert in seinem Urlaub machte. Sie sind auch wieder zurückgekommen, mit dem traurigen Vermerk: »Gefallen für Großdeutschland«.
Ich kann heute nicht mehr schreiben, denn ich leide so furchtbar.
Seien Sie und Ihre liebe Mutter aufs herzlichste gegrüßt
von Ihrer Frau Margareta S.

Marne, 13.2.43

Meine liebe Hanna!
Ich glaube, es ist schon eine geraume Weile her, daß ich Deinen Brief erhalten habe. Ich schlechter Mensch habe Dir dafür noch nicht gedankt. Das wird nun höchste Zeit.
Wieder ist eine Woche vergangen. Die Zeit rast dahin, jetzt sind es schon 14 Tage her, seitdem wir uns gesehen haben und nur noch 45

Tage, sechs Wochen, und dann ist auch der KHD »gewesen«. Ich bin ja so gespannt, wie sich die weitere Entwicklung abspielen wird. Oh, wenn ich nur zum Studium könnte! Aber was nicht zu ändern ist, wird als Selbstverständlichkeit betrachtet, und es ist klar, daß ich auch dann meinen Mann stehe.
Ach, Hanna, immer wieder muß ich an die traurige Geschichte denken, und dann wird mir meine Einsamkeit so recht klar. Wenn ich Dich jetzt nicht hätte, dann wäre es zum restlosen Verzweifeln. Aber so ist auch dieses schwere Schicksal eine weitere Festigung unserer Freundschaft, die immer inniger wird, trotzdem doch nun schon drei Jahre der Trennung vergangen sind.
Am Dienstag bekam ich von Willys Mutter Antwort auf meinen Brief. Sie schickte mir außerdem zwei große Bilder von Willy und ein Erinnerungsgebetbildchen mit Willys Konterfei sowie den Bericht seines Leutnants und ein Beileidsschreiben seines ehemaligen Direktors. Am 24.12., südöstlich von Toropez, traf ein Volltreffer seinen Panzer. Er war sofort tot und sein Fahrer auch, ein dritter Kamerad wurde schwerverwundet. Er konnte nicht geborgen werden, weil sie weit vor den eigenen Linien kämpften. Ich schicke Dir den Bericht, wenn er von Mutti zurückkommt. Seine Mutter leidet natürlich unter diesem Verlust sehr schwer, aber sie ist nicht verbittert. Ich glaube, ihre Religion gibt ihr großen Halt.
So, nun muß ich Schluß machen, ich muß ins Lazarett, heute abend folgt die Fortsetzung.

14.2.

Mit dem Abend war es Essig, denn es erfolgte noch eine Blinddarmoperation. Erst um 23 Uhr betrat ich mein Heim. Dafür kommt dieser letzte Gruß nun vom Sonntagmorgen. Ich wollte in die Stadt zum Essen gehen, aber ich habe vergessen, mir die Marken zu besorgen, und nun muß ich ins Lazarett zum Mittag. Heute nachmittag gehe ich zu Leni ins Krankenhaus. Sie hat eine Angina und liegt dort. Nora ist nach Hause gefahren. So werde ich danach meine Post erledigen. Donnerstag treffe ich mich mit Mutti in Meldorf. Sonst geht alles seinen gewohnten Gang. Nun viele liebe Grüße vom Sonntag,
Deine Wandel

Elmshorn, 28.2.42
21.30 Uhr

Meine geliebte Hanna!
Der letzte Sonntagsurlaub vom KHD nach Hause wird diesmal mit Zwischenaufenthalt in Elmshorn verbracht. Du mußt wissen, daß der Schleswig-Holstein-Expreß nicht immer so abscheuliche Verspätungen hat wie vor vier Wochen. Ja, mein Liebes, eine so lange Zeit ist es schon her, daß wir uns hier trennten.
Auf der ersten Fahrt in diese trostlose Gegend Dithmarschen zum RAD vor einem Jahr saß ich mit Hans und andern Flensburgern hier auf der Sofabank und verbummelte mir die Wartezeit. Einen Teller Kuchen habe ich jetzt intus, genau wie damals, ein Glas Limonade steht daneben, eine Zigarette in der Hand und mir gegenüber sehe ich ein sehr sympathisches Pärchen und muß automatisch an Willy denken.
Was habe ich in diesem Jahr nicht alles erlebt! Neben mir liegt die »Preußische Legende«. Ich habe während der Fahrt darin gelesen. Es ist ein zu schönes Buch, ich habe es unendlich gern. Handelt es doch auch von einer großen unerfüllten Liebe. Ich könnte manchmal bersten vor Schmerz. Dann ist alles so traurig, und ich wünschte mir, durch Tränen und Weinen Erleichterung verschaffen zu können. Aber das schaff ich nicht, das Weinen. Tränen sind mir leider versagt.
Oh, Hanna, das alles kennst Du ja. Mein Leben hat nun ein ganz anderes Aussehen bekommen. Die Tiefe ist ihm genommen. Ich schwimme so oberflächlich dahin, weil ich Angst vor meiner Tiefe habe, vor dem grauenhaften Gespenst des Alleinseins. Ich könnte nur hadern und vor Verzweiflung bersten, aber mein Verstand läßt meine Gefühle schweigen.
Hanna, heute kommt mir alles mit besonderer Schwere zum Bewußtsein. Immer wenn ich auf der Bahn bin, Soldaten sehe, Abschiednehmen und Begrüßungsfreude, Hanna, dann ist es um mich geschehen. Ich bin im Grunde ein sehr liebebedürftiger Mensch, wenn das auch hinter einer dicken Schale verborgen ist. Ich bin heute so offen, das Lesen des Buches von Amelies großer Liebe hat mich vielleicht so weich gestimmt. Ja, wenn man Zeit hat, dann wird man eben senti-

mental. Im Lazarett bin ich stets in Bewegung, Konzentration, da kommt man nicht zum Nachdenken. Aber jetzt auf Reisen!
Hanna, wie freue ich mich schon auf mein neues Leben in Graz. Das Studium wird mir hoffentlich das gewünschte Maß an Abwechslung bringen und viel Neues.
Gestern war ich um 18.20 Uhr in Flensburg und ging dann sofort mit Koffer ins Theater. Lach nicht! Es gab die lustige Operette »Drei alte Schachteln«. Diese erheiternde Angelegenheit gab mir viel zum Denken. Fühle ich doch, daß auch mir das Los einer alten Schachtel einmal beschieden sein wird. Aber ich werde dann einen Beruf haben, der mir den nötigen Ausgleich verschafft.
Vorige Woche, am 20.2., war die Premiere des »Etappenhasen«*, ein durchschlagender Erfolg für unsere Schauspieler: Nora und Helmrich und die anderen gaben ihr Bestes her, um das sture Volk der Dithmarscher zu begeistern, was ihnen auch gelang. Anschließend spielte eine Brunsbütteler Marinekapelle für uns die Schlager dieses Winters. Es war sehr schön! Bitte, kannst Du verstehen, wenn ich trotz allem auch tanzte, tanzte, um mich bei der Musik selbst zu vergessen? Und um dann noch viel tiefer in die traurige Gegenwart gestoßen zu werden!
Nach der Aufführung im Lazarett bin ich vollkommen apathisch mit Atalanta, der vierten Arbeitsmaid von uns, nach Hause gegangen. Nora schlief bei ihren Eltern im Hotel, die zu Besuch waren, und Atalanta bei mir. Ich habe dann als erstes wieder »seine« Briefe gelesen und bin mit allen Gedanken bei ihm gewesen. Ach, Hanna, ich muß jetzt aufhören, ich bin viel zu weich. Ich darf nicht mehr weiterschreiben. Aber in meiner Stimmung muß ich mit Dir sprechen, habe das innere Bedürfnis, Dir mein Herz auszuschütten.
Nun aber zu Deinem lieben Brief**. Von Deinen Berliner Erlebnissen war ich sehr erschüttert. Ich empfand es als ein sehr trauriges Zeichen der Reichshauptstadt. Aber wenn ich bedenke, welch eine Masse von

* Komödie von 1935. Obwohl der niederdeutsche Autor Karl Bunjes im Ersten Weltkrieg schwer verwundet wurde, schrieb er ein lustiges Landserstück ohne kriegskritische Untertöne. 1953 startete Willy Millowitsch seine Fernsehkarriere mit diesem Stück

** Nicht erhalten. Hanna schrieb darin von einer Bombenexplosion im Bahnhof Friedrichstraße, bei der sie leicht verletzt wurde

Fremdarbeitern herumläuft, dann sind solche Akte zu verständlich, und man muß sagen, es ist ein Glück, daß im allgemeinen nicht mehr dergleichen geschieht. Meine liebe Nüte ist jedoch zu Höherem geboren, und darum ist alles gutgegangen. Deine Angst und den Schrekken kann ich mir gut vorstellen.
Dafür waren die Stunden in Stettin bei Jochens Mutter gewiß Balsam für Deine Seele, wenn auch alles wieder neu aufbrach. Ich für meinen Teil empfinde es als das Schönste, wenn ich jetzt Willys Mutter besuchen kann. Sie hat auch meiner Mutting sehr, sehr fein geschrieben. Schön, daß Frau Ullrich einen kleinen Freundeskreis während Deiner Anwesenheit bei sich hatte. So wurdet Ihr abgelenkt. Aber die Nacht in Jochens Zimmer wird manche schmerzlichen Gefühle in Dir wachgerufen haben. Ich verstehe dies alles sehr gut. Über allem stand aber für Dich so wichtig die große Harmonie, eine gewisse Abgeklärtheit und Erhabenheit von Jochens Mutter. Ich empfinde dies aus Deinen Zeilen. Hanna, wären wir nur jetzt für einige Zeit beisammen! Ich habe solche Sehnsucht nach Dir. Zur Zeit habe ich keine Freude am Korrespondieren. Nur Dir schreibe ich noch, aber zu anderen Briefe kann ich mich kaum aufraffen. Meine knappe freie Zeit gehört jetzt dem Latein. Ich muß ja diese Prüfung vor dem Studium schaffen.
Ich schreibe so hin und her, aber weißt Du, so laufen auch meine Gedanken, und alles dreht sich doch nur um das eine! Sei mir bitte nicht böse und nimm den Brief nicht so, wie er scheint, sondern bedenke die Stimmung. Morgen früh bin ich wieder die alte Wanda, wie sie leibte und lebt. Doch in solchem Zustand der Gelöstheit muß ich schreiben. Ich setze mich mit den Dingen nun auseinander, und so finde ich meine Ruhe und mein Gleichgewicht wieder.
Sei nun herzlichst gegrüßt von
Deiner Wanda

Dessau, den 5.3.43

Meine allerbeste Wanda!
Für Deinen Brief sage ich Dir vielen lieben Dank. Ja, Wanda, ich weiß nur zu gut, wie Briefe aus solchen Stimmungen heraus sind. Ich kann

Dir das alles bis in die kleinsten Einzelheiten nachfühlen, weil ich ja alles Leid genauso bei mir gespürt habe nach Jochens Tod. In einer Weise bin ich Dir bevorzugt, ich kann mir durch Tränen Erleichterung verschaffen. Es tut so wohl, sich einmal ausweinen zu können. Ich war auch richtig befreit, als ich mich abends in Jochens Zimmer, während ich Frau Ullrich in Stettin besuchte, hemmungslos ausweinen konnte. Ich weiß nicht, was ich tun würde, wenn mir wie Dir Tränen versagt wären. Ich wüßte nicht, wie ich meinem Schmerz und Kummer Luft machen sollte. Ich glaube, in meinem ganzen Leben habe ich nicht annähernd so viele Tränen vergossen wie in diesem letzten halben Jahr.

Es ist nun schon sieben Monate her, daß Jochen tot ist. Und seit dieser Zeit habe ich, genau wie Du jetzt, das Gefühl, daß ich schwimme oder daß ich in der Luft hänge. Jedenfalls ohne jeglichen festen Grund und Boden. Der Inhalt, das, was einen bisher voll und ganz ausfüllte, ist jetzt verloren. Man sucht und tastet nach einem Halt, den man aber nicht findet.

Oh, Wanda, Dein Brief hat mich so beglückt. Du schreibst mir mit solcher Offenheit, die mich beinahe beschämt. Ich denke, daß ich Dir nie von der Sache Jochen/Gesa schrieb. Aber weißt Du, ich konnte das einfach nicht!

Wanda, glaubst Du nicht, daß alle Frauen so liebebedürftig sind? Aber Du hast bestimmt nicht nur das Bedürfnis, von jemandem geliebt zu werden, sondern auch einem anderen Menschen dieselbe große, starke Liebe darzubringen. Das ist es doch gerade, die Gegenseitigkeit, was so schön ist, wenn zwei Menschen sich lieben.

Manchmal denke ich, ich möchte und könnte keinen Menschen mehr so stark und bedingungslos lieben, wie ich Jochen geliebt habe. Aber ich weiß, ich kann nur volle Befriedigung finden, wenn ich einen Menschen bis in die letzte Faser meines Herzens lieben kann. Ich glaube, genauso wird es Dir ergehen. Ja, Wanda, ich kann es Dir nachfühlen, wie es Dir nach diesem bunten Abend mit Euren Verwundeten zumute gewesen ist. Für kurze Zeit kann man abschalten und vergessen, man kann sogar lustig sein. Lustig, nicht fröhlich! Fröhlichkeit ist etwas tief Innerliches. Aber nach einem Erwachen aus einer Lustigkeit

stürzt man um so tiefer und schmerzhafter. Und so war es ja auch bei Dir.
Wie lieb von Willys Mutter, daß sie Dir die Bilder und den Bericht des Oberleutnants mitschickte. Und wie schön sie Dir dann selbst geschrieben hat. Aus allen Zeilen spürt man, wie sehr sie ihren Jungen geliebt hat. Und nun die tiefe Trauer! Aber kein Wort der Bitterkeit oder Klagen kommt aus ihren Zeilen. Ja, Wanda, die Mütter tragen ihr Los so heroisch. Sie wachsen wirklich dadurch über sich selbst hinaus, und wir wollen und sollten versuchen, es mit derselben Größe zu tragen. Aber ich glaube, ganz mit dieser Haltung werden wir es doch nicht können.
Die Bilder sind wirklich sehr nett. Besonders das, wo er so ganz feldmarschmäßig dasteht, gefällt mir gut. Nicht wahr, damit hat Dir Willys Mutter eine große Freude gemacht? Ich bekam von Jochens Mutter auch ein paar Bilder, und dann habe ich sie jetzt noch um einige Bilder gebeten, von denen ich mir Reproduktionen machen lasse, weil nämlich keine Negative mehr vorhanden sind. Weißt Du, Wanda, ich bin dabei, eine Mappe zu machen, wo alles das, was ich von Jochen habe, hineinkommt. Wenn sie fertig ist, schicke ich sie Dir dann, nicht?
Ja, genau heute vor einem Jahr war's, daß Jochen zur Ostfront fuhr. Gerade vorhin las ich den letzten Brief aus Stettin, worin er schrieb, daß die Fahrt nach Osten am 5. März losgehen wird. Ich könnte immer und immer wieder in den Briefen herumblättern. Erst jetzt, nachdem einem der Mensch genommen wurde, merkt man, wie oft man die Gedanken bei ihm hatte, nicht wahr?
Meine allerliebste Wanda, wir haben nun beide eine Last zu tragen. Bei Dir ist es jetzt noch schlimmer, weil alles so frisch ist, aber wir helfen uns gegenseitig, nicht wahr? Es ist alles leichter zu zweit.
Einen Kuß in alter Freundestreue
von Deiner Hanna
NS: Besonders auch das, was Willys Schuldirektor über ihn schreibt, ist so prächtig. Gerade durch diese kurzen, aufrichtigen Worte steht die Schwere des Verlustes so groß vor einem. Aber es war ja immer so und wird wohl auch immer so bleiben: Die besten, tapfersten, pflichttreuesten Männer werden ihr Leben hingeben müssen. Es ist eine so

große Ungerechtigkeit, aber wohl notwendig zum Bestand eines großen Volkes.

Fahrt nach Flensburg, 8.3.43

Meine liebe Hanna!
Wieder sitze ich im Zug, um Dir ein kleines Plauderstündchen zu schenken. Ich fahre nach Hause, Oma Kahle ist Sonnabend sanft verschieden. Morgen ist die Beerdigung. Es war eine Erlösung für sie, denn ihr Leben war mehr ein Dahinvegetieren, durch ihren Parkinson. Trotzdem stimmt mich ihr Tod traurig, war sie doch ein Stück Elternhaus und gehörte dazu, solange ich denken kann. Aber alles ist ja vergänglich, und so auch der Mensch.
Gestern waren wir in Donn zum RAD-Lagertreffen. Es war sehr schön, aber Rabenau benahm sich unter aller Kritik, auch war der Kontakt zu den meisten Kameradinnen kaum wiederherzustellen. Dafür war das Zusammensein mit der alten Clique restlos begeisternd. Aber auch das eine wurde uns klar, daß wir dem Schicksal für unser Los in Marne danken dürfen. Nora und ich haben es in jeder Beziehung am allerbesten von allen gehabt.
Nur die Ungewißheit über unsere weitere Zukunft ist äußerst bedrükkend. Wie damals vor dem KHD, so geht es mir jetzt auch. Ich kann dieses Tappen im dunkeln nicht ertragen, ich muß klare Sicht haben. In dieser oder der nächsten Woche entscheidet sich unsere Zukunft. Was hängt von diesem Ja-Wort nicht alles ab, und dabei brauche ich für meine seelische Verfassung unbedingt das Studium – wo ich in diese neue Materie eintauchen muß, wo all mein Denken und meine ganze Konzentration in Anspruch genommen werden! Unerträglich wäre mir der Gedanke an eine sture Beschäftigung, die keine Ansprüche an mich stellt.
Im Moment überqueren wir die Eider, die Marsch breitet sich vor meinen Augen unendlich weit aus. Ein klarer blauer Himmel gibt dem Tag ein sommerliches Gepräge. Schafe grasen und die schwarze Erde, die für die neue Saat bereit ist, unterbricht das Grün der Wiesen. Jetzt halten wir in Friedrichstadt. Ein alter Barockkirchturm, einige weiße

Giebelhäuschen mit roten Ziegeldächern leuchten aus dem winterlichen Braun der Bäume.
Oh, diese Weite der Landschaft beglückt mich so. Ich bin wohl zu sehr Norddeutsche, kenne ja kaum was anderes, als daß mich diese Landschaft bedrücken könnte. Ein freies, selbstbewußtes, stolzes Gefühl überkommt mich. Ob ich mich da unten in Graz auch so wohl fühlen werde? Ich glaube, ich werde manchmal nach Flensburg, nach Schleswig-Holstein Sehnsucht haben.
Wanda, meine einzige Cousine, hat reizend für mich gesorgt. Wir haben ein Biedermeierwohnzimmer mit Tisch, Sofa, Stühlen, Schrank, Konsole und Schreibtisch sowie ein Schlafzimmer mit zwei Betten, Nachttisch, zwei Schränken, Waschtisch und Couch. Es ist eine Villa mit Garten, der auch uns zur Benutzung freigegeben ist. Herrlich, nicht? Fünf Minuten zur Uni, was will mein Herz mehr außer der Studienerlaubnis! Husum, die graue Stadt am grauen Meer, heute bei Sonnenschein lieblich und schön – sicher zum letzten Mal für lange Zeit werde ich sie grüßen dürfen.
Also, Hanna, Du hast meinen Brief verstanden. Du bist ja der einzige Mensch, der mein vollstes Vertrauen hat. Du bist meine Freundin fürs Leben, dafür kann ich Dir nur danken. Hanna, weil mir die Tränen versagt sind, deshalb finde ich Erlösung durch die schriftliche Auseinandersetzung mit meinen Gefühlen. Und zum Schreiben mußt Du eben herhalten.
Ja, Hanna, es ist, wie Du schreibst, ich brauche einen Menschen, dem ich alles sein kann, der meine Liebe braucht, genau wie ich empfänglich bin für die seine. Ich weiß nicht, ob ich mit meiner irgendwie schwerfälligen, plumpen Art jemals wieder einen solchen Menschen finden werde.
Hanna, Du wolltest Deinen Urlaub im Süden verbringen. Sollte sich da keine Möglichkeit zu gemeinsamen Ferientagen ergeben? Ich möchte im Sommer in Graz unten bleiben. Ich glaube, wir beide brauchen das und würden sehr viel davon haben.
Nun herzliche Grüße, liebe Küsse,
Deine Wandelgard

Marne, den 21.3.43

Meine liebe Hanna!

Wieder habe ich einen Sonntagsbrief von Dir erhalten. Stets ist die Freude sich gleichgeblieben, wenn ich Post von Dir erhielt. Jedoch zur Zeit ist das noch viel schöner, weil Du die einzige bist, mit der ich noch korrespondiere. Seit Februar schreibe ich nur noch ganz wenig, sehr, sehr wenig. Also vielen Dank.

So, jetzt habe ich gerade eine Zigarette ausgedrückt, und nun beginnt die Fortsetzung. Ach Hanna, heute ist die Stimmung wieder einmal zeitgemäß: Heldengedenktag – dieses Wort sagt alles, es birgt soviel Leid und Schmerz und doch auch wieder Größe und Wucht in sich. 542 000 Gefallene, im großen und ganzen gesehen eine kleine Zahl und erst recht im Verhältnis zum Ersten Weltkrieg. Doch im kleinen, im einzelnen so traurig und unendlich viel schwerer ist für jeden der Verlust eines geliebten Menschen.

Ich finde, daß mir durch den zeitlichen Abstand der Verlust von Willy immer schmerzlicher wird und ich die Tragweite dieses traurigen Geschehens immer deutlicher vor mir sehe, nachdem der erste jähe Schmerz vorbei ist. Gerade jetzt, wo es Frühling wird, steigen die Sehnsuchtsgefühle nach Liebe in uns Menschen auf. Sehnsucht nach Ferne, nach anderen Gegenden, Ländern, Sehnsucht nach Liebe, Sehnsucht nach Freiheit, nach Urlaub, Sehnsucht nach Sonne, wenn man immer im Haus hockt, wie ich es z.Zt. tun muß.

Jetzt wird mir das Leben im Lazarett in Marne schwer, denn ich gedenke voll Wehmut der schönen Nachmittage auf unserem Balkon zu Hause in Flensburg, wenn ich früher in der Sonne schmorte, paukte, an Willy oder Dich schrieb. Wie war mir damals trotz des Drucks der Penne wohl zumute.

All das gibt es jetzt nicht mehr. 21 schöne Märzsonnentage sind ungenützt verstrichen. Aus mir ist eigentlich eine richtige Transuse geworden, ich weiß auch nicht recht, wieso. Aber das Jahr der Pflichten ist eben nicht spurlos an mir vorübergegangen.

Neue Bestimmungen fürs Studium sind immer noch nicht vorhanden, leider! Ich warte täglich auf die Zeitung. Es wird wirklich langsam

Zeit. Aber wenn keine neuen Bestimmungen kommen, ist ja alles okay und bleibt beim alten.
Wie furchtbar, daß Deine Verwandten auch von dem Bombardement in Hamburg betroffen wurden! Als ich damals von dem Angriff auf Wedel* hörte, dachte ich an sie. Für Deine Eltern wird Helga** gewiß eine Belebung sein, sie ist ja so quicklebendig.
Sonst was Neues in dieser Woche? Ja, Dauerwellen gibt es hier noch, das ist das Schönste von ganz Marne. Da habe ich Freitag noch schnell die günstige Lage ausgenützt und mir den Kopf renovieren lassen. Morgen gehe ich zur Drogerie, dort werde ich schon einige Sachen auftreiben können. Brauchst Du auch einen Lippenstift?
So, jetzt haben wir Besuch bekommen. Helmrich ist gekommen, der Hauptdarsteller vom »Etappenhas«, Noras Partner. Da haben wir von Frau Petersen Kekse geklaut, wenn sie nachher wiederkommt, müssen wir ihr beichten, oh weh.
So, nun herzlichen Gruß und Kuß,
Deine Wandelgard

Dessau, 23.3.42

Meine liebe Wanda!
Ob dies nun der letzte Brief aus der Richard-Wagner-Straße ist? Na, vielleicht folgt noch einer, wenn Du auf diesen wieder so schnell antwortest. Also, meine Liebe, vom 1.4. ab darfst Du Deine Briefe an mich mit Dessau-Ziebigk, Saarstraße 65, adressieren. Ja, ich kann es selber kaum glauben, daß ich nicht mehr länger meine Prachtkemenate ansehen brauche. Oh, welche Freude!
Diese ganze Wohnungsangelegenheit füllt meine Gedanken zur Zeit ziemlich aus. Ich male mir alles so schön aus. Vielleicht zu ideal, aber was schadet das! Ich habe mir schon überlegt, daß ich den ganzen Umzug allein machen will und dann meine Bude vielleicht schon bis Sonn-

* Kleinstadt an der Elbe bei Hamburg
** Hannas Cousine aus Wedel, die vorrübergehend bei den Flensburger Verwandten wohnte

tag zur Besichtigung freigeben werde, wenn sie auch noch einige Mängel haben mag.
Auf alle Fälle kann ich ihr eine persönliche Note geben. Nun finden endlich all die hübschen kleinen Gegenstände, wie Deine Wandvase, Holzdose, das Rubensbild, mein Wandleuchter und was ich sonst noch so habe, richtig Anwendung. Besonders an Dich werde ich durch Deine lieben Sachen erinnert.
Ja, Wanda, für mich war der letzte Sonntag, der Heldengedenktag, ein Tag der tiefen Besinnung. Aber so traurig und schmerzlich wie sonstmals empfand ich diese Erinnerungen nicht mehr. Weißt Du, der Frühlingsanfang fiel heuer mit diesem Gedenktag zusammen, und ich fühlte mich mit einem Mal so frei und unbeschwert und mir war, als wenn ich mit einem Mal neu anfangen müßte. Aber ich kann es nicht, glaube ich, ich bin noch so sehr mit der Vergangenheit verwurzelt.
Du, Wanda, gibt es bei Euch in Marne evtl. noch Kochtöpfe oder sonstige Gefäße, die man auf eine Flamme stellen könnte? Ich muß mich ja jetzt nach allerlei Küchengeräten umschauen, weil ich nun meinen eigenen Haushalt habe. Wenn Du irgendwas Brauchbares siehst, was nach Deiner Meinung in einen Junggesellenhaushalt passen könnte, dann denk an mich. Hier in Dessau ist die Aussicht sehr schlecht. Ich könnte mir denken, daß es in kleineren Orten auf dem Lande nicht so schlimm ist.
Du, und was den Lippenstift anbetrifft, da hab ich allerdings schon einen. So etwas hält nämlich endlos lange bei mir, seit Herbst 41 und nur ein Viertel verbraucht. Du kannst mir also ruhig weiterhin schreiben, so verderbt bin ich noch nicht! Wenn Du mir aber einen mitschickst, werde ich ihn natürlich benutzen.
So, liebe Wanda, laß mich beschließen, mit herzlichen Grüßen von
Deiner Hanna

Flensburg, 2.4.43

Meine liebe Hanna!
Ja, ich bin schon recht schreibfaul geworden in der letzten Zeit, aber nun soll sich das wieder ändern. Hanna, ich bin jetzt frei, endlich bin

ich wieder für kurze Zeit zu Hause. Dienstag sind wir entlassen worden. Es ist kaum zu glauben, daß nun wieder ein Jahr vergangen ist! Die Marner Zeit war alles in allem mit die schönste, interessanteste und lehrreichste für mich. Auch der Abschluß war einmalig. Seit vorigem Mittwoch bis zum Schluß, fast eine Woche, haben wir jeden Tag abends gefeiert. Keinen Abend kamen wir vor 24.00 Uhr ins Bett, und jedes Mal mit viel Alkohol und Nikotin im Blut. Gott sei Dank, das Lotterleben ist vorüber, aber schön war es doch.
Jetzt habe ich sehr, sehr viel zu tun. Jeden Vormittag wird Latein gebüffelt, in vierzehn Tagen mache ich meine Prüfung, das Latinum. Es fehlt mir an der Lektüre des Cäsar noch manches, aber ich riskiere die Sache. Glückt es, ist es gut, wenn nicht, dann muß ich eben noch einmal dran glauben. Nachmittags bin ich dann die große Schneiderin, eine Bluse ist schon fertig. Man braucht ja jetzt wieder so allerlei, das kennst Du ja.
Nüte, ich habe im Moment gar keine Lust zum Schreiben. Nur schnell noch was Geschäftliches. Rosa Nagellack und einen weißen Nagelstift zur Reserve bekommst Du, die anderen Dinge gab es auch bei uns in Marne nicht mehr. Losen Puder finde ich viel besser als Kompaktpuder, denn da kannst Du Dir immer die richtige Farbe selbst mischen. Die drei Dinge bringe ich Dir mit.
Wie geht es Dir mit Deiner neuen Wohnung? Bist Du gut umgezogen? Ich hoffe, daß Du nun restlos glücklich bist in Deiner Etage. Schluß jetzt, der Brief soll nun fort, vielleicht bekommst Du ihn noch morgen zum Sonntag.
In 14 Tagen bin ich bei Dir, freue Dich, ich grüße Dich herzlich,
Deine Wandelgard

Graz, 28.4.43

Meine liebe Hanna!
Fast zehn Tage sind vergangen, seitdem ich bei Dir war. Zehn Tage, die so viel Neues für mich brachten. Ich weiß gar nicht, wo ich beginnen soll.

In Regensburg kamen mir fast die Tränen. Mutterseelenallein stand ich auf dem Bahnhof. Wie anders hatte ich mir die Ankunft in meinen Luftschlössern vorgestellt! Bei Oma Sillner erlebte ich dann einige schöne Tage. Der schönste war der Donnerstag nachmittag und abend bei Frau Spannagel. Sie ist eine liebe, rührende, besorgte, ältere Dame von über 60, die ihren Sohn unbändig über alles liebte. Bei ihr sah ich wieder von neuem, welchen wertvollen Menschen ich in Willy verloren habe.
Frau Spannagel bat mich gleich als erstes um Entschuldigung für das harte Vorurteil, das sie für mich damals, 1940, hatte. Sie gestand mir, daß sie all meine Briefe gelesen hätte und mich von allen Seiten kennen würde. Stell Dir bitte vor, wenige Wochen nach Willys Tod kam die Kompanie nach 1 1/2 Jahren Einsatz an vorderster Front in Rußland zurück nach Schweinfurt in Ruhestellung. Oh, man könnte mit dem Schicksal unerbittlich hadern! Aber was hilft's?
Am aufschlußreichsten war am letzten Abend eine Unterredung mit einem Kameraden und Freund von Willy, der wegen einer Fußverletzung auf Heimaturlaub ist. Dieser kannte unser Verhältnis und erzählte mir dies und jenes. U.a. auch, daß Willy mein Medizinstudium ungeheuer auf der Seele lag. Er konnte sich keine harmonische Ehe mit einer Ärztin vorstellen. Ihm war das Ganze gar nicht recht. Davon hat er mir aber nie geschrieben.
Dies war auch der Grund, warum er damals an der Front nicht alles aufwandte, um den Urlaubsschein bis Flensburg zu bekommen. Er hätte es an der Front gekonnt. In der Heimat, als sein Wille vorhanden war, gab es keine Möglichkeit mehr dazu. So mußte er sich dann dumme Phrasen ins Gesicht sagen lassen. Überhaupt all diese Dinge, auch Briefe von ihm an seine Mutter, haben mir so recht seine ernsten Absichten bewiesen.
Ich habe in der letzten Nacht nach der Unterredung mit dem Freund kaum ein Auge zugetan. Ich war so furchtbar erregt und heulte die halbe Nacht durch. Endlich! Hanna, jetzt, wo ich die Zeit dazu habe, kommt erst die volle Reaktion auf alles. Jetzt drückt mich mein Schmerz unsagbar, und ich leide entsetzlich, noch viel mehr als in Marne. Werde ich doch durch tausenderlei Dinge stets an ihn er-

innert. Ich möchte mich gegen das Schicksal aufbäumen, aber man ist eben nur ein schwacher Mensch!
Am nächsten Tag die Fahrt von Regensburg über Linz nach Graz wurde bis Linz stehender-, koffersitzenderweise verbracht, und das in der zweiten Klasse. Dabei leistete mir ein feiner Herr Gesellschaft. Irgendein Großindustrieller aus dem Rheinland. Wir verstanden uns so gut, und es war ein ganz seltsames Vertrauen, Ineinanderschwingen vorhanden, so daß es mich gar nicht wunderte, als er mir plötzlich sein Herz ausschüttete.
Vor vier Wochen hatte er bei einem Terrorluftangriff seine junge Frau und sein drei Monate altes Töchterchen sowie seine Schwiegereltern verloren. Drei Jahre war er nach einem rastlosen Arbeitsleben verheiratet, und eine Woche nach dem tragischen Tod seiner Lieben hatte er endlich sein Berufsziel erreicht. Es war furchtbar, wie der Mann unter seinem Schicksal litt! Ich schätze ihn auf Mitte 30. Er sagte mir, er sei in den vier Wochen um Jahrzehnte gealtert. Verlust. Verluste, die kennen wir ja auch schon!
In Linz haben wir gemeinsam gegessen und noch über solche überirdischen Dinge wie Schmerz und Leid viel gesprochen. Ich habe solche Gespräche in meinem Leben noch nie erlebt. Gibt es Zufälle? Er brachte mich dann noch zu meinem Zug und eilte wieder seinen Geschäften nach, um zu vergessen. Warum muß mir nun gerade dieser vom Leid so schwer geprüfte Mensch nach dieser Nacht des Aufruhrs in der Bahn begegnen? Seltsam sind doch die Fügungen höherer Mächte.
Die weitere Reise von Linz an der Donau über die Berge nach Graz an der Mur war einfach herrlich! Die halbe Fahrt verbrachte ich am Fenster stehend und genoß die mir unbekannte Hochgebirgslandschaft, teilweise noch mit Schnee bedeckt, bei Sonnenschein und strahlend blauem Himmel. Die Berge sind großartig, besonders wenn sie verschneit sind. Dann fuhren wir durch das Murtal. Immer wieder neue, schöne und auch liebliche Bilder.
Wanda holte mich ab und brachte mich in unser neues Heim, ich beschrieb es Dir ja schon. Alles ist herrlich, ich fühle mich richtig wohl hier in unserer Wohnung. Am Karfreitag waren wir gleich abends in der Oper: »Tristan und Isolde«, meine erste Wagner-Oper. Herrlich,

Hanna, welch ein Unterschied doch zwischen Klein- und Großstadt! So etwas Schönes habe ich in meinem Leben noch nicht gesehen. Gestern habe ich mich auf den verschiedenen Ämtern angemeldet, und heute war der erste Teil unserer Inskription. Eine tolle Schlangesteherei! Und das waren alles Mädchen, und alle zum ersten Semester. Wenn die alle einmal Ärztinnen werden, ist die Welt mit dieser Brut verseucht. Ich möchte jetzt direkt etwas anderes studieren, wenn sich nicht schon seit Jahren mein Sinnen und Trachten auf diesen Beruf festgelegt hätte.
Es sind doch sehr weite Wege bis zum Ziel, aber ich will und werde es schaffen! Jetzt soll ein Streber aus mir werden. Was habe ich denn noch anderes von der Welt zu erwarten! Oh Hanna, ich bin so niedergeschlagen und skeptisch in Bezug auf meine Zukunft. Ich fühle es und weiß es, daß ich einmal mein Leben allein führen muß ohne männliche Hilfe. Da muß ich im Beruf schon was können, um mich als Frau allein durchzuschlagen.
Stell Dir vor, es soll in den Hörsälen so voll sein, daß die meisten Hörer in den Vorlesungen stehen müssen. Es gibt hier auch sehr viele Ausländer. Graz ist geradezu überrannt von den Balkanländern. Hätte ich das alles geahnt, wäre ich doch besser nach Kiel gegangen, wo alles ziemlich leer ist.
Modische Kleidung siehst Du hier, einfach grandios. Alles kommt von Italien durch Beziehungen. Diese Schuhe mit Keilsohlen, Hüte, Kostüme, Strümpfe aus reiner Seide, todschick, apart und elegant! Überall sieht man Zivilisten, und man spürt kaum etwas vom Krieg. Es gibt ganz wenig Militär, ich weiß gar nicht, wo ich hinsehen soll. Alles ist so todschick! Es gibt fabelhafte Männerzivilkleidung, kein ewiges Dunkelblau und keine grün-grauen Militärfarben. Auch das Essen ist ausgezeichnet. So gut und mit wenig Marken ißt man bei uns in den Gaststätten nicht.
Jetzt regnet es, nachdem eine sommerliche, südliche Schwüle und Hitze seit Sonnabend hier herrschte. Wanda nimmt mich morgen mit ins Gesäuse, das ist ein Berggebiet von über 2500 Meter. Sie muß dort einen Schulungskurs für Säuglingspflege halten, und Sonnabend/Sonntag können wir alpine Hochtouren unternehmen.

Nun, mein Liebes, wie hast Du Ostern verbracht? Gewiß sehr angenehm, laß Dich schön grüßen von
Deiner Wandelgard

Graz, den 18.5.43

Liebe Hanna,
Ja, Du wirst schon lange vergeblich auf Post von mir gewartet haben, aber verurteile mich wegen meines Schweigens bitte nicht. Wenn ich den ganzen Tag bei den Vorlesungen am Mitschreiben bin, dann freue ich mich, wenn ich am Nachmittag mit den Übertragungen in Reinschrift fertig bin. Und um 24 Uhr ins Bett komme. Die Arbeit betreibe ich nämlich recht intensiv. Wenn ich nicht am Nachmittag meine Notizen der Vorlesungen ausarbeite, dann komme ich ganz auf den Hund.
So sitze ich wenigstens den ganzen Nachmittag über meinen Heften und Büchern und fühle mich trotzdem recht wohl dabei. Was ist in den drei Wochen schon alles in meinen Kopf an neuen Dingen hineingewandert! Wenn ich das nicht am Nachmittag verdaue, würde ich nicht die Hälfte verstehen und vor allem nicht behalten.
Ich habe von Montag bis Freitag von 8 bis 13 Uhr Vorlesungen und am Montag von 18.30 Uhr bis 19.30 Uhr, am Dienstag von 15 bis 17 Uhr, anschließend Fechten. Donnerstag von 17 bis 18 Uhr Fechten. Freitag von 18.30 bis 20 Uhr Sport und anschließend zwei Stunden ANST*-Heimabend. Dazu kommen noch zwei Stenostunden und zwei Stunden chemisches Praktikum. Du siehst also, mein Wochenplan ist voll besetzt. Aber das tut alles so gut, von allem bin ich sehr begeistert.
Ein Theater: »Emilia Galotti«, eine hervorragende Aufführung, die mich tief beeindruckte. Dann sah ich »Wiener Blut«. Dieser Operette wohnten Hermann und Emmi Göhring bei, das war natürlich eine Sensation. Ich habe die beiden gut sehen können. Hermann war richtig nett. Er hat oft aus tiefstem Herzen gelacht, sich richtig vor Lachen

* Allgemeiner nationalsozialistischer Studentenbund

gebogen. Allerdings fand ich die Aufführung mies, unsere in Flensburg war viel besser.
Du hast Ostern und die Sonntage danach ja blendend verlebt. Ich freue mich ehrlich, daß Du Deinem Herzen einen Ruck gegeben hast, ein neues Leben zu beginnen. Es wäre auch jammerschade, wenn Du, meine Nüte, in Dessau als technische Zeichnerin versauern müßtest. Genieße doch Dein Leben!
Was Du zu Willy sagst, ist richtig. Das mit der Ärztin verstehe ich jetzt sehr gut. Er hatte Angst, daß ich meinen Beruf nicht aufgeben würde und ihn womöglich einer Ehe mit ihm vorziehen würde. Er wollte ja eine Frau für sein Heim und seine Familie und keine Berufstätige. Er hatte Angst, daß unter meinem Beruf, der mich voll ausfüllen würde, die Ehe leiden könnte. Aber was soll man solche Gedanken jetzt spinnen, wo alles doch umsonst ist!
Was war das doch für ein anderes Gefühl, als ich über die zweieinhalb Jahre immer wußte: Da ist jemand, der dich sehr gerne mag, zu dem du gehörst. Jetzt lebt man so losgelöst von allen Bindungen im luftleeren Raum. Während der Tage, wo ich nichts zu tun hatte, litt ich ganz furchtbar unter diesen Gedanken, dazu kam noch, daß ich mich so fremd hier fühlte. Hanna, da hatte ich wohl das erste Mal in meinem Leben Heimweh.
Hanna, eben hörte ich im Radio, die Amerikaner hätten Flensburg angegriffen. Ich bin bös in Sorge. Es ist doch alles viel schlimmer, wenn man 1400 km entfernt ist, als wenn man mitten im Geschehen ist.
Mädchen, nun gute Nacht, es ist mal wieder sehr spät geworden. Recht innige liebe Küsse von
Wandelgard

Schlußbemerkung

Begeistert stürzte sich Wanda in ihr Studium. Sie kämpfte um ihren Lebenstraum, Ärztin zu werden – auch, um darüber Willy zu vergessen. Doch nach nur drei Semestern holte der Krieg sie ein. Sicherheitshalber sollte sie zurückkehren zu den Eltern, riet ihr ein kluger Freund. Es sei nicht gut, in solchen Zeiten fern der Heimat zu sein. Zumal die Medizinstudentinnen ohnehin nicht weiter lernen könnten, sie würden zum Kriegseinsatz eingezogen, so hieß es. Die Rückfahrt quer durch Deutschland, häufig unterbrochen vom Fliegeralarm, dauerte Tage.

Daheim erlebte Wanda im Januar 1945, wie sich die Förde mit Schiffen aus dem Osten füllte; sie brachten Zehntausende verzweifelte Menschen, die auf der Flucht waren vor der Roten Armee. Im Februar begann sie dann die Arbeit im Flensburger Flüchtlingshospital. Dort erlebte sie die bedingungslose Kapitulation Deutschlands am 9. Mai 1945, die Willys Tod endgültig sinnlos machte. Bis allerdings die britischen Panzerbrigaden in die Stadt einrückten, vergingen noch gut zwei Wochen. Erst am 23. Mai wurde die Geschäftsführende Reichsregierung unter Admiral Karl Dönitz verhaftet, die seit Hitlers Tod in Flensburg residierte.

Zwölf Jahre nach Willys Tod heiratete Wanda, inzwischen Ärztin, 1955 einen Kollegen. Und verzichtete auf ihren Traumberuf als Gynäkologin, als sie Mutter zweier Kinder wurde. Später entschloß sie sich zu einer Zusatzausbildung und arbeitete bis ins hohe Alter als Psychotherapeutin. Bis heute wohnt sie in Flensburg, mit Hanna ist sie immer noch eng vertraut. Jetzt plant sie den Umzug an den Rhein, um der Herzensfreundin näher zu sein.

Hanna erlebte das Kriegsende in Dessau, das anfangs von Amerikanern besetzt war. Kurz vor dem Einrücken der russischen Armee kehrte sie überstürzt zu ihren Eltern nach Flensburg zurück. Für Wandas Briefe war auf dem Fluchtwagen kein Platz. Von 1946 bis 1949 arbeitete Hanna in Wasserburg am Bodensee, gemeinsam mit mehreren Ingenieuren der Junkerswerke: Die französische Besatzungsmacht war an den Kenntnissen der Flugzeugspezialisten interessiert. Dann besuchte Hanna, wieder in Flensburg, die Höhere Handelsschule und arbeitete bei der Post. 1954 heiratete sie und zog um nach Bonn.

Nach dem Tod ihres Mannes erlebte Hanna noch zehn erfüllte Jahre mit einem ehemaligen Ingenieur der Junkerswerke, zu dessen Familie sie stets den Kontakt gepflegt hatte. Nach der Wende fuhren die beiden nach Dessau, um Jugenderinnerungen aufzufrischen. Und fanden dort die längst verschollen geglaubten Briefe von Wanda.

Marne, 13. 12. 42

Mein geliebter Willy!

Heute am 3. Adventssonntag, meinem 3. freien Sonntag, möchte ich Dir Antwort geben auf Deine Frage: Wie denkst Du über Glauben und Religion? 14 Tage lang habe ich mich mit diesem Problem auseinander gesetzt. Gleich am Tage d. Erhalt Deines lieben Briefes habe ich die Antwort geschrieben. Die ganze Zeit über habe ich daran herum gearbeitet, denn mir schien, ich bin ganz ehrlich zu Dir, die Antwort zu scharf. Aber, Willy, ich kann sie nicht ändern, ich muß Dir schreiben, wie ich denke. Es hat ja kei zweck, daß wir schauspielern.

Ja, Willy der Glauben ist ein Problem auf dem wir fürchte ich, auf große Schwierigkeiten stoßen. — Du weißt vielleicht daß ich streng katholisch erzogen wurde 5 Jahre lang in einer Privatschule der e Diakonissenanstalt gewesen bin und dadurch auch den Protestantismus kennen gelernt habe und daß ich nun zur gottgläubigen Weltanschauung stehe. — Meine Eltern, mein Vater war evangelisch und meine Mutter katholisch, haben als alte, überzeugte Nationalsozialisten lange Jahre ernsthaft mit der alten und neuen Weltanschauung gerungen. Besonders meine Mutter hat schwere seelische Kämpfe durchgemacht, bevor sie